令和6年度版

個人タクシー 実務必携

試験講習テキスト

監修／一般社団法人 全国個人タクシー協会

JR新大阪駅（撮影：(一社)全国個人タクシー協会　近畿支部　専務幹事　川尻龍美）

大成出版社

はじめに

　タクシー事業は、年間約8億2,800万人の人々を輸送（令和4年3月31日現在：ハイヤー及び福祉限定事業を除く）する、まさに国民の日常生活に身近で不可欠な公共交通機関と言えます。

　しかしながら、タクシー事業の提供するサービスについては、依然として厳しい評価があることも事実であり、特に最近は個人タクシーに対する利用者からの苦情が少なくないのが実情であります。

　こうしたなか、国土交通省（旧：運輸省）は平成8年6月、個人タクシーの法令及び地理試験に関する制度を抜本的に見直し、試験を単に「知識」の有無を問うことから「内容の理解」に重点を置いたものにすべく、試験の対象となる範囲を個人タクシー事業者として必要最小限のものに限定するとともに、設問形式・出題内容等についても平易・平準化しました。

　本書は、試験制度の抜本的見直しが行われたことを機に、これから個人タクシー事業者を志す方が道路運送法をはじめとする関係法令等の基本的な考え方を理解し、許可・認可後の適切な事業運営を行うことを目的として、平成9年7月に刊行したものです。

　その後、平成12年5月26日に約50年ぶりとなる大幅な道路運送法等の改正がされ（平成14年2月1日施行）、多様化する利用者ニーズや安全確保の強化など、時代の要請に応じ関係法令の改正がなされました。これらの法令改正に対応するとともに、関係通達も掲載するなど内容充実を図り、版を重ねてきたところです。

　本書が、幾分なりともこれから個人タクシー事業者になろうとする方々の道案内、良きパートナーとなれば望外の喜びです。

　なお、的確な解説、字句の正確さ等には万全を期したところですが、若干の見落としその他があるやも知れません。読者諸賢の忌憚のないご意見がいただければ幸いです。

令和6年5月1日

目　　　次

関係法令及び関係通達編

（関係法令）

本書の使い方

本書は、次の点に留意して編集しています。

第1に、個人タクシー事業者になるためには、どのような資格が必要なのか、申請はいつ行えばよいのか、申請にはどのような書類が必要となるのか、といった点についてまず記述し、これから個人タクシーの新規許可、譲渡譲受認可申請を行おうとする方に、個人タクシーに関する制度のあらましを説明してあります。

第2に、これから法令学習をする前段階として、関係法令の構成や法令の見方などを掲載したほか、道路運送法を始めとする関係法令等のうち、個人タクシー事業者として必要となる基本的な事項について問答形式でわかりやすく解説し、初めて法令等に接する方でも十分理解が可能となるようにしてあります。

また、各設問ごとに関係の法令を併せて記載することにより、効率的な学習ができるように工夫してあります。

第3に、道路運送法及び関係法令・通達を始め、標準運送約款、関係行政機関等の一覧を掲載するなど資料を充実し、学習効果を高めるためにも、個人タクシー事業者となった場合にも有効に本書を活用できるように工夫してあります。

第4に、本書は法令試験対策として有効な学習書として使用できるよう工夫してあります。即ち、「関係法令及び関係通達」編に出題の対象となる各法令等を掲載するとともに、このうち特に個人タクシー事業者として必要な基本的事項については「Q＆A」編で問答形式による解説をし、その多くに練習問題として過去の出題問題ならびに本書編集部（協会本部）による模範解答例を付してあります。

これから個人タクシーの法令試験の学習を始める方は、まず「法令学習の前に」でそのポイントをつかみ、出題の対象となる各法令等について問答形式による解説を中心として学習を進め、それぞれの基本的内容を理解し、次に法令、通達の学習を進めることをお薦めします。

なお、本書を使用するにあたって、次の事項に注意して下さい。

1．本書で地方運輸局とあるのは、沖縄総合事務局を含みます。

2．道路運送法では、タクシー事業の許可、運賃の設定及び変更、事業計画の変更等に係る権限は「国土交通大臣」と規定されていますが、タクシー事業の全ての許認可は「地方運輸局長」（一部は運輸監理部長又は運輸支局長）に委任されていることに注意して下さい。

3．地方運輸局の権限となっている許認可については、申請書は運輸監理部又は運輸支局に提出することになります。

4．関係法令及び関係通達は、原則として令和6年4月1日現在において改正されている内容を掲載してあります。

法令学習の前に

　法令を学習するのに、ただ漫然と条文を読み、あるいは、がむしゃらに条文を繰り返し読んだとしても、さして効果はありません。これでは所詮、「木を見て森を見ず」であるからです。

　法令学習で最も大事なことは、「森を見てから木を見る」こと、換言すれば、法令とはどういうものなのか、どのような目的でいかなる内容を規定しているのか、その全体像をしっかりと把握することです。そしてこのことを常に念頭に置き、理由づけを考えながら一つひとつの条文を精読していくことです。総論から各論へ！一見回り道にも見えますが、これが結果的には理解力をはやめ、倍増させる唯一の方法なのです。

　このため本書では、これから法令学習をする前段階として、①関係法令の構成②法令の見方　③主要法令の概要　④道路運送法における各運送事業の呼称とその脈絡…の4項目を掲載することとしました。

　まずはこれをじっくり読むことから始めていただきたいと思います。

【関係法令の構成】

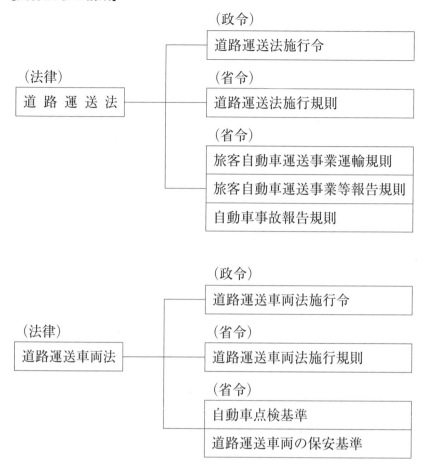

政令…憲法及び法律の規定を実施するために内閣が制定する命令。施行令は職権の委任など施行にあたっての手続き面の規定が多い。

省令…各省大臣がその担当する行政事務について発する命令。施行規則は各種の申請書の記載内容を列挙したり、本法における条文内容の具体例を挙げるなど、いわば本法の補足説明にあたる規定が多い。

【法令の見方】

本則の構成

① 「条」と「項」…一般的には第1条、第2条と区分され、ひとつの条をさらに規定の内容に従って区分する場合、行をかえて書き出します。このような別行で区分された段落を「項」と言います。

② 「号」…条または項の中で、いくつかの事項を列記する場合に番号をつけます。これを「号」と言います。

③ 条文で、項がひとつしかない場合には項番号をつけず、いくつかある場合には、

第2項以下につけます。これは、項というものはひとつの規定の中の文章の区切りであって、条や号ほどに独立した存在ではないという考え方に基づいています。項番号は、ある項が何番目の項であるかということを見分けやすくするための便宜的な「符丁」にすぎないのです。

（許可基準）

第6条 国土交通大臣は、一般旅客自動車運送事業の許可をしようとするときは、次の基準に適合するかどうかを審査して、これをしなければならない。 ── 第6条

一　当該事業の計画が輸送の安全を確保するため適切なものであること。

二　前号に掲げるもののほか、当該事業の遂行上適切な計画を有するものであること。 ── 第6条 第1号から第3号

三　当該事業を自ら適確に遂行するに足る能力を有するものであること。

（事業計画等に定める業務の確保）

第16条 一般旅客自動車運送事業者は、天災その他やむを得ない事由がある場合のほか、事業計画（路線定期運行を行う一般乗合旅客自動車運送事業者にあっては、事業計画及び運行計画。次項において同じ。）に定めるところに従い、その業務を行わなければならない。 ── 第16条第1項

2　国土交通大臣は、一般旅客自動車運送事業者が前項の規定に違反していると認めるときは、当該一般旅客自動車運送事業者に対し、事業計画に従い業務を行うべきことを命ずることができる。 ── 第16条第2項

【主要法令の概要】

道路運送法（昭和26年法律第183号）

　この法律は、貨物自動車運送事業法と相まって、道路運送事業の運営を適正かつ合理的なものとし、並びに道路運送の分野における利用者の需要の多様化及び高度化に的確に対応したサービスの円滑かつ確実な提供を促進することにより、輸送の安全を確保し、道路運送の利用者の利益の保護及びその利便の増進を図るとともに、道路運送の総合的な発達を図り、もって公共の福祉を増進することを

目的としています。

　道路運送事業は、旅客自動車運送事業、貨物自動車運送事業、自動車道事業に大別されます。旅客自動車運送事業は一般旅客自動車運送事業、特定旅客自動車運送事業からなり、さらに一般旅客自動車運送事業は、それぞれの運送形態により、次のように分類されています。

一般旅客自動車運送事業

　イ　一般乗合旅客自動車運送事業

　　　乗合旅客を運送する一般旅客自動車運送事業（バス事業とも言います）

　ロ　一般貸切旅客自動車運送事業

　　　1個の契約により国土交通省令で定める乗車定員以上の自動車を貸し切って旅客を運送する一般旅客自動車運送事業（観光バス事業とも言います）

　ハ　一般乗用旅客自動車運送事業

　　　1個の契約によりロの国土交通省令で定める乗車定員未満の自動車を貸し切って旅客を運送する一般旅客自動車運送事業（ハイヤー、タクシー事業とも言います）

　※　道路運送法施行規則（法第3条第1号ロの乗車定員）

　　　第3条の2　法第3条第1号ロの国土交通省令で定める乗車定員は、11人とする。

道路運送車両法（昭和26年法律第185号）

　この法律の目的は、(1)道路運送車両に関し、所有権についての公証等を行い、(2)並びに安全性の確保及び公害の防止その他の環境の保全並びに整備についての技術の向上を図り、(3)併せて自動車の整備事業の健全な発達に資することにより、公共の福祉を増進することにあります。

　(1)の道路運送車両の所有権の公証については、自動車を1台ごとに検査・登録する制度を採用した結果、道路運送車両法第4条の行政登録として次の効果を得られます。

　①　自動車使用の実態の把握ができること

　②　自動車盗難の予防に役立つこと

　③　車両保安確保の手段となること

　また、これらの行政上必要とする登録制度を整備し、公示方法を採用することにより、車両法第5条の民事登録制度を同時に活用して、動産である自動車を不動産扱いとし、登記的な法律上次のような効果を得られます。

　④　所有権の得喪について第三者対抗力の付与

⑤　自動車抵当法の利用

⑥　所有権留保契約付譲渡が可能

以上が自動車の検査・整備とともに重要な柱となっています。

　なお、自動車の登録は全国統一のコンピューターシステムでオンラインリアルタイム方式で処理され、自動車に関する情報をマークシートに記入して入力し、磁気ディスクに記録させた後、自動車検査証を出力させて完了するものです。

図　解

【道路運送法における各運送事業の呼称とその脈略】

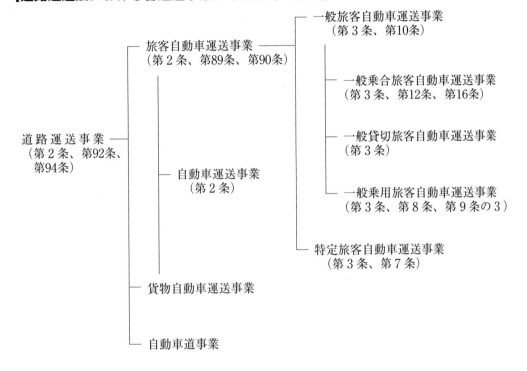

（注）①　各呼称の下の条数は当該呼称の出てくる道路運送法の条文を列挙したものです（罰則＝第96条以下は省略）。

　　　②　旅客自動車運送事業、一般旅客自動車運送事業の各呼称は道路運送法のほか、主に旅客自動車運送事業運輸規則で出てきます。

Q & A 編

1. タクシー事業とは

Q₁

タクシー事業について規定する法律を教えて下さい。

A

　タクシー事業は、バス事業等とともに自動車運送事業の中の旅客自動車運送事業の一つとして**「道路運送法」**という法律の中に規定されています。

　タクシー事業は、この法律の中で「一般乗用旅客自動車運送事業」として規定されています。

　なお、同法のどの箇所を開いても「タクシー事業」という文言は出てこないことに注意して下さい。

　―― 練習問題（○×式）――

(1)　個人タクシー事業は、道路運送法の「一般乗用旅客自動車運送事業」に該当します。

(2)　個人タクシー事業は、道路運送法の「一般貸切旅客自動車運送事業」に該当します。

Q₂

自動車運送事業及び旅客自動車運送事業とはどんなものですか。

A

　自動車運送事業及び旅客自動車運送事業について図で整理すると次のようになります。

（図1）

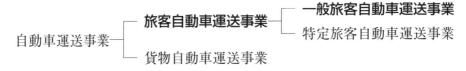

（図2）

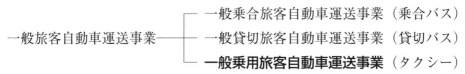

　これを文章で整理すると次のようになります。

　自動車運送事業とは、「他人の需要に応じ、有償で、自動車を使用して旅客を運送する事業」（旅客自動車運送事業）、「貨物自動車運送事業法による貨物自動車運送事業」（貨物自動車運送事業）を言います。

　さらに、旅客自動車運送事業には、「一般旅客自動車運送事業」、「特定旅客自動車運送事業」の種別があります。このうち、一般旅客自動車運送事業は不特定多数の需要に応じて行う事業であり、一般乗合旅客自動車運送事業（乗合バス）、一般貸切旅客自動車運送事業（貸切バス）、一般乗用旅客自動車運送事業（タクシー）の三つに区分されます。

―― 練習問題（○×式）――

(3)　道路運送法で、「旅客自動車運送事業」とは、他人の需要に応じ、有償で、自動車を使用して旅客を運送する事業を言います。

(4)　道路運送法の一般旅客自動車運送事業には、いわゆる路線バス事業や観光バス事業やタクシー事業があります。

Q₃

タクシー事業とはどんなものを言うのですか。

A

　タクシー事業及びハイヤー事業は、道路運送法により**「1個の契約によりロの国土交通省令で定める乗車定員未満の自動車を貸し切って旅客を運送する一般旅客自動車運送事業」**と定義されており、運送の引受けが主として1対1の相対取引で行われるものがタクシー事業と言えます。なお、タクシー事業とハイヤー事業の道路運送法上の区別はありませんが、タクシー業務適正化特別措置法ではハイヤー事業を「運送の引受けが営業所のみにおいて行われるもの」と規定しています。

（道路運送法第3条：種類）
　旅客自動車運送事業の種類は、次に掲げるものとする。
　　一　一般旅客自動車運送事業（特定旅客自動車運送事業以外の旅客自動車運送事業）
　　　イ　一般乗合旅客自動車運送事業（乗合旅客を運送する一般旅客自動車運送事業）
　　　ロ　一般貸切旅客自動車運送事業（1個の契約により国土交通省令で定める乗車定員以上の自動車を貸し切って旅客を運送する一般旅客自動車運送事業）
　　　ハ　一般乗用旅客自動車運送事業（1個の契約によりロの国土交通省令で定める乗車定員未満の自動車を貸し切って旅客を運送する一般旅客自動車運送事業）
　　二　特定旅客自動車運送事業（特定の者の需要に応じ、一定の範囲の旅客を運送する旅客自動車運送事業）

　　※（道路運送法施行規則第3条の2：法第3条第1号ロの乗車定員）
　　　法第3条第1号ロの国土交通省令で定める乗車定員は、11人とする。

2．個人タクシーの成り立ち

Q₁

個人タクシーは、いつ、どんな目的で生まれたのですか。

A

　個人タクシーは、昭和34年９月に「**自動車運転者に希望を与える**」とともに「**タクシー業界に新風を送る**」ことを**目的**として、自動車運転者として優秀な実績を積んだ適格者に対し「１人１車制」のタクシー事業の免許を与える通達を発し、同年12月、東京特別区を事業区域とする個人タクシーが全国で初めて免許（173人）されたものです。

　その後、平成12年５月26日に道路運送法が改正され、事業参入について、需給調整規制を前提とする免許制から輸送の安全確保等に関する資格要件をチェックする許可制に移行されました。平成14年２月１日から施行されています。

　この意味から、個人タクシーの許可を受ける者は、運転技術はもちろんのこと、サービス面においても「タクシー運転者の模範」となるべき優秀な資質、資格を備えた適格者であることは言うまでもありません。

3．個人タクシーとは

Q_1

個人タクシーの特色及び制度のあらましについて説明して下さい。

A

　個人タクシーと通常に言われているものは、道路運送法上の言葉で説明すれば、「他人にその名において経営させてはならない」、具体的には**道路運送法第4条に基づく許可を受けた個人のみが自動車を運転することにより事業を行うべき旨の条件を付された一般乗用旅客自動車運送事業**を言います。つまり、個人タクシーの許可を受けた者は、運転者と事業者の両方の役目を自ら行う必要があるわけです。個人タクシーの許可を受けたときから、タクシー事業者としての自覚と責任が求められるとともに、道路運送法を始めとする関係法令の基本的な知識等が必要となります。

　さらに、個人タクシーは、許可を受ける者の固有の適格性（運転経歴、健康状態、資力・信用等）に着目して許可するものであり、いわば一身専属的な性格を有するものです。車両の運転はもちろんのこと、運行管理、車両の整備や経営管理面についても自らの能力と責任のもとで行うことが求められることになります。そこで、許可後の適正な事業の遂行を確保するため、許可にあたっては通常の場合で3年ごとの更新制度を採り入れ、この際に健康管理面を含め安全やサービスの状況のチェックを行っています。

4．個人タクシー事業者となるために

⑴　個人タクシー事業者になる方法

　個人タクシー事業者となるためには、新規の許可を受ける方法と、現に個人タクシーの許可を受けている事業者から事業の譲渡を受ける方法、の二つがあります。

（新規許可）

　新規許可は、営業区域ごとに、地方運輸局において申請時期等を公表して行っています。新規に許可を受けようとする場合には、あらかじめ許可を受けようとする営業区域を管轄する地方運輸局又は運輸支局に詳細を確認して下さい。

（譲渡譲受）

　現に個人タクシーの許可を受けている事業者から事業の譲渡を受ける場合には、譲渡人と譲受人の双方で事業の「譲渡譲受契約」を結び、認可を受けようとする営業区域を管轄する地方運輸局に譲渡譲受認可申請を提出することになります。

　なお、新規許可、譲渡譲受申請のいずれにおいても、「資格要件」を満たす必要があります。

(注)

　「特定地域及び準特定地域における一般乗用旅客自動車運送事業の適正化及び活性化に関する特別措置法」（平成25年11月27日一部改正・公布、平成26年1月27日施行）により、個人・法人を問わず、特定地域及び準特定地域におけるタクシー事業の新規許可については次のとおり規定されています。

（特定地域）当該申請に係る営業区域が特定地域の全部又は一部を含むものであるときは、当該許可をしてはならない。

（準特定地域）当該許可を行うことにより当該準特定地域における一般乗用旅客自動車運送事業が供給過剰とならないものとして国土交通大臣が定める基準に適合するかどうかを審査しなければならない。この場合において、国土交通大臣は、当該申請が当該基準に適合しないと認めるときは、許可をしてはならない。

（「準特定地域における一般乗用旅客自動車運送事業（1人1車制個人タクシーに限る。）に係る道路運送法第4条第1項の許可の特例的な取扱いについて」（令和4年3月30日　国自旅第571号）により、令和10年度まで特例許可の参入枠が認められる地域があります。）

⑵　試験制度の概要

　　平成27年1月13日に国土交通省通達「個人タクシー事業の許可等に係る法令及び地理の試験の実施について」（令和5年12月28日一部改正）の一部改正が行われ、同4月1日以降に実施する試験から適用されています。

　　これにより、個人タクシー事業の試験制度については、許可申請等をする前の者を対象とした「事前試験」と従前の許可申請等をした者を対象として実施する「申請後試験」の2通りの試験が実施されます。当面の間、両試験制度が併存・実施されます。

　　また、試験回数については、従前の原則年1回実施されていた法令・地理の試験を、法令試験は年3回、法令及び地理の試験は年1回実施されます。法令試験は毎年7月、11月、及び3月に、法令及び地理の試験は毎年11月に実施されます。

　　詳細は「個人タクシー事業の許可等に係る法令及び地理の試験の実施について」（P.285～P.293）を参照して下さい。

（「事前試験」の概要）
□　受験資格（以下をいずれも満たす者）
・有効な二種運転免許の保持
・年齢が65歳未満
・個人タクシーになるために必要な運転経歴要件に適合
□　受験申込みと時期
・受験する営業区域を管轄する運輸局長へ「受験申込書」を提出
・受験申込書の受付は、試験の実施月の3ヶ月前の1ヶ月間
　（7月試験→4月受付、11月試験→8月受付、3月試験→前年12月受付）
□　合格証
・試験の合格者に対し、合格証を発行
・合格証の有効期限は、「発行日から2年を経過する日」又は「年齢が65歳に達する日の前日」のいずれか早く到達する日
□　その他
・試験合格後に受験資格を満たしていないことが判明した場合、当該合格を無効とする

⑶ 個人タクシー事業の申請から許可等を受けるまでのフロー（概要）

《事前試験（譲渡譲受）の場合》

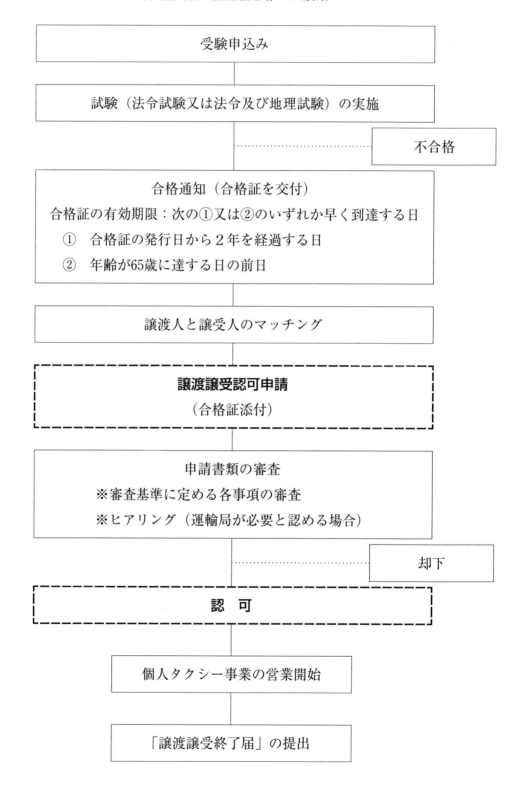

受験申込み

試験（法令試験又は法令及び地理試験）の実施

不合格

合格通知（合格証を交付）

合格証の有効期限：次の①又は②のいずれか早く到達する日

　①　合格証の発行日から２年を経過する日

　②　年齢が65歳に達する日の前日

譲渡人と譲受人のマッチング

譲渡譲受認可申請

（合格証添付）

申請書類の審査

※審査基準に定める各事項の審査

※ヒアリング（運輸局が必要と認める場合）

却下

認　可

個人タクシー事業の営業開始

「譲渡譲受終了届」の提出

《申請後試験（譲渡譲受）の場合》

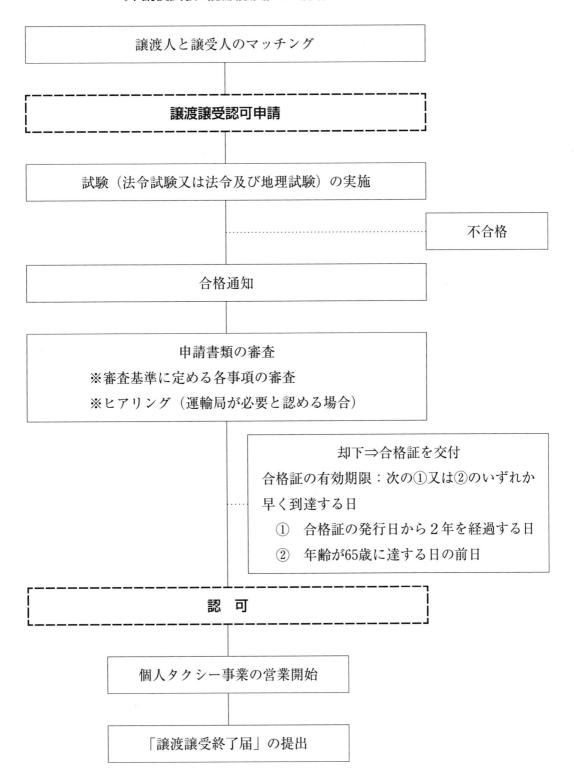

譲渡人と譲受人のマッチング

譲渡譲受認可申請

試験（法令試験又は法令及び地理試験）の実施

不合格

合格通知

申請書類の審査
※審査基準に定める各事項の審査
※ヒアリング（運輸局が必要と認める場合）

却下⇒合格証を交付
合格証の有効期限：次の①又は②のいずれか早く到達する日
　①　合格証の発行日から2年を経過する日
　②　年齢が65歳に達する日の前日

認　可

個人タクシー事業の営業開始

「譲渡譲受終了届」の提出

(4) 個人タクシー事業者となるための資格要件

Q_1

個人タクシー事業者となるためには、どのような資格、条件が必要ですか。

A

タクシー事業の許可基準は道路運送法第6条第1項に規定しているほか、国土交通省の通達「個人タクシー事業の申請に対する処分に関する処理方針」に基づき、各地方運輸局では具体的な「個人タクシー事業の許可及び譲渡譲受認可申請事案の審査基準」を公示しています。

（必要となる資格のポイント）

① 年齢が、申請日現在で65歳未満の者。

② タクシー等の運転経歴が10年以上の者。

③ 過去の一定期間に、道路交通法等の違反歴がないこと。

④ 開業に要する一定の資金を有すること。

従って、これから個人タクシーの許可を受けようとする場合には、この公示された審査基準の全てを満たす必要があります。この審査基準は、地方運輸局ごとで多少異なる点がありますので、許可を受けようとする営業区域を管轄する地方運輸局の公示を確認して下さい。

〔個人タクシー事業の申請に対する処分に関する処理方針：抜粋〕

Ⅰ．人口が概ね30万人以上の都市を含む営業区域等における許可

以下の方針の定めるところにより行うものとする。

○年齢

申請日現在の年齢が65歳未満であること。

○運転免許

有効な第二種運転免許（普通免許、中型免許又は大型免許に限る。）を有していること。

○運転経歴（申請日現在で、次の全てに適合していること。）

(1) 年齢が35歳未満の者

① 申請する営業区域において、申請日以前継続して10年以上同一のタクシー又はハイヤー事業者に運転者として雇用されていること。

② 申請日以前10年間無事故無違反であること。

(2) 年齢が35歳以上40歳未満の者

① 申請日以前、申請する営業区域において自動車の運転を専ら職業とした期間（他人に運転専従者として雇用されていた期間で、個人タクシー事業者又はその代務運転者であった期間を含む。）が10年以上であること。この場合、一般旅客自動車運送事業用自動車以外の自動車の運転を職業とした期間は50％に換算する。

② ①の運転経歴のうちタクシー・ハイヤーの運転を職業としていた期間が5年以上であること。

③ 申請する営業区域においてタクシー・ハイヤーの運転を職業としていた期間が申請日以前継続して3年以上であること。

④ 申請日以前10年間無事故無違反である者については、40歳以上65歳未満の要件によることができるものとする。

(3) 年齢が40歳以上65歳未満の者

① 申請日以前25年間のうち、自動車の運転を専ら職業とした期間（他人に運転専従者として雇用されていた期間で、個人タクシー事業者又はその代務運転者であった期間を含む。）が10年以上であること。この場合、一般旅客自動車運送事業用自動車以外の自動車の運転を職業とした期間は50％に換算する。

② 申請する営業区域において、申請日以前3年以内に2年以上タクシー・ハイヤーの運転を職業としていた者であること。

○法令遵守状況

(1) 申請日以前5年間及び申請日以降に、次に掲げる処分を受けていないこと。また、過去にこれらの処分を受けたことがある場合には、申請日の5年前においてその処分期間が終了していること。

① 法、貨物自動車運送事業法（平成元年法律第83号）又は特定地域及び準特定地域における一般乗用旅客自動車運送事業の適正化及び活性化に関する特別措置法（平成21年法律第64号。以下「タクシー適正化・活性化特措法」という。）の違反による輸送施設の使用停止以上の処分又は使用制限（禁止）の処分

② 道路交通法（昭和35年法律第105号）の違反による運転免許の取消し処分

③ タクシー業務適正化特別措置法（昭和45年法律第75号）に基づく登録の取消し処分及びこれに伴う登録の禁止処分

④ 自動車運転代行業の業務の適正化に関する法律（平成13年法律第57号）の違

反による営業の停止命令又は営業の廃止命令の処分

⑤ 刑法（明治40年法律第45号）、暴力行為等処罰に関する法律（大正15年法律第60号）、麻薬及び向精神薬取締法（昭和28年法律第14号）、覚せい剤取締法（昭和26年法律第252号）、売春防止法（昭和31年法律第118号）、銃砲刀剣類所持等取締法（昭和33年法律第6号）、その他これに準ずる法令の違反による処分

⑥ 自らの行為により、その雇用主が受けた法、貨物自動車運送事業法又はタクシー業務適正化特別措置法又はタクシー適正化・活性化特措法に基づく輸送施設の使用停止以上の処分

⑦ 申請者が、一般旅客自動車運送事業又は特定旅客自動車運送事業の許可の取消しを受けた事業者において、当該取消処分を受ける原因となった事項が発生した当時現に運行管理者であった者として受けた法第23条の3の規定による運行管理者資格者証の返納命令の処分

(2) 申請日以前3年間及び申請日以降に、道路交通法の違反（同法の違反であって、その原因となる行為をいう。）がなく、運転免許の効力の停止を受けていないこと。ただし、申請日の1年前以前において、点数（同法の違反により付される点数をいう。）が1点付されることとなる違反があった場合、又は点数が付されない違反があった場合のいずれか1回に限っては、違反がないものとみなす。

(3) (1)又は(2)の違反により現に公訴を提起されていないこと。

○資金計画

(1) 所要資金の見積りが適切であり、かつ、資金計画が合理的かつ確実なものであること。なお、所要資金は次の①～④の合計額とし、各費用ごとに以下に示すところにより計算されているものであること。

① 設備資金（③を除く。）

原則として70万円以上（ただし、70万円未満で所要の設備が調達可能であることが明らかな場合は、当該所要金額とする。）

② 運転資金

原則として70万円以上

③ 自動車車庫に要する資金

新築、改築、購入又は借入等自動車車庫の確保に要する資金

④ 保険料

自動車損害賠償保障法に定める自賠責保険料（保険期間12ヶ月以上)、並びに、旅客自動車運送事業者が事業用自動車の運行により生じた旅客その他の者の生命、身体又は財産の損害を賠償するために講じておくべき措置の基準を定

める告示（平成17年国土交通省告示第503号）で定める基準に適合する任意保険又は共済に係る保険料の年額

(2)　所要資金の100％以上の自己資金（自己名義の預貯金等）が、申請日以降常時確保されていること。

○営業所

個人タクシー営業上の管理を行う事務所であって、次の各事項に適合するものであること。

(1)　申請する営業区域内にあり、原則として住居と営業所が同一であること。

(2)　申請する営業区域内に申請日現在において現に居住しているものであること等、居住の実態が認められるものであること。

(3)　使用権原を有するものであること。

○事業用自動車

使用権原を有するものであること。

○自動車車庫

(1)　申請する営業区域内にあり、営業所から直線で２キロメートル以内であること。

(2)　計画する事業用自動車の全体を収容することができるものであること。

(3)　隣接する区域と明確に区分されているものであること。

(4)　土地、建物について、１年以上の使用権原を有するものであること。

(5)　建築基準法（昭和25年法律第201号）、都市計画法（昭和43年法律第100号）、消防法（昭和23年法律第186号）、農地法（昭和27年法律第229号）等の関係法令に抵触しないものであること。

(6)　計画する事業用自動車の出入りに支障がなく、前面道路が車両制限令（昭和36年政令第265号）に抵触しないものであること。なお、前面道路が私道の場合にあっては、当該私道の通行に係る使用権原を有する者の承認があり、かつ、当該私道に接続する公道が車両制限令に抵触しないものであること。

(7)　確保の見通しが確実であること。

○健康状態及び運転に関する適性

(1)　公的医療機関等の医療提供施設において、胸部疾患、心臓疾患及び血圧等に係る診断を受け、個人タクシーの営業に支障がない健康状態にあること。

(2)　自動車事故対策機構等において運転に関する適性診断を受け、個人タクシーの営業に支障がない状態にあること。

○法令及び地理に関する知識

申請する営業区域を管轄する地方運輸局長が実施する法令及び地理の試験に合格した者であること。なお、法令及び地理の試験については、個人タクシー事業の許

可等に係る法令及び地理の試験の実施について（平成13年12月26日国自旅第127号。以下「試験実施通達」という。）」で定めるところにより実施するものとする。

　ただし、申請する営業区域において、申請日以前継続して10年以上タクシー・ハイヤー事業者に運転者として雇用されている者で、申請日以前5年間無事故無違反であった者又は申請する営業区域内において、申請日以前継続して15年以上タクシー・ハイヤー事業者に運転者として雇用されている者については、地理試験を免除できることとする。

○その他

　申請日前3年間において個人タクシー事業を譲渡若しくは廃止し、又は期限の更新がなされなかった者でないこと。

○申請及び処分の時期等

（1）　申請の受付

　毎年9月1日から10月31日までの間における1ヶ月程度の期間とする。ただし、タクシー適正化・活性化特措法第3条第1項の規定による特定地域に指定されている地域を営業区域とする申請の受付は行わない。

　また、タクシー適正化・活性化特措法第3条の2第1項の規定による準特定地域に指定されている地域を営業区域とする申請は、「準特定地域における一般乗用旅客自動車運送事業の適正化の推進のために監督上必要となる措置等の実施について（平成26年1月24日国自旅第406号）」Ⅱ．1．に基づき地方運輸局長が公示した場合にあっては、公示した期間を受付期間とする。

（2）　法令及び地理の試験の実施

　試験実施通達で定めるところにより実施するものとする。

（3）　申請内容の確認

　申請内容の確認のため、地方運輸局が必要と認める場合にヒアリングを実施するものとする。

（4）　処分の時期

　標準処理期間の範囲内において行うこととする。ただし、タクシー適正化・活性化特措法第3条の2第1項の規定による準特定地域に指定されている地域を営業区域とする申請にあっては、各地方運輸局長が定める時期とすることができるものとする。

（5）　その他

　新規許可申請の受付日以降処分日までの間に当該申請に係る営業区域がタクシー適正化・活性化特措法第3条第1項の規定による特定地域に指定された場合には、当該申請事案は同法第14条の2の規定に基づき却下処分とする。

(5)　許可等に付す期限及び条件

○新規許可等に付す期限

①　新規許可又は譲渡譲受認可若しくは相続認可に当たっては、当該許可又は認可後3年間とする期限を付すこととする。

②　譲渡譲受認可申請が行われた場合は、従前の許可期限（許可期限を更新した場合にあっては更新後の期限。以下同じ。）の翌日以降、新規許可等に付す条件⑪の条件により旅客の運送を行わない限りにおいて許可期限を認可の日までとする。

○新規許可等に付す条件

新規許可又は譲渡譲受認可若しくは相続認可に当たっては、少なくとも次の条件を付すこととする。

①　引き続き有効な第二種運転免許を有するものであること。なお、当該第二種運転免許の取り消し処分を受けた場合には許可を取り消すものであること。また、譲渡譲受認可申請が行われた場合であって、やむを得ない事情により第二種運転免許が失効し、かつ、それ以降旅客の運送を行うことがないときは、許可に係る当該条件は適用しない。

②　使用する事業用自動車は1両であり、他人に当該事業用自動車を営業のために運転させてはならないこと。

③　患者輸送等の特殊な需要に特化した運送のみを行うものでないこと。

④　事業用自動車の両側面に見やすいように「個人タクシー」と表示すること。

⑤　月に2日以上の定期休日を定めること。

⑥　地方運輸局長等が日時及び場所を指定して出頭を求めたときは、特別の事情がない限りこれに応じること。

⑦　営業中は運転日報を携行しこれに記入を行い、1年間は保存すること。

⑧　刑法、暴力行為等処罰に関する法律、麻薬及び向精神薬取締法、覚せい剤取締法、売春防止法、銃砲刀剣類所持等取締法のいずれかに抵触する行為により処罰を受けた場合には、許可を取り消すことがあること。

⑨　年齢が65歳に達した場合には、旅客自動車運送事業運輸規則（昭和31年運輸省令第44号）第38条第2項に定めるところにより同項の認定を受けた適性診断を受診すること。

⑩　年齢が満75歳の誕生日の前日以降の期限を付す更新は行わないものであること。

⑪　譲渡譲受認可申請が行われた場合であって、新規許可等に付す期限②により許可期限が認可の日までとなる場合にあっては、従前の許可期限の翌日から譲

　　渡譲受認可の日までの間は旅客の運送を行わないものとすること。なお、当該条件に違反して旅客の運送を行ったときは、許可を取り消すものであること。

⑹　新規許可及び譲渡譲受認可申請に必要となる書類

（新規許可申請に必要な書類）

○申請時に必要なもの

　① 申請書

　② 戸籍抄本

　③ 運転免許証の写

○ヒアリングの際に必要なもの

　① 住民票

　　・申請人を含む同居している者全てのもの

　　・申請日前3ヶ月以降に発行されたもの

　② 在職証明書

　　・採用年月日、退職年月日、休職期間、月当たり勤務日数及び通算在職年月数が記載されている雇用主発行のもの

　　・勤務事業所及び職種ごとの勤務期間が記載されているもの

　③ 自動車安全運転センターの無事故無違反証明書又は運転記録証明書

　④ 資金についての挙証資料

　⑤ 営業所（住居）の確保についての挙証資料

　⑥ 車庫の確保についての挙証資料

　⑦ 健康状況の挙証資料

　⑧ 運転に関する適性診断の挙証資料

　⑨ その他

　　・申請書に使用した印鑑を持参すること

（譲渡譲受認可申請に必要な書類）

※ 譲渡譲受認可申請には新規許可申請に必要な書類のほか、以下の書類等が必要となります。

　① 譲渡譲受認可申請書

　　・譲渡人が途中で死亡した場合のみ、譲渡譲受認可申請の継続申請書

　② 譲渡譲受契約書の写

　③ 譲渡譲受価格の明細書

　④ 許可証（旧法の免許状を含む）の写

　　・許可証（旧法の免許状を含む）に付された期限に変更がある場合、変更通知

　　書の写

⑤　譲渡譲受車両の自動車検査証の写

⑥　譲渡人、譲受人の印鑑証明書

⑦　譲渡人の診断書及び運転免許証の写

・ただし、譲渡人が65歳以上の場合か、個人タクシー事業歴20年以上の場合は、診断書の提出が省略できます。

⑧　その他、挙証に必要な資料

〔譲渡譲受及び相続の認可〕

１．譲渡譲受の認可

（1）譲渡人の資格要件

　　申請日現在において、次のいずれかに該当するとともに、有効な第二種運転免許を有していること。ただし、年齢が満80歳の誕生日の前日以前に、既に譲渡譲受認可申請がなされ、新規許可等に付す期限②が適用されており、従前の許可期限の日を過ぎている場合を除く。

①　年齢が65歳以上80歳未満であること。

②　年齢が65歳未満で、傷病等により事業を自ら遂行できない正当な理由がある者。

③　年齢が65歳未満で、20年以上個人タクシー事業を経営している者であること。

（2）譲受人の資格要件

　　Ⅰ．に定める基準を満たすものであること。なお、譲渡人が75歳以上80歳未満の場合は、60歳以下の者であること。

（3）申請及び処分の時期

①　申請の受付

　　原則として通年受付とする。

②　法令及び地理の試験の実施

　　試験実施通達で定めるところにより実施するものとする。

③　申請内容の確認

　　申請内容の確認のため、各地方運輸局が必要と認める場合にヒアリングを実施するものとする。

④　処分の時期

　　標準処理期間の範囲内において行うこととする。

２．相続の認可

（1）被相続人の死亡時における年齢が75歳未満であること。

⑵　相続人がⅠ. 許可に定める基準を満たす者であること。

⑶　申請の受付、法令及び地理の試験並びに処分は、随時行うこととする。ただし、申請が被相続人の死亡後60日以内になされるものであること。

(7)　**法令及び地理試験の実施**

Q₂

個人タクシー事業者となるために法令及び地理試験を実施
していると聞いていますが、その目的及び試験の出題範囲に
ついて教えて下さい。

A

　個人タクシーの許可を受けようとする者は、タクシー運転者の模範となるべき知識・技能を有する優秀適格者であることが求められています。このため許可を受けようとする営業区域の地理に精通していることに加えて、これまでの運転者としての立場のみならず、事業者としての責務を果たす必要があることから、タクシー事業者として必要最小限の道路運送法を始めとする関係法令の基本的な知識等の修得が必要となるのです。こうした優秀適格者の選定について、客観性・公平性を確保するため、試験制度による審査を行っているのです。法令及び地理試験の出題範囲は、次のとおりです。

　なお、法令試験の出題範囲となる法令等については、「関係法令及び関係通達」編を参照して下さい。

試験の出題範囲

◎法令試験

１．道路運送法関係

(1)　道路運送法

(2)　道路運送法施行令

(3)　道路運送法施行規則

(4)　旅客自動車運送事業運輸規則

(5)　旅客自動車運送事業等報告規則

(6)　一般乗用旅客自動車運送事業の標準運送約款

(7)　個人タクシー事業の許可期限の更新等の取扱いについて（平成13年11月15日付け国自旅第107号）

(8)　一般乗用旅客自動車運送事業の運賃及び料金に関する制度について（平成13年

10月26日付け国自旅第100号）

⑼　一般乗用旅客自動車運送事業の運賃料金の認可の処理方針について（平成13年10月26日付け国自旅第101号）

⑽　その他個人タクシー事業の遂行に必要な事項（地方運輸局等の公示及び通達を含む。）

２－１．タクシー業務適正化特別措置法関係（申請に係る営業区域が同法に基づく特定指定地域の場合のみ出題）

⑴　タクシー業務適正化特別措置法

⑵　タクシー業務適正化特別措置法施行規則

⑶　タクシー業務適正化特別措置法関係告示・通達

⑷　タクシー乗り場及びタクシー乗車禁止地区に関する事項

⑸　その他個人タクシー事業の遂行に必要な事項（地方運輸局等の公示及び通達を含む。）

２－２．タクシー業務適正化特別措置法関係（申請に係る営業区域が同法に基づく特定指定地域以外の指定地域の場合のみ出題）

⑴　タクシー業務適正化特別措置法（第44条から第47条までに限る。）

⑵　タクシー業務適正化特別措置法施行規則（第28条から第38条までに限る。）

２－３．タクシー業務適正化特別措置法関係（申請に係る営業区域が同法に基づく指定地域以外の場合のみ出題）

⑴　タクシー業務適正化特別措置法（第46条及び第47条に限る。）

⑵　タクシー業務適正化特別措置法施行規則（第30条から第38条までに限る。）

３．道路運送車両法関係

⑴　道路運送車両法

・第１条（この法律の目的）

・第11条（自動車登録番号標の封印等）

・第12条（変更登録）

・第13条（移転登録）

・第15条（永久抹消登録）

・第19条（自動車登録番号標等の表示の義務）

・第20条第２項（自動車登録番号標の廃棄等）

・第41条（自動車の装置）

・第42条（乗車定員又は最大積載量）

・第47条（使用者の点検及び整備の義務）

・第47条の２（日常点検整備）

　　　・第48条（定期点検整備）

　　　・第49条（点検整備記録簿）

　　　・第54条第1項、第2項（整備命令等）

　　　・第57条（自動車の点検及び整備に関する手引）

　　　・第58条（自動車の検査及び自動車検査証）

　　　・第61条（自動車検査証の有効期間）

　　　・第62条（継続検査）

　　　・第66条（自動車検査証の備付け等）

　　　・第67条（自動車検査証の記載事項の変更及び構造等変更検査）

　　　・第69条第2項（自動車検査証の返納等）

　　　・第70条（再交付）

　(2)　自動車点検基準

　　　・第1条第1号（日常点検基準）

　　　・第2条第1号（定期点検基準）

　　　・第4条（点検整備記録簿の記載事項等）

　(3)　道路運送車両の保安基準

　　　・第29条（窓ガラス）

　　　・第43条の2（非常信号用具）

　　　・第43条の3（警告反射板）

　　　・第43条の4（停止表示器材）

　　　・第50条（旅客自動車運送事業用自動車）

　　　・第53条（乗車定員及び最大積載量）

　(4)　自動車事故報告規則

　　　・第2条（定義）

　　　・第3条（報告書の提出）

　　　・第4条（速報）

　(5)　その他個人タクシー事業の遂行に必要な事項（地方運輸局等の公示及び通達を
　　　含む。）

◎地理試験

　申請する営業区域の地名、道路、交差点、主要公共施設、河川、橋、公園、名所・旧跡等の名称及び場所、主要ターミナル等周辺の交通規制、その他個人タクシー事業の遂行に必要な地理に関する事項

５．個人タクシー事業者として必要な知識

[道路運送法関係]

(1) 安全、確実、迅速な輸送

Q₁

タクシー事業者は、「安全、確実、迅速に運輸を遂行するように努めなければならない」とされていますが、具体的に教えて下さい。

A

　タクシーは、旅客の告げた目的地に、安全運転で、迅速かつ確実に、旅客を運送する必要があります。故意に回り道をしたり、途中で降車させたりすることは、タクシーに対する旅客の信頼性を著しく失墜させる行為であり、あってはならないことです。なお、「迅速に」とは、通常の経路（最短コース）を走るという意味であり、スピード違反を奨励するものではありません。

（旅客自動車運送事業運輸規則第2条：一般準則）
　旅客自動車運送事業者（旅客自動車運送事業を経営する者をいう。以下同じ。）は、安全、確実かつ迅速に運輸を遂行するように努めなければならない。

(2)　公平、懇切な取扱い

Q₂

　タクシー事業者は、「旅客又は公衆に対して、公平かつ懇切な取扱いをしなければならない」とされていますが、具体的に教えて下さい。

A

　「公平かつ懇切な」とは、例をあげれば申し込みの順序に従って乗車を引き受け、車内での対応はていねいに行い、決して身なりや服装などで旅客を差別してはならないということです。

　タクシーは、一般の商業行為と違い、自らが商品の売り込みをしなくてもお客がついてくることから、ともすれば「乗せてあげる」といった態度をとりがちであるという批判が多くあることも事実です。こうした旅客に対する接遇で旅客とトラブルが起こるようなことは、特に個人タクシー事業者として決してあってはならない基本的なことと言えます。

　また、停車禁止の場所や回送板を掲げているのに乗車を求める者などに対しては、懇切ていねいに乗車引き受けができないことを説明し、了解を求めるようにしましょう。さらに、歩行者等の交通弱者に対しては、細心の注意を心がけましょう。

（旅客自動車運送事業運輸規則第2条：一般準則）
　2　旅客自動車運送事業者は、旅客又は公衆に対して、公平かつ懇切な取扱いをしなければならない。

―― 練習問題（○×式）――

(5)　旅客自動車運送事業者は、旅客又は公衆に対して、公平かつ懇切な取扱いをしなければなりません。

(6)　事業者が、公平かつ懇切な取扱いをしなければならないのは、旅客又は公衆に対してである。

（3） 運賃の認可

Q₃

タクシー事業の運賃の設定及び変更は、認可を受けなければならないとされていますが、この理由について教えて下さい。

A

　　タクシー事業は、不特定多数の旅客を運送するものであり、これを事業者の自由に放任すると、旅客は乗車のたびに運転者と運賃の交渉をしなければならず、これでは旅客は安心してタクシーを利用することができないことになります。

　　そこで、タクシー事業の公共性に着目して、運賃及び料金の設定並びに変更については、地方運輸局長の認可を受けなければならないことになっています。

（道路運送法第9条の3：一般乗用旅客自動車運送事業の運賃及び料金）
　一般乗用旅客自動車運送事業を経営する者（以下「一般乗用旅客自動車運送事業者」という。）は、運賃等（旅客の運賃及び料金（旅客の利益に及ぼす影響が比較的小さいものとして国土交通省令で定める料金を除く。）をいう。以下この条、第88条の2第3号及び第89条第1項第2号において同じ。）を定め、国土交通大臣の認可を受けなければならない。これを変更しようとするときも、同様とする。
　2　国土交通大臣は、前項の認可をしようとするときは、次の基準によって、これをしなければならない。
　　一　能率的な経営の下における適正な原価に適正な利潤を加えたものを超えないものであること。
　　二　特定の旅客に対し不当な差別的取扱いをするものでないこと。
　　三　他の一般旅客自動車運送事業者との間に不当な競争を引き起こすこととなるおそれがないものであること。
　　四　運賃等が対距離制による場合であって、国土交通大臣がその算定の基礎となる距離を定めたときは、これによるものであること。
　3　一般乗用旅客自動車運送事業者は、次に掲げる者を構成員とする協議会において、地域における需要に応じ当該地域の住民の生活のための旅客の運送を確保する必要がある営業区域に係る運賃等について協議が調ったときは、第一項の規定にかかわらず、当該協議が調った事項を国土交通大臣に届け出ることにより、当該運賃等を定めることができる。当該協議会において当該運賃等の変更について協議が調ったときも、同様とする。
　　一　当該営業区域をその区域に含む市町村又は都道府県
　　二　当該運賃等を定めようとする一般乗用旅客自動車運送事業者
　　三　当該営業区域を管轄する地方運輸局長
　　四　第1号に規定する市町村の長又は同号に規定する都道府県の知事が関係住民の意見を代表する者として指名する者
　4　前項第1号に掲げる者は、同項の協議をするときは、あらかじめ、公聴会の開催その他の住民、利用者その他利害関係者の意見を反映させるために必要な措置を講じな

け ればならない。

5　一般乗用旅客自動車運送事業者は、第1項の国土交通省令で定める料金を定めるときは、あらかじめ、その旨を国土交通大臣に届け出なければならない。これを変更しようとするときも、同様とする。

6　第9条第7項の規定は、第3項の運賃等及び前項の料金について準用する。この場合において、同条第7項中「第3項又は第4項」とあるのは「第9条の3第3項」と、「当該一般乗合旅客自動車運送事業者」とあるのは「当該一般乗用旅客自動車運送事業者」と読み替えるものとする。

───　練習問題（○×式）───

⑺　タクシーの運賃料金メーター器が故障したため新しいメーター器に変更する場合、運賃及び料金の変更認可の手続きが必要です。

⑻　個人タクシー事業者は、旅客の運賃及び料金（旅客の利益に及ぼす影響が比較的小さいものとして国土交通省令で定める料金を除く。）を定めたときは、遅滞なく届け出なければなりません。

⑷　運賃・料金の収受方法、禁止行為

Q₄

タクシーの運賃・料金の収受の方法、禁止行為について教えて下さい。

A

　タクシーの運賃及び料金については、地方運輸局長の認可を受けることと規定されていますが、この認可されている運賃及び料金を収受するときは、運賃料金メーター器の表示額によって収受することになっています。**これは、運送約款に「運賃及び料金は時間貸しの契約をした場合を除いて、運賃料金メーター器の表示額によります。（標準運送約款）」と記載されているためです。**

　運賃料金メーター器については、ご承知のとおり計量法の規定により年１回の検定を受けることとされており、いかなる場合においてもタクシー事業者は、この表示額に基づく運賃及び料金を収受しなければなりません。ですから、運賃料金メーター器の操作は、慎重かつ正確に行わなければ旅客とのトラブルのもとになりますから注意しましょう。

　また、道路運送法に規定する運賃又は料金の割戻しの禁止とは、事業者が運送行為の対価として収受した運賃及び料金のうち、その一部を旅客に割り戻す行為ですが、例えば次のような場合がこれにあたります。

　①　チケット利用の旅客に対して、チケットに記載した金額以下の金額を後に請求すること。

　②　常連の旅客であるため、収受した運賃・料金を下車の際に、タバコ代等と称して一定額を返付すること。

（道路運送法第10条：運賃又は料金の割戻しの禁止）
　一般旅客自動車運送事業者は、旅客に対し、収受した運賃又は料金の割戻しをしてはならない。

―― 練習問題（○×式）――――――――――――――――――――――――――
⑼　道路運送法の規定では、運賃又は料金の割戻しはやむを得ない事由があっても禁止されています。
⑽　道路運送法の規定により運賃及び料金の割戻しは禁止されているが、事業主でもある個人タクシー事業者の場合は適用除外となっています。

⑸　障害者割引制度の適用方法

Q₅

障害者割引制度の適用方法について教えて下さい。

A

　タクシー運賃・料金には、数種類の割引制度がありますが、身体障害者及び知的障害者等がタクシーに乗車し、この旅客に運賃・料金の割引を申し込まれた場合については、10％の割引が適用されることになります。

　個人タクシー事業者の場合、この適用方法については、旅客は身体障害者手帳又は知的障害者の療育手帳を提示し、事業者がこれを確認することになっています。

　身体障害者手帳等の提示については、従来の「手帳」の提示によるものが主となりますが、自治体が発行する「カード型」や「スマートフォンアプリによる表示」等においても手帳と同様の内容が記載されています。障害者割引の適用においては、障害者に過度な負担とならないよう、これらを活用した本人確認についてご協力をお願いいたします。

　また、乗務記録（運転日誌又は運転日報ともいう）の運賃欄に収受した運賃額、備考欄に適用となった割引制度（障害者割引）を記載しなければなりません。

　タクシーの社会的使命を認識し、よりよい公共交通機関として信頼をさらに得るためにも、この制度が適用となる旅客への対応については、手順を十分説明しお互いが快適に目的地まで運送できるように細心の注意を払いましょう。

　なお、視覚障害者は目的地までの経路が不明瞭な場合がありますから、乗車の際には、通行する道路、交差点名等の主要な通過地の確認を行い、安全運行を行うためにも進行中は右折・左折及び発進・停止することをあらかじめ告げるなど心がけましょう。

　一口メモ

☞　障害者割引制度が適用となる旅客を運送した場合、10％を割り引いた運賃の計算方法については、運賃料金メーター器の表示額に90％を乗じて10円未満を切り捨てた額になります。

　例：500円×90％＝450円　よって収受する運賃は450円になります。

（参考）　現行のタクシー運賃・料金体系

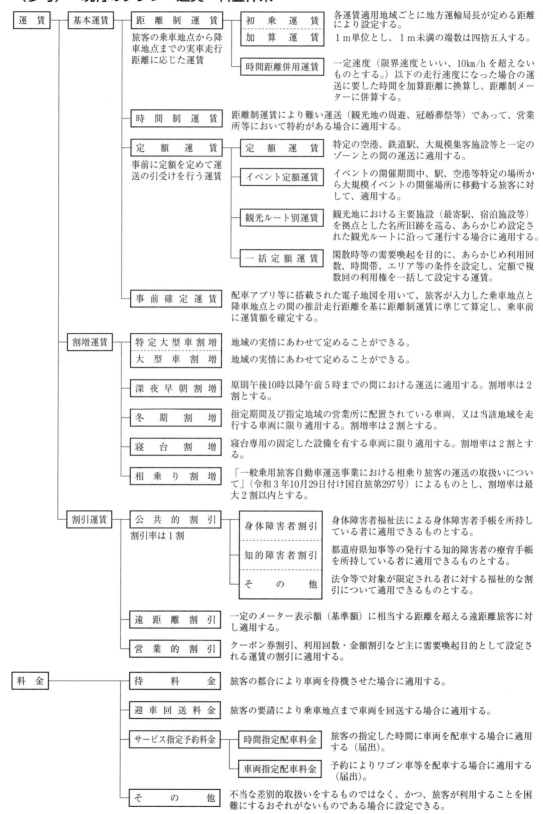

運賃	基本運賃	距離制運賃 旅客の乗車地点から降車地点までの実車走行距離に応じた運賃	初乗運賃	各運賃適用地域ごとに地方運輸局長が定める距離により設定する。
			加算運賃	1m単位とし、1m未満の端数は四捨五入する。
			時間距離併用運賃	一定速度（限界速度といい、10km/hを超えないものとする。）以下の走行速度になった場合の運送に要した時間を加算距離に換算し、距離制メーターに併算する。
		時間制運賃		距離制運賃により難い運送（観光地の周遊、冠婚葬祭等）であって、営業所等において特約がある場合に適用する。
		定額運賃 事前に定額を定めて運送の引受けを行う運賃	定額運賃	特定の空港、鉄道駅、大規模集客施設等と一定のゾーンとの間の運送に適用する。
			イベント定額運賃	イベントの開催期間中、駅、空港等特定の場所から大規模イベントの開催場所に移動する旅客に対して、適用する。
			観光ルート別運賃	観光地における主要施設（最寄駅、宿泊施設等）を拠点とした名所旧跡を巡る、あらかじめ設定された観光ルートに沿って運行する場合に適用する。
			一括定額運賃	閑散時等の需要喚起を目的に、あらかじめ利用回数、時間帯、エリア等の条件を設定し、定額で複数回の利用権を一括して設定する運賃。
		事前確定運賃		配車アプリ等に搭載された電子地図を用いて、旅客が入力した乗車地点と降車地点との間の推計走行距離を基に距離制運賃に準じて算定し、乗車前に運賃額を確定する。
	割増運賃	特定大型車割増		地域の実情にあわせて定めることができる。
		大型車割増		地域の実情にあわせて定めることができる。
		深夜早朝割増		原則午後10時以降午前5時までの間における運送に適用する。割増率は2割とする。
		冬期割増		指定期間及び指定地域の営業所に配置されている車両、又は当該地域を走行する車両に限り適用する。割増率は2割とする。
		寝台割増		寝台専用の固定した設備を有する車両に限り適用する。割増率は2割とする。
		相乗り割増		「一般乗用旅客自動車運送事業における相乗り旅客の運送の取扱いについて」（令和3年10月29日付け国自旅第297号）によるものとし、割増率は最大2割以内とする。
	割引運賃	公共的割引 割引率は1割	身体障害者割引	身体障害者福祉法による身体障害者手帳を所持している者に適用できるものとする。
			知的障害者割引	都道府県知事等の発行する知的障害者の療育手帳を所持している者に適用できるものとする。
			その他	法令等で対象が限定される者に対する福祉的な割引について適用できるものとする。
		遠距離割引		一定のメーター表示額（基準額）に相当する距離を超える遠距離旅客に対し適用する。
		営業的割引		クーポン券割引、利用回数・金額割引など主に需要喚起目的として設定される運賃の割引に適用する。
料金		待料金		旅客の都合により車両を待機させた場合に適用する。
		迎車回送料金		旅客の要請により乗車地点まで車両を回送する場合に適用する。
		サービス指定予約料金	時間指定配車料金	旅客の指定した時間に車両を配車する場合に適用する（届出）。
			車両指定配車料金	予約によりワゴン車等を配車する場合に適用する（届出）。
		その他		不当な差別的な取扱いをするものではなく、かつ、旅客が利用することを困難にするおそれがないものである場合に設定できる。

(6)　運送約款

Q 6

運送約款とはどのような意味があるのでしょうか。

A

　タクシー事業者は、その運送行為を行うに際し、日々多数の運送契約を締結し、かつ、その契約から生じる複雑な法律関係を迅速、かつ、明解に処理していかなければなりません。個々の契約について、いちいち契約の内容を個別に定めていたのでは、簡易迅速な業務の処理は困難であり、旅客にとってもその煩わしさに耐えられないでしょう。

　そこで、タクシー事業者は、あらかじめ運送契約の内容を定めておき、これに定めるところによって画一的に運送の引き受けに応じる方法を採っており、**この「あらかじめ定められた契約」が「運送約款」**というものです。

　運送約款が定められている場合には、運送契約の当事者が契約を結ぶ際、特にこの約款によらないという意思表示をしない以上は、たとえ契約の当事者が運送約款の個々の条項を了知していなかったとしても、あるいは具体的な運送約款の条項についてそれによる意思を持っていたかどうか明確でない場合においても、その運送契約は、運送約款によって成立したとされることになります。

　運送約款は、このように重要な機能を有するものですが、タクシー事業者が一方的に作成し、旅客は、その運送約款を全面的に受け入れるしかありません。このため、道路運送法においては、タクシー事業者の運送約款の制定及び変更は地方運輸局長の認可がなければ実施できないこととするとともに、運送約款の公示義務、地方運輸局長の変更命令等について定めており、タクシー事業者に一方的に有利な規定が設けられないよう規制しています。

　なお、道路運送法では、国土交通大臣が「標準運送約款」を定めて公示した場合には、タクシー事業者は、地方運輸局長の認可を受けることなく、これと同一の運送約款を定めることができます。

（道路運送法第11条：運送約款）
　一般旅客自動車運送事業者は、運送約款を定め、国土交通大臣の認可を受けなければならない。これを変更しようとするときも同様とする。

Q₇

運送約款には、どのような項目が記載されているのですか。

A

　前ページ（運送約款とはどのような意味があるのでしょうか。）にあるように、運送約款とは、運送契約の条件を一般化してあらかじめ定めたものです。

　道路運送法では、運送約款の認可基準として、次のとおり規定しています。

① 　公衆の正当な利益を害するおそれがないものであること。

② 　少なくとも運賃及び料金の収受並びに一般旅客自動車運送事業者の責任に関する事項が明確に定められているものであること。

　また、この運送約款の記載事項は、道路運送法施行規則に次のように定められています。

① 　事業の種別

② 　運賃及び料金の収受又は払戻しに関する事項

③ 　運送の引受けに関する事項

④ 　運送責任の始期及び終期

⑤ 　免責に関する事項

⑥ 　損害賠償に関する事項

⑦ 　その他運送約款の内容として必要な事項

これらの具体的内容については、標準運送約款でよく確認するようにして下さい。

── 練習問題（○×式）──

(11)　一般乗用旅客自動車運送事業の標準運送約款には、天災により運行を中止したことによって旅客が受けた損害についても、事業者に賠償責任があることが規定されています。

一口メモ

☞　　例えば、タクシーの運賃及び料金は運賃料金メーター器の表示額により収受していますが、これは、標準運送約款（Ｐ.231〜Ｐ.233）第５条を根拠としています。

Q8

お客さまがタクシー車内で喫煙したいと申し出たときはどのようにしたらよいでしょうか。

A

　令和2年4月1日、改正健康増進法の施行により、タクシー車内での喫煙は禁止されました。これにより、事業者はもちろん、旅客もタクシー車内で喫煙することはできません。

　タクシー車内の喫煙については旅客とのトラブルの元となる可能性があります。旅客から車内で喫煙したいとの申し出があった場合には、喫煙が禁止されていることを丁寧に説明し理解を得ていただきましょう。

　改正健康増進法は、望まない受動喫煙の防止を図るため、多数の者が利用する施設等の区分に応じ、当該施設等の一定の場所を除き喫煙を禁止するとともに、当該施設等の管理について権原を有する者が講ずべき措置等について定めています。

　タクシーには様々な旅客が乗車するなか、受動喫煙を望まない旅客も乗車しますので、適切な車両管理を行いましょう。特に事業者自身がタバコを吸う場合は、タクシー車内で吸っていなくてもタバコ臭を感じることがあります。旅客とトラブルにならないよう注意しましょう。

(7) 運送引受義務及び継続の拒絶

Q₉

タクシー事業者が、運送の引受けを拒絶することができるケースは、どんな場合があるのですか。

A

タクシー事業者は、旅客から運送の申し込みを受けた場合には、必ずその申し込みを応諾する義務があります。しかし、どんな事情があっても引き受けなければならないとすると、タクシー事業者に過大な負担を強いる結果となり、適当でない場合が生じることもあります。そこで、道路運送法は、運送の引受けを拒絶することができる場合を明文化し、次のように定めています。

① 運送の申し込みが、認可を受けた運送約款によらないものであるとき。

　例：認可運賃以外の運賃による運送の申し込み

　　：運送の安全のための運転者の指示に従わないもの

② 運送に適する設備がないとき。

　例：トランクに入らない（トランクが閉まらない）もの

　　：バックミラーによる視認を妨げたり、ハンドルを円滑に操作できない等運転に支障があるとき

　　：定員を超えるとき

③ 運送の申し込み者から特別の負担を求められたとき。

　例：高速道路、フェリー等の料金の支払いを旅客から強制されたとき

　　：現金及び当該事業者に有効なチケット以外による支払いを求められたとき（現金以外による支払いでも、当該事業者が認めた場合にはこの限りではない）

　　：営業区域の境界から、概ね50kmを超える区域への運送を求められたとき（地方運輸局長の定めによる）

④ その運送が法令の規定又は公の秩序若しくは善良の風俗に反するものであるとき。

　例：道路交通法上の停車禁止、一方通行に反するとき（このような場合、旅客に違反である旨を説明し、停車禁止以外の地点まで誘導する措置も必要）

　　：運送の申し込みの際、暴行、威嚇等の行為があったとき

⑤　天災その他やむを得ない事由による運送上の支障があるとき。

⑥　これらの場合のほか、省令で定める正当な事由があるとき。

（旅客自動車運送事業運輸規則第13条関係）

　　　○運送の途中、旅客が車内において明らかに公序良俗、善良の風俗に反する行為があって、運転者の制止若しくは必要な指示に従わないとき

　　　○火薬類等法令で持ち込みを制限されている物品及び死体・動物（身体障害者補助犬及びこれと同等の能力を有すると認められる犬並びに愛玩用の小動物を除く）等を携帯している者

　　　○泥酔した者又は不潔な服装をした者等であって、他の旅客の迷惑となるおそれのある者

　　　　・行き先を明瞭に告げられない者

　　　　・嘔吐の跡等があり車内を汚染するおそれのある者

　　　　・人の助けなくしては歩行が困難である者

　　　　・その服装によって車内が著しく汚れると認められる者

　　　　・魚類又は汚わい品等の持ち込みによって車内が著しく汚染されると認められる者

　　　○付添人を伴わない重病者

　　　○感染症の予防及び感染症の患者に対する医療に関する法律（平成10年法律第114号）に定める一類感染症、二類感染症、新型インフルエンザ等感染症若しくは指定感染症（同法第7条の規定に基づき、政令で定めるところにより、同法第19条又は第20条の規定を準用するものに限る。）の患者（同法第8条（同法第7条において準用する場合を含む。）の規定により一類感染症、二類感染症、新型インフルエンザ等感染症又は指定感染症の患者とみなされる者を含む。）又は新感染症の所見がある者

（旅客自動車運送事業運輸規則第50条第6項関係）

　　　○法令の規定により回送板を掲出しているとき

─── 練習問題（○×式）───

⑿　事業者は、行き先を告げることもできない泥酔者であって、他の旅客の迷惑となるおそれのある者に対しても、運送の引受けを拒絶することはできません。

⒀　一般乗用旅客自動車運送事業者は、300グラムのマッチをタクシー車内に持ち込む旅客に対しては、運送の引受けを拒絶することができます。

Q10

盲導犬などの身体障害者補助犬を連れた旅客の乗車を断ることができますか。

A

　一般旅客自動車運送事業者が、運送の引受けを拒絶できる場合については、P.42で詳しく説明しましたが、本来的には、動物と共に乗車される場合は、運送の引受けを拒絶することが認められています。しかし、動物であっても「愛玩用の小動物」は適用が除外されており、また、盲導犬などの身体障害者補助犬は、「身体障害者補助犬法」に基づき適用が除外されています。「身体障害者補助犬」は、目や耳や手足に障害のある方の生活をお手伝いする「盲導犬」「聴導犬」「介助犬」のことです。

　身体障害者補助犬法では、補助犬の同伴を受け入れる義務がある場所と、同伴を受け入れる努力をする必要がある場所に区分していますが、公共交通機関であるタクシーは、身体障害者補助犬の同伴を受け入れる義務がある場所として規定されています。

　従って、タクシーは、盲導犬などの身体障害者補助犬を連れた旅客の乗車を断ることはできません。やむを得ない場合、つまり車両等に著しい損害が発生し、又は車両等の利用者が著しい損害を受けるおそれがある場合等を除き、補助犬の同伴・乗車を拒絶することはできないのです。

　そもそも、身体障害者補助犬は法律に基づき認定された犬で、特別な訓練を受けています。社会のマナーも守れますし、清潔です。障害のある方のパートナーであり、身体の一部です。快く乗車させるようにしましょう。

　なお、身体障害者補助犬は犬種、認定番号、認定年月日等を記載した表示をつけています。また、補助犬使用者が施設・車両等を利用する際には、補助犬の健康管理に関する記録、補助犬認定証などの補助犬であることを証明する書類を携帯し、関係者の請求があればこれを提示しなければならないこととなっています。

--- 練習問題（○×式）---

⒁　タクシー事業者は介助犬を連れた旅客に対して、運送の引受けを拒絶することができます。

⒂　身体障害者補助犬及びこれと同等の能力を有すると認められる犬並びに愛玩用の小動物をタクシー車内に持ち込む旅客に対しては、運送の引受けを拒絶することができます。

Q₁₁

タクシーの営業中に「回送板」を掲出できる場合は、どんなときでしょうか。

A

　法令（旅客自動車運送事業運輸規則第50条第6項、第7項）では、回送板を掲出できるケースを具体的に例示し、このような場合以外の掲出を原則として制限しています。この趣旨は、運送を引き受けることができない正当な理由を明示し、公正な旅客輸送を担保するとともに、みだりに回送板を掲出して不当な客選びを行うことを防止し、旅客サービスを徹底することにあります。

　回送板を掲出する場合、「回送中」である旨を旅客に見やすいよう車外に向けて表示し、旅客とのトラブルの発生を防止する必要があります。

（回送板を掲出できる場合の例示）

　・食事、休憩をしようとするとき

　・乗務の終了等のため営業所若しくは車庫に回送しようとする場合

（注）

　　ただし、実際の営業にあっては、上記の例示以外にも運送を引き受けることができない場合がままあります。そのため、多くの運輸監理部又は運輸支局では「ハイヤー・タクシー車両の表示等に関する取扱いについて」を定め、さらに具体的なケースを例示しています。関東運輸局東京運輸支局の場合は次のとおりです。

　・燃料等の補給の必要があるとき

　・車両の故障、運賃メーター器及び外付け運賃・料金ユニット又は表示装置の故障等のため、車庫若しくは営業所等に回送しようとする場合

　　── 練習問題（○×式）──

⒃　一般乗用旅客自動車運送事業者の事業用自動車の運転者は、迎車回送しようとする場合には、回送板を掲出しなければなりません。

⒄　タクシー運転者が「回送板」を掲出しなければならない場合は、食事若しくは休憩のため運送の引受けをすることができない場合だけです。

(8) 運送の順序

Q12

タクシーにおける運送の引受けで注意することはどんなことがあるでしょうか。

A

　タクシー事業者は、運送の申し込みを受けた順序により、旅客の運送をしなければなりません。タクシー乗り場や路上で、旅客の目的地がより遠い旅客のみ選別して運送を引き受けるようなことがあれば、旅客のタクシーに対する信頼は一瞬にして崩壊するばかりでなく、流し営業が基本であるタクシー事業そのものが成り立たなくなってしまうからです。従って、「運送の順序」はタクシー事業の基本をなすものであることから、法律でこれを明文化しています。

　ただし、急病人を運送する場合、あるいはこれに準ずるような特別な理由があるときは、この限りではありません。

（道路運送法第14条：運送の順序）
　一般旅客自動車運送事業者は、運送の申込みを受けた順序により、旅客の運送をしなければならない。ただし、急病人を運送する場合、一般乗合旅客自動車運送事業について運送の申込みを受けた順序による旅客の運送を行うことにより輸送の効率が著しく低下する場合その他正当な事由がある場合は、この限りでない。

　練習問題（○×式）

⒅　一般旅客自動車運送事業者は、通常、運送の申込みを受けた順序で旅客の運送を行わなければなりません。

⒆　事業者が、運送の申込みを受けた順序によらずに旅客を運送することができるのは、急病人を運送する場合に限られています。

(9)　事業計画

Q₁₃

道路運送法に規定されている「事業計画」について、具体的に説明して下さい。

A

　一般旅客自動車運送事業の事業計画には、事業の重要かつ基本的な事項を定め、この事業計画に従って事業が行われることを前提として、その内容が適切なものであるかどうかを許可の基準に照らし合わせて審査が行われていきます。

　事業計画の変更を行う場合は、その変更する事項について、当然、許可の基準に再度照らし合わせて審査が行われます。

　道路運送法の規定には、個人タクシー事業における事業計画として、次の三つの事項が規定されています。

①　営業区域　（認可事項）
②　主たる事務所及び営業所の名称及び位置　（届出事項）
③　自動車車庫の位置及び収容能力　（認可事項）

　個人タクシー事業者の場合、自宅を「主たる営業所」と「営業所」として許可又は認可を受けている場合がほとんどだと思いますので、事業者の都合により転居しなければならない場合は、上記②及び③各事項の変更手続きが必要になります。

――　練習問題（○×式）――

⑳　個人タクシー事業者の車庫について、その位置に変更がないものの、収容能力が変わった場合、事業計画変更の手続きが必要です。

㉑　営業区域内にある自宅を主たる事務所及び営業所としていた個人タクシー事業者が、営業区域内の他の場所に転居した場合、事業計画変更の手続きは必要ありません。

⑽　営業区域外旅客運送の禁止

Q₁₄

タクシーの営業区域の考え方、また、営業区域外旅客運送となるケースはどのような場合があるか教えてください。

A

　　タクシーは、安全で良質なサービスを提供することが必要です。このためタクシーについては、輸送の安全、旅客の利便等を勘案して、地方運輸局長が営業区域を設定しています。

　　道路運送法は、営業区域を基本とする営業活動を担保するため「発地及び着地のいずれもが営業区域外に存在する旅客の運送をしてはならない」と規定し、営業区域外旅客運送を禁止しています。

　　なお、①災害等のとき、②過疎地域等で当該地域のタクシーによる輸送が困難な場合や一時的な輸送需要量の増加が見込まれ当該地域の供給輸送力では対応することが困難な場合で、関係者間で協議が調い国土交通大臣が認めたときは、例外であることが規定されています。

（道路運送法第20条：禁止行為）
　　一般旅客自動車運送事業者は、発地及び着地のいずれもがその営業区域外に存する旅客の運送（路線を定めて行うものを除く。第2号において「営業区域外旅客運送」という。）をしてはならない。ただし、次に掲げる場合は、この限りでない。
　　一　災害の場合その他緊急を要するとき。
　　二　地域の旅客輸送需要に応じた運送サービスの提供を確保することが困難な場合として国土交通省令で定める場合において、地方公共団体、一般旅客自動車運送事業者、住民その他の国土交通省令で定める関係者間において当該地域における旅客輸送を確保するため営業区域外旅客運送が必要であることについて協議が調った場合であって、輸送の安全又は旅客の利便の確保に支障を及ぼすおそれがないと国土交通大臣が認めるとき。

（参考）営業区域

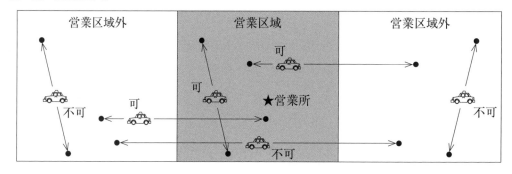

─── 練習問題（○×式）───

⑿　営業区域内でタクシーに乗車した旅客の依頼によって営業区域外で他の旅客を同乗させて、営業区域外の着地まで運送した場合は、道路運送法違反になります。

⒀　営業区域外で乗車した旅客であっても、着地が事業者の営業区域内であれば、道路運送法違反ではありません。

⑾ 公衆の利便を阻害する行為の禁止

Q₁₅

タクシー事業者として守らなければならない基本的な責務について、教えて下さい。

A

道路運送法は、事業者として当然守らなければならない責務について、次のように規定しています。

① タクシー事業者は、旅客に対し、不当な運送条件（違法であることはもちろん、社会通念上妥当性を欠く運送契約等）によることを求め、その他公衆の利便を阻害する行為をしてはならない。

② 運賃のダンピングを行ったり、不当に旅客の争奪を行ったりするような、タクシー事業の健全な発達を阻害する結果を生ずるような競争をしてはならない。

③ 特定の旅客に対し、不当な差別的な取扱い（認可を受けることなく、長距離旅客のみ運賃を不当に割安にしたりする等）をしてはならない。

地方運輸局長は、事業者にこれらに規定する行為があるときは、当該事業者に対し、当該行為の停止又は変更を命ずることができることとなっています。

（道路運送法第30条：公衆の利便を阻害する行為の禁止等）
一般旅客自動車運送事業者は、旅客に対し、不当な運送条件によることを求め、その他公衆の利便を阻害する行為をしてはならない。
2 一般旅客自動車運送事業者は、一般旅客自動車運送事業の健全な発達を阻害する結果を生ずるような競争をしてはならない。
3 一般旅客自動車運送事業者は、特定の旅客に対し、不当な差別的取扱いをしてはならない。
4 国土交通大臣は、前3項に規定する行為があるときは、一般旅客自動車運送事業者に対し、当該行為の停止又は変更を命ずることができる。

―― 練習問題（○×式）――
㉔ 道路運送法において、一般旅客自動車運送事業者は、特定の旅客に対し、不当な差別的取扱いをしてはならないことが規定されていますが、特約があれば個人タクシー事業者はその適用が除外されます。
㉕ 道路運送法において一般旅客自動車運送事業者は、特定の旅客に対し、不当な差別的取扱いをしてはならないことが規定されています。

⑿　苦情の申し出に対する弁明

Q16

タクシーの営業行為に関する旅客からの苦情申告の対応について解説して下さい。

A

　本来、タクシー事業が「サービス業」であることを認識し、これを忠実に実行するという心がけで営業していれば、旅客からの苦情の多くはあり得ないことです。

　しかしながら、現実には、「返事をしない」、「遠回りをされた」、「近距離なので乗車拒否された」、「交通事故後の対応が無責任」などの苦情は、法人タクシーばかりでなく、最近では個人タクシーでも跡を絶ちません。

　タクシーは不特定多数の旅客を運送するためその取扱いも決して簡単なことではありませんが、特に、個人タクシーが基本的な「接遇」に関して苦情を受けるということは、個人タクシーが優秀な実績を積んだ者のみに許可を与えるものであるという趣旨に反するものであり、極めて残念と言わざるを得ません。

　法令では、タクシー事業者がその営業に関し苦情の申し出を受けた場合には、遅滞なく弁明しなければならないと規定しています。ただし、氏名及び住所を明らかにしない者に対しては、この限りではありません。

　最近では、個人タクシーの事業者団体（協同組合等）で、苦情の対応は組織的に行っていることが多いようですが、苦情に対する弁明は、まずは事業者自らが行う責務であることをよく認識する必要があります。

（旅客自動車運送事業運輸規則第3条：苦情処理）
　旅客自動車運送事業者は、旅客に対する取扱いその他運輸に関して苦情を申し出た者に対して、遅滞なく、弁明しなければならない。ただし、氏名及び住所を明らかにしない者に対しては、この限りでない。
　2　旅客自動車運送事業者は、前項の苦情の申出を受け付けた場合には、次に掲げる事項を営業所ごとに記録し、かつ、その記録を整理して1年間保存しなければならない。
　　一　苦情の内容
　　二　原因究明の結果
　　三　苦情に対する弁明の内容
　　四　改善措置
　　五　苦情処理を担当した者

練習問題（〇×式）

⑵⑹　個人タクシー事業者は、氏名及び住所を明らかにした者から旅客に対する取扱いその他運輸に関して苦情を受けたときは、弁明しなければなりません。

⑵⑺　個人タクシー事業者は、氏名及び住所を明らかにした者から運輸に関する苦情の申出を受け付けた場合、一定の事項を記録し、かつ、その記録を１年間保存しなければなりません。

⒀ 事故の措置

Q₁₇

旅客の実車中、交通事故に遭遇したらどのようにすればよいのでしょうか。

A

避けようとしても避けられない事故、タクシー事業はいつも危険と隣り合わせです。不幸にして、自動車事故を惹起した場合に備えて、個人タクシー事業者として常日頃から十分な心構えを持っておくことが大切です。万一の事故の時、法令では次の措置をとるよう求めています。

○事故の措置

　事故のため、タクシーの運行を中断した時は、乗車中の旅客のために次の措置を講じる必要があります。

　　・旅客を保護する義務があります。

　　・旅客の運送を継続する必要があります（実際は、自ら運転することは困難な場合が多いでしょうから、他のタクシーを手配して旅客の告げる目的地に届ける等、最善の対応をする必要があります）。

○事故による死傷者に関する措置

　　・止血、保温、その他必要な応急手当を行わなければなりません。

　　・救急車の手配、病院への搬送等に協力しなければなりません。

　　・事故の発生、受傷の程度等について、速やかに家族に通知しなければなりません（死者又は重傷者のある場合）。

　　・旅客の遺留品を保管しなければなりません。

（旅客自動車運送事業運輸規則第18条：事故の場合の処置）
　旅客自動車運送事業者は、事業用自動車の運行を中断したときは、当該自動車に乗車している旅客のために、次の各号に掲げる事項に関して適切な処置をしなければならない。
　　一　旅客の運送を継続すること。
　　二　旅客を出発地まで送還すること。
　　三　前各号に掲げるもののほか、旅客を保護すること。

（旅客自動車運送事業運輸規則第19条：事故による死傷者に関する処置）
　旅客自動車運送事業者は、天災その他の事故により、旅客が死亡し、又は負傷したときは、次の各号に掲げる事項を実施しなければならない。
　　一　死傷者のあるときは、すみやかに応急手当その他の必要な措置を講ずること。
　　二　死者又は重傷者のあるときは、すみやかに、その旨を家族に通知すること。

三　遺留品を保管すること。
四　前各号に掲げるもののほか、死傷者を保護すること。

─── 練習問題（○×式）───

⑱　タクシー事業者は、旅客を運送中に事故により運行を中断したときは、当該旅客を出発地まで送還するなどの適切な処置により旅客を保護しなければなりません。

⑲　タクシー事業者が旅客を運送中に事故に遭遇し旅客が負傷した場合、事故の過失の度合いによって旅客を保護する責任は免れます。

⑳　旅客自動車運送事業者は、天災その他の事故により、旅客が死亡し、又は負傷したときは、遺留品を保管しなければなりません。

⒁　乗務距離の最高限度

Q18

地域によって個人タクシーの乗務距離の最高限度が設定されているそうですが、その内容と理由を教えて下さい。

A

　東京特別区・武三交通圏、大阪市域交通圏、福岡交通圏など大都市圏の地域においては、旅客自動車運送事業運輸規則第22条の規定に基づき、地方運輸局長の指定により、乗務距離の最高限度が定められています。個人タクシーの許可地域では、次のページのとおり計24地域が指定されています。

　この乗務距離の最高限度は、一つの乗務における過労を防止して、運行の安全を確保することを目的とするものです。

　従って、当該地域の事業者がこれを遵守することはもちろんですが、指定されていない地域にあっても、これを目安にして営業するようにしましょう。

（旅客自動車運送事業運輸規則第22条：乗務距離の最高限度等）
　交通の状況を考慮して地方運輸局長が指定する地域（以下この条、次条及び第50条第8項において「指定地域」という。）内に営業所を有する一般乗用旅客自動車運送事業者は、次項の規定により地方運輸局長が定める乗務距離の最高限度を超えて当該営業所に属する運転者を事業用自動車に乗務させてはならない。
　　2　前項の乗務距離の最高限度は、当該指定地域における道路及び交通の状況並びに輸送の状態に応じ、当該営業所に属する事業用自動車の運行の安全を阻害するおそれのないよう、地方運輸局長が定めるものとする。
　　3　地方運輸局長は、指定地域の指定をし、及び前項の乗務距離の最高限度を定めたときは、遅滞なく、その旨を公示しなければならない。

運輸局別　乗務距離の最高限度

| 運輸局 | 指定地域 | 乗務距離の最高限度(km) | | 指定年月日 | 実施年月日 |
		隔日	日勤		
北 海 道	札幌交通圏	370	280	H21.10.26	H21.11. 1
	小樽市	〃	〃	〃	〃
	函館交通圏	〃	〃	〃	〃
	旭川市	〃	〃	〃	〃
	室蘭市	〃	〃	〃	〃
	苫小牧交通圏	〃	〃	〃	〃
	釧路交通圏	〃	〃	〃	〃
	帯広交通圏	〃	〃	〃	〃
	北見交通圏	〃	〃	〃	〃
東　　北	仙台市	350	270	H21.10.29	H21.11. 1
北陸信越	新潟交通圏	350	250	H21.11. 9	H21.11.16
関　　東	特別区・武三交通圏	365	270	H21.12.17	H22. 1. 1
	北多摩交通圏	〃	〃	〃	〃
	南多摩交通圏	〃	〃	〃	〃
	県南西部交通圏	〃	〃	〃	〃
	京浜交通圏	〃	〃	〃	〃
	県央交通圏	〃	〃	〃	〃
	京葉交通圏	〃	〃	〃	〃
近　　畿	大阪市域交通圏	350	275	H25.12.25	H26. 1. 1
	北摂交通圏	〃	〃	〃	〃
	京都市	〃	〃	〃	〃
	神戸市域交通圏	〃	〃	〃	〃
中　　国	広島交通圏	350	260	H26. 2 .27	H26. 3. 1
九　　州	福岡交通圏	360	270	H22. 7. 8	H22. 7. 8

※① 　指定地域は個人タクシーの許可区域のみ。
　② 　中部、四国両運輸局及び沖縄総合事務局においては指定なし。

⒂　業務記録

Q19

タクシーは、業務の状況を記録し、保存しなければならないとされていますが、この理由について教えて下さい。

A

旅客に対し安全で良質なサービスを提供するためには、健全な事業の運営を行うことが基本です。このためには、日々の業務の状況を記録し、運行状況等を把握・整理することにより業務の内容を常に明らかにすることが重要であり、こうしたことを通じて初めて適正な運行管理及び経営管理が可能となるのです。さらに、業務記録は毎年地方運輸局に提出する輸送実績報告書の基礎となるものであることにも留意する必要があります。つまり、業務記録（運転日誌又は運転日報ともいう）は、適正かつ確実な事業運営を確保するための「基本」であることを理解して下さい。

個人タクシー事業者が運転業務に従事したときは、規定された項目を記録し、これを１年間保存しなければなりません。

（旅客自動車運送事業運輸規則第25条：業務記録）
一般乗合旅客自動車運送事業者及び特定旅客自動車運送事業者は、運転者等が事業用自動車の運行の業務に従事したときは、次に掲げる事項を運転者等ごとに記録させ、かつ、その記録を１年間保存しなければならない。
一　運転者等の氏名
二　運転者等が従事した運行の業務に係る事業用自動車の自動車登録番号等当該自動車を識別できる記号、番号その他の表示
三　業務の開始及び終了の地点及び日時並びに主な経過地点及び業務に従事した距離
四　業務を交替した場合は、その地点及び日時
五　休憩又は仮眠をした場合は、その地点及び日時
六　第21条第３項の睡眠に必要な施設で睡眠をした場合は、当該施設の名称及び位置
七　道路交通法第67条第２項に規定する交通事故若しくは自動車事故報告規則（昭和26年運輸省令第104号）第２条に規定する事故（第26条の２及び第37条第１項において「事故」という。）又は著しい運行の遅延その他の異常な状態が発生した場合にあっては、その概要及び原因

練習問題（○×式）

㉛　タクシー運転者は、業務の開始時及び終了時において走行距離計に表示されている走行距離の積算キロ数を業務記録に記録しなければなりません。

㉜　業務記録の保存期間は６ヶ月間となっています。

⒃　地図の備付け

Q20

タクシーは、車内に地図を備えなければならないとされていますが、この理由について教えて下さい。

A

　タクシー運転者は、旅客サービスの徹底を図るために営業区域内の地理については十分な知識を有することが求められますが、運転者としての経験が浅い場合があることや営業区域内の詳細な地理を修得することには限界があることも事実であり、さらに営業区域外への運送を申し込まれる場合もありますので、旅客サービスの徹底を図る観点から法令でこのような場合に備えて地図を備えておくこととしているものです。

　地図は、一般書店で購入することができます。ただし、（備えておくべき）地図の縮尺、発行年月、紙質及び装幀などの規格は各地方運輸局長が指定していますので、購入する際は、それを必ず確認して下さい。なお、カーナビゲーションシステムやインターネット等により配信される電子地図も一定条件のもと、車内に備え付ける地図として認められています。

（旅客自動車運送事業運輸規則第29条：地図の備付け）
　一般乗用旅客自動車運送事業者は、事業用自動車（次項の規定の適用を受けるものを除く。）に少なくとも営業区域内の次の各号に掲げる事項が明示された地図であって地方運輸局長の指定する規格に適合するものを備えておかなければならない。
　　一　道路
　　二　地名
　　三　著名な建造物、公園、名所及び旧跡並びに鉄道の駅
　　四　その他地方運輸局長が指定する事項
　2　一般乗用旅客自動車運送事業者は、タクシー業務適正化特別措置法（昭和45年法律第75号）第2条第5項の指定地域内の営業所に配置する事業用自動車（運送の引受けが営業所のみにおいて行われるものを除く。）にあっては、次の各号に掲げる機能を有する機器を備えておかなければならない。
　　一　電子地図（電磁的方式により記録された地図（少なくとも営業区域内の前項各号に掲げる事項が明示された地図であって同項の規格に適合するものに限る。）をいう。次号において同じ。）を当該機器の映像面に表示する機能
　　二　当該事業用自動車の位置情報を常時かつ即時に受信し、当該位置情報を当該機器の映像面に表示された電子地図に表示する機能
　　三　当該事業用自動車の運転者に対して目的地まで効率的な経路を適時に案内する機能

┌─ 練習問題（○×式）──────────────────────────

⑶　個人タクシー事業者の場合、タクシー車両に備え付ける地図は、少なくとも
　営業区域のうち自分が主として営業する地域のものでよいこととされています。

⑶　タクシーに備え付ける地図は、少なくとも営業区域内の一定の事項が明示さ
　れた地図であって、地方運輸局長の指定する規格に適合するものと定められて
　います。

⒄ 事業用自動車内の表示

Q21

タクシー車内に氏名等を表示する義務があると聞いていますが、具体的な内容を教えて下さい。

A

法令では旅客自動車運送事業者は、車内に氏名又は名称、自動車登録番号等を旅客の見やすいように表示しなければならないとされています。個人タクシー事業者も同様に表示する義務があります。

法令では「旅客の見やすいように表示」しなければならないとされていますが、国土交通省では乗務員等が安心して働くための環境整備や旅客に対する適切な情報提供等の観点からその在り方が検討され、運転者証・個人タクシー事業者乗務証のデザインを一新（令和５年８月１日）しました。個人タクシー事業者乗務証については裏面（車内向け）に許可番号、表面に写真・氏名等が記載されています。（自動車登録番号はスーパーサインに記載）

（旅客自動車運送事業運輸規則第42条：事業用自動車内の表示）
旅客自動車運送事業者は、事業用自動車内に、当該事業者の氏名又は名称及び当該自動車の自動車登録番号を旅客に見やすいように表示しなければならない。

練習問題（○×式）

㉟　旅客自動車運送事業者は、事業用自動車内に自動車登録番号等を表示しなければなりません。

㊱　旅客自動車運送事業者は、事業用自動車内に当該事業者の氏名又は名称を表示する必要はありません。

⒅　応急用器具等の備付け

Q22

> **タクシーは、応急用器具を備えなければならないとされていますが、その具体的内容を教えて下さい。**

A

　タクシーは、旅客の告げた目的地に確実に輸送する義務を有するものです。

　このため、日常点検を確実に実施するほか、常日頃から車両の整備点検を万全に励行することが必要です。

　しかし、旅客の実車中に運悪くパンク等車両の不具合が発生した場合には、とりあえず応急処置を施し、運送を継続することができるよう応急修理のために必要な器具及び部品を備えなければなりません。

　このため、タクシー事業者は、自動車に

　①　応急修理のために必要な器具及び部品

　②　赤色旗、赤色合図灯等の非常信号用具

を備え付けることが義務づけられています。

（旅客自動車運送事業運輸規則第43条：応急用器具等の備付）
　旅客自動車運送事業者は、事業用自動車に応急修理のために必要な器具及び部品を備えなければ、当該自動車を旅客の運送の用に供してはならない。ただし、運送の途中において当該自動車に故障が発生した場合に、これらの器具及び部品を容易に供給することができるとき、又は旅客の運送を容易に継続することができるときは、この限りでない。
　2　旅客自動車運送事業者は、その事業用自動車が踏切警手の配置されていない踏切を通過することとなる場合は、当該自動車に赤色旗、赤色合図灯等の非常信号用具を備えなければ、旅客の運送の用に供してはならない。

――― 練習問題（○×式） ―――
⒄　旅客自動車運送事業者は、事業用自動車に応急修理のために必要な器具及び部品を備えなければ、当該事業用自動車を旅客の運送の用に供してはなりませんが、運送の途中のおいて当該事業用自動車に故障が発生した場合に、これらの器具及び部品を安易に供給することができるときであっても、当該事業用自動車を旅客の運送の用に供することはできません。

⑲　車両の消毒等

Q23

> タクシー車両は、常に清潔にしておかなければならないと
> 思いますが、具体的にはどのようにすればよいでしょうか。

A

　タクシーは、旅客に対し「安全で快適な輸送サービス」を提供することが基本であり、この意味から車両は常に清潔に保持しなければならないことは事業者として当然の責務です。

　この点は、トランクについても同様であり、常に整理整頓しておくようにしましょう。たまにレジャー道具等の私物で一杯になっているタクシーが見受けられますが言語道断です。トランクに入る手荷物を持ったお客さまに対して、トランクが使えないといって乗車を断った場合は、乗車拒否として行政処分の対象にもなります。

（旅客自動車運送事業運輸規則第44条：事業用自動車の清潔保持）
　旅客自動車運送事業者は、事業用自動車を常に清潔に保持しなければならない。

───　練習問題（○×式）───

⑱　旅客自動車運送事業運輸規則には、旅客自動車運送事業者は、事業用自動車を常に清潔に保持しなければならないことが規定されています。

⑲　タクシー事業者は、タクシー車両を常に清潔に保持するほか、毎月2回以上清掃しなければなりません。

⒇　乗務員の禁止事項及び遵守事項

Q₂₄

タクシーの乗務員として、禁止されている事項について教えて下さい。

A

　「安全で快適なサービス」を提供する観点から、法令では、乗務員は次の行為をしてはならないと規定しています。

① 　危険物を旅客の現在する自動車に持ち込むこと

　　※「危険物」についての規定は旅客自動車運送事業運輸規則第52条を参照のこと。

② 　酒気を帯びて乗務すること

③ 　自動車内で喫煙すること

（旅客自動車運送事業運輸規則第49条：乗務員）
　旅客自動車運送事業者の事業用自動車の運転者、車掌その他の乗務員は、事業用自動車の運行を中断し、又は旅客が死傷したときは、当該旅客自動車運送事業者とともに、第18条第1項各号若しくは第2項各号又は第19条各号に掲げる事項を実施しなければならない。この場合において、旅客の生命を保護するための処置は、他の処置に先んじてしなければならない。
　2 　前項の乗務員は、次に掲げる行為をしてはならない。
　　一 　第52条各号に掲げる物品（同条ただし書の規定によるものを除く。）を旅客の現在する事業用自動車内に持ち込むこと。
　　二 　酒気を帯びて乗務すること。
　　三 　事業用自動車内で喫煙すること。

―――　練習問題（○×式）―――

⑷０ 　タクシー乗務員は、旅客を運送中にタクシー車内で喫煙することはできません。

⑷１ 　タクシー乗務員は、旅客を運送中であっても、旅客の承諾を得た場合には、タクシー車内で喫煙してもよいと規定されています。

Q25

タクシーの運転者として、遵守しなければならない事項について教えて下さい。

A

タクシーサービスの基本である「安全」を確保する観点から、法令では、運転者は次の事項を遵守しなければならないと規定しています。

① 日常点検を実施し、又はその確認をすること

② 運行中、重大な故障を発見し、又は重大な事故が発生するおそれがあると認めたときは、直ちに運行を中止すること

③ 坂路において自動車から離れるとき及び安全な運行に支障がある箇所を通過するときは、旅客を降車させること

④ 踏切を通過するときは、変速装置を操作しないこと

⑤ 自動車の故障等によって踏切内で運行不能となったときは、速やかに旅客を誘導して退避させるとともに、列車に対し適切な防護措置をとること

⑥ 業務記録（乗務日誌）を行うこと

⑦ 運転操作に円滑を欠くおそれがある服装をしないこと

（旅客自動車運送事業運輸規則第50条：運転者）
旅客自動車運送事業者の事業用自動車の運転者は、次に掲げる事項を遵守しなければならない。

一　第24条第1項第1号の点検をし、又はその確認をすること。

二　乗務しようとするとき及び乗務を終了したときは、第24条の規定により当該旅客自動車運送事業者が行う点呼を受け、同条に規定する報告をすること。

三　酒気を帯びた状態にあるときは、その旨を当該旅客自動車運送事業者に申し出ること。

三の二　疾病、疲労、天災その他の理由により安全な運転をすることができないおそれがあるときは、その旨を当該旅客自動車運送事業者に申し出ること。

三の三　事業用自動車の運行中に疾病、疲労、天災その他の理由により安全な運転を継続することができないおそれがあるときは、その旨を当該旅客自動車運送事業者に申し出ること。

四　事業用自動車の運行中に当該自動車の重大な故障を発見し、又は重大な事故が発生するおそれがあると認めたときは、直ちに、運行を中止すること。

五　坂路において事業用自動車から離れるとき及び安全な運行に支障がある箇所を通過するときは、旅客を降車させること。

六　踏切を通過するときは、変速装置を操作しないこと。

七　事業用自動車の故障等により踏切内で運行不能となったときは、速やかに旅客を誘導して退避させるとともに、列車に対し適切な防護措置をとること。

八　乗務を終了したときは、交替する運転者に対し、乗務中の事業用自動車、道路及び運行状況について通告すること。この場合において、乗務する運転者は、当該事業用自動車の制動装置、走行装置その他の重要な部分の機能について点検をすること。

九　第25条第1項、第2項又は第3項の記録（同条第4項の規定により、同条第1項、第2項又は第3項の規定により記録すべき事項を運行記録計による記録に付記する場合は、その付記による記録）を行うこと。

十　運転操作に円滑を欠くおそれがある服装をしないこと。

練習問題（○×式）

⑷⑵　タクシー運転者が、運行中、当該自動車の重大な故障を発見し、又は重大な事故が発生するおそれがあると認められたときは、直ちに、運行を中止しなければなりません。

⑷⑶　タクシー運転者は、タクシーの故障等により踏切内で運行不能となったときは、速やかに旅客を誘導して退避させるとともに、列車に対し適切な防護措置をとらなければなりません。

⑷⑷　旅客自動車運送事業者の事業用自動車の運転者は、その服装について特に規定はありません。

[道路運送車両法関係]

(1) 日常点検及び定期点検

Q26

事業用自動車として必要になる点検基準について教えて下さい。

A

　自動車を使用して事業を経営するタクシー事業者にとって自動車の点検整備を確実に励行することは、人命を預かる者として当然の責務です。これにより、不要なトラブルを事前に回避し故障車による交通渋滞、整備不良による交通事故や大気汚染などの発生の防止に積極的に努めていかなくてはなりません。

　このため、法令で規定されている「日常的に点検すべき事項（日常点検基準）」、「定期的に点検すべき事項（定期点検基準）」を確実に実施することはもちろん、常日頃から安全に対する十分な認識が必要です。

　特に、日常点検基準は事業者自らが行うべきものであり、点検箇所、点検内容についても十分な理解が必要です。なお、定期点検は、3ヶ月、12ヶ月ごとに確実に実施する必要があることは言うまでもありません。

練習問題（○×式）

⑷5　自動車点検基準に規定する日常点検基準においては、タクシー車両のウインド・ウォッシャ及びワイパーについては、走行距離、運行時の状態等から判断した適切な時期に行えばよいこととなっています。

⑷6　自動車点検基準に規定する日常点検基準においては、タクシー車両の原動機については、走行距離、運行時の状態等から判断した適切な時期に点検を行えばよいこととなっています。

（自動車点検基準　別表第１）

　　（事業用自動車、自家用貨物自動車等の日常点検基準）（第１条関係）

点検箇所	点　検　内　容
1　ブレーキ	1　ブレーキ・ペダルの踏みしろが適当で、ブレーキの効きが十分であること。 2　ブレーキの液量が適当であること。 3　空気圧力の上がり具合が不良でないこと。 4　ブレーキ・ペダルを踏み込んで放した場合にブレーキ・バルブからの排気音が正常であること。 5　駐車ブレーキ・レバーの引きしろが適当であること。
2　タイヤ	1　タイヤの空気圧が適当であること。 2　亀裂及び損傷がないこと。 3　異状な磨耗がないこと。 （※1）4　溝の深さが十分であること。 （※2）5　ディスク・ホイールの取付状態が不良でないこと。
3　バッテリ	（※1）　液量が適当であること。
4　原動機	（※1）1　冷却水の量が適当であること。 （※1）2　ファン・ベルトの張り具合が適当であり、かつ、ファン・ベルトに損傷がないこと。 （※1）3　エンジン・オイルの量が適当であること。 （※1）4　原動機のかかり具合が不良でなく、かつ、異音がないこと。 （※1）5　低速及び加速の状態が適当であること。
5　灯火装置及び方向指示器	点灯又は点滅具合が不良でなく、かつ、汚れ及び損傷がないこと。
6　ウインド・ウォッシャ及びワイパー	（※1）1　ウインド・ウォッシャの液量が適当であり、かつ、噴射状態が不良でないこと。 （※1）2　ワイパーの払拭状態が不良でないこと。
7　エア・タンク	エア・タンクに凝水がないこと。
8　運行において異状が認められた箇所	当該箇所に異状がないこと。

（注）①　（※1）印の点検は、当該自動車の走行距離、運行時の状態等から判断した適切な時期に行うことで足りる。
　　　②　（※2）印の点検は、車両総重量８トン以上又は乗車定員30人以上の自動車に限る。

(2) **自動車の検査及び登録**

Q27

自動車の検査及び検査証について教えて下さい。

A

　自動車の使用者は道路運送車両法の規定により、自動車の用途ごとに定められている有効期間内（タクシーは1年）に検査を実施し、この証明として交付される検査証を当該自動車に備え付け、さらに次の要件も満たされなければ運行できないことになっています。

① 自動車登録ファイルに登録をうけていること。　（道路運送車両法第4条）

② 封印の取り付けをした自動車登録番号標及びこの記載されている自動車登録番号を見やすいように表示していること。　（同法第19条）

③ 自動車の構造・装置及び乗車定員等が保安基準に適合していること。　（同法第40条〜42条）

④ 自動車検査証を備え付けていること。　（同法第66条）

⑤ 自動車検査標章を表示していること。　（同法第66条）

練習問題（○×式）

⑷ 自動車登録番号標を、見やすいように表示しなければその自動車を運行することはできません。

⑻ 自動車には、国土交通省令の定めにより検査標章が表示されていれば、自動車検査証を当該自動車に備え付ける必要はありません。

(3) 自動車検査証の有効期間

　　自動車の使用者は、自動車検査証の有効期間の満了後もその自動車を継続して使用しようとするときはその自動車を提示し、最寄りの運輸監理部又は運輸支局の行う検査を受けなければなりません（通常「車検」という）。また、この検査を受けたことにより自動車検査証の有効期間の記入を受け入れるとともに検査標章の交付を受けなければなりません。

　　この場合、当該検査（継続検査）に必要な書類は次のとおりです。

① 　継続検査手数料納付書 （提出）「道路運送車両法施行規則第69条」

② 　自動車税納税証明書 　　（提示）「道路運送車両法第97条の2第1項」

③ 　点検整備記録簿 　　　　（提示）「道路運送車両法施行規則第39条」

④ 　自動車損害賠償責任保険証明書 （提示）「自動車損害賠償保障法第9条第1項」

⑤ 　自動車重量税納付書 　　（提出）「自動車重量税法第8条」

　　また、この検査による自動車検査証の有効期間は、自動車の用途別により次表のとおり定められています。

「自動車検査証の有効期間」（道路運送車両法第61条）

自　動　車　の　種　類	有効期間	
	第1項	第2項 （初回の特例）
旅客運送事業の用に供する自動車（軽を除く）	1年	—
貨物の運送の用に供する自動車（軽を除く） 　○8トン未満 　○8トン以上	 1年 1年	 2年 —
国土交通省令で定める自家用自動車（軽を除く） 　（道路運送車両法施行規則第37条第1項） 　○乗車定員11人以上の自家用自動車 　○幼児専用の自家用自動車 　○道路運送法施行規則第52条の許可に係る自家用 　　自動車 　①　（8トン以上の）貨物の運送の用に供する自動 　　車 　　　乗車定員11人以上の自家用自動車 　　　幼児専用の自家用自動車 　　　（道路運送車両法施行規則第37条第2項） 　②　①の自家用自動車以外の自動車	 1年 1年 1年 1年	 — — — 2年
その他の自動車 　○自家用乗用自動車 　○軽自家用乗用自動車 　○軽貨物自動車 　○その他（大型特殊自動車、特殊自動車等）	 2年 2年 2年 2年	 3年 3年 — —

補足：法第61条第1項及び同条第2項第1号に規定する貨物の運送の用に供する
　　　自動車には、レンタカーの貨物自動車が含まれると解釈する。
　　　（車両総重量8トン未満の貨物の運送の用に供する自動車のレンタカーも
　　　初回の有効期間が2年となる。）

　　一口メモ

☞ ・この有効期間は、自動車検査証の「有効期間が満了する日」に記載されるとともに、
　　検査標章には満了する時期（月）が表示され次回の検査を受けるべき時期を示してい
　　ます。
　・また、使用者が天災等やむを得ない事由により継続検査を受けることができないと認
　　めるときは、地域を定めて有効期間の伸長をする場合があります。

(4) 自動車の登録

　道路運送車両法の規定により、自動車登録ファイルに登録を受けなければ運行で
きないことになっていますが、この登録には、新規登録、変更登録、移転登録、永
久抹消登録があり、これらの申請はオンライン・リアルタイム処理方式によって自
動車登録ファイルに記録されることになっています。

① 新規登録の申請（道路運送車両法第7条）

　登録を受けていない自動車の登録を受けるときは、所有者は使用の本拠の位置
を管轄する運輸監理部長又は運輸支局長若しくは自動車検査登録事務所に対し新
規登録申請を行わなければなりません。

② 変更登録の申請（道路運送車両法第12条）

　自動車の所有者は、登録されている所有者の氏名若しくは名称、住所、使用の
本拠の位置、型式、車台番号、原動機の型式に変更があったときは変更登録申請
を行わなければなりません。

③ 移転登録の申請（道路運送車両法第13条）

　自動車の売買等によって所有者が変更したときは、新所有者は移転登録の申請
を行わなければなりません。

④ 永久抹消登録の申請（道路運送車両法第15条）

　既に登録になっている自動車が滅失、解体により自動車としての実体がないとき、
又は自動車の用途を廃止したときは、永久抹消登録の申請を行わなければなりま
せん。

　　一口メモ

☞　道路運送車両法に規定されている自動車の登録は、代理人申請が認められています。

―― 練習問題（○×式）――
⑷⑼　事業用自動車の所有者の住所変更の場合は、道路運送車両法の規定に基づく
　　移転登録の申請をしなければなりません。

6．個人タクシー事業者が行政に報告する必要があるもの

(1)　事業報告書

Q₁

> 事業報告書はいつ、どこに提出しなければならないのですか。

A

　　個人タクシー事業者は、毎事業年度の経過後100日以内に、管轄地方運輸局長に提出する必要があります。

（旅客自動車運送事業等報告規則第2条：事業報告書及び輸送実績報告書）
　　旅客自動車運送事業者は、次の表の第1欄に掲げる事業者の区分に応じ、同表の第2欄に掲げる国土交通大臣又は当該事業者が経営する旅客自動車運送事業に係る路線若しくは営業区域が存する区域を管轄する地方運輸局長（以下「管轄地方運輸局長」という。）、運輸監理部長（以下「管轄運輸監理部長」という。）若しくは運輸支局長（以下「管轄運輸支局長」という。）に、同表の第3欄に掲げる報告書を、同表の第4欄に掲げる時期にそれぞれ1通提出しなければならない。

第　1　欄	第　2　欄	第　3　欄	第　4　欄
5　一般乗用旅客自動車運送事業者（個人タクシー事業者に限る。）	管轄地方運輸局長	毎事業年度に係る事業報告書	毎事業年度の経過後100日以内
	管轄地方運輸局長及び管轄運輸監理部長又は管轄運輸支局長	第4号様式第2表による輸送実績報告書	毎年5月31日まで

72

―― 練習問題（○×式） ――

⑸⁰　旅客自動車運送事業者は、事業年度の経過後、100日以内に「事業報告書」
を行政庁に提出する義務があります。

⑸¹　事業開始年度の事業報告書及び輸送実績報告書の各報告書の提出については、
旅客自動車運送事業等報告規則の規定により個人タクシー事業者は免除されて
います。

(2) 輸送実績報告書

Q₂

輸送実績報告書はいつ、どこに提出しなければならないのですか。

A

個人タクシー事業者は、前年4月1日から3月31日までの1年間の輸送実績を、毎年5月31日までに、管轄地方運輸局長及び管轄運輸監理部長又は管轄運輸支局長に、それぞれ1通ずつ提出する必要があります。

（旅客自動車運送事業等報告規則第2条：事業報告書及び輸送実績報告書）
　旅客自動車運送事業者は、次の表の第1欄に掲げる事業者の区分に応じ、同表の第2欄に掲げる国土交通大臣又は当該事業者が経営する旅客自動車運送事業に係る路線若しくは営業区域が存する区域を管轄する地方運輸局長（以下「管轄地方運輸局長」という。）、運輸監理部長（以下「管轄運輸監理部長」という。）若しくは運輸支局長（以下「管轄運輸支局長」という。）に、同表の第3欄に掲げる報告書を、同表の第4欄に掲げる時期にそれぞれ1通提出しなければならない。

第　1　欄	第　2　欄	第　3　欄	第　4　欄
5　一般乗用旅客自動車運送事業者（個人タクシー事業者に限る。）	管轄地方運輸局長	毎事業年度に係る事業報告書	毎事業年度の経過後100日以内
	管轄地方運輸局長及び管轄運輸監理部長又は管轄運輸支局長	第4号様式第2表による輸送実績報告書	毎年5月31日まで

―― 練習問題（○×式）――

⑸2　旅客自動車運送事業者は、事業報告書及び輸送実績報告書を毎年5月31日までに行政庁に提出しなければなりません。

⑸3　個人タクシー事業者の「輸送実績報告書」は、前年4月1日から本年3月31日の1年間の実働日数、走行キロ、運送回数等を報告するものです。

(3)　表示義務等

Q₃

タクシー事業者が表示等を行わなければならない事項を教えて下さい。

A

（公示義務）

　一般旅客自動車運送事業に係る運賃及び料金並びに運送約款については、旅客が輸送サービスを利用するときに、利用の基本的内容となるものであり、契約の内容となる事項です。

　このため、サービスの利用に先だって利用者にあらかじめこれらの事項を知らせることにより、利用者の利便を確保するという理由から、道路運送法第12条により運賃及び料金並びに運送約款を公示することが義務づけられています。

　また、タクシー事業を休止し、又は廃止しようとするときも道路運送法第38条によりその旨を公示することが義務づけられています。

（公示方法）

　タクシー事業に係る運賃及び料金並びに運送約款の公示は、営業所において公衆に見やすいように掲示して行います。（旅客自動車運送事業運輸規則第4条）また、公示した事項の変更については、緊急やむを得ない理由がある場合又は公衆の利便を阻害しない場合を除き、少なくとも7日前に行います。（旅客自動車運送事業運輸規則第6条）

　タクシー事業を休止し、又は廃止しようとするときの公示も、緊急やむを得ない理由がある場合を除き、少なくとも7日前までに営業所その他の事業所において公衆に見やすいように掲示して行います。（旅客自動車運送事業運輸規則第7条）

（表示義務）

　○タクシー事業者が事業用自動車内に表示する事項（旅客自動車運送事業運輸規則第42条）
　　・事業者の氏名又は名称及び当該自動車の自動車登録番号

○タクシー事業者が事業用自動車内に表示する事項（道路運送法第95条）

- 使用者の氏名、名称又は記号等（地方運輸局長又は運輸監理部長又は運輸支局長が通達している事項）
- 初乗距離、初乗運賃等

○事業自動車内に表示する事項

- 運賃及び料金に関する事項
- 運賃及び料金の額
- 運賃割増
- 事業者乗務証
- 禁煙の表示
  - ※　禁煙の表示は、令和5年8月1日現在、現に旅客の運送を行うための事業の用に供している自動車については、なお従前の例による。

（掲出義務）

○タクシー事業者が事業用自動車内に掲出する事項（旅客自動車運送事業運輸規則第50条）

- 回送板など各種表示板

──　練習問題（○×式）　──

⑸4　「回送板」を掲出しなければならない場合は、食事若しくは休憩のため運送の引受けをすることができない場合だけではありません。

⑸5　個人タクシー事業者は事業に使用する自動車の外側に使用者の氏名、名称又は記号を表示しなければなりません。

（4） 自動車事故の報告

Q₄

> 事故報告は何故しなければならないのですか。また、どんな場合に報告をしなければならないのですか。

A

重大な事故が発生した場合には、事故の再発防止策の企画・立案等に活用するために、所定の事故報告書により30日以内に使用の本拠の位置を管轄する運輸監理部長又は運輸支局長を経由し、国土交通大臣に報告する必要があります。

また、鉄道車両と衝突し死亡事故が生じたなど、特に重大な事故の場合には、電話、ファクシミリ装置その他適当な方法により、24時間以内においてできる限り速やかに、その事故の概要を運輸監理部長又は運輸支局長に速報しなければならないことになっています。

（道路運送法第29条：事故の報告）
　一般旅客自動車運送事業者は、その事業用自動車が転覆し、火災を起こし、その他国土交通省令で定める重大な事故を引き起こしたときは、遅滞なく事故の種類、原因その他国土交通省令で定める事項を国土交通大臣に届け出なければならない。

（自動車事故報告規則第2条：定義）
　この省令で「事故」とは、次の各号のいずれかに該当する自動車の事故をいう。
　　一　自動車が転覆し、転落し、火災（積載物品の火災を含む。以下同じ。）を起こし、又は鉄道車両（軌道車両を含む。以下同じ。）と衝突し、若しくは接触したもの
　　二　10台以上の自動車の衝突又は接触を生じたもの
　　三　死者又は重傷者（自動車損害賠償保障法施行令（昭和30年政令第286号）第5条第2号又は第3号に掲げる傷害を受けた者をいう。以下同じ。）を生じたもの
　　四　10人以上の負傷者を生じたもの
　　五　自動車に積載された次に掲げるものの全部若しくは一部が飛散し、又は漏えいしたもの
　　　イ　消防法（昭和23年法律第186号）第2条第7項に規定する危険物
　　　ロ　火薬類取締法（昭和25年法律第149号）第2条第1項に規定する火薬類
　　　ハ　高圧ガス保安法（昭和26年法律第204号）第2条に規定する高圧ガス
　　　ニ　原子力基本法（昭和30年法律第186号）第3条第2号に規定する核燃料物質及びそれによって汚染された物
　　　ホ　放射性同位元素等の規制に関する法律（昭和32年法律第167号）第2条第2項に規定する放射性同位元素及びそれによって汚染された物又は同条第5項に規定する放射線発生装置から発生した同条第1項に規定する放射線によって汚染された物
　　　ヘ　シアン化ナトリウム又は毒物及び劇物取締法施行令（昭和30年政令第261号）別表第2に掲げる毒物又は劇物
　　　ト　道路運送車両の保安基準（昭和26年運輸省令第67号）第47条第1項第3号に規

　　　定する品名の可燃物
　六　自動車に積載されたコンテナが落下したもの
　七　操縦装置又は乗降口の扉を開閉する操作装置の不適切な操作により、旅客に自動車損害賠償保障法施行令第5条第4号に掲げる傷害が生じたもの
　八　酒気帯び運転（道路交通法（昭和35年法律第105号）第65条第1項の規定に違反する行為をいう。以下同じ。）、無免許運転（同法第64条の規定に違反する行為をいう。）、大型自動車等無資格運転（同法第85条第5項から第9項までの規定に違反する行為をいう。）又は麻薬等運転（同法第117条の2第3号の罪に当たる行為をいう。）を伴うもの
　九　運転者の疾病により、事業用自動車の運転を継続することができなくなったもの
　十　救護義務違反（道路交通法第117条の罪に当たる行為をいう。以下同じ。）があったもの
　十一　自動車の装置（道路運送車両法（昭和26年法律第185号）第41条第1項各号に掲げる装置をいう。）の故障（以下単に「故障」という。）により、自動車が運行できなくなったもの
　十二　車輪の脱落、被牽引自動車の分離を生じたもの（故障によるものに限る。）
　十三　橋脚、架線その他の鉄道施設（鉄道事業法（昭和61年法律第92号）第8条第1項に規定する鉄道施設をいい、軌道法（大正10年法律第76号）による軌道施設を含む。）を損傷し、3時間以上本線において鉄道車両の運転を休止させたもの
　十四　高速自動車国道（高速自動車国道法（昭和32年法律第79号）第4条第1項に規定する高速自動車国道をいう。）又は自動車専用道路（道路法（昭和27年法律第180号）第48条の4に規定する自動車専用道路をいう。以下同じ。）において、3時間以上自動車の通行を禁止させたもの
　十五　前各号に掲げるもののほか、自動車事故の発生の防止を図るために国土交通大臣（主として指定都道府県等（道路運送法施行令（昭和26年政令第250号）第4条第1項の指定都道府県等をいう。以下同じ。）の区域内において行われる自家用有償旅客運送に係るものの場合にあっては、当該指定都道府県等の長）が特に必要と認めて報告を指示したもの

（自動車事故報告規則第3条：報告書の提出）
　旅客自動車運送事業者、貨物自動車運送事業者（貨物軽自動車運送事業者を除く。以下同じ。）、特定第二種貨物利用運送事業者及び自家用有償旅客運送者並びに道路運送車両法第50条に規定する整備管理者を選任しなければならない自家用自動車の使用者（以下「事業者等」という。）は、その使用する自動車（自家用自動車（自家用有償旅客運送の用に供するものを除く。）にあっては、軽自動車、小型特殊自動車及び二輪の小型自動車を除く。）について前条各号の事故があった場合には、当該事故があった日（前条第10号に掲げる事故にあっては事業者等が当該救護義務違反があったことを知った日、同条第15号に掲げる事故にあっては当該指示があった日）から30日以内に、当該事故ごとに自動車事故報告書（別記様式による。以下「報告書」という。）3通を当該自動車の使用の本拠の位置を管轄する運輸監理部長又は運輸支局長（以下「運輸監理部長又は運輸支局長」という。）を経由して、国土交通大臣に提出しなければならない。
　2　前条第11号及び第12号に掲げる事故の場合には、報告書に次に掲げる事項を記載した書面及び故障の状況を示す略図又は写真を添付しなければならない。
　一　当該自動車の自動車検査証の有効期間
　二　当該自動車の使用開始後の総走行距離
　三　最近における当該自動車についての大規模な改造の内容、施行期日及び施行工場名
　四　故障した部品及び当該部品の故障した部位の名称（前後左右の別がある場合は、前進方向に向かって前後左右の別を明記すること。）
　五　当該部品を取りつけてから事故発生までの当該自動車の走行距離
　六　当該部品を含む装置の整備及び改造の状況
　七　当該部品の製作者（製作者不明の場合は販売者）の氏名又は名称及び住所
　3　運輸監理部長又は運輸支局長は、報告書を受け付けたときは、遅滞なく、地方運輸局長を経由して、国土交通大臣に進達しなければならない。

4　第1項の規定にかかわらず、主として指定都道府県等の区域内において自家用有償旅客運送を行う者の場合にあっては、報告書を当該指定都道府県等の長に提出するものとする。

（自動車事故報告規則第4条：速報）
　事業者等は、その使用する自動車（自家用自動車（自家用有償旅客運送の用に供するものを除く。）にあっては、軽自動車、小型特殊自動車及び二輪の小型自動車を除く。）について、次の各号のいずれかに該当する事故があったとき又は国土交通大臣の指示があったときは、前条第1項の規定によるほか、電話、ファクシミリ装置その他適当な方法により、24時間以内においてできる限り速やかに、その事故の概要を運輸監理部又は運輸支局長に速報しなければならない。
　　一　第2条第1号に該当する事故（旅客自動車運送事業者及び自家用有償旅客運送者（以下「旅客自動車運送事業者等」という。）が使用する自動車が引き起こしたものに限る。）
　　二　第2条第3号に該当する事故であって次に掲げるもの
　　　イ　2人（旅客自動車運送事業者等が使用する自動車が引き起こした事故にあっては、1人）以上の死者を生じたもの
　　　ロ　5人以上の重傷者を生じたもの
　　　ハ　旅客に1人以上の重傷者を生じたもの
　　三　第2条第4号に該当する事故
　　四　第2条第5号に該当する事故（自動車が転覆し、転落し、火災を起こし、又は鉄道車両、自動車その他の物件と衝突し、若しくは接触したことにより生じたものに限る。）
　　五　第2条第8号に該当する事故（酒気帯び運転があったものに限る。）
2　前条第3項の規定は、前項の規定により運輸監理部長又は運輸支局長が速報を受けた場合について準用する。
3　第1項の規定にかかわらず、主として指定都道府県等の区域内において自家用有償旅客運送を行う者の場合にあっては、同項各号のいずれかに該当する事故があったとき又は当該指定都道府県等の長の指示があったときは、当該指定都道府県等の長に速報するものとする。

　　── 練習問題（○×式）─────────────

⒄　個人タクシー事業者が疾病により、事業用自動車の運転を継続することができなくなったときは自動車事故報告規則による報告が必要です。

⒄　自動車事故報告規則の規定に基づく報告書は、管轄の警察署が発行する事故証明書をもってこれに替えることができます。

7．個人タクシー事業者が行政に許可、届出等を行う必要があるもの

(1)　許可期限を更新する場合

　　許可に付した期限が到来することとなるときは、当該許可に付した期限の満了する前に、「許可等に付された期限の更新申請書」に次の書類を添付のうえ、管轄運輸監理部又は管轄運輸支局を経由して許可を受けた地方運輸局に提出して、許可期限の更新を受けなければなりません。

① 　自動車運転免許証の写
② 　自動車安全運転センターの運転記録証明書（更新調査時前15日以内のもの）
③ 　任意保険（共済）証書の写
④ 　確認書（道路運送法第7条に定める欠格事由に該当するものでない旨）
⑤ 　自動車事故対策機構等の運転適性診断受診証
⑥ 　健康診断書（公的医療機関等の医療提供施設において、胸部疾患、心臓疾患及び血圧等に係る診断を受けたことを証する書面及び営業の支障の有無に係る医師の所見が記載された健康診断書）

　　なお、この期限更新の具体的な取扱いは、各地方運輸局において多少異なる点がありますので、詳細については管轄運輸監理部又は運輸支局、地方運輸局、事業者団体に確認して下さい。

(2)　営業所・車庫の位置を変更する場合

　　個人タクシー事業者は、「住居」を「営業所」としているケースがほとんどと思われますが、転居などによりこれを移転する場合には、管轄運輸監理部長又は管轄運輸支局長に対し「事業計画の変更の届出」が必要となります。

　　また、自動車車庫の位置を変更する場合には、管轄運輸監理部長又は管轄運輸支局長に対し「事業計画の変更認可申請」が必要となります。

　　この変更申請に必要となる書類は、以下のとおりです。

営業所の位置を変更する場合

○　　自　　　　宅　　　　　　　　　　○　　賃　　　　　貸

・建物の登記事項証明書又は　　　　　　・賃貸契約書
　固定資産物件証明書　　　　　　　　　・建物の登記事項証明書又は
　　　　　　　　　　　　　　　　　　　　固定資産物件証明書

・事業者の住民票　　　　　　　　　　　・事業者の住民票
・配置図及び見取り図　　　　　　　　　・配置図及び見取り図
・営業所内の写真　　　　　　　　　　　・営業所内の写真

自動車車庫の位置を変更する場合

○　　自　　　　宅　　　　　　　　　　○　　賃　　　　　貸

・前面道路の幅員証明　　　　　　　　　・前面道路の幅員証明
・土地の登記事項証明書又は　　　　　　・賃貸契約書
　固定資産物件証明書　　　　　　　　　・土地の登記事項証明書又は
　　　　　　　　　　　　　　　　　　　　固定資産物件証明書

・配置図及び見取り図　　　　　　　　　・配置図及び見取り図
・車庫の写真　　　　　　　　　　　　　・車庫の写真

　なお、運輸監理部又は運輸支局の基準が多少異なる場合がありますので、詳細については確認して下さい。

(3)　事業を休止する場合

Q₁

病気等の理由により、当分の間、事業の継続ができなくなった場合にはどのようにしたらよいでしょうか。

A

病気等で事業を休止しようとする場合は、道路運送法第38条第1項の規定による事業休止届を地方運輸局長に、その30日前までに届け出る必要があります。ただし、個人タクシー事業者については、1人1車制という特殊性があることから、国土交通省では、傷病その他やむを得ない理由によって一時的に事業の継続が困難となった場合の手続きを次のように定め、弾力的な運用を行っています。

①　休止する期間が30日以内の場合には、運転日報に明記することにより特段の手続きは必要ありません。

②　休止する期間が30日を超える場合には、休止の理由を付して地方運輸局長に届け出る必要があります。

　　この場合、当該事業者が所属する事業者団体を経由して管轄運輸監理部長又は管轄運輸支局長あて提出する方法によることとして差し支えありません。

（道路運送法第38条：事業の休止及び廃止）
　一般旅客自動車運送事業者（路線定期運行を行う一般乗合旅客自動車運送事業者を除く。）は、その事業を休止し、又は廃止しようとするときは、その30日前までに、その旨を国土交通大臣に届け出なければならない。

――― 練習問題（○×式）―――
⒅　個人タクシー事業者が、その事業を60日間休止した場合には「運転日報」にその旨を明記することにより、道路運送法第38条第1項の規定による「事業の休止届出書」を提出する必要はありません。

⒆　事業を休止中の個人タクシー事業者は、事業用自動車の代替はできません。

(4) 事業を廃止する場合

$$Q_2$$

病気、高齢等の理由により、事業の継続ができなくなった場合にはどのようにしたらよいのでしょうか。

A

　病気、高齢等で事業を廃止しようとする場合は、道路運送法第38条第1項の規定による事業廃止届を管轄運輸監理部長又は管轄運輸支局長を経由して地方運輸局長に、その30日前までに届け出る必要があります。

（道路運送法第38条：事業の休止及び廃止）
　一般旅客自動車運送事業者（路線定期運行を行う一般乗合旅客自動車運送事業者を除く。）は、その事業を休止し、又は廃止しようとするときは、その30日前までに、その旨を国土交通大臣に届け出なければならない。

　　　 練習問題（○×式）
⑹　一般乗用旅客自動車運送事業者が事業を廃止したときは、その日から30日以内に届出をしなければなりません。
⑹　一般旅客自動車運送事業者は、事業を廃止しようとするときは、あらかじめその旨を営業所その他の事業所において公衆に見やすいように掲示する必要があります。

(5)　代務運転を申請する場合

　　個人タクシーは、許可を受ける固有の適格性を判断し、この要件を満たす場合に限って、「他の者に当該自動車を営業のために運転させてはならない」旨の条件（1人1車制）を付して許可を行うものであることは既に述べたところです。

　　しかし、病気等により長期の入院又は療養を必要とし、事業者が自ら営業を行えない場合には、他の収入の途がなく、医療費の支払、家族の生計の維持等に困窮する実態もあることを考慮して、休業補償制度といった相互扶助制度が確立されるまでの過渡的な制度として、当該事業者及びその家族の当面の生活の安定を確保するため、特例的に事業者本人に代わって他の運転者が営業を行うことを認めています。これを「代務運転制度」といいます。

　　代務運転を申請する場合は、許可に付した「他の者に当該自動車を営業のために運転させてはならない」旨の条件を変更する必要がありますので、許可を受けた地方運輸局長に対し変更願を提出し承認を受ける必要があります。

　　なお、代務運転は6ヶ月を限度とし、更新期間は最大1年に限ることとしており、75歳以上の事業者についてはこれを認めていないことに注意して下さい。

　　「代務運転承認申請書類」には、主に
　　　①　申請する事業者に関する医師の診断書
　　　②　　　　　〃　　　　　の収入状況を記載した書面
　　　③　申請する事業者及び代務運転者の運転免許証の写
　　　④　代務運転者の履歴書及び運転経歴書
　　　⑤　申請する事業者と代務運転者との雇用契約書
　　　⑥　代務運転者の宣誓書（関係する法令に違反していない旨）
　　　⑦　自動車事故対策機構が実施している代務運転者の適性診断受診証
　　　⑧　代務運転者に係る自動車安全運転センターが発行する運転記録証明書
　　　⑨　代務運転者の健康診断書
　　　⑩　代務運転者の在職証明書
　　等が必要になります。

8．許可の取消し

事業許可の取消し又は停止等

　タクシー事業は道路運送法によって規制されていることは先に述べましたが、事業者が①この法律もしくはこの法律に基づく命令もしくはこれらに基づく処分又は許可もしくは認可に付した条件に違反したとき、②正当な理由がないのに許可又は認可を受けた事項を実施しないとき、③１年以上の懲役又は禁錮の刑に処せられ、その執行を終わり、又は執行を受けることがなくなった日から５年を経過していない者であるときは、地方運輸局長は６ヶ月以内の期間を定めて事業の停止を命じ、又は許可を取り消すことができることになっています。

　許可の取消し又は停止を受けた事業者は、自動車検査証及び自動車登録番号標を、管轄運輸監理部長又は管轄運輸支局長に返納しなければなりません。

（道路運送法第40条：許可の取消し等）
　国土交通大臣は、一般旅客自動車運送事業者が次の各号のいずれかに該当するときは、６月以内において期間を定めて自動車その他の輸送施設の当該事業のための使用の停止若しくは事業の停止を命じ、又は許可を取り消すことができる。
　　一　この法律若しくはこの法律に基づく命令若しくはこれらに基づく処分又は許可若しくは認可に付した条件に違反したとき。
　　二　正当な理由がないのに許可又は認可を受けた事項を実施しないとき。
　　三　第７条第１号、第７号又は第８号に該当することとなったとき。

―――　練習問題（○×式）―――――――――
⒇　個人タクシー事業者が許可に付された条件に違反したときは、許可を取り消されることがあります。

⒃　タクシー事業者は、正当な理由がないのに許可又は認可を受けた事項を実施しない場合、自動車その他の輸送施設の当該事業のための使用の停止若しくは事業の停止を命じられ、又は許可を取り消されることがあります。

9．タクシーサービスの基本

　タクシー事業は、そのサービスを旅客に対して提供するにあたって、次のような基本的な特性を有しています。

①　運転者と旅客と1対1の相対取引であること

　タクシーは、運転者と旅客が狭い車両の中で基本的に1対1の関係となるものであり、いわば密室の中で運転者と旅客の双方でお互いの性格、雰囲気を肌で感じ取ることができることを意味します。運転者も旅客も生身の人間です。その時々の気分というものがどうしても表面に表れることがあり、これがともすれば双方で行き違いを生み、トラブルを生む要因になります。

②　運賃額が高いこと

　タクシーは、鉄道やバスの大量輸送機関の運賃額に比べ、旅客が支払う運賃額が高い事業です。従って、旅客にとってタクシーは運賃負担感をどうしても重く感じやすく、快適で良質なサービスを期待しがちです。さらに、タクシー運賃が高いという批判はこうした点から生じやすいものであり、旅客はサービス面に対しても厳しい目を注ぐことになりがちです。

　タクシー運転者は、タクシーが抱えるこうした特性を十分認識して日々の営業を行うことが求められるのです。

　このため、タクシーは「服装・言葉遣い・態度・車の清掃・挨拶」などについて、旅客の立場に立ったサービスの提供が必要となります。特に、個人タクシーは、優秀な実績を積んだ者のみに許可を与えるものであり、基本的な接遇に対して、旅客の批判を招くことは決してあってはならない事業です。

　タクシーサービスの基本は、安全・迅速・快適に目的地に運送するサービスです。これを実現するためのポイントを整理すると次のようになります。

　　①　旅客の告げた目的地をしっかり確認する
　　②　旅客の指示について、「はい」と返事をする
　　③　途中に、言葉をかけられたら快く応える
　　④　服装、身だしなみに注意する
　　⑤　車両の清掃を常に心がける
　　⑥　旅客の告げた目的地に最短のコースを常に心がける

　これで、あなたは立派な個人タクシー事業者です。最後に、いつでもどこでも、安全運転を忘れずに……。

Q＆A編：練習問題の模範解答例

番号	解答	根　拠　条　文	番号	解答	根　拠　条　文
(1)	○	道路運送法第3条、同施行規則第3条の2	(33)	×	旅客自動車運送事業運輸規則第29条
(2)	×	道路運送法第3条、同施行規則第3条の2	(34)	○	旅客自動車運送事業運輸規則第29条
(3)	○	道路運送法第2条	(35)	○	旅客自動車運送事業運輸規則第42条
(4)	○	道路運送法第3条、同施行規則第3条の2	(36)	×	旅客自動車運送事業運輸規則第42条
(5)	○	旅客自動車運送事業運輸規則第2条	(37)	×	旅客自動車運送事業運輸規則第43条
(6)	○	旅客自動車運送事業運輸規則第2条	(38)	○	旅客自動車運送事業運輸規則第44条
(7)	×	道路運送法第9条の3	(39)	×	旅客自動車運送事業運輸規則第44条
(8)	×	道路運送法第9条の3	(40)	○	旅客自動車運送事業運輸規則第49条
(9)	○	道路運送法第10条	(41)	×	旅客自動車運送事業運輸規則第49条
(10)	×	道路運送法第10条	(42)	○	旅客自動車運送事業運輸規則第50条
(11)	×	一般乗用旅客自動車運送事業標準運送約款第9条	(43)	○	旅客自動車運送事業運輸規則第50条
(12)	×	旅客自動車運送事業運輸規則第13条	(44)	×	旅客自動車運送事業運輸規則第50条
(13)	×	旅客自動車運送事業運輸規則第13条、第52条	(45)	○	道路運送車両法第47条の2、自動車点検基準第1条関係・別表第1
(14)	×	旅客自動車運送事業運輸規則第13条、第52条	(46)	○	道路運送車両法第47条の2、自動車点検基準第1条関係・別表第1
(15)	×	旅客自動車運送事業運輸規則第13条、第52条	(47)	○	道路運送車両法第19条
(16)	×	旅客自動車運送事業運輸規則第50条	(48)	×	道路運送車両法第66条
(17)	×	旅客自動車運送事業運輸規則第50条	(49)	×	道路運送車両法第12条、第13条
(18)	○	道路運送法第14条	(50)	○	旅客自動車運送事業等報告規則第2条
(19)	×	道路運送法第14条	(51)	×	旅客自動車運送事業等報告規則第2条
(20)	○	道路運送法第15条、同施行規則第4条、第15条の2	(52)	×	旅客自動車運送事業等報告規則第2条
(21)	×	道路運送法第15条	(53)	○	旅客自動車運送事業等報告規則第2条関係・第4号様式
(22)	×	道路運送法第20条	(54)	○	旅客自動車運送事業運輸規則第50条
(23)	○	道路運送法第20条	(55)	○	道路運送法第95条
(24)	×	道路運送法第30条	(56)	○	自動車事故報告規則第2条、第3条
(25)	○	道路運送法第30条	(57)	×	自動車事故報告規則第3条
(26)	○	旅客自動車運送事業運輸規則第3条	(58)	×	道路運送法第38条
(27)	○	旅客自動車運送事業運輸規則第3条	(59)	×	道路運送法第38条、道路運送車両法第13条
(28)	○	旅客自動車運送事業運輸規則第18条	(60)	×	道路運送法第38条
(29)	×	旅客自動車運送事業運輸規則第19条	(61)	○	道路運送法第38条
(30)	○	旅客自動車運送事業運輸規則第19条	(62)	○	道路運送法第40条
(31)	○	旅客自動車運送事業運輸規則第25条	(63)	○	道路運送法第40条
(32)	×	旅客自動車運送事業運輸規則第25条			

関係法令及び関係通達編

関係法令及び関係通達は、原則として令和6年4月1日現在において改正されている内容を掲載してあります。以降の改正については地方運輸局又は総合事務局へお問合せください。

○道路運送法 ［抄］

$\left(\begin{array}{l}\text{昭和26年 6 月 1 日}\\\text{法律第183号}\end{array}\right)$

最終改正　令和 5 年 4 月28日　法律第18号

第1章　総　　則

（目的）

第1条　この法律は、貨物自動車運送事業法（平成元年法律第83号）と相まって、道路運送事業の運営を適正かつ合理的なものとし、並びに道路運送の分野における利用者の需要の多様化及び高度化に的確に対応したサービスの円滑かつ確実な提供を促進することにより、輸送の安全を確保し、道路運送の利用者の利益の保護及びその利便の増進を図るとともに、道路運送の総合的な発達を図り、もって公共の福祉を増進することを目的とする。

（定義）

第2条　この法律で「道路運送事業」とは、旅客自動車運送事業、貨物自動車運送事業及び自動車道事業をいう。

2　この法律で「自動車運送事業」とは、旅客自動車運送事業及び貨物自動車運送事業をいう。

3　この法律で「旅客自動車運送事業」とは、他人の需要に応じ、有償で、自動車を使用して旅客を運送する事業であって、次条に掲げるものをいう。

4　この法律で「貨物自動車運送事業」とは、貨物自動車運送事業法による貨物自動車運送事業をいう。

5　この法律で「自動車道事業」とは、一般自動車道を専ら自動車の交通の用に供する事業をいう。

6　この法律で「自動車」とは、道路運送車両法（昭和26年法律第185号）による自動車をいう。

7　この法律で「道路」とは、道路法（昭和27年法律第180号）による道路及びその他の一般交通の用に供する場所並びに自動車道をいう。

8　この法律で「自動車道」とは、専ら自動車の交通の用に供することを目的として設けられた道で道路法による道路以外のものをいい、「一般自動車道」とは、専用自動車道以外の自動車道をいい、「専用自動車道」とは、自動車運送事業者（自動車運送事業を経営する者をいう。以下同じ。）が専らその事業用自動車（自動車運送事業者がその自動車運送事業の用に供する自動車をいう。以下同じ。）の交通の用に供することを目的として設けた道をいう。

第2章　旅客自動車運送事業

（種類）

第3条　旅客自動車運送事業の種類は、次に掲げるものとする。

一　一般旅客自動車運送事業（特定旅客自動車運送事業以外の旅客自動車運送事業）

イ　一般乗合旅客自動車運送事業（乗合旅客を運送する一般旅客自動車運送事業）

ロ　一般貸切旅客自動車運送事業（1個の契約により国土交通省令で定める乗車定員以上の自動車を貸し切って旅客を運送する一般旅客自動車運送事業）

ハ　一般乗用旅客自動車運送事業（1個の契約によりロの国土交通省令で定める乗車定員未満の自動車を貸し切って旅客を運送する一般旅客自動車運送事業）

二　特定旅客自動車運送事業（特定の者の需要に応じ、一定の範囲の旅客を運送する旅客自動車運送事業）

※　「国土交通省令で定める乗車定員」＝道路運送法施行規則第3条の2

（一般旅客自動車運送事業の許可）

第4条　一般旅客自動車運送事業を経営しようとする者は、国土交通大臣の許可を受けなければならない。

2　一般旅客自動車運送事業の許可は、一般旅客自動車運送事業の種別（前条第1号イからハまでに掲げる一般旅客自動車運送事業の別をいう。以下同じ。）について行う。

（許可申請）

第5条　一般旅客自動車運送事業の許可を受けようとする者は、次に掲げる事項を記載した申請書を国土交通大臣に提出しなければならない。

一　氏名又は名称及び住所並びに法人にあっては、その代表者の氏名

二　経営しようとする一般旅客自動車運送事業の種別

三　路線又は営業区域、営業所の名称及び位置、営業所ごとに配置する事業用自動車の数その他の一般旅客自動車運送事業の種別（一般乗合旅客自動車運送事業にあっては、路線定期運行（路線を定めて定期に運行する自動車による乗合旅客の運送をいう。以下同じ。）その他の国土交通省令で定める運行の態様の別を含む。）ごとに国土交通省令で定める事項に関する事業計画

2　前項の申請書には、事業用自動車の運行管理の体制その他の国土交通省令で定める事項を記載した書類を添付しなければならない。

3　国土交通大臣は、申請者に対し、前2項に規定するもののほか、当該申請者の登記事項証明書その他必要な書類の提出を求めることができる。

　※　1項3号「国土交通省令」＝道路運送法施行規則第4条第8項
　※　2項「国土交通省令」＝道路運送法施行規則第6条第1項

（許可基準）

第6条　国土交通大臣は、一般旅客自動車運送事業の許可をしようとするときは、次の基準に適合するかどうかを審査して、これをしなければならない。

一　当該事業の計画が輸送の安全を確保するため適切なものであること。

二　前号に掲げるもののほか、当該事業の遂行上適切な計画を有するものであること。

三　当該事業を自ら適確に遂行するに足る能力を有するものであること。

（欠格事由）

第7条　国土交通大臣は、次に掲げる場合には、一般旅客自動車運送事業の許可をしてはならない。

一　許可を受けようとする者が1年以上の懲役又は禁錮の刑に処せられ、その執行を終わり、又は執行を受けることがなくなった日から5年を経過していない者であるとき。

二　許可を受けようとする者が一般旅客自動車運送事業又は特定旅客自動車運送事業の許可の取消しを受け、その取消しの日から5年を経過していない者（当該許可を取り消された者が法人である場合においては、当該取消しを受けた法人のその処分を受ける原因となった事項が発生した当時現にその法人の業務を執行する役員（いかなる名称によるかを問わず、これと同等以上の職権又は支配力を有する者を含む。第6号、第8号、第49条第2項第4号並びに第79条の4第1項第2号及び第4号において同じ。）として在任した者で当該取消しの日から5年を経

過していないものを含む。）であるとき。

三　許可を受けようとする者と密接な関係を有する者（許可を受けようとする者
　　（法人に限る。以下この号において同じ。）の株式の所有その他の事由を通じて
　　当該許可を受けようとする者の事業を実質的に支配し、若しくはその事業に重要
　　な影響を与える関係にある者として国土交通省令で定めるもの（以下この号にお
　　いて「許可を受けようとする者の親会社等」という。）、許可を受けようとする者
　　の親会社等が株式の所有その他の事由を通じてその事業を実質的に支配し、若し
　　くはその事業に重要な影響を与える関係にある者として国土交通省令で定めるも
　　の又は当該許可を受けようとする者が株式の所有その他の事由を通じてその事業
　　を実質的に支配し、若しくはその事業に重要な影響を与える関係にある者として
　　国土交通省令で定めるもののうち、当該許可を受けようとする者と国土交通省令
　　で定める密接な関係を有する法人をいう。）が、一般旅客自動車運送事業又は特
　　定旅客自動車運送事業の許可の取消しを受け、その取消しの日から５年を経過し
　　ていない者であるとき。

四　許可を受けようとする者が、一般旅客自動車運送事業又は特定旅客自動車運送
　　事業の許可の取消しの処分に係る行政手続法（平成５年法律第88号）第15条の規
　　定による通知があった日から当該処分をする日又は処分をしないことを決定する
　　日までの間に第38条第１項若しくは第２項又は第43条第８項の規定による事業の
　　廃止の届出をした者（当該事業の廃止について相当の理由がある者を除く。）で、
　　当該届出の日から５年を経過していないものであるとき。

五　許可を受けようとする者が、第94条第４項の規定による検査が行われた日から
　　聴聞決定予定日（当該検査の結果に基づき一般旅客自動車運送事業又は特定旅客
　　自動車運送事業の許可の取消しの処分に係る聴聞を行うか否かの決定をすること
　　が見込まれる日として国土交通省令で定めるところにより国土交通大臣が当該許
　　可を受けようとする者に当該検査が行われた日から10日以内に特定の日を通知し
　　た場合における当該特定の日をいう。）までの間に第38条第１項若しくは第２項
　　又は第43条第８項の規定による事業の廃止の届出をした者（当該事業の廃止につ
　　いて相当の理由がある者を除く。）で、当該届出の日から５年を経過していない
　　ものであるとき。

六　第４号に規定する期間内に第38条第１項若しくは第２項又は第43条第８項の規
　　定による事業の廃止の届出があった場合において、許可を受けようとする者が、
　　同号の通知の日前60日以内に当該届出に係る法人（当該事業の廃止について相当
　　の理由がある法人を除く。）の役員であった者で、当該届出の日から５年を経過
　　していないものであるとき。

七　許可を受けようとする者が営業に関し成年者と同一の行為能力を有しない未成年者である場合において、その法定代理人が前各号（第3号を除く。）又は次号のいずれかに該当する者であるとき。

八　許可を受けようとする者が法人である場合において、その法人の役員が前各号（第3号を除く。）のいずれかに該当する者であるとき。

（一般乗合旅客自動車運送事業の運賃及び料金）

第9条　一般乗合旅客自動車運送事業を経営する者（以下「一般乗合旅客自動車運送事業者」という。）は、旅客の運賃及び料金（旅客の利益に及ぼす影響が比較的小さいものとして国土交通省令で定める運賃及び料金を除く。以下この条、第31条第2号、第88条の2第1号及び第4号並びに第89条第1項第1号において「運賃等」という。）の上限を定め、国土交通大臣の認可を受けなければならない。これを変更しようとするときも、同様とする。

2　国土交通大臣は、前項の認可をしようとするときは、能率的な経営の下における適正な原価に適正な利潤を加えたものを超えないものであるかどうかを審査して、これをしなければならない。

3　一般乗合旅客自動車運送事業者は、第1項の認可を受けた運賃等の上限の範囲内で運賃等を定め、あらかじめ、その旨を国土交通大臣に届け出なければならない。これを変更しようとするときも、同様とする。

4　一般乗合旅客自動車運送事業者は、次に掲げる者を構成員とする協議会において、地域における需要に応じ当該地域の住民の生活のための旅客の運送を確保する必要がある路線又は営業区域（以下この項において「路線等」という。）に係る運賃等について協議が調ったときは、第1項及び前項の規定にかかわらず、当該協議が調った事項を国土交通大臣に届け出ることにより、当該運賃等を定めることができる。当該協議会において当該運賃等の変更について協議が調ったときも、同様とする。

一　当該路線等をその区域に含む市町村（特別区を含む。以下同じ。）又は都道府県

二　当該運賃等を定めようとする一般乗合旅客自動車運送事業者

三　当該路線等を管轄する地方運輸局長

四　第1号に規定する市町村の長又は同号に規定する都道府県の知事が関係住民の意見を代表する者として指名する者

5　前項第1号に掲げる者は、同項の協議をするときは、あらかじめ、公聴会の開催その他の住民、利用者その他利害関係者の意見を反映させるために必要な措置を講じなければならない。

6　一般乗合旅客自動車運送事業者は、第一項の国土交通省令で定める運賃及び料金を定めるときは、あらかじめ、その旨を国土交通大臣に届け出なければならない。これを変更しようとするときも、同様とする。

7　国土交通大臣は、第3項若しくは第4項の運賃等又は前項の運賃若しくは料金が次の各号（第3項又は第4項の運賃等にあっては、第2号又は第3号）のいずれかに該当すると認めるときは、当該一般乗合旅客自動車運送事業者に対し、期限を定めてその運賃等又は運賃若しくは料金を変更すべきことを命ずることができる。

一　社会的経済的事情に照らして著しく不適切であり、旅客の利益を阻害するおそれがあるものであるとき。

二　特定の旅客に対し不当な差別的取扱いをするものであるとき。

三　他の一般旅客自動車運送事業者（一般旅客自動車運送事業を経営する者をいう。以下同じ。）との間に不当な競争を引き起こすおそれがあるものであるとき。

　　※　1項「国土交通省令で定める運賃及び料金」＝道路運送法施行規則第10条

（一般乗用旅客自動車運送事業の運賃及び料金）

第9条の3　一般乗用旅客自動車運送事業を経営する者（以下「一般乗用旅客自動車運送事業者」という。）は、運賃等（旅客の運賃及び料金（旅客の利益に及ぼす影響が比較的小さいものとして国土交通省令で定める料金を除く。）をいう。以下この条、第88条の2第3号及び第89条第1項第2号において同じ。）を定め、国土交通大臣の認可を受けなければならない。これを変更しようとするときも、同様とする。

2　国土交通大臣は、前項の認可をしようとするときは、次の基準によって、これをしなければならない。

一　能率的な経営の下における適正な原価に適正な利潤を加えたものを超えないものであること。

二　特定の旅客に対し不当な差別的取扱いをするものでないこと。

三　他の一般旅客自動車運送事業者との間に不当な競争を引き起こすこととなるおそれがないものであること。

四　運賃等が対距離制による場合であって、国土交通大臣がその算定の基礎となる距離を定めたときは、これによるものであること。

3　一般乗用旅客自動車運送事業者は、次に掲げる者を構成員とする協議会において、地域における需要に応じ当該地域の住民の生活のための旅客の運送を確保する必要がある営業区域に係る運賃等について協議が調ったときは、第一項の規定にかかわらず、当該協議が調った事項を国土交通大臣に届け出ることにより、当該運賃等を

定めることができる。当該協議会において当該運賃等の変更について協議が調った
ときも、同様とする。

　一　当該営業区域をその区域に含む市町村又は都道府県

　二　当該運賃等を定めようとする一般乗用旅客自動車運送事業者

　三　当該営業区域を管轄する地方運輸局長

　四　第1号に規定する市町村の長又は同号に規定する都道府県の知事が関係住民の
　　　意見を代表する者として指名する者

4　前項第1号に掲げる者は、同項の協議をするときは、あらかじめ、公聴会の開催
　その他の住民、利用者その他利害関係者の意見を反映させるために必要な措置を講
　じなければならない。

5　一般乗用旅客自動車運送事業者は、第1項の国土交通省令で定める料金を定める
　ときは、あらかじめ、その旨を国土交通大臣に届け出なければならない。これを変
　更しようとするときも、同様とする。

6　第9条第7項の規定は、第3項の運賃等及び前項の料金について準用する。この
　場合において、同条第7項中「第3項又は第4項」とあるのは「第9条の3第3
　項」と「当該一般乗合旅客自動車運送事業者」とあるのは、「当該一般乗用旅客自
　動車運送事業者」と読み替えるものとする。

　　※　1・5項「国土交通省令」＝道路運送法施行規則第10条の4

（運賃又は料金の割戻しの禁止）

第10条　一般旅客自動車運送事業者は、旅客に対し、収受した運賃又は料金の割戻し
　をしてはならない。

（運送約款）

第11条　一般旅客自動車運送事業者は、運送約款を定め、国土交通大臣の認可を受け
　なければならない。これを変更しようとするときも同様とする。

2　国土交通大臣は、前項の認可をしようとするときは、次の基準によって、これを
　しなければならない。

　一　公衆の正当な利益を害するおそれがないものであること。

　二　少なくとも運賃及び料金の収受並びに一般旅客自動車運送事業者の責任に関す
　　　る事項が明確に定められているものであること。

3　国土交通大臣が一般旅客自動車運送事業の種別に応じて標準運送約款を定めて公
　示した場合（これを変更して公示した場合を含む。）において、当該事業を経営す
　る者が、標準運送約款と同一の運送約款を定め、又は現に定めている運送約款を標

準運送約款と同一のものに変更したときは、その運送約款については、第1項の規定による認可を受けたものとみなす。

（運賃及び料金等の公示）

第12条 一般旅客自動車運送事業者（一般乗用旅客自動車運送事業者を除く。）は、国土交通省令で定めるところにより、運賃及び料金並びに運送約款を公示しなければならない。

2 路線定期運行を行う一般乗合旅客自動車運送事業者は、前項に掲げるもののほか、国土交通省令で定めるところにより、運行系統、運行回数その他の事項（路線定期運行に係るものに限る。）を公示しなければならない。

3 一般旅客自動車運送事業者は、前2項の規定により公示した事項を変更しようとするときは、国土交通省令で定めるところにより、あらかじめ、その旨を公示しなければならない。

　　※　1項「国土交通省令」＝旅客自動車運送事業運輸規則第4条
　　※　3項「国土交通省令」＝旅客自動車運送事業運輸規則第6条

（運送引受義務）

第13条 一般旅客自動車運送事業者（一般貸切旅客自動車運送事業者を除く。次条において同じ。）は、次の場合を除いては、運送の引受けを拒絶してはならない。

一 当該運送の申込みが第11条第1項の規定により認可を受けた運送約款（標準運送約款と同一の運送約款を定めているときは、当該運送約款）によらないものであるとき。

二 当該運送に適する設備がないとき。

三 当該運送に関し申込者から特別の負担を求められたとき。

四 当該運送が法令の規定又は公の秩序若しくは善良の風俗に反するものであるとき。

五 天災その他やむを得ない事由による運送上の支障があるとき。

六 前各号に掲げる場合のほか、国土交通省令で定める正当な事由があるとき。

　　※　「国土交通省令」＝旅客自動車運送事業運輸規則第13条

（運送の順序）

第14条 一般旅客自動車運送事業者は、運送の申込みを受けた順序により、旅客の運送をしなければならない。ただし、急病人を運送する場合、一般乗合旅客自動車運送事業について運送の申込みを受けた順序による旅客の運送を行うことにより輸送

の効率が著しく低下する場合その他正当な事由がある場合は、この限りでない。

（事業計画の変更）

第15条　一般旅客自動車運送事業者は、事業計画の変更（第３項、第４項及び次条第
　１項に規定するものを除く。）をしようとするときは、国土交通大臣の認可を受け
　なければならない。

２　第６条の規定は、前項の認可について準用する。

３　一般旅客自動車運送事業者は、営業所ごとに配置する事業用自動車の数その他の
　国土交通省令で定める事項に関する事業計画の変更をしようとするときは、あらか
　じめ、その旨を国土交通大臣に届け出なければならない。

４　一般旅客自動車運送事業者は、営業所の名称その他の国土交通省令で定める軽微
　な事項に関する事業計画の変更をしたときは、遅滞なく、その旨を国土交通大臣に
　届け出なければならない。

　　※　４項「国土交通省令」＝道路運送法施行規則第15条の２

（事業計画等に定める業務の確保）

第16条　一般旅客自動車運送事業者は、天災その他やむを得ない事由がある場合のほ
　か、事業計画（路線定期運行を行う一般乗合旅客自動車運送事業者にあっては、事
　業計画及び運行計画。次項において同じ。）に定めるところに従い、その業務を行
　わなければならない。

２　国土交通大臣は、一般旅客自動車運送事業者が前項の規定に違反していると認め
　るときは、当該一般旅客自動車運送事業者に対し、事業計画に従い業務を行うべき
　ことを命ずることができる。

（禁止行為）

第20条　一般旅客自動車運送事業者は、発地及び着地のいずれもがその営業区域外に
　存する旅客の運送（路線を定めて行うものを除く。第２号において「営業区域外旅
　客運送」という。）をしてはならない。ただし、次に掲げる場合は、この限りでな
　い。

　一　災害の場合その他緊急を要するとき。

　二　地域の旅客輸送需要に応じた運送サービスの提供を確保することが困難な場合
　　として国土交通省令で定める場合において、地方公共団体、一般旅客自動車運送
　　事業者、住民その他の国土交通省令で定める関係者間において当該地域における
　　旅客輸送を確保するため営業区域外旅客運送が必要であることについて協議が調

った場合であって、輸送の安全又は旅客の利便の確保に支障を及ぼすおそれがないと国土交通大臣が認めるとき。

※　2号「国土交通省令」＝道路運送法施行規則第18条の2・第18条の3

（乗合旅客の運送）

第21条　一般貸切旅客自動車運送事業者及び一般乗用旅客自動車運送事業者は、次に掲げる場合に限り、乗合旅客の運送をすることができる。

一　災害の場合その他緊急を要するとき。

二　一般乗合旅客自動車運送事業者によることが困難な場合において、一時的な需要のために国土交通大臣の許可を受けて地域及び期間を限定して行うとき。

（輸送の安全性の向上）

第22条　一般旅客自動車運送事業者は、輸送の安全の確保が最も重要であることを自覚し、絶えず輸送の安全性の向上に努めなければならない。

（運行管理者）

第23条　一般旅客自動車運送事業者は、事業用自動車の運行の安全の確保に関する業務を行わせるため、国土交通省令で定める営業所ごとに、運行管理者資格者証の交付を受けている者のうちから、運行管理者を選任しなければならない。

2　前項の運行管理者の業務の範囲及び運行管理者の選任に関し必要な事項は、国土交通省令で定める。

3　一般旅客自動車運送事業者は、第1項の規定により運行管理者を選任したときは、遅滞なく、その旨を国土交通大臣に届け出なければならない。これを解任したときも同様とする。

（運行管理者資格者証）

第23条の2　国土交通大臣は、次の各号のいずれかに該当する者に対し、運行管理者資格者証を交付する。

一　運行管理者試験に合格した者

二　事業用自動車の運行の安全の確保に関する業務について国土交通省令で定める一定の実務の経験その他の要件を備える者

2　国土交通大臣は、前項の規定にかかわらず、次の各号のいずれかに該当する者に対しては、運行管理者資格者証の交付を行わないことができる。

一　次条の規定により運行管理者資格者証の返納を命ぜられ、その日から5年を経

　過しない者

　二　この法律若しくはこの法律に基づく命令又はこれらに基づく処分に違反し、この法律の規定により罰金以上の刑に処せられ、その執行を終わり、又はその執行を受けることがなくなった日から5年を経過しない者

3　運行管理者資格者証の交付に関する手続的事項は、国土交通省令で定める。

（運行管理者資格者証の返納）

第23条の3　国土交通大臣は、運行管理者資格者証の交付を受けている者がこの法律若しくはこの法律に基づく命令又はこれらに基づく処分に違反したときは、その運行管理者資格者証の返納を命ずることができる。

（運行管理者試験）

第23条の4　運行管理者試験は、運行管理者の業務に関し必要な知識及び能力について国土交通大臣が行う。

2　運行管理者試験は、国土交通省令で定める実務の経験を有する者でなければ、受けることができない。

3　運行管理者試験の試験科目、受験手続その他試験の実施細目は、国土交通省令で定める。

（運行管理者等の義務）

第23条の5　運行管理者は、誠実にその業務を行わなければならない。

2　一般旅客自動車運送事業者は、運行管理者に対し、第23条第2項の国土交通省令で定める業務を行うため必要な権限を与えなければならない。

3　一般旅客自動車運送事業者は、運行管理者がその業務として行う助言を尊重しなければならず、事業用自動車の運転者その他の従業員は、運行管理者がその業務として行う指導に従わなければならない。

（運転者の制限）

第25条　一般旅客自動車運送事業者は、年齢、運転の経歴その他政令で定める一定の要件を備える者でなければ、その事業用自動車の運転をさせてはならない。ただし、当該運行が旅客の運送を目的としない場合は、この限りでない。

（輸送の安全等）

第27条　一般旅客自動車運送事業者は、事業計画（路線定期運行を行う一般乗合旅客

自動車運送事業者にあっては、事業計画及び運行計画）の遂行に必要となる員数の運転者の確保、事業用自動車の運転者がその休憩又は睡眠のために利用することができる施設の整備、事業用自動車の運転者の適切な勤務時間及び乗務時間の設定その他の運行の管理その他事業用自動車の運転者の過労運転を防止するために必要な措置を講じなければならない。

2　一般旅客自動車運送事業者は、事業用自動車の運転者が疾病により安全な運転ができないおそれがある状態で事業用自動車を運転することを防止するために必要な医学的知見に基づく措置を講じなければならない。

3　前2項に規定するもののほか、一般旅客自動車運送事業者は、事業用自動車の運転者、車掌その他旅客又は公衆に接する従業員（次項において「運転者等」という。）の適切な指導監督、事業用自動車内における当該事業者の氏名又は名称の掲示その他の旅客に対する適切な情報の提供その他の輸送の安全及び旅客の利便の確保のために必要な事項として国土交通省令で定めるものを遵守しなければならない。

4　国土交通大臣は、一般旅客自動車運送事業者が、第22条の2第1項、第4項若しくは第6項、第23条第1項、第23条の5第2項若しくは第3項若しくは前3項の規定又は安全管理規程を遵守していないため輸送の安全又は旅客の利便が確保されていないと認めるときは、当該一般旅客自動車運送事業者に対し、運行管理者に対する必要な権限の付与、必要な員数の運転者の確保、施設又は運行の管理若しくは運転者等の指導監督の方法の改善、旅客に対する適切な情報の提供、当該安全管理規程の遵守その他その是正のために必要な措置を講ずべきことを命ずることができる。

5　一般旅客自動車運送事業者の事業用自動車の運転者及び運転の補助に従事する従業員は、運行の安全の確保のために必要な事項として国土交通省令で定めるものを遵守しなければならない。

（旅客の禁止行為）

第28条　一般旅客自動車運送事業者の事業用自動車を利用する旅客は、他人に危害を及ぼすおそれがある物品若しくは他人の迷惑となるおそれがある物品であって国土交通省令で定めるものを自動車内に持ち込み、又は走行中の自動車内でみだりに自動車の運転者に話しかけ、その他国土交通省令で定める行為をしてはならない。

2　一般乗合旅客自動車運送事業者の事業用自動車を利用する旅客は、自動車の車掌その他の従業員から乗車券の点検又は回収のため乗車券の提示又は交付を求められたときは、これを拒むことができない。

3　一般乗合旅客自動車運送事業者は、前項の規定に違反して乗車券の提示又は交付を拒んだ旅客又は有効の乗車券を所持しない旅客に対し、その旅客が乗車した区間

に対応する運賃及び料金並びにこれと同額の割増運賃及び割増料金の支払を求めることができる。

　　※　1項「国土交通省令」＝旅客自動車運送事業運輸規則第52条・第53条

（事故の報告）

第29条　一般旅客自動車運送事業者は、その事業用自動車が転覆し、火災を起こし、その他国土交通省令で定める重大な事故を引き起こしたときは、遅滞なく事故の種類、原因その他国土交通省令で定める事項を国土交通大臣に届け出なければならない。

　　※　「国土交通省令」＝自動車事故報告規則

（国土交通大臣による輸送の安全にかかわる情報の公表）

第29条の2　国土交通大臣は、毎年度、第27条第4項の規定による命令に係る事項、前条の規定による届出に係る事項その他の国土交通省令で定める輸送の安全にかかわる情報を整理し、これを公表するものとする。

（一般旅客自動車運送事業者による輸送の安全にかかわる情報の公表）

第29条の3　一般旅客自動車運送事業者は、国土交通省令で定めるところにより、輸送の安全を確保するために講じた措置及び講じようとする措置その他の国土交通省令で定める輸送の安全にかかわる情報を公表しなければならない。

　　※　「国土交通省令」＝旅客自動車運送事業運輸規則第47条の7

（公衆の利便を阻害する行為の禁止等）

第30条　一般旅客自動車運送事業者は、旅客に対し、不当な運送条件によることを求め、その他公衆の利便を阻害する行為をしてはならない。

2　一般旅客自動車運送事業者は、一般旅客自動車運送事業の健全な発達を阻害する結果を生ずるような競争をしてはならない。

3　一般旅客自動車運送事業者は、特定の旅客に対し、不当な差別的取扱いをしてはならない。

4　国土交通大臣は、前3項に規定する行為があるときは、一般旅客自動車運送事業者に対し、当該行為の停止又は変更を命ずることができる。

（事業改善の命令）

第31条　国土交通大臣は、一般旅客自動車運送事業者の事業について旅客の利便その

他公共の福祉を阻害している事実があると認めるときは、一般旅客自動車運送事業者に対し、次に掲げる事項を命ずることができる。

一　事業計画（路線定期運行を行う一般乗合旅客自動車運送事業者にあっては、事業計画又は運行計画）を変更すること。

二　運賃等の上限を変更すること。

三　第9条の3第1項の運賃又は料金を変更すること。

四　運送約款を変更すること。

五　自動車その他の輸送施設を改善すること。

六　旅客の円滑な輸送を確保するための措置を講ずること。

七　旅客の運送に関し支払うことあるべき損害賠償のため保険契約を締結すること。

（名義の利用、事業の貸渡し等）

第33条　一般旅客自動車運送事業者は、その名義を他人に一般旅客自動車運送事業又は特定旅客自動車運送事業のため利用させてはならない。

2　一般旅客自動車運送事業者は、事業の貸渡しその他いかなる方法をもってするかを問わず、一般旅客自動車運送事業又は特定旅客自動車運送事業を他人にその名において経営させてはならない。

（事業の譲渡及び譲受等）

第36条　一般旅客自動車運送事業の譲渡及び譲受は、国土交通大臣の認可を受けなければ、その効力を生じない。

2　一般旅客自動車運送事業者たる法人の合併及び分割は、国土交通大臣の認可を受けなければ、その効力を生じない。ただし、一般旅客自動車運送事業者たる法人と一般旅客自動車運送事業を経営しない法人が合併する場合において、一般旅客自動車運送事業者たる法人が存続するとき又は一般旅客自動車運送事業者たる法人が分割をする場合において一般旅客自動車運送事業を承継させないときは、この限りでない。

3　第6条の規定は、前2項の認可について準用する。

4　一般旅客自動車運送事業者たる法人の合併又は分割があったときは、合併後存続する法人若しくは合併により設立された法人又は分割により一般旅客自動車運送事業を承継した法人は、許可に基づく権利義務を承継する。

（相続）

第37条　一般旅客自動車運送事業者が死亡した場合において、相続人（相続人が2人

以上ある場合においてその協議により当該一般旅客自動車運送事業を承継すべき相続人を定めたときは、その者。以下同じ。）が被相続人の経営していた一般旅客自動車運送事業を引き続き経営しようとするときは、被相続人の死亡後60日以内に、国土交通大臣の認可を受けなければならない。

2　相続人が前項の認可の申請をした場合においては、被相続人の死亡の日からその認可があった旨又は認可をしない旨の通知を受ける日までは、被相続人に対してした一般旅客自動車運送事業の許可は、その相続人に対してしたものとみなす。

3　第6条の規定は、第1項の認可について準用する。

4　第1項の認可を受けた者は、被相続人に係る許可に基づく権利義務を承継する。

（事業の休止及び廃止）

第38条　一般旅客自動車運送事業者（路線定期運行を行う一般乗合旅客自動車運送事業者を除く。）は、その事業を休止し、又は廃止しようとするときは、その30日前までに、その旨を国土交通大臣に届け出なければならない。

2　路線定期運行を行う一般乗合旅客自動車運送事業者は、その事業を休止し、又は廃止しようとするときは、その6月前（利用者の利便を阻害しないと認められる国土交通省令で定める場合にあっては、その30日前）までに、その旨を国土交通大臣に届け出なければならない。

3　第15条の2第2項から第5項までの規定は、前項の場合について準用する。

4　一般旅客自動車運送事業者は、その事業を休止し、又は廃止しようとするときは、国土交通省令で定めるところにより、あらかじめ、その旨を公示しなければならない。

　　※　4項「国土交通省令」＝旅客自動車運送事業運輸規則第7条

（許可の取消し等）

第40条　国土交通大臣は、一般旅客自動車運送事業者が次の各号のいずれかに該当するときは、6月以内において期間を定めて自動車その他の輸送施設の当該事業のための使用の停止若しくは事業の停止を命じ、又は許可を取り消すことができる。

一　この法律若しくはこの法律に基づく命令若しくはこれらに基づく処分又は許可若しくは認可に付した条件に違反したとき。

二　正当な理由がないのに許可又は認可を受けた事項を実施しないとき。

三　第7条第1号、第7号又は第8号に該当することとなったとき。

第41条　国土交通大臣は、前条の規定により事業用自動車の使用の停止又は事業の停

止を命じたときは、当該事業用自動車の道路運送車両法による自動車検査証を国土交通大臣に返納し、又は当該事業用自動車の同法による自動車登録番号標及びその封印を取り外した上、その自動車登録番号標について国土交通大臣の領置を受けるべきことを命ずることができる。

2 国土交通大臣は、前条の規定による事業用自動車の使用の停止又は事業の停止の期間が満了したときは、前項の規定により返納を受けた自動車検査証又は同項の規定により領置した自動車登録番号標を返付しなければならない。

3 前項の規定により自動車登録番号標（次項に規定する自動車に係るものを除く。）の返付を受けた者は、当該自動車登録番号標を当該自動車に取り付け、国土交通大臣の封印の取付けを受けなければならない。

4 国土交通大臣は、第1項の規定による命令に係る自動車であって、道路運送車両法第16条第1項の申請（同法第15条の2第5項の規定により申請があったものとみなされる場合を含む。）に基づき一時抹消登録をしたものについては、前条の規定による事業用自動車の使用の停止又は事業の停止の期間が満了するまでは、同法第18条の2第1項本文の登録識別情報を通知しないものとする。

第5章 自家用自動車の使用

（有償運送）

第78条 自家用自動車（事業用自動車以外の自動車をいう。以下同じ。）は、次に掲げる場合を除き、有償で運送の用に供してはならない。

一 災害のため緊急を要するとき。

二 市町村（特別区を含む。）、特定非営利活動促進法（平成10年法律第7号）第2条第2項に規定する特定非営利活動法人その他国土交通省令で定める者が、次条の規定により地域住民又は観光旅客その他の当該地域を来訪する者の運送その他の国土交通省令で定める旅客の運送（以下「自家用有償旅客運送」という。）を行うとき。

三 公共の福祉を確保するためやむを得ない場合において、国土交通大臣の許可を受けて地域又は期間を限定して運送の用に供するとき。

（登録）

第79条 自家用有償旅客運送を行おうとする者は、国土交通大臣の行う登録を受けなければならない。

第6章　雑　則

（運送に関する命令）

第84条　国土交通大臣は、当該運送が災害の救助その他公共の福祉を維持するため必要であり、かつ、当該運送を行う者がない場合又は著しく不足する場合に限り、一般旅客自動車運送事業者又は貨物自動車運送事業法による一般貨物自動車運送事業者（以下「一般貨物自動車運送事業者」という。）に対し、運送すべき旅客若しくは貨物、運送すべき区間、これに使用する自動車及び運送条件を指定して運送を命じ、又は旅客若しくは貨物の運送の順序を定めて、これによるべきことを命ずることができる。

2　前項の規定による命令で次条の規定による損失の補償を伴うものは、これによって必要となる補償金の総額が国会の議決を経た予算の金額を超えない範囲内でこれをしなければならない。

（損失の補償）

第85条　前条第1項の規定による命令により損失を受けた者に対しては、その損失を補償する。

2　前項の規定による補償の額は、当該一般旅客自動車運送事業者又は一般貨物自動車運送事業者がその運送を行ったことにより通常生ずべき損失の額とする。

3　前2項に規定するもののほか、損失の補償に関し必要な事項は、国土交通省令で定める。

（免許等の条件又は期限）

第86条　免許、許可、登録又は認可には条件又は期限を付し、及びこれを変更することができる。

2　前項の条件又は期限は、公衆の利益を増進し、又は免許、許可、登録若しくは認可に係る事項の確実な実施を図るため必要な最少限度のものに限り、かつ、当該道路運送事業者（道路運送事業を経営する者をいう。以下同じ。）又は自家用有償旅客運送者に不当な義務を課することとならないものでなければならない。

（都道府県等の処理する事務等）

第88条　第4章（第61条、第70条第3号（使用料金の変更に係る部分に限る。）及び

第75条を除く。以下この項において同じ。）、前章及び第94条に規定する国土交通大臣の権限に属する事務は、第4章に規定する権限に属する事務にあっては政令で定めるところにより都道府県知事が、前章及び同条に規定する権限に属する事務にあっては政令で定めるところにより都道府県知事又は市町村長（特別区の区長を含む。第90条第1項及び第2項において同じ。）が、それぞれその一部を行うこととすることができる。

2　第2章、第2章の2及び第4章からこの章までに規定する国土交通大臣の権限は、政令で定めるところにより、地方運輸局長に委任することができる。

3　前項の規定により地方運輸局長に委任された権限は、政令で定めるところにより、運輸監理部長又は運輸支局長に委任することができる。

（運輸審議会への諮問）

第88条の2　国土交通大臣は、次に掲げる処分等をしようとするときは、運輸審議会に諮らなければならない。

一　第9条第1項の規定による運賃等の上限の認可

二　第9条第7項（第9条の2第2項及び第9条の3第6項において準用する場合を含む。）の規定による運賃又は料金の変更の命令

三　第9条の3第1項の規定による運賃等の認可

四　第31条の規定による運賃等の上限又は運賃若しくは料金の変更の命令

五　第40条（第43条第5項において準用する場合を含む。）の規定による事業の停止の命令又は許可の取消し

六　第94条の2の規定による基本的な方針の策定

（利害関係人等の意見の聴取）

第89条　地方運輸局長は、その権限に属する次に掲げる事項について、必要があると認めるときは、利害関係人又は参考人の出頭を求めて意見を聴取することができる。

一　一般乗合旅客自動車運送事業における運賃等の上限に関する認可

二　一般乗用旅客自動車運送事業における運賃等に関する認可

2　地方運輸局長は、その権限に属する前項各号に掲げる事項について利害関係人の申請があったとき、又は国土交通大臣の権限に属する同項各号に掲げる事項若しくは旅客自動車運送事業の停止の命令若しくは許可の取消しについて国土交通大臣の指示があったときは、利害関係人又は参考人の出頭を求めて意見を聴取しなければならない。

3　前2項の意見の聴取に際しては、利害関係人に対し、証拠を提出する機会が与え

られなければならない。

4　第１項及び第２項の意見の聴取に関し必要な事項は、国土交通省令で定める。

　　※　４項「国土交通省令」＝道路運送法施行規則第55条〜第59条

（聴聞の特例）

第90条　地方運輸局長が、その権限に属する旅客自動車運送事業若しくは自家用有償旅客運送の業務の停止の命令をしようとするとき、又は都道府県知事若しくは市町村長がその権限に属する自家用有償旅客運送の業務の停止の命令をしようとするときは、行政手続法第13条第１項の規定による意見陳述のための手続の区分にかかわらず、聴聞を行わなければならない。

2　地方運輸局長の権限に属する旅客自動車運送事業の停止の命令若しくは許可の取消し若しくは自家用有償旅客運送の業務の停止の命令若しくは登録の取消しの処分又は都道府県知事若しくは市町村長の権限に属する自家用有償旅客運送の業務の停止の命令若しくは登録の取消しの処分に係る聴聞の主宰者は、行政手続法第17条第１項の規定により当該処分に係る利害関係人が当該聴聞に関する手続に参加することを求めたときは、これを許可しなければならない。

3　前項の聴聞の主宰者は、聴聞の期日において必要があると認めるときは、参考人の出頭を求めて意見を聴取することができる。

（道路運送に関する団体）

第92条　道路運送事業者その他の自動車を使用する者が次に掲げる事業の全部又は一部を行うことを目的として組織する団体は、その成立の日から30日以内に、国土交通省令で定める事項について国土交通大臣に届け出なければならない。

　一　構成員の行う道路運送に関する指導、調査及び研究

　二　構成員の行う道路運送に必要な物資の共同購入、共同設備の設置その他構成員の行う道路運送に関する共同施設

　三　構成員に対する道路運送に関し必要な資金の貸付け（手形の割引を含む。）及び構成員のためにするその借入れ

　四　構成員の道路運送に関する債務の保証

　五　構成員の行う道路運送に関し必要な資金の融通のあっせん

　六　構成員の行う道路運送の用に供する物資の購入のあっせん

　七　団体としての意見の公表又は適当な行政庁に対する申出

　八　この法律の規定により構成員が提出する報告書等の取りまとめ

　九　前号に掲げるもののほか、行政庁が構成員に対して発する通知の構成員への伝

　　達その他行政庁の行うこの法律の施行のためにする措置に対する協力

　十　この法律の違反行為の予防

（自動車運送の総合的発達のためにする措置）

第93条　国土交通大臣は、自動車運送の総合的な発達を図るために、自動車運送相互の調整を図るとともに、自動車運送に関する資金の融通のあっ旋、自動車運送の用に供する物資の確保及び自動車事故による損害賠償を保障する制度の確立に努めなければならない。

（報告、検査及び調査）

第94条　国土交通大臣は、この法律の施行に必要な限度において、道路運送事業者、自家用有償旅客運送者その他自動車を所有し、若しくは使用する者又はこれらの者の組織する団体に、国土交通省令で定める手続に従い、事業、自家用有償旅客運送の業務又は自動車の所有若しくは使用に関し、報告をさせることができる。

2　国土交通大臣は、この法律の施行に必要な限度において、適正化機関に、国土交通省令で定める手続に従い、その事業に関し、報告をさせることができる。

3　国土交通大臣は、この法律の施行に必要な限度において、指定試験機関に、国土交通省令で定める手続に従い、試験事務に関し、報告をさせることができる。

4　国土交通大臣は、この法律の施行に必要な限度において、その職員をして自動車、自動車の所在する場所又は道路運送事業者、自家用有償旅客運送者その他自動車を所有し、若しくは使用する者若しくはこれらの者の組織する団体の事務所その他の事業場（道路運送事業、自家用有償旅客運送の業務又は自動車の管理に係るものに限る。）に立ち入り、帳簿書類その他の物件を検査し、又は関係者に質問させることができる。

5　国土交通大臣は、この法律の施行に必要な限度において、その職員をして適正化機関又は指定試験機関の事務所に立ち入り、業務の状況若しくは帳簿書類その他の物件を検査し、又は関係者に質問させることができる。

6　国土交通大臣は、自動車による輸送の実情の調査を行うため特に必要があると認めるときは、その職員をして、当該調査のため必要な限度において、道路を通行する自動車の運転者に対し一時当該自動車を停止することを求め、及び運転者又はその補助者に輸送の経路、貨物の種類その他の事項を質問させることができる。

7　前3項の場合には、当該職員は、その身分を示す証票を携帯し、かつ、関係者の請求があったときは、これを提示しなければならない。

8　第4項から第6項までの権限は、犯罪捜査のために認められたものと解釈してはならない。

※　１項「国土交通省令」＝旅客自動車運送事業等報告規則

（自動車に関する表示）

第95条　自動車（軽自動車たる自家用自動車、乗車定員10人以下の乗用の自家用自動車、特殊自動車たる自家用自動車その他国土交通省令で定めるものを除く。）を使用する者は、その自動車の外側に、使用者の氏名、名称又は記号その他の国土交通省令で定める事項を見やすいように表示しなければならない。

第７章　罰　則

第96条　次の各号のいずれかに該当するときは、その違反行為をした者は、３年以下の懲役若しくは300万円以下の罰金に処し、又はこれを併科する。

一　第４条第１項の規定に違反して一般旅客自動車運送事業を経営したとき。

二　第33条（第43条第５項及び第72条において準用する場合を含む。）の規定に違反したとき。

三　第47条第１項の規定に違反して自動車道事業を経営したとき。

第97条　次の各号のいずれかに該当するときは、その違反行為をした者は、１年以下の懲役若しくは150万円以下の罰金に処し、又はこれを併科する。

一　第25条（第43条第５項において準用する場合を含む。）、第78条又は第83条の規定に違反したとき。

二　第27条第４項の規定による命令（輸送の安全の確保に係るものに限り、一般乗用旅客自動車運送事業者に対するものを除く。）に違反したとき。

三　第35条第１項又は第70条の２第１項の規定により許可を受けてしなければならない事項を許可を受けないでしたとき。

四　第40条（第43条第５項及び第72条において準用する場合を含む。）の規定による輸送施設の使用の停止又は事業の停止の処分に違反したとき。

五　第43条第１項の規定に違反して、特定旅客自動車運送事業を経営したとき。

六　第57条第１項、第58条第１項、第60条第１項（第75条第３項において準用する場合を含む。）又は第75条第１項の規定による検査を受けないで、又はこれに合格しないで、自動車道の供用を開始したとき（第59条第１項の規定により一般自動車道の一部につき検査を受け、これに合格した場合において、その部分につき供用を開始したときを除く。）。

七　不正の手段により第79条の登録又は第79条の６第１項の有効期間の更新の登録を受けたとき。

八　第81条第1項の規定による処分に違反したとき。

第98条　次の各号のいずれかに該当するときは、その違反行為をした者は、100万円以下の罰金に処する。

一　第9条第3項若しくは第6項、第9条の2第1項若しくは第9条の3第5項の規定による届出をしないで、又はこれらの規定若しくは第9条第4項若しくは第9条の3第3項の規定により届け出た運賃若しくは料金によらないで、運賃又は料金を収受したとき。

二　第9条第7項（第9条の2第2項及び第9条の3第6項において準用する場合を含む。）の規定による命令に違反して、運賃又は料金を収受したとき。

三　第9条の3第1項の規定による認可を受けないで、若しくは認可を受けた運賃若しくは料金によらないで、運賃若しくは料金を収受し（同条第3項の規定による届出をした場合を除く。）、又は第61条第1項の規定による認可を受けないで、若しくは認可を受けた使用料金によらないで、使用料金を収受したとき。

四　第10条（第72条において準用する場合を含む。）の規定に違反して、運賃又は料金の割戻しをしたとき。

五　第11条第1項の規定による認可を受けないで、又は認可を受けた運送約款によらないで、運送契約を締結したとき。

六　第13条、第20条（第43条第5項において準用する場合を含む。）、第23条第1項（第43条第5項において準用する場合を含む。）、第41条第3項（第43条第5項及び第81条第2項において準用する場合を含む。）、第65条又は第68条第5項の規定に違反したとき。

七　第15条第1項（第43条第5項において準用する場合を含む。）、第19条第1項、第54条第1項（第67条（第75条第3項において準用する場合を含む。）及び第75条第3項において準用する場合を含む。）又は第66条第1項の規定により認可を受けてしなければならない事項を認可を受けないでしたとき。

八　第15条第3項（第43条第5項において準用する場合を含む。）又は第15条の2第1項の規定による届出をしないで事業計画を変更したとき。

九　第15条の3第1項の規定による届出をしないで運行をしたとき。

十　第15条の3第2項の規定による届出をしないで運行計画を変更したとき。

十一　第16条第2項、第19条の2、第22条の2第3項若しくは第7項（これらの規定を第43条第5項において準用する場合を含む。）、第27条第4項（第43条第5項において準用する場合を含む。）、第30条第4項（第72条において準用する場合を含む。）、第31条、第41条第1項（第43条第5項及び第81条第2項において準用する場合を含む。）、第55条（第75条第3項において準用する場合を含む。）、第70条

（第75条第3項において準用する場合を含む。）、第73条第2項（第75条第3項において準用する場合を含む。）又は第84条第1項の規定による命令に違反したとき（第27条第4項の規定による命令に違反したときにあっては、第97条第2号に該当する場合を除く。）。

十二　第22条の2第1項（第43条第5項において準用する場合を含む。）の規定による届出をしないで、又は届け出た安全管理規程（第22条の2第2項第2号及び第3号（これらの規定を第43条第5項において準用する場合を含む。）に係る部分に限る。）によらないで、事業を行ったとき。

十三　第22条の2第4項（第43条第5項において準用する場合を含む。）の規定に違反して、安全統括管理者を選任しなかったとき。

十四　第22条の2第5項又は第23条第3項（これらの規定を第43条第5項において準用する場合を含む。）の規定による届出をせず、又は虚偽の届出をしたとき。

十五　第38条第1項又は第2項の規定による届出をしないで、又は虚偽の届出をして、事業を休止し、又は廃止したとき。

十六　第62条第1項若しくは第63条第1項（第75条第3項において準用する場合を含む。）の規定による認可を受けないで、又は認可を受けた供用約款若しくは供用制限によらないで、自動車道の供用契約を締結したとき。

十七　第70条の3第1項又は第80条第1項の規定により許可を受けてしなければならない事項を許可を受けないでしたとき。

十八　第94条第1項の規定による報告をせず、又は虚偽の報告をしたとき。

十九　第94条第4項の規定による検査を拒み、妨げ、若しくは忌避し、又は質問に対し虚偽の陳述をしたとき。

第101条　人の現在する一般旅客自動車運送事業者の事業用自動車を転覆させ、又は破壊した者は、10年以下の懲役に処する。

2　前項の罪を犯しよって人を傷つけた者は、1年以上の有期懲役に処し、死亡させた者は、無期又は3年以上の懲役に処する。

3　第1項の未遂罪は、これを罰する。

第103条　過失により第100条第1項又は第101条第1項の罪を犯した者は、30万円以下の罰金に処する。その業務に従事する者が犯したときは、1年以下の禁錮又は50万円以下の罰金に処する。

第104条　次の各号のいずれかに該当する者は、20万円以下の罰金に処する。

一　一般旅客自動車運送事業者の事業用自動車の乗務員の職務の執行を妨げた者

二　一般旅客自動車運送事業者の事業用自動車に石類を投げつけた者

三　第28条第1項（第43条第5項において準用する場合を含む。）の規定に違反した者

四　第68条第6項の規定に違反した者

第105条　次の各号のいずれかに該当する者は、50万円以下の過料に処する。

一　第12条、第15条の2第6項、第38条第4項（第70条の3第3項において準用する場合を含む。）、第64条又は第75条の規定による公示若しくは表示をせず、又は虚偽の公示若しくは表示をした者

二　第14条の規定に違反した者

三　第15条第4項（第43条第5項において準用する場合を含む。）、第15条の2第5項（第38条第3項において準用する場合を含む。）、第15条の3第3項、第29条（第43条第5項において準用する場合を含む。）、第43条第8項若しくは第10項、第54条第3項（第67条（第75条第3項において準用する場合を含む。）及び第75条第3項において準用する場合を含む。）、第66条第3項、第79条の7第3項、第79条の10、第79条の11又は第92条の規定による届出をせず、又は虚偽の届出をした者

四　正当な理由なく、第23条の3の規定による命令に違反して、運行管理者資格者証を返納しなかった者

五　第29条の3（第43条第5項において準用する場合を含む。）の規定による公表をせず、又は虚偽の公表をした者

六　第43条第6項の規定による届出をしないで、又は届け出た運賃若しくは料金によらないで、運賃又は料金を収受した者

七　第68条第4項（第75条第3項において準用する場合を含む。）の規定による報告をせず、又は虚偽の報告をした者

八　第79条の8第1項の規定による公示をせず、若しくは虚偽の公示をし、又は説明をしなかった者

○道路運送法施行令　［抄］

（昭和26年6月30日
政令第250号）

最終改正　令和5年7月21日　政令第246号

（旅客自動車運送事業に関する権限の委任）

第1条　一般乗合旅客自動車運送事業に関する道路運送法（以下「法」という。）第2章、第2章の2及び第4章に規定する国土交通大臣の権限であって、次に掲げるものは、地方運輸局長に委任する。

一　法第4条第1項の規定による事業の許可（当該事業に係る路線が国土交通省令で定める地方的な路線の基準に該当するもの（以下この項及び次項において「地方路線」という。）である場合又は当該事業が路線を定めて行うもの以外のもの（以下「不定路線事業」という。）に限る。）

二　法第9条第1項の規定による運賃又は料金の上限の設定又は変更の認可であって、次に掲げるもの

　イ　事業計画の変更のうち停留所の新設、廃止又は位置の変更に伴う運賃の上限の設定又は変更に関するもの

　ロ　運行計画の変更のうち運行系統の変更に伴う運賃の上限の設定又は変更に関するもの

　ハ　深夜における旅客その他の特殊の旅客に適用する運賃の上限の設定又は変更に関するもの

　ニ　イからハまでに掲げるもの以外の運賃の上限の設定又は変更に関するもの（当該事業に係る路線が地方路線である場合又は当該事業が不定路線事業である場合に限る。）

　ホ　料金の上限の設定又は変更に関するもの

三　法第9条第3項の規定による届出の受理であって次に掲げるもの又は同条第4項若しくは第6項の規定による届出の受理

　イ　前項に掲げるものとして第9条第1項の認可を受けた運賃又は料金の上限に係る運賃又は料金の設定又は変更に関するもの

　　ロ　適用する期間又は区間その他の条件が付された運賃の設定又は変更に関する
　　　もの

四　法第9条第7項の規定による運賃等又は運賃若しくは料金の変更の命令（前号
　　に規定する届出に係るものに限る。）

五　法第11条第1項の規定による運送約款の設定又は変更の認可

六　法第15条第1項の規定による事業計画の変更（路線の新設に関するものにあっ
　　ては、当該事業に係る路線が地方路線である場合に限る。）の認可又は同条第3
　　項若しくは第4項若しくは法第15条の2第1項に規定する事業計画の変更に係る
　　届出の受理

七　法第15条の2第2項の規定による意見の聴取

八　法第15条の2第3項の規定による通知

九　法第15条の2第5項の規定による届出の受理

十　法第15条の3第1項の規定による運行計画の設定又は同条第2項若しくは第3
　　項の規定による運行計画の変更に係る届出の受理

十一　法第16条第2項の規定による事業計画に定める業務の確保に関する命令

十二　法第19条第1項の規定による認可

十三　法第19条の2の規定による命令又は認可の取消し

十四　法第20条第2号の規定による権限

十五　法第22条の2第1項の規定による安全管理規程の設定又は変更に係る届出の
　　受理（当該事業に係る路線が地方路線である場合又は当該事業が不定路線事業で
　　ある場合に限る。）

十六　法第22条の2第3項の規定による命令（前号に規定する届出があった安全管
　　理規程に係るものに限る。）

十七　法第22条の2第5項の規定による安全統括管理者の選任又は解任に係る届出
　　の受理（当該事業に係る路線が地方路線である場合又は当該事業が不定路線事業
　　である場合に限る。）

十八　法第22条の2第7項の規定による命令（前号に規定する届出（選任に係るも
　　のに限る。）があった安全統括管理者に係るものに限る。）

十九　法第23条第3項の規定による運行管理者の選任又は解任に係る届出の受理

二十　法第23条の2第1項の規定による運行管理者資格者証の交付

二十一　法第23条の3の規定による命令

二十二　法第27条第4項の規定による命令（法第22条の2第1項、第4項若しくは
　　第6項の規定又は安全管理規程の遵守に関するものにあっては、当該事業に係る
　　路線が地方路線である場合又は当該事業が不定路線事業である場合に限る。）

二十三　法第30条第４項の規定による命令

二十四　法第31条の規定による命令（当該事業に係る路線が地方路線である場合又は当該事業が不定路線事業である場合に限る。）

二十五　法第35条第１項の規定による許可（当該事業に係る路線が地方路線である場合又は当該事業が不定路線である場合に限る。）

二十六　法第36条第１項又は第２項の規定による認可（当該事業に係る路線が地方路線である場合又は当該事業が不定路線事業である場合に限る。）

二十七　法第37条第１項の規定による認可（当該事業に係る路線が地方路線である場合又は当該事業が不定路線事業である場合に限る。）

二十八　法第38条第１項又は第２項の規定による事業の休止又は廃止に係る届出の受理

二十九　事業の休止又は廃止に関する第７号から第９号までに掲げる権限に相当する権限

三十　法第40条の規定による輸送施設の使用の停止の命令又は事業の停止の命令若しくは許可の取消し（当該事業に係る路線が地方路線である場合又は当該事業が不定路線事業である場合に限る。）

三十一　法第41条第１項の規定による命令であって次に掲げるもの並びに同項の規定による自動車検査証の返納の受理及び自動車登録番号標の領置

　　イ　事業用自動車の使用の停止の命令をした場合に係るもの

　　ロ　事業の停止の命令をした場合に係るもの（当該事業に係る路線が地方路線である場合又は当該事業が不定路線事業である場合に限る。）

三十二　法第41条第２項の規定による自動車検査証及び自動車登録番号標の返付

三十三　旅客自動車運送適正化事業実施機関に関する権限（法第43条の２第１項の規定による区域の設定を除く。）

三十四　専用自動車道に関する権限（第６号に掲げる権限であって専用自動車道に関する事項の変更に関するものを除く。）

2　一般乗合旅客自動車運送事業以外の旅客自動車運送事業に関する法第２章、第２章の２及び第４章に規定する国土交通大臣の権限は、次に掲げるものを除き、地方運輸局長に委任する。

一　法第11条第３項の規定による標準運送約款の制定及び公示

二　法第29条の２（法第43条第５項において準用する場合を含む。）の規定による情報の整理及び公表

三　一般乗合旅客自動車運送事業（当該事業に係る路線が地方路線であるもの及び不定路線事業を除く。）を経営する法人に係る合併又は分割の認可

　四　法第43条の2第1項の規定による区域の設定

3　法第29条の2（法第43条第5項において準用する場合を含む。）の規定による情報の整理及び公表は、地方運輸局長も行うことができる。

4　第1項及び第2項の規定により地方運輸局長に委任された権限で次に掲げるもの（1の運輸監理部又は運輸支局の管轄区域内に係るものに限る。）は、運輸監理部長又は運輸支局長に委任する。

　一　法第15条第1項の規定による事業計画の変更の認可（路線の新設、営業区域の変更及び専用自動車道に関するものを除く。）又は同条第3項若しくは第4項に規定する事業計画の変更に係る届出（専用自動車道に関するものを除く。）の受理

　二　法第15条の3第1項の規定による運行計画の設定又は同条第2項若しくは第3項の規定による運行計画の変更に係る届出の受理

　三　法第23条第3項の規定による運行管理者の選任又は解任に係る届出の受理

　四　法第41条第1項の規定による自動車検査証の返納の受理及び自動車登録番号標の領置

　五　法第41条第2項の規定による自動車検査証及び自動車登録番号標の返付

　六　特定旅客自動車運送事業に関する第1号及び前3号に掲げる権限に相当する権限

　七　法第43条第8項の規定による届出（事業の休止に係るものに限る。）の受理

（報告、検査及び調査に関し都道府県等の処理する事務等）

第6条　法第94条（第2項、第3項及び第5項を除く。次項において同じ。）に規定する国土交通大臣の権限に属する事務（第3条第1項の規定により都道府県知事が行うこととされる事務に係るものに限る。）は、都道府県知事が行うこととする。

2　法第94条に規定する国土交通大臣の権限に属する事務（第4条第1項の規定により指定都道府県等の長が行うこととされる事務に係るものに限る。）は、当該指定都道府県等の長が行うこととする。

3　法第94条（第3項及び第5項（指定試験機関に係る部分に限る。）を除く。）に規定する国土交通大臣の権限（第1項の規定により当該権限に属する事務を都道府県知事が行うこととされるもの及び前項の規定により当該権限に属する事務を指定都道府県等の長が行うこととされるものを除く。）は、地方運輸局長、運輸監理部長及び運輸支局長も行うことができる。

○道路運送法施行規則［抄］

$$\left(\begin{array}{l}\text{昭和26年 8 月18日}\\\text{運輸省令第75号}\end{array}\right)$$

最終改正　令和 6 年 3 月29日　国土交通省令第26号

第1章　通　則

（定義）

第1条　この省令で、自動車運送事業、旅客自動車運送事業、貨物自動車運送事業、自動車道事業、自動車、自動車道又は専用自動車道とは、それぞれ道路運送法（昭和26年法律第183号。以下「法」という。）の自動車運送事業、旅客自動車運送事業、貨物自動車運送事業、自動車道事業、自動車、自動車道又は専用自動車道をいう。

2　この省令で、旅客の運送の用に供する自動車に係る自動車の種別とは、次に掲げる自動車の別をいう。

一　一般自動車（次号に掲げるもの以外の旅客の運送の用に供する自動車）

二　特種自動車（旅客の運送の用に供する自動車であって、自動車登録規則（昭和45年運輸省令第 7 号）別表第 2 の自動車の範囲欄の 6 に掲げる自動車及びこれに準ずるものとして地方運輸局長が定める自動車）

（事件の管轄）

第2条　この省令の規定により提出すべき申請書又は届出書は、この省令中別段の定めのある場合を除き、法第88条及び道路運送法施行令（昭和26年政令第250号）第 1 条から第 5 条までの規定により権限を有する行政庁（以下「権限行政庁」という。）に提出するものとする。

2　前項の申請書又は届出書に係る権限行政庁が地方運輸局長、運輸監理部長又は運輸支局長であるときは、その書類は、当該事件の関する土地を管轄する地方運輸局長、運輸監理部長又は運輸支局長に提出するものとする。この場合において、事件が 2 以上の地方運輸局長の管轄区域にわたるときは、その事件の主として関する土

地を管轄する地方運輸局長に提出するものとする。

（書類の経由）

第3条　この省令の規定により国土交通大臣又は地方運輸局長に提出すべき申請書又は届出書は、それぞれ当該事件の関する土地を管轄する運輸監理部長又は運輸支局長を経由して提出するものとする。この場合において、事件が運輸監理部長と運輸支局長又は2以上の運輸支局長の管轄区域にわたるときは、その事件の主として関する土地を管轄する運輸監理部長又は運輸支局長を経由して提出するものとする。

2　運輸監理部長又は運輸支局長は、この省令の規定により国土交通大臣に提出すべき申請書又は届出書を受け付けたときは、地方運輸局長を経由して進達しなければならない。

第2章　旅客自動車運送事業

第1節　一般旅客自動車運送事業

（法第3条第1号ロの乗車定員）

第3条の2　法第3条第1号ロの国土交通省令で定める乗車定員は、11人とする。

（事業計画）

第4条　法第5条第1項第3号の事業計画のうち路線定期運行を行う一般乗合旅客自動車運送事業に係るものには、次に掲げる事項を記載するものとする。

一　路線に関する次に掲げる事項

　イ　起点及び終点の地名及び地番

　ロ　キロ程

　ハ　主たる経過地

二　主たる事務所及び営業所の名称及び位置

三　営業所ごとに配置する事業用自動車の数並びにその常用車及び予備車別の数並びにこれらのうち乗車定員11人未満の事業用自動車の数

四　自動車車庫の位置及び収容能力

五　各路線に配置する事業用自動車のうち、長さ、幅、高さ又は車両総重量が最大であるものの当該長さ、幅、高さ又は車両総重量

六　停留所の名称及び位置並びに停留所間のキロ程

七　自動運行旅客運送（自動運行装置（道路運送車両法（昭和26年法律第185号）

第41条第1項第20号に規定する自動運行装置をいう。以下同じ。）を当該自動運行装置に係る使用条件（同条第2項に規定する条件をいう。以下同じ。）で使用して当該自動運行装置を備えている自動車を運行することによる旅客の運送をいう。以下同じ。）を行おうとする場合にあっては、当該自動運行旅客運送に係る第1号、第3号及び前号に掲げる事項

2　前項の事業計画には、次に掲げる事項を記載した路線図を添付するものとする。ただし、当該路線図について地域公共交通会議（地域住民の生活に必要な旅客輸送の確保その他の旅客の利便の増進を図るために必要な一般旅客自動車運送事業及び自家用有償旅客運送に関する協議を行うために一又は複数の市町村長（特別区の区長を含む。以下同じ。）又は都道府県知事が主宰する会議をいう。以下同じ。）又は地域公共交通の活性化及び再生に関する法律（平成19年法律第59号）第6条に規定する協議会（次条第1項第2号から第6号までに掲げる者を構成員に含むものに限る。以下「協議会」という。）（以下「地域公共交通会議等」という。）における協議を経たときは、その添付を省略することができる。

一　路線

二　営業所及び停留所の位置及び名称

三　自動車車庫の位置

四　道路法（昭和26年法律第180号）による道路（種類を明示すること。）、自動車道及び一般交通の用に供する場所の別並びにその種別ごとのキロ程及び有効幅員並びに待避所の位置

五　縮尺及び方位

六　自動運行旅客運送を行おうとする場合にあっては、当該自動運行旅客運送に係る第1号に掲げる事項

3　法第5条第1項第3号の事業計画のうち路線不定期運行を行う一般乗合旅客自動車運送事業に係るものには、次に掲げる事項を記載するものとする。

一　路線に関する次に掲げる事項

　イ　起点及び終点の地名及び地番

　ロ　キロ程

　ハ　主たる経過地

二　主たる事務所及び営業所の名称及び位置

三　営業所ごとに配置する事業用自動車の数及びそのうち乗車定員11人未満の事業用自動車の数

四　自動車車庫の位置及び収容能力

五　各路線に配置する事業用自動車のうち、長さ、幅、高さ又は車両総重量が最大

であるものの当該長さ、幅、高さ又は車両総重量

六　運行系統

七　乗降地点の名称及び位置並びに乗降地点間のキロ程

八　運行系統ごとの発地の発車時刻又は着地の到着時刻を定める場合にあっては、当該発車時刻又は到着時刻

九　自動運行旅客運送を行おうとする場合にあっては、当該自動運行旅客運送に係る第1号、第3号及び前3号に掲げる事項

4　前項の事業計画には、次に掲げる事項を記載した路線図を添付するものとする。この場合においては、第2項ただし書きの規定を準用する。

一　路線

二　営業所及び乗降地点の位置及び名称

三　自動車車庫の位置

四　運行系統

五　道路法による道路（種類を明示すること。）、自動車道及び一般交通の用に供する場所の別並びにその種別ごとのキロ程及び有効幅員並びに待避所の位置

六　縮尺及び方位

七　自動運行旅客運送を行おうとする場合にあっては、当該自動運行旅客運送に係る第1号及び第4号に掲げる事項

5　法第5条第1項第3号の事業計画のうち区域運行を行う一般乗合旅客自動車運送事業に係るものには、次に掲げる事項を記載するものとする。

一　営業区域

二　主たる事務所及び営業所の名称及び位置

三　営業所ごとに配置する事業用自動車の数及びそのうち乗車定員11人未満の事業用自動車の数

四　自動車車庫の位置及び収容能力

五　運送の区間

六　発地の発車時刻若しくは着地の到着時刻又は運行間隔時間

七　自動運行旅客運送を行おうとする場合にあっては、当該自動運行旅客運送に係る第1号、第3号及び前2号に掲げる事項

6　前項の事業計画には、次に掲げる事項を記載した図面を添付するものとする。この場合においては、第2項ただし書きの規定を準用する。

一　営業区域

二　営業所並びに発地及び着地の位置及び名称

三　自動車車庫の位置

　　四　縮尺及び方位

　　五　自動運行旅客運送を行おうとする場合にあっては、当該自動運行旅客運送に係る第1号に掲げる事項

7　法第5条第1項第3号の事業計画のうち一般貸切旅客自動車運送事業に係るものには、次に掲げる事項を記載するものとする。

　　一　営業区域

　　二　主たる事務所及び営業所の名称及び位置

　　三　営業所ごとに配置する事業用自動車の数

　　四　自動車車庫の位置及び収容能力

　　五　自動運行旅客運送を行おうとする場合にあっては、当該自動運行旅客運送に係る第1号及び第3号に掲げる事項

8　法第5条第1項第3号の事業計画のうち一般乗用旅客自動車運送事業に係るものには、次に掲げる事項を記載するものとする。

　　一　営業区域

　　二　主たる事務所及び営業所の名称及び位置

　　三　営業所ごとに配置する事業用自動車の数並びにその種別ごとの数及び地方運輸局長が指定する地域にあっては国土交通大臣が定める区分ごとの数

　　四　自動車車庫の位置及び収容能力

　　五　自動運行旅客運送を行おうとする場合にあっては、当該自動運行旅客運送に係る第1号及び第3号に掲げる事項

（地域公共交通会議の構成員）

第4条の2　地域公共交通会議は、次に掲げる者により構成するものとする。

　　一　地域公共交通会議を主宰する市町村長又は都道府県知事その他の地方公共団体の長

　　二　一般旅客自動車運送事業者及びその組織する団体

　　三　住民又は旅客

　　四　地方運輸局長

　　五　一般旅客自動車運送事業者の事業用自動車の運転者が組織する団体

　　六　自家用有償旅客運送について協議を行う場合には、地域公共交通会議を主宰する市町村長又は都道府県知事の管轄する区域内において現に自家用有償旅客運送を行っている第49条に規定する特定非営利活動法人等

2　地域公共交通会議を主宰する市町村長又は都道府県知事は、必要があると認めるときは、前項各号に掲げる者のほか、地域公共交通会議に、次に掲げる者を構成員

として加えることができる。

一　路線を定めて行う一般乗合旅客自動車運送事業又は自家用有償旅客運送について協議を行う場合には、次に掲げる者

　イ　道路管理者

　ロ　都道府県警察

二　学識経験を有する者その他の地域公共交通会議の運営上必要と認められる者

（営業区域）

第5条　法第5条第1項第3号の営業区域は、輸送の安全、旅客の利便等を勘案して、地方運輸局長が定める区域を単位とするものとする。

（申請書に添付する書類）

第6条　法第5条第2項の書類は、次に掲げるものとする。

一　事業用自動車の運行管理の体制を記載した書面

二　事業の開始に要する資金及びその調達方法を記載した書面

三　事業用自動車の乗務員等（旅客自動車運送事業運輸規則（昭和31年運輸省令第44号）第7条の2第1項第5号に規定する乗務員等をいう。）の休憩、仮眠又は睡眠のための施設の概要を記載した書面

四　事業用自動車の運行により生じた旅客その他の者の生命、身体又は財産の損害を賠償するための措置を講じていることを証する書類

五　一般貸切旅客自動車運送事業の許可を受けようとする者にあっては、次に掲げる事項に関し、輸送の安全を確保するために、その者が行う投資の内容を定めた計画（以下「安全投資計画」という。）を記載した書類

　イ　輸送に係る安全管理体制の確保に関する事項

　ロ　事業用自動車の取得並びに点検及び整備に関する事項

　ハ　その他投資の内容として必要な事項

六　一般貸切旅客自動車運送事業の許可を受けようとする者にあっては、安全投資計画に従って事業を遂行することについて十分な経理的基礎を有することを証する事業収支見積を記載した書類

七　一般乗用旅客自動車運送事業の許可を受けようとする者であって、その事業用自動車を当該許可を受けようとする者に限って運行しようとするものにあっては、その旨を記載した書面

八　自動運行旅客運送を行おうとする場合にあっては、当該自動運行旅客運送の用に供する事業用自動車の自動運行装置に係る使用条件が記載された書類

九　特定自動運行旅客運送（特定自動運行（道路交通法（昭和35年法律第105号）第2条第1項第17号の2に規定する特定自動運行をいう。）による旅客の運送をいう。以下同じ。）を行おうとする場合にあっては、当該特定自動運行旅客運送に係る同法第75条の12第2項に規定する申請書の写しその他の同条第1項の許可の見込みに関する書類

十　既存の法人にあっては、次に掲げる書類

　イ　定款又は寄附行為及び登記事項証明書

　ロ　最近の事業年度における貸借対照表

　ハ　役員又は社員の名簿及び履歴書

十一　法人を設立しようとするものにあっては、次に掲げる書類

　イ　定款（会社法（平成17年法律第86号）第30条第1項及びその準用規定により認証を必要とする場合には、認証のある定款）又は寄附行為の謄本

　ロ　発起人、社員又は設立者の名簿及び履歴書

　ハ　設立しようとする法人が株式会社であるときは、株式の引受けの状況及び見込みを記載した書類

十二　法人格なき組合にあっては、次に掲げる書類

　イ　組合契約書の写し

　ロ　組合員の資産目録

　ハ　組合員の履歴書

十三　個人にあっては、次に掲げる書類

　イ　資産目録

　ロ　戸籍抄本

　ハ　履歴書

十四　法第7条各号のいずれにも該当しない旨を証する書類

2　法第4条の規定により一般乗合旅客自動車運送事業の許可を受けようとする者は、前項各号に掲げる書類について、地域公共交通会議等における協議を経たときは、その添付を省略することができる。

3　法第8条第1項の一般貸切旅客自動車運送事業の許可の更新を受けようとする者は、第1項第2号及び第10号から第13号までに掲げる書類の添付を省略することができる。

4　法第4条の規定により一般乗用旅客自動車運送事業の許可を受けようとする者が、その事業用自動車を当該許可を受けようとする者に限って運行しようとする場合には、第1項第3号に掲げる書類の添付を省略することができる。

5　法第4条の規定により一般乗合旅客自動車運送事業の許可を受けようとする者が、

申請書に第15条の12の運行計画と同一の内容を記載した書面を添付したときは、法第15条の３第１項の規定による運行計画の届出がなされたものとみなす。

（一般乗合旅客自動車運送事業に係る影響が小さい運賃及び料金の届出）

第10条 法第９条第１項の国土交通省令で定める運賃は、次のとおりとする。

一 路線定期運行を行う一般乗合旅客自動車運送事業にあっては、次に掲げる運賃

イ 定期的に運行する自動車により観光を目的とする乗合旅客を専ら運送するもの又は観光施設への運送を目的とする路線において、停車する停留所を限定して運行し、若しくは起点及び終点のみに停車して運行する自動車により観光を目的とする乗合旅客を運送するもの（ロに該当するものを除く。以下「定期観光運送」という。）に係る運賃

ロ 専ら一の市町村（特別区を含む。以下同じ。）の区域を越え、かつ、その長さが概ね50キロメートル以上の路線又は空港法（昭和31年法律第80号）第２条に規定する空港若しくは同法附則第２条第１項の政令で定める飛行場を起点若しくは終点とする路線において、停車する停留所を限定して運行する自動車により乗合旅客を運送するもの（第15条の13第１項において「長距離急行運送等」という。）に係る運賃

ハ 一時的な需要のために地域及び期間を限定して運送するもの（第15条の13第１項において「臨時運送」という。）に係る運賃その他旅客の利益に及ぼす影響が比較的小さいものとして国土交通大臣が認めた運賃

二 路線不定期運行を行う一般乗合旅客自動車運送事業に係る運賃（地域住民の生活における当該事業の必要性を勘案して国土交通大臣が認めたものを除く。）

三 区域運行を行う一般乗合旅客自動車運送事業に係る運賃

2 法第９条第１項の国土交通省令で定める料金は、特別座席料金とその他の車両の特別な設備の利用についての料金及び手回品料金とする。

3 法第９条第６項の規定により運賃及び料金の設定又は変更の届出をしようとする者は、運賃（第１項第１号ハに掲げるものを除く。）にあっては当該運賃の実施予定日の７日前までに、同号ハに掲げる運賃及び料金にあってはあらかじめ、次に掲げる事項を記載した運賃及び料金設定（変更）届出書を提出するものとする。

一 氏名又は名称及び住所並びに法人にあっては、その代表者の氏名

二 設定又は変更しようとする運賃及び料金を適用する路線又は運送の区間

三 設定又は変更しようとする運賃及び料金の種類、額及び適用方法（変更の届出の場合は、新旧の運賃及び料金（変更に係る部分に限る。）を明示すること。）

四 適用する期間又はその区間その他の条件を付す場合には、その条件

　　五　実施予定日

4　次に掲げる場合には、前項中「運賃（第1項第1号ハに掲げるものを除く。）に
　あっては当該運賃の実施予定日の7日前までに、同号ハに掲げる運賃及び料金にあ
　ってはあらかじめ」とあるのは、「あらかじめ」と読み替えるものとする。

　　一　当該路線又は営業区域について他の一般乗合旅客自動車運送事業者が現に適用
　　　している運賃及び料金と同一の運賃及び料金の設定又は変更の届出をする場合

　　二　前号に掲げる場合のほか、法第9条第7項各号に該当しないものとして地方運
　　　輸局長が必要がないと認めたとき。

（一般乗用旅客自動車運送事業の運賃等の認可申請）

第10条の3　法第9条の3第1項の規定により、一般乗用旅客自動車運送事業の運賃
　等の設定又は変更の認可を申請しようとする者は、次に掲げる事項を記載した運賃
　等設定（変更）認可申請書を提出するものとする。

　　一　氏名又は名称及び住所並びに法人にあっては、その代表者の氏名

　　二　設定又は変更しようとする運賃等を適用する営業区域

　　三　設定又は変更しようとする運賃等の種類、額及び適用方法（変更の認可申請の
　　　場合は、新旧の運賃等（変更に係る部分に限る。）を明示すること。）

　　四　変更の認可申請の場合は、変更を必要とする理由

2　前項の申請書には、原価計算書その他運賃等の額の算出の基礎を記載した書類を
　添付するものとする。

3　申請する運賃等が地方運輸局長が前項の書類の添付の必要がないと認める場合と
　して公示したものに該当するときは、同項の書類の一部又は全部の添付を省略する
　ことができる。

（一般乗用旅客自動車運送事業に係る影響が小さい料金の届出）

第10条の4　法第9条の3第1項の国土交通省令で定める料金は、時間指定配車料金
　及び車両指定配車料金とする。

2　法第9条の3第5項の規定により料金の設定又は変更の届出をしようとする者は、
　次に掲げる事項を記載した料金設定（変更）届出書を提出するものとする。

　　一　氏名又は名称及び住所並びに法人にあっては、その代表者の氏名

　　二　設定又は変更しようとする料金を適用する営業区域

　　三　設定又は変更しようとする料金の種類、額及び適用方法（変更の届出の場合は、
　　　新旧の料金（変更に係る部分に限る。）を明示すること。）

　　四　実施予定日

（一般乗用旅客自動車運送事業の運賃等の届出）

第10条の5　法第9条の3第3項の規定により運賃等の設定又は変更の届出をしよう
とする者は、当該運賃等の実施予定日の30日前までに、次に掲げる事項を記載した
運賃等設定（変更）届出書を提出するものとする。

　一　氏名又は名称及び住所並びに法人にあっては、その代表者の氏名

　二　設定又は変更しようとする運賃等を適用する営業区域

　三　設定又は変更しようとする運賃等の種類、額及び適用方法（変更の届出の場合
　　には、新旧の運賃等（変更に係る部分に限る。）を明示すること。）

　四　適用する期間又は区域その他の条件を付す場合には、その条件

　五　実施予定日

2　前項の届出書には、当該届出に係る運賃等について法第9条の3第3項に規定す
る協議会において協議が調っていることを証する書類を添付するものとする。

3　次に掲げる場合には、第1項中「当該運賃等の実施予定日の30日前までに」とあ
るのは、「あらかじめ」と読み替えるものとする。

　一　当該区域について他の一般乗用旅客自動車運送事業者が現に適用している運賃
　　等と同一の運賃等の設定又は変更の届出をする場合

　二　前号に掲げる場合のほか、法第9条の3第6項において準用する法第9条第7
　　項第2号又は第3号に該当しないものとして地方運輸局長が必要がないと認めた
　　とき。

（運送約款の認可申請）

第11条　法第11条第1項の規定により、一般旅客自動車運送事業の運送約款の設定又
は変更の認可を申請しようとする者は、次に掲げる事項を記載した運送約款設定
（変更）認可申請書を提出するものとする。

　一　氏名又は名称及び住所並びに法人にあっては、その代表者の氏名

　二　事業の種別

　三　設定又は変更しようとする運送約款（変更の認可申請の場合は、新旧の運送約
　　款（変更に係る部分に限る。）を明示すること。）

　四　変更の認可申請の場合は、変更を必要とする理由

（運送約款の記載事項）

第12条　法第11条第1項の規定による一般旅客自動車運送事業の運送約款に定める事
項は次のとおりとする。

　一　事業の種別

二　運賃及び料金の収受又は払戻しに関する事項

三　運送の引受けに関する事項

四　運送責任の始期及び終期

五　免責に関する事項

六　損害賠償に関する事項

七　その他運送約款の内容として必要な事項

（事業計画の変更の認可申請）

第14条　法第15条第1項の規定により、一般旅客自動車運送事業の事業計画の変更の認可を申請しようとする者は、次に掲げる事項を記載した事業計画変更認可申請書を提出するものとする。

一　氏名又は名称及び住所並びに法人にあっては、その代表者の氏名

二　事業の種別

三　変更しようとする事項（書類及び図面により新旧の事業計画（変更に係る部分に限る。）を明示すること。）

2　前項の申請書には、第6条第1項に掲げる書類のうち事業計画の変更に伴いその内容が変更されるものを添付しなければならない。この場合においては、第4条第2項ただし書きの規定を準用する。

3　国土交通大臣（事業計画の変更の認可の権限が地方運輸局長、運輸監理部長又は運輸支局長に委任されている場合にあっては、地方運輸局長、運輸監理部長又は運輸支局長）は、申請者に対し、前2項に規定するもののほか、当該申請者の登記事項証明書その他必要な書類の提出を求めることができる。

（事業計画の変更の届出等）

第15条　法第15条第3項の国土交通省令で定める事項は、次の各号に掲げる事業の種別（運行の態様の別を含む。）に応じ、当該各号に定める事項とする。

一　路線定期運行を行う一般乗合旅客自動車運送事業　次に掲げる事項

イ　営業所ごとに配置する事業用自動車の数（自動車車庫の収容能力の増加を伴う事業用自動車の数の増加に係るものを除く。以下この項において同じ。）並びにその常用車及び予備車の別の数並びにこれらのうち乗車定員11人未満の事業用自動車の数

ロ　各路線に配置する事業用自動車のうち、長さ、幅、高さ又は車両総重量が最大であるものの当該長さ、幅、高さ又は車両総重量（これらのうち事業用自動車の長さ、幅、高さ又は車両総重量の増加を伴う事項を除く。）

ハ　自動運行旅客運送を行う場合にあっては、当該自動運行旅客運送に係るイに掲げる事項

二　路線不定期運行を行う一般乗合旅客自動車運送事業　次に掲げる事項

イ　営業所ごとに配置する事業用自動車の数及びそのうち乗車定員11人未満の事業用自動車の数

ロ　各路線に配置する事業用自動車のうち、長さ、幅、高さ又は車両総重量が最大であるものの当該長さ、幅、高さ又は車両総重量（これらのうち事業用自動車の長さ、幅、高さ又は車両総重量の増加を伴う事項を除く。）

ハ　運行系統

ニ　発地の発車時刻又は着地の到着時刻

ホ　自動運行旅客運送を行う場合にあっては、当該自動運行旅客運送に係るイ、ハ及びニに掲げる事項

三　区域運行を行う一般乗合旅客自動車運送事業　次に掲げる事項

イ　営業所ごとに配置する事業用自動車の数及びそのうち乗車定員11人未満の事業用自動車の数

ロ　運送の区間

ハ　発地の発車時刻若しくは着地の到着時刻又は運行間隔時間

ニ　自動運行旅客運送を行う場合にあっては、当該自動運行旅客運送に係るイからハまでに掲げる事項

四　一般貸切旅客自動車運送事業　次に掲げる事項

イ　営業所ごとに配置する事業用自動車の数

ロ　自動運行旅客運送を行う場合にあっては、当該自動運行旅客運送に係るイに掲げる事項

五　一般乗用旅客自動車運送事業　次に掲げる事項

イ　営業所ごとに配置する事業用自動車の数並びにその種別ごとの数及び国土交通大臣が定める区分ごとの数

ロ　自動運行旅客運送を行う場合にあっては、当該自動運行旅客運送に係るイに掲げる事項

2　前条の規定は、法第15条第3項の届出について準用する。この場合において、前条第1項中「事業計画変更認可申請書」とあるのは「事業計画変更事前届出書」と、同条第2項中「申請書」とあるのは「届出書」と読み替えるものとする。

第15条の2　法第15条第4項の国土交通省令で定める軽微な事項は、次のとおりとす

る。

一　主たる事務所の名称及び位置

二　営業所について、イからニまでに掲げる事業の種別（運行の態様の別を含む。）に応じ、それぞれイからニまでに定める事項

　　イ　路線定期運行又は路線不定期運行を行う一般乗合旅客自動車運送事業　名称及び位置

　　ロ　区域運行を行う一般乗合旅客自動車運送事業　名称及び位置（営業区域内における位置であって、新設、変更又は当該営業区域内に他の営業所が存する場合における廃止に係るものに限る。）

　　ハ　一般貸切旅客自動車運送事業　名称

　　ニ　一般乗用旅客自動車運送事業　名称及び位置（営業区域内における位置であって、新設、変更又は当該営業区域内に他の営業所が存する場合における廃止に係るものに限る。）

三　停留所又は乗降地点の名称及び位置並びに停留所間又は乗降地点間のキロ程

2　第14条の規定は、法第15条第4項の届出について準用する。この場合において、第14条第1項中「事業計画変更認可申請書」とあるのは「事業計画変更事後届出書」と、同条第2項中「申請書」とあるのは「届出書」と読み替えるものとする。

（事業計画の変更の認可の申請又は届出に関する手続の省略）

第15条の3　法第19条第1項の認可、一般旅客自動車運送事業の管理の受委託の許可又は事業の譲渡及び譲受、合併、分割若しくは相続による事業継続の認可を申請しようとする者は、それらの許可又は認可に伴って事業計画の変更（法第15条の2第1項の届出に係る事業計画の変更にあっては、同項の国土交通省令で定める場合における事業計画の変更に限る。）をしようとするときは、当該許可又は認可の申請書に変更しようとする事項を記載した書類（書類及び図面により新旧の事業計画（変更に係る部分に限る。）を明示すること。）を添付することにより、事業計画の変更の認可又は届出に関する手続を省略することができる。

（法第20条第2号の国土交通省令で定める場合）

第18条の2　法第20条第2項の国土交通省令で定める場合は、次に掲げる場合とする。

一　過疎地域の持続的発展の支援に関する特別措置法（令和3年法律第19号）第2条第1項に規定する過疎地域その他の交通が著しく不便な地域において、当該地域の一部又は全部を営業区域とする一般旅客自動車運送事業者による輸送が困難な場合

二　一時的な輸送需要量の増加が見込まれる地域において、当該地域の一部又は全部を営業区域とする一般旅客自動車運送事業者による供給輸送力では当該増加に対応することが困難な場合

（法第20条第2号の関係者）

第18条の3　法第20条第2号の国土交通省令で定める関係者は、地域公共交通会議等の構成員とする。

（事業の譲渡及び譲受の認可申請）

第22条　法第36条第1項の規定により、一般旅客自動車運送事業の譲渡及び譲受の認可を申請しようとする者は、次に掲げる事項を記載した事業の譲渡譲受認可申請書を提出するものとする。
一　譲渡人及び譲受人の氏名又は名称及び住所並びに法人にあっては、その代表者の氏名
二　事業の種別
三　譲渡及び譲受をしようとする事業の種別及び路線又は営業区域
四　譲渡価格
五　譲渡及び譲受をしようとする時期
六　譲渡及び譲受を必要とする理由
2　前項の申請書には、次に掲げる書類及び図面を添付するものとする。
一　譲渡譲受契約書の写し
二　譲渡及び譲受価格の明細書
三　譲受人が現に一般旅客自動車運送事業を経営する者でないときは、第6条第1項第10号から第13号までのいずれかに規定する書類
四　路線定期運行又は路線不定期運行を行う一般乗合旅客自動車運送事業に係る譲渡及び譲受にあっては、路線図
3　国土交通大臣（事業の譲渡及び譲受の認可の権限が地方運輸局長に委任されている場合にあっては、地方運輸局長）は、申請者に対し、前2項に規定するもののほか、当該申請者の登記事項証明書その他必要な書類の提出を求めることができる。

（相続による事業継続の認可申請）

第24条　法第37条第1項の規定により、一般旅客自動車運送事業の相続による継続の認可を申請しようとする相続人は、次に掲げる事項を記載した事業の継続認可申請書を提出するものとする。

　一　氏名、住所及び被相続人との続柄

　二　被相続人の氏名及び住所

　三　継続して経営しようとする被相続人の事業の種別及び路線又は営業区域

　四　相続開始の時期

2　前項の申請書には、次に掲げる書類を添付するものとする。

　一　申請者と被相続人との続柄を証する書類

　二　申請者の履歴書及び資産目録

　三　申請者以外に相続人があるときは、その者の氏名及び住所を記載した書面並びに当該申請に対する同意書

3　第22条第3項の規定は、第1項の申請について準用する。

（事業の休止及び廃止の届出等）

第25条　法第38条第1項の規定により、一般旅客自動車運送事業（路線定期運行を行う一般乗合旅客自動車運送事業を除く。）の休止又は廃止の届出をしようとする者は、次に掲げる事項を記載した事業の休止（廃止）届出書を提出するものとする。

　一　氏名又は名称及び住所並びに法人にあっては、その代表者の氏名

　二　事業の種別

　三　休止又は廃止の日

　四　休止の届出の場合にあっては、休止の予定期間

　五　休止又は廃止する理由

2　第15条の4から第15条の11までの規定は、法第38条第2項の規定による一般乗合旅客自動車運送事業の休止又は廃止の届出について準用する。この場合において、第15条の5第1項中「事業計画変更事前届出書」とあるのは「事業の休止（廃止）届出書」と、第15条の11中「事業計画変更繰上届出書」とあるのは「事業の休止（廃止）繰上届出書」と読み替えるものとする。

　　　第5章　雑　則

（事案の公示）

第55条　地方運輸局長は、国土交通大臣又は地方運輸局長の権限に属する法第89条第1項各号の事案について調査を開始しようとするときは、あらかじめ、当該事案の件名に番号を付し、その旨を地方運輸局の掲示板に掲示する等適当な方法で公示しなければならない。

（利害関係人）

第56条　法第89条に規定する利害関係人（次条において「利害関係人」という。）とは、次の各号のいずれかに該当する者をいう。

一　一般乗合旅客自動車運送事業における運賃等の上限に関する認可又は一般乗用旅客自動車運送事業における運賃等に関する認可の申請者

二　前号の申請者と競争の関係にある者

三　利用者その他の者のうち地方運輸局長が当該事案に関し特に重大な利害関係を有すると認める者

（意見の聴取の申請）

第57条　利害関係人は、法第89条第2項の規定により、意見聴取の申請をしようとするときは、次に掲げる事項を記載した申請書を地方運輸局長に提出するものとする。

一　申請者の氏名又は名称及び住所並びに法人にあっては、その代表者の氏名

二　事案の件名及び公示があったものについてはその番号

三　意見の聴取において陳述しようとする者の氏名及び職業又は職名

四　意見の聴取における陳述の概要及び利害関係を説明する事項

2　前項の申請は、第55条の規定による公示をした事案にあっては、公示の日から10日以内に、これをしなければならない。

（陳述人の選定）

第58条　地方運輸局長は、意見の聴取の申請者が2人以上あるときは、意見の聴取において陳述すべき者を選定することができる。

（非公開）

第59条　意見の聴取は、非公開とする。ただし、地方運輸局長が特に必要があると認める場合は、この限りでない。

（聴聞の方法の特例）

第60条の2　地方運輸局長は、その権限に属する旅客自動車運送事業の停止の命令又は許可の取消しの処分に係る聴聞を行うに当たっては、その期日の17日前までに、当該事案の件名に番号を付し、その旨を地方運輸局の掲示板に掲示する等適当な方法で公示しなければならない。

第60条の3　法第90条に規定する利害関係人とは、利用者その他の者のうち地方運輸

局長が当該事案に関し特に重大な利害関係を有すると認める者をいう。

（届出）

第66条　一般旅客自動車運送事業者（第3号に掲げる場合にあっては、相続人）、特定旅客自動車運送事業者、適正化機関、自家用有償旅客運送者及び道路運送に関する団体は、次の各号に掲げる場合に該当することとなったときは、その旨を当該各号に掲げる行政庁に届け出るものとする。

一　一般旅客自動車運送事業者が運輸を開始した場合　当該事業の許可をした行政庁

二　一般旅客自動車運送事業の譲渡及び譲受又は一般旅客自動車運送事業者たる法人の合併若しくは分割が終了した場合　当該事項の認可をした行政庁

三　一般旅客自動車運送事業者が死亡した場合（第24条の規定により、申請書を提出した場合を除く。）　当該事業の許可をした行政庁

四　休止している一般旅客自動車運送事業又は特定旅客自動車運送事業を再開した場合　当該一般旅客自動車運送事業又は特定旅客自動車運送事業の休止の届出を受理した行政庁

五　法第16条第2項、法第27条第4項（法第43条第5項において準用する場合を含む。）、法第30条第4項、法第31条、法第43条第7項、法第75条第3項において準用する法第55条若しくは法第70条、法第79条の9第2項又は法第84条第1項に基づく命令を実施した場合　当該命令を発した行政庁

六　第6条第1項第3号に掲げる施設を変更した場合　当該事業の許可をした行政庁

七　一般旅客自動車運送事業者又は特定旅客自動車運送事業者の氏名若しくは名称又は住所に変更があった場合　当該一般旅客自動車運送事業又は当該特定旅客自動車運送事業の許可をした行政庁

八　旅客自動車運送事業者たる法人の役員若しくは社員又は定款若しくは寄附行為に変更があった場合　当該事業の許可をした行政庁

九　特定旅客自動車運送事業の運送需要者の氏名若しくは名称又は住所に変更があった場合　当該事業の許可をした行政庁

十　適正化機関が、第34条の4の規定により適正化事業指導員を選任した場合　地方運輸局長

十一　適正化事業指導員が、転任、退職その他の理由により適正化事業指導員でなくなった場合　地方運輸局長

十二　道路運送に関する団体が解散し、又は第61条第1項各号に掲げる事項に変更を生じた場合　国土交通大臣

2　前項の届出は、届出事由の発生した後遅滞なく（同項第8号に掲げる場合（代表権を有しない役員又は社員に変更があった場合に限る。）にあっては前年7月1日から6月30日までの期間に係る変更について毎年7月31日までに、同項第10号及び第11号に掲げる場合にあっては15日以内に、同項第12号に掲げる場合にあっては届出事由の発生した日から30日以内に）行うものとする。

3　第1項の届出をしようとする者（同項第1号、第2号、第4号、第5号、第6号、第10号又は第11号に掲げる場合に限る。）は、次に掲げる事項を記載した届出書を提出するものとする。この場合において、当該届出事項に関し、法人の設立、合併、分割又は解散があったときは、その登記事項証明書を添付するものとする。

一　氏名又は名称及び住所並びに法人にあっては、その代表者の氏名

二　当該届出事項（相手方のあるときは、その者の氏名又は名称を明らかにすること。）

三　届出事由の発生した年月日

四　第1項第11号に掲げる場合にあっては、適正化事業指導員でなくなった理由

五　その他必要事項

○旅客自動車運送事業運輸規則［抄］

$\left(\begin{array}{l}\text{昭和31年8月1日}\\\text{運輸省令第44号}\end{array}\right)$

最終改正　令和6年3月29日　国土交通省令第42号

第1章　総　則

（目的）

第1条　この省令は、旅客自動車運送事業の適正な運営を確保することにより、輸送の安全及び旅客の利便を図ることを目的とする。

（一般準則）

第2条　旅客自動車運送事業者（旅客自動車運送事業を経営する者をいう。以下同じ。）は、安全、確実かつ迅速に運輸を遂行するように努めなければならない。

2　旅客自動車運送事業者は、旅客又は公衆に対して、公平かつ懇切な取扱いをしなければならない。

3　旅客自動車運送事業者は、従業員に対し、輸送の安全及び旅客の利便を確保するため誠実に職務を遂行するように指導監督するとともに、当該指導監督を効果的かつ適切に行うため、必要な措置を講じなければならない。

4　旅客自動車運送事業者の従業員は、その職務に従事する場合は、輸送の安全及び旅客の利便を確保することに努めなければならない。

（輸送の安全）

第2条の2　旅客自動車運送事業者は、経営の責任者の責務を定めることその他の国土交通大臣が告示で定める措置を講ずることにより、絶えず輸送の安全性の向上に努めなければならない。

（苦情処理）

第3条　旅客自動車運送事業者は、旅客に対する取扱いその他運輸に関して苦情を申

し出た者に対して、遅滞なく、弁明しなければならない。ただし、氏名及び住所を明らかにしない者に対しては、この限りでない。

2 旅客自動車運送事業者は、前項の苦情の申出を受け付けた場合には、次に掲げる事項を営業所ごとに記録し、かつ、その記録を整理して1年間保存しなければならない。

一 苦情の内容

二 原因究明の結果

三 苦情に対する弁明の内容

四 改善措置

五 苦情処理を担当した者

第2章　事業者

（運賃及び料金等の実施等）

第4条　一般旅客自動車運送事業者は、運賃及び料金並びに運送約款を公示した後でなければ、これを実施してはならない。

2 前項の規定による公示は、営業所において公衆に見やすいように掲示して行うものとする。

3 一般乗用旅客自動車運送事業者は、地方運輸局長が定めるところにより、事業用自動車（運送の引受けが営業所のみにおいて行われるものを除く。）に運賃及び料金に関する事項を公衆及び事業用自動車を利用する旅客に見やすいように表示しなければならない。

4 一般乗用旅客自動車運送事業者は、運賃又は料金が対時間制による場合を除き、地方運輸局長が定めるところにより、運賃及び料金の額を事業用自動車内において事業用自動車を利用する旅客に見やすいように表示しなければならない。

（公示事項の変更の予告）

第6条　一般旅客自動車運送事業者は、法第12条第1項又は前条第1項及び第3項の規定により公示した事項の変更について、法第12条第3項の規定により公示するときは、緊急やむを得ない理由がある場合又は公衆の利便を阻害しない場合を除くほか、当該変更に係る事項を実施しようとする日の少なくとも7日前にこれをしなければならない。

2 前項の規定による公示は、営業所又は停留所において公衆に見やすいように掲示して行うものとする。

（事業の休止及び廃止等の公示）

第7条　法第15条の2第6項（法第38条第3項において準用する場合を含む。）及び法第38条第4項の規定により公示をするときは、緊急やむを得ない理由がある場合を除くほか、休止し、又は廃止しようとする日の少なくとも7日前までにこれをしなければならない。

2　一般旅客自動車運送事業者は、営業区域の休止又は廃止に係る事業計画の変更をしようとするときは、緊急やむを得ない場合を除くほか、休止し、又は廃止しようとする日の少なくとも7日前にその旨を公示しなければならない。

3　前2項の規定による公示は、営業所その他の事業所において公衆に見やすいように掲示して行うものとする。

（領収証）

第10条　一般貸切旅客自動車運送事業者は、運賃又は料金を収受したときは、運賃又は料金の計算基礎を記載した領収証を発行しなければならない。ただし、乗車券を発行したときは、この限りではない。

2　一般乗用旅客自動車運送事業者は、運賃又は料金を収受した場合であって旅客の求めがあったときは、収受した運賃又は料金の額を記載した領収証を発行しなければならない。

（運送の引受け及び継続の拒絶）

第13条　一般乗合旅客自動車運送事業者又は一般乗用旅客自動車運送事業者は、次の各号のいずれかに掲げる者の運送の引受け又は継続を拒絶することができる。

一　第15条の2第7項又は第49条第4項の規定による制止又は指示に従わない者

二　第52条各号に掲げる物品（同条ただし書の規定によるものを除く。）を携帯している者

三　泥酔した者又は不潔な服装をした者等であって、他の旅客の迷惑となるおそれのある者

四　付添人を伴わない重病者

五　感染症の予防及び感染症の患者に対する医療に関する法律（平成10年法律第114号）に定める一類感染症、二類感染症、新型インフルエンザ等感染症若しくは指定感染症（同法第44条の9の規定に基づき、政令で定めるところにより、同法第19条又は第20条の規定を準用するものに限る。）の患者（同法第8条（同法第44条の9において準用する場合を含む。）の規定により一類感染症、二類感染症、新型インフルエンザ等感染症又は指定感染症の患者とみなされる者を含む。）

又は新感染症の所見がある者

（危険物等の輸送制限）

第14条　一般乗合旅客自動車運送事業者は、第52条各号に掲げる物品（同条ただし書の規定によるものを除く。）を旅客の運送に付随して運送してはならない。

2　旅客自動車運送事業者は、第52条各号に掲げる物品（同条ただし書の規定によるものを除く。）を旅客の現在する事業用自動車で運搬してはならない。

（特定自動運行保安員の業務等）

第15条の2　特定自動運行旅客運送（道路運送法施行規則（昭和26年運輸省令第75号）第6条第1項第9号に規定する特定自動運行旅客運送をいう。以下同じ。）を行おうとする旅客自動車運送事業者は、事業計画（路線定期運行を行う一般乗合旅客自動車運送事業者にあっては、事業計画及び運行計画）の遂行に十分な数の特定自動運行保安員（特定自動運行旅客運送の用に供する特定自動運行事業用自動車（事業用自動車のうち、旅客自動車運送事業の用に供する特定自動運行用自動車（道路交通法（昭和35年法律第105号）第75条の12第2項第2号イに規定する特定自動運行用自動車をいう。）をいう。以下同じ。）の運行の安全の確保に関する業務を行う者をいう。以下同じ。）を常時選任しておかなければならない。

2　旅客自動車運送事業者は、次の各号のいずれかに掲げる措置を講じなければ、特定自動運行事業用自動車を旅客の運送の用に供してはならない。

一　当該特定自動運行事業用自動車に特定自動運行保安員を乗務させること。

（事故の場合の処置）

第18条　旅客自動車運送事業者は、事業用自動車の運行を中断したときは、当該自動車に乗車している旅客のために、次の各号に掲げる事項に関して適切な処置をしなければならない。

一　旅客の運送を継続すること。

二　旅客を出発地まで送還すること。

三　前各号に掲げるもののほか、旅客を保護すること。

2　一般乗合旅客自動車運送事業者は、前項の場合において、事業用自動車に旅客の運送に附随して運送する貨物を積載しているときは、当該貨物につき、次の各号に掲げる事項に関して適切な処置をしなければならない。

一　貨物の運送を継続すること。

二　貨物を発送地まで送還すること。

三　滅失し、きそんし、又は損害を受けないように貨物を保管すること。

（事故による死傷者に関する処置）

第19条　旅客自動車運送事業者は、天災その他の事故により、旅客が死亡し、又は負傷したときは、次の各号に掲げる事項を実施しなければならない。

一　死傷者のあるときは、すみやかに応急手当その他の必要な措置を講ずること。

二　死者又は重傷者のあるときは、すみやかに、その旨を家族に通知すること。

三　遺留品を保管すること。

四　前各号に掲げるもののほか、死傷者を保護すること。

（損害を賠償するための措置）

第19条の2　旅客自動車運送事業者は、事業用自動車の運行により生じた旅客その他の者の生命、身体又は財産の損害を賠償するための措置であって、国土交通大臣が告示で定める基準に適合するものを講じておかなければならない。

旅客自動車運送事業者が事業用自動車の運行により生じた旅客その他の者の生命、身体又は財産の損害を賠償するために講じておくべき措置の基準を定める告示

（平成17年国土交通省告示第503号）

最終改正　平成25年10月31日　国土交通省告示第1071号

旅客自動車運送事業運輸規則（昭和31年運輸省令第44号）第19条の2の告示で定める基準は、次のいずれかの基準とする。

一　次に掲げる要件に適合する損害賠償責任保険契約を、保険業法（平成7年法律第105号）に基づき損害賠償責任保険を営むことができる者と締結していること。ただし、地方公共団体が経営する企業が旅客自動車運送事業者である場合を除く。

イ　事業用自動車の運行により生じた旅客その他の者の生命又は身体の損害を賠償することによって生ずる損失にあっては、生命又は身体の損害を受けた者1人につき、一般乗合旅客自動車運送事業者及び一般乗用旅客自動車運送事業者については、てん補する額の限度額を8,000万円以上とすること、一般貸切旅客自動車運送事業者については、てん補する額に制限がないことを内容とするものであること

ロ　事業用自動車の運行により生じた旅客その他の者の財産（当該事業用自動車を除く。）の損害を賠償することによって生ずる損失にあっては、1事故につき200万円以上を限度額としててん補することを内容とするものであること

ハ　旅客自動車運送事業者の法令違反が原因の事故について補償が免責となっていないこと

ニ　保険期間中の保険金支払額に制限がないこと

ホ　事業用自動車の台数に応じて契約を締結する場合にあっては、すべての事業用自動車の台数分の契約を締結すること

ヘ　財産に対する免責額が30万円以下であること（地方運輸局長が輸送の安全及び旅客の利便

を確保する上で支障がないと認める場合を除く。）

　　ト　賠償額に対する一定割合の負担額その他の負担額のないものであること

二　次に掲げる損害賠償責任共済契約を、中小企業等協同組合法（昭和24年法律第181号）に基づき損害賠償責任共済の事業を行う事業協同組合その他の法律に基づき損害賠償責任共済の事業を行う者と締結していること。ただし、地方公共団体が経営する企業が旅客自動車運送事業者である場合を除く。

　　イ　前号イからハ及びホからトに掲げる要件に適合すること

　　ロ　共済期間中の共済金支払額に制限がないこと

　　附　　則

第1条　この告示は、公布の日から施行する。

第2条　第1号ヘ（第2号イに規定する場合を含む。）の規定は、損害賠償責任保険契約又は損害賠償責任共済契約の始期が平成17年10月1日以降である契約について適用する。

第3条　第1号ヘ（第2号イに規定する場合を含む。）に規定する免責額は、損害賠償責任保険契約又は損害賠償責任共済契約の始期が平成17年10月1日から平成18年3月31日の間である契約にあっては別に地方運輸局長が定める額とする。

（異常気象時等における措置）

第20条　旅客自動車運送事業者は、天災その他の理由により輸送の安全の確保に支障が生ずるおそれがあるときは、事業用自動車の乗務員等に対する必要な指示その他輸送の安全のための措置を講じなければならない。

（過労防止等）

第21条　旅客自動車運送事業者は、過労の防止を十分考慮して、国土交通大臣が告示で定める基準に従って、事業用自動車の運転者の勤務時間及び乗務時間を定め、当該運転者にこれらを遵守させなければならない。

2　旅客自動車運送事業者は、乗務員等が有効に利用することができるように、営業所、自動車車庫その他営業所又は自動車車庫付近の適切な場所に、休憩に必要な施設を整備し、及び乗務員等に睡眠を与える必要がある場合又は乗務員等が勤務時間中に仮眠する機会がある場合は、睡眠又は仮眠に必要な施設を整備し、並びにこれらの施設を適切に管理し、及び保守しなければならない。

3　旅客自動車運送事業者は、運転者に第1項の告示で定める基準による1日の勤務時間中に当該運転者の属する営業所で勤務を終了することができない運行を指示する場合は、当該運転者が有効に利用することができるように、勤務を終了する場所の付近の適切な場所に睡眠に必要な施設を整備し、又は確保し、並びにこれらの施設を適切に管理し、及び保守しなければならない。

4　旅客自動車運送事業者は、酒気を帯びた状態にある乗務員等を事業用自動車の運行の業務に従事させてはならない。

5　旅客自動車運送事業者は、乗務員等の健康状態の把握に努め、疾病、疲労、睡眠不足その他の理由により安全に運行の業務を遂行し、又はその補助をすることができないおそれがある乗務員等を事業用自動車の運行の業務に従事させてはならない。

6　一般乗合旅客自動車運送事業者及び一般貸切旅客自動車運送事業者は、運転者が長距離運転又は夜間の運転に従事する場合であって、疲労等により安全な運転を継続することができないおそれがあるときは、あらかじめ、交替するための運転者を配置しておかなければならない。

7　旅客自動車運送事業者は、乗務員等が事業用自動車の運行中に疾病、疲労、睡眠不足その他の理由により安全に運行の業務を継続し、又はその補助を継続することができないおそれがあるときは、当該乗務員等に対する必要な指示その他輸送の安全のための措置を講じなければならない。

（運行に関する状況の把握のための体制の整備）

第21条の2　旅客自動車運送事業者は、第20条、前条第7項その他の輸送の安全に関する規定に基づく措置を適切に講ずることができるよう、事業用自動車の運行に関する状況を適切に把握するための体制を整備しなければならない。

（乗務距離の最高限度等）

第22条　交通の状況を考慮して地方運輸局長が指定する地域（以下この条、次条及び第50条第8項において「指定地域」という。）内に営業所を有する一般乗用旅客自動車運送事業者は、次項の規定により地方運輸局長が定める乗務距離の最高限度を超えて当該営業所に属する運転者を事業用自動車に乗務させてはならない。

2　前項の乗務距離の最高限度は、当該指定地域における道路及び交通の状況並びに輸送の状態に応じ、当該営業所に属する事業用自動車の運行の安全を阻害するおそれのないよう、地方運輸局長が定めるものとする。

3　地方運輸局長は、指定地域の指定をし、及び前項の乗務距離の最高限度を定めたときは、遅滞なく、その旨を公示しなければならない。

（点呼等）

第24条　旅客自動車運送事業者は、業務に従事しようとする運転者又は特定自動運行保安員（以下「運転者等」という。）に対して対面により、又は対面による点呼と同等の効果を有するものとして国土交通大臣が定める方法（運行上やむを得ない場

合は、電話その他の方法。次項において同じ。）により点呼を行い、次の各号に掲げる事項について報告を求め、及び確認を行い、並びに事業用自動車の運行の安全を確保するために必要な指示を与えなければならない。

　一　道路運送車両法（昭和26年法律第185号）第47条の2第1項及び第2項の規定による点検の実施又はその確認

　二　運転者に対しては、酒気帯びの有無

　三　運転者に対しては、疾病、疲労、睡眠不足その他の理由により安全な運転をすることができないおそれの有無

　四　特定自動運行保安員に対しては、特定自動運行事業用自動車による運送を行うために必要な自動運行装置（道路運送車両法第41条第1項第20号に規定する自動運行装置をいう。）の設定の状況に関する確認

2　旅客自動車運送事業者は、事業用自動車の運行の業務を終了した運転者等に対して対面により、又は対面による点呼と同等の効果を有するものとして国土交通大臣が定める方法により点呼を行い、当該業務に係る事業用自動車、道路及び運行の状況について報告を求め、かつ、運転者に対しては酒気帯びの有無について確認を行わなければならない。この場合において、当該運転者等が他の運転者等と交替した場合にあっては、当該運転者等が交替した運転者等に対して行った第15条の2第8項第10号又は第50条第1項第8号の規定による通告についても報告を求めなければならない。

3　一般貸切旅客自動車運送事業者は、夜間において長距離の運行を行う事業用自動車の運行の業務に従事する運転者等に対して当該業務の途中において少なくとも一回対面による点呼と同等の効果を有するものとして国土交通大臣が定める方法（当該方法により点呼を行うことが困難である場合にあっては、電話その他の方法）により点呼を行い、次の各号の掲げる事項について報告を求め、及び確認を行い、並びに事業用自動車の運行の安全を確保するために必要な指示を与えなければならない。

　一　当該業務に係る事業用自動車、道路及び運行の状況

　二　運転者に対しては、疾病、疲労、睡眠不足その他の理由により安全な運転をすることができないおそれの有無

4　旅客自動車運送事業者は、アルコール検知器（呼気に含まれるアルコールを検知する機器であって、国土交通大臣が告示で定めるものをいう。以下同じ。）を営業所ごとに備え、常時有効に保持するとともに、第1項及び第2項の規定により酒気帯びの有無について確認を行う場合には、運転者の状態を目視等で確認するほか、当該運転者の属する営業所に備えられたアルコール検知器を用いて行わなければな

らない。

5　旅客自動車運送事業者は、第1項から第3項までの規定により点呼を行い、報告を求め、確認を行い、及び指示をしたときは、運転者等ごとに点呼を行った旨、報告、確認及び指示の内容並びに次に掲げる事項を記録し、かつ、その記録を1年間（一般貸切旅客自動車運送事業者にあっては、その内容を記録した電磁的記録（電子的方式、磁気的方式その他人の知覚によっては認識することができない方式で作られる記録であって、電子計算機による情報処理の用に供されるものをいう。第26条第1項において同じ。）を3年間）保存しなければならない。

一　点呼を行った者及び点呼を受けた運転者等の氏名

二　点呼を受けた運転者等が従事する運行の業務に係る事業用自動車の自動車登録番号その他の当該事業用自動車を識別できる表示

三　点呼の日時

四　点呼の方法

五　その他必要な事項

旅客自動車運送事業者が点呼等において用いるアルコール検知器を定める告示

（平成22年国土交通省告示第484号）

　旅客自動車運送事業運輸規則第24条第3項の告示で定めるアルコール検知器は、呼気中のアルコールを検知し、その有無又はその濃度を警告音、警告灯、数値等により示す機能を有する機器とする。

　※　現行条文　旅客自動車運送事業運輸規則第24条第4項

（業務記録）

第25条　一般乗合旅客自動車運送事業者及び特定旅客自動車運送事業者は、運転者等が事業用自動車の運行の業務に従事したときは、次に掲げる事項を運転者等ごとに記録させ、かつ、その記録を1年間保存しなければならない。

一　運転者等の氏名

二　運転者等が従事した運行の業務に係る事業用自動車の自動車登録番号等当該自動車を識別できる記号、番号その他の表示

三　業務の開始及び終了の地点及び日時並びに主な経過地点及び業務に従事した距離

四　業務を交替した場合は、その地点及び日時

五　休憩又は仮眠をした場合は、その地点及び日時

六　第21条第3項の睡眠に必要な施設で睡眠をした場合は、当該施設の名称及び位置

七　道路交通法第67条第2項に規定する交通事故若しくは自動車事故報告規則（昭和26年運輸省令第104号）第2条に規定する事故（第26条の2及び第37条第1項において「事故」という。）又は著しい運行の遅延その他の異常な状態が発生した場合にあっては、その概要及び原因

八　運転者等が従事した運行の業務に係る事業用自動車（乗車定員11人以上のものに限る。）に車掌が乗務した場合は、その車掌名

九　前号の場合において、車掌がその業務を交替した場合は、交替した車掌ごとにその地点及び日時

2　一般貸切旅客自動車運送事業者は、運転者等が事業用自動車の運行の業務に従事したときは、前項各号に掲げる事項のほか、旅客が乗車した区間を運転者等ごとに記録させ、かつ、その記録を3年間保存しなければならない。

3　一般乗用旅客自動車運送事業者は、運転者等が事業用自動車の運行の業務に従事したときは、第1項第1号から第7号までに掲げる事項のほか、旅客が乗車した区間並びに運行の業務に従事した事業用自動車の走行距離計に表示されている業務の開始時及び終了時における走行距離の積算キロ数を運転者等ごとに記録させ、かつ、その記録を事業用自動車ごとに整理して1年間保存しなければならない。

4　旅客自動車運送事業者（一般乗用旅客自動車運送事業者にあっては、事業用自動車について長期間にわたり業務の交替がない場合に限る。）は、前3項の規定により記録すべき事項の一部について、運転者等ごとに記録させることに代え、道路運送車両の保安基準第48条の2第2項の規定に適合し、又はこれと同等の性能を有すると認められる運行記録計（以下「運行記録計」という。）により記録することができる。この場合において当該旅客自動車運送事業者は、当該記録すべき事項のうち運行記録計により記録された事項以外の事項を運転者等ごとに当該運行記録計による記録に付記させ、かつ、その付記に係る記録を1年間（一般乗用旅客自動車運送事業者にあっては、事業用自動車ごとに整理して1年間、一般貸切旅客自動車運送事業者にあっては3年間）保存しなければならない。

（運行記録計による記録）

第26条　一般乗合旅客自動車運送事業者及び一般貸切旅客自動車運送事業者は、運転者等が事業用自動車の運行の業務に従事した場合（路線定期運行又は路線不定期運行を行う一般乗合旅客自動車運送事業の事業用自動車にあっては起点から終点までの距離が100キロメートルを超える運行系統を運行する場合、区域運行を行う一般乗合旅客自動車運送事業の事業用自動車にあってはその運行の態様等を考慮して地方運輸局長が認める場合に限る。）は、当該自動車の瞬間速度、運行距離及び運行

時間を運行記録計（一般貸切旅客自動車運送事業者にあっては、電磁的方法により記録することができるものとして国土交通大臣が告示で定めるものに限る。ただし、自動車の構造上の理由により当該告示で定める運行記録計を備えることが困難な場合は、この限りでない。）により記録し、かつ、その記録を1年間（一般貸切旅客自動車運送事業者にあっては、その内容を記載した電磁的記録を3年間）保存しなければならない。

2　事業用自動車の運行の管理の状況等を考慮して地方運輸局長が指定する地域（以下この項及び次項において「指定地域」という。）内に営業所を有する一般乗用旅客自動車運送事業者（当該許可を受ける個人のみが自動車を運行することにより当該事業を行うべき旨の条件の付された一般乗用旅客自動車運送事業の許可を受けた者（以下「個人タクシー事業者」という。）を除く。）は、指定地域の指定があった日から1年を超えない範囲内において地方運輸局長が定める日以後においては、指定地域内にある営業所に属する運転者等が事業用自動車の運行の業務に従事した場合（事業用自動車の運行の態様等を考慮して地方運輸局長が認める場合を除く。）は、当該自動車の瞬間速度、運行距離及び運行時間を運行記録計により記録し、かつ、その記録を運転者等ごとに整理して1年間保存しなければならない。

3　地方運輸局長は、指定地域の指定をし、及び前項の日を定めたときは、遅滞なく、その旨を公示しなければならない。

（事故の記録）

第26条の2　旅客自動車運送事業者は、事業用自動車に係る事故が発生した場合には、次に掲げる事項を記録し、その記録を当該事業用自動車の運行を管理する営業所において3年間保存しなければならない。

一　乗務員等の氏名

二　事業用自動車の自動車登録番号その他の当該事業用自動車を識別できる表示

三　事故の発生日時

四　事故の発生場所

五　事故の当事者（乗務員等を除く。）の氏名

六　事故の概要（損害の程度を含む。）

七　事故の原因

八　再発防止対策

（地図の備付け）

第29条　一般乗用旅客自動車運送事業者は、事業用自動車（次項の規定の適用を受け

るものを除く。）に少なくとも営業区域内の次の各号に掲げる事項が明示された地図であって地方運輸局長の指定する規格に適合するものを備えておかなければならない。

一　道路

二　地名

三　著名な建造物、公園、名所及び旧跡並びに鉄道の駅

四　その他地方運輸局長が指定する事項

2　一般乗用旅客自動車運送事業者は、タクシー業務適正化特別措置法（昭和45年法律第75号）第2条第5項の指定地域内の営業所に配置する事業用自動車（運送の引受けが営業所のみにおいて行われるものを除く。）にあっては、次の各号に掲げる機能を有する機器を備えておかなければならない。

一　電子地図（電磁的方式により記録された地図（少なくとも営業区域内の前項各号に掲げる事項が明示された地図であって同項の規格に適合するものに限る。）をいう。次号において同じ。）を当該機器の映像面に表示する機能

二　当該事業用自動車の位置情報を常時かつ即時に受信し、当該位置情報を当該機器の映像面に表示された電子地図に表示する機能

三　当該事業用自動車の運転者に対して目的地まで効率的な経路を適時に案内する機能

※　経過措置により、省令の施行日（令和6年2月29日）から起算して5年を経過するまでの間は、なお従前の例による。

（乗務員等台帳及び乗務員証）

第37条　旅客自動車運送事業者は、事業用自動車の運転者等ごとに、第1号から第10号までに掲げる事項を記載し、かつ、第11号に掲げる写真を貼り付けた一定の様式の乗務員等台帳を作成し、これを当該運転者等の属する営業所に備え置かなければならない。

一　作成番号及び作成年月日

二　事業者の氏名又は名称

三　運転者等の氏名、生年月日及び住所

四　雇入れの年月日及び運転者等に選任された年月日

五　運転者に対しては、道路交通法に規定する運転免許に関する次の事項

　　イ　運転免許証の番号及び有効期限

　　ロ　運転免許の年月日及び種類

　　ハ　運転免許に条件が付されている場合は、当該条件

六　運転者の運転の経歴

七　事故を引き起こした場合は、その概要

八　運転者に対しては、道路交通法第108条の34の規定による通知を受けた場合は、その概要

九　運転者等の健康状態

十　運転者に対しては、次条第2項の規定に基づく指導の実施及び適性診断の受診の状況

十一　乗務員等台帳の作成前6月以内に撮影した単独、無帽、正面、無背景の写真（一般乗用旅客自動車運送事業者の事業用自動車の運転者等については、縦3.0センチメートル以上、横2.4センチメートル以上の大きさの写真）

2　旅客自動車運送事業者は、事業用自動車の運転者が転任、退職その他の理由により運転者でなくなった場合には、直ちに、当該運転者に係る前項の乗務員等台帳に運転者でなくなった年月日及び理由を記載し、これを3年間保存しなければならない。

3　一般乗用旅客自動車運送事業者は、事業用自動車（タクシー業務適正化特別措置法（昭和45年法律第75号）第13条の規定により運転者証を表示しなければならないものを除く。）に運転者を乗務させるときは、次の事項を記載し、かつ、第1項第11号に掲げる写真を貼り付けた当該運転者に係る一定の様式の乗務員証を携行させなければならない。

一　作成番号及び作成年月日

二　事業者の氏名又は名称

三　運転者の氏名

四　運転免許証の有効期限

4　一般乗用旅客自動車運送事業者は、事業用自動車の運転者が転任、退職その他の理由により運転者でなくなった場合は、直ちに、当該運転者に係る前項の乗務員証に運転者でなくなった年月日及び理由を記載し、これを1年間保存しなければならない。

（従業員に対する指導監督）

第38条　旅客自動車運送事業者は、その事業用自動車の運転者に対し、国土交通大臣が告示で定めるところにより、主として運行する路線又は営業区域の状態及びこれに対処することができる運転技術並びに法令に定める自動車の運転に関する事項について適切な指導監督をしなければならない。この場合においては、その日時、場所及び内容並びに指導監督を行った者及び受けた者を記録し、かつ、その記録を営

業所において3年間保存しなければならない。

2　旅客自動車運送事業者は、国土交通大臣が告示で定めるところにより、次に掲げる運転者に対して、事業用自動車の運行の安全を確保するために遵守すべき事項について特別な指導を行い、かつ、国土交通大臣が告示で定める適性診断であって第41条の2及び第41条の3の規定により国土交通大臣の認定を受けたものを受けさせなければならない。

一　死者又は負傷者（自動車損害賠償保障法施行令（昭和30年政令第286号）第5条第2号、第3号又は第4号に掲げる傷害を受けた者をいう。）が生じた事故を引き起こした者

二　運転者として新たに雇い入れた者

三　乗務しようとする事業用自動車について当該旅客自動車運送事業者における必要な乗務の経験を有しない者

四　高齢者（65才以上の者をいう。）

3　旅客自動車運送事業者は、特定自動運行保安員に対し、特定自動運行事業用自動車の運行の安全を確保するために遵守すべき事項について適切な指導監督をしなければならない。この場合においては、その日時、場所及び内容並びに指導監督を行った者及び受けた者を記載し、かつ、その記録を営業所において3年間保存しなければならない。

4　一般乗合旅客自動車運送事業者、一般貸切旅客自動車運送事業者及び特定旅客自動車運送事業者は、事業用自動車（乗車定員11人以上のものに限る。）の車掌に対し、第49条及び第51条に規定する事項について適切な指導監督を怠ってはならない。

5　旅客自動車運送事業者は、その事業用自動車が非常信号用具、非常口又は消火器を備えたものであるときは、当該自動車の乗務員等に対し、これらの器具の取扱いについて適切な指導をしなければならない。

6　旅客自動車運送事業者は、従業員に対し、効果的かつ適切に指導監督を行うため、輸送の安全に関する基本的な方針の策定その他の国土交通大臣が告示で定める措置を講じなければならない。

（事業用自動車内の表示）

第42条　旅客自動車運送事業者は、事業用自動車内に、当該事業者の氏名又は名称及び当該自動車の自動車登録番号を旅客に見やすいように表示しなければならない。

2　一般乗合旅客自動車運送事業者は、事業用自動車内に、第52条の規定による物品の持込制限に関する事項及び第53条の規定による禁止行為に関する事項を旅客に見やすいように表示しなければならない。

3　旅客自動車運送事業者は、事業用自動車内に、禁煙の表示を旅客に見やすいように表示しなければならない。

※　附則により、省令施行の際（令和5年8月1日）現に旅客の運送を行うための事業の用に供している自動車については、第3項の規定にかかわらず、なお従前の例による。

（応急用器具等の備付）

第43条　旅客自動車運送事業者は、事業用自動車に応急修理のために必要な器具及び部品を備えなければ、当該自動車を旅客の運送の用に供してはならない。ただし、運送の途中において当該自動車に故障が発生した場合に、これらの器具及び部品を容易に供給することができるとき、又は旅客の運送を容易に継続することができるときは、この限りでない。

2　旅客自動車運送事業者は、その事業用自動車が踏切警手の配置されていない踏切を通過することとなる場合は、当該自動車に赤色旗、赤色合図灯等の非常信号用具を備えなければ、旅客の運送の用に供してはならない。

（事業用自動車の清潔保持）

第44条　旅客自動車運送事業者は、事業用自動車を常に清潔に保持しなければならない。

（点検整備等）

第45条　旅客自動車運送事業者は、事業用自動車につき、点検整備、整備管理者の選任及び検査に関する道路運送車両法の規定に従うほか、次に掲げる事項を遵守しなければならない。

一　事業用自動車の構造及び装置並びに運行する道路の状況、走行距離等の使用の条件を考慮して、定期に行う点検の基準を作成し、これに基づいて点検し、必要な整備をすること。

二　前号の点検及び整備をしたときは、道路運送車両法第49条の規定に準じて、点検及び整備に関する記録簿に記載し、これを保存すること。

（点検施設等）

第47条　旅客自動車運送事業者は、事業用自動車の使用の本拠ごとに、自動車の点検及び清掃のための施設を設けなければならない。

（旅客自動車運送事業者による輸送の安全にかかわる情報の公表）

第47条の7　旅客自動車運送事業者は、毎事業年度の経過後100日以内に、輸送の安全に関する基本的な方針その他の輸送の安全にかかわる情報であって国土交通大臣が告示で定める事項について、インターネットの利用その他の適切な方法により公表しなければならない。この場合において、旅客自動車運送事業者は、国土交通大臣が告示で定めるところにより、遅滞なく、その内容を国土交通大臣に報告しなければならない。

2　旅客自動車運送事業者は、法第27条第4項（法第43条第5項において準用する場合を含む。）、法第31条又は第40条（法第43条第5項において準用する場合を含む。）の規定による処分（輸送の安全に係るものに限る。）を受けたときは、遅滞なく、当該処分の内容並びに当該処分に基づき講じた措置及び講じようとする措置の内容をインターネットの利用その他の適切な方法により公表しなければならない。

第3章　運行管理者

第1節　運行管理者の選任等

（運行管理者等の選任）

第47条の9　旅客自動車運送事業者は、次の表の第1欄に掲げる事業の種別に応じ、それぞれ同表の第2欄に掲げる営業所ごとに同表の第3欄に掲げる種類の運行管理者資格者証（以下「資格者証」という。）を有する者の中から、同表の第4欄に掲げる数以上の運行管理者を選任しなければならない。

事業の種別	運行管理者の選任が必要な営業所	資格者証の種類	選任すべき運行管理者の数
1　一般乗合旅客自動車運送事業	乗車定員11人以上の事業用自動車の運行を管理する営業所及び乗車定員10人以下の事業用自動車5両以上の運行を管理する営業所	旅客自動車運送事業運行管理者資格者証又は一般乗合旅客自動車運送事業運行管理者資格者証	当該営業所が運行を管理する事業用自動車の数を40で除して得た数（1未満の端数があるときは、これを切り捨てるものとする。）に1を加算して得た数
2　一般貸切旅客自動車	事業用自動車19両以下の運行を管理する	旅客自動車運送事業運行管理者資格者証	2。ただし、当該営業所が運行を管理す

運送事業	営業所		る事業用自動車の数が4両以下であって、地方運輸局長が当該事業用自動車の種別、地理的条件その他の事情を勘案して当該事業用自動車の運行の安全の確保に支障が生ずるおそれがないと認める場合には、1。
	事業用自動車20両以上99両以下の運行を管理する営業所	旅客自動車運送事業運行管理者資格者証	当該営業所が運行を管理する事業用自動車の数を20で除して得た数（1未満の端数があるときは、これを切り捨てるものとする。）に1を加算して得た数
	事業用自動車100両以上の運行を管理する営業所	旅客自動車運送事業運行管理者資格者証	当該営業所が運行を管理する事業用自動車の数から100を引いた数を30で除した数（1未満の端数があるときは、これを切り捨てるものとする。）に6を加算して得た数
3　一般乗用旅客自動車運送事業	事業用自動車5両以上の運行を管理する営業所	旅客自動車運送事業運行管理者資格者証又は一般乗用旅客自動車運送事業運行管理者資格者証	当該営業所が運行を管理する事業用自動車の数を40で除して得た数（1未満の端数があるときは、これを切り捨てるものとする。）に1を加算して得た数
4　特定旅客	乗車定員11人以上の	旅客自動車運送事業	当該営業所が運行を

自動車運送事業	事業用自動車の運行を管理する営業所及び乗車定員10人以下の事業用自動車５両以上の運行を管理する営業所	運行管理者資格者証、一般乗合旅客自動車運送事業運行管理者資格者証、一般乗用旅客自動車運送事業運行管理者資格者証又は特定旅客自動車運送事業運行管理者資格者証	管理する事業用自動車の数を40で除して得た数（１未満の端数があるときは、これを切り捨てるものとする。）に１を加算して得た数

2　一の営業所において複数の運行管理者を選任する旅客自動車運送事業者は、それらの業務を統括する運行管理者（以下「統括運行管理者」という。）を選任しなければならない。

3　旅客自動車運送事業者は、資格者証若しくは貨物自動車運送事業法（平成元年法律第83号）第19条第１項に規定する運行管理者資格者証を有する者又は国土交通大臣が告示で定める運行の管理に関する講習（以下単に「講習」という。）であって次項において準用する第41条の２及び第41条の３の規定により国土交通大臣の認定を受けたものを修了した者のうちから、運行管理者の業務を補助させるための者（以下「補助者」という。）を選任することができる。ただし、法第23条の２第２項第１号に該当する者は、補助者に選任することができない。

4　第41条の２から第41条の11までの規定は、前項の認定について準用する。この場合において、これらの規定中「第38条第２項」とあるのは「第47条の９第３項」と、「適性診断」とあるのは「講習」と読み替えるほか、次の表の上欄に掲げる規定中同表の中欄に掲げる字句は、それぞれ同表の下欄に掲げる字句に読み替えるものとする。

（表は省略）

5　旅客自動車運送事業者が、法第78条第３号の許可を受けて公共の福祉を確保するためやむを得ず地域又は期間を限定して自家用自動車を用いて行う旅客の運送に係る前項の規定の適用については、同項の表中「管理する事業用自動車」とあるのは「管理する事業用自動車及び自家用自動車」と、同表第１号及び第４号中「及び乗車定員10人以下の事業用自動車」とあるのは「並びに乗車定員10人以下の事業用自動車及び自家用自動車」と、同表第３号中「事業用自動車５両以上」とあるのは「事業用自動車及び自家用自動車５両以上」とする。

第4章　乗務員

（乗務員）

第49条　旅客自動車運送事業者の事業用自動車の運転者、車掌その他の乗務員は、事業用自動車の運行を中断し、又は旅客が死傷したときは、当該旅客自動車運送事業者とともに、第18条第1項各号若しくは第2項各号又は第19条各号に掲げる事項を実施しなければならない。この場合において、旅客の生命を保護するための処置は、他の処置に先んじてしなければならない。

2　前項の乗務員は、次に掲げる行為をしてはならない。

一　第52条各号に掲げる物品（同条ただし書の規定によるものを除く。）を旅客の現在する事業用自動車内に持ち込むこと。

二　酒気を帯びて乗務すること。

三　事業用自動車内で喫煙すること。

3　一般乗合旅客自動車運送事業者、一般貸切旅客自動車運送事業者及び特定旅客自動車運送事業者の事業用自動車（乗車定員11人以上のものに限る。）の乗務員は、前項各号に掲げるもののほか、次に掲げる行為をしてはならない。

一　運行時刻前に発車すること。

二　旅客の現在する自動車の走行中職務を遂行するために必要な事項以外の事項について話をすること。

4　前項の乗務員は、旅客が事業用自動車内において法令の規定又は公の秩序若しくは善良の風俗に反する行為をするときは、これを制止し、又は必要な事項を旅客に指示する等の措置を講ずることにより、輸送の安全を確保し、及び事業用自動車内の秩序を維持するように努めなければならない。

（運転者）

第50条　旅客自動車運送事業者の事業用自動車の運転者は、次に掲げる事項を遵守しなければならない。

一　第24条第1項第1号の点検をし、又はその確認をすること。

二　乗務しようとするとき及び乗務を終了したときは、第24条第1項及び第2項の規定により当該旅客自動車運送事業者が行う点呼を受け、これらの規定による報告をすること。

三　酒気を帯びた状態にあるときは、その旨を当該旅客自動車運送事業者に申し出ること。

三の二　疾病、疲労、睡眠不足、天災その他の理由により安全な運転をすることができないおそれがあるときは、その旨を当該旅客自動車運送事業者に申し出ること。

三の三　事業用自動車の運行中に疾病、疲労、睡眠不足、天災その他の理由により安全な運転を継続することができないおそれがあるときは、その旨を当該旅客自動車運送事業者に申し出ること。

四　事業用自動車の運行中に当該自動車の重大な故障を発見し、又は重大な事故が発生するおそれがあると認めたときは、直ちに、運行を中止すること。

五　坂路において事業用自動車から離れるとき及び安全な運行に支障がある箇所を通過するときは、旅客を降車させること。

六　踏切を通過するときは、変速装置を操作しないこと。

七　事業用自動車の故障等により踏切内で運行不能となったときは、速やかに旅客を誘導して退避させるとともに、列車に対し適切な防護措置をとること。

八　乗務を終了したときは、交替する運転者に対し、乗務中の事業用自動車、道路及び運行の状況について通告すること。この場合において、乗務する運転者は、当該事業用自動車の制動装置、走行装置その他の重要な部分の機能について点検をすること。

九　第25条第1項、第2項又は第3項の記録（同条第4項の規定により、同条第1項、第2項又は第3項の規定により記録すべき事項を運行記録計による記録に付記する場合は、その付記による記録）を行うこと。

十　運転操作に円滑を欠くおそれがある服装をしないこと。

2　一般乗合旅客自動車運送事業者、一般貸切旅客自動車運送事業者及び特定旅客自動車運送事業者の事業用自動車（乗車定員11人以上のものに限る。）の運転者は、前項各号に掲げるもののほか、次に掲げる事項を遵守しなければならない。ただし、第15条の規定により車掌が乗務しない事業用自動車にあっては、第2号に掲げる事項を遵守すればよい。

一　発車は、車掌の合図によって行うこと。

二　発車の直前に安全の確認ができた場合を除き警音器を吹鳴すること。

三　警報装置の設備がない踏切又は踏切警手が配置されていない踏切を通過しようとするときは、車掌の誘導を受けること。

四　自動車を後退させようとするときは、車掌の誘導を受けること。

3　第15条の規定により車掌が乗務しない事業用自動車の運転者は、乗降口の扉を閉じた後でなければ発車してはならない。

4　次条第5号の規定は、第15条の規定により車掌が乗務しない事業用自動車の運転者に準用する。

5　路線定期運行を行う一般乗合旅客自動車運送事業者の運転者は、乗務中第27条第
　　2項の運行表を携行しなければならない。

6　一般乗用旅客自動車運送事業者の事業用自動車の運転者は、食事若しくは休憩の
　　ため運送の引受けをすることができない場合又は乗務の終了等のため車庫若しくは
　　営業所に回送しようとする場合には、回送板を掲出しなければならない。

7　一般乗用旅客自動車運送事業者の事業用自動車の運転者は、前項の場合以外の場
　　合には、回送板を掲出してはならない。

8　第22条第1項の一般乗用旅客自動車運送事業者の事業用自動車の運転者であって、
　　指定地域内にある営業所に属する者は、同項の乗務距離の最高限度を超えて乗務し
　　てはならない。

9　一般乗用旅客自動車運送事業者の事業用自動車の運転者は、乗務中第37条第3項
　　の乗務員証を携行し、及び乗務を終了した場合には、当該乗務員証を返還しなけれ
　　ばならない。

10　一般貸切旅客自動車運送事業者の事業用自動車の運転者は、第24条第3項に規定
　　する乗務の途中において、同項の規定により一般貸切旅客自動車運送事業者が行う
　　点呼を受け、同項の規定による報告をしなければならない。

11　一般貸切旅客自動車運送事業者の運転者は、乗務中第28条の2の運行指示書を携
　　行しなければならない。

第5章　旅　客

（物品の持込制限）

第52条　旅客自動車運送事業者の事業用自動車を利用する旅客は、次に掲げる物品を
　　自動車内に持ち込んではならない。ただし、品名、数量、荷造方法等について、国
　　土交通大臣が告示で定める条件に適合する場合は、この限りでない。

一　火薬類（火薬類取締法（昭和25年法律第149号）の火薬類をいう。ただし、50
　　発以内の実包及び空包であって、弾帯又は薬ごうに挿入してあるものを除く。）

二　100グラムを超える玩具用煙火

三　揮発油、灯油、軽油、アルコール、二硫化炭素その他の引火性液体（喫煙用ラ
　　イター及び懐炉に使用しているものを除く。）

四　100グラムを超えるフィルムその他のセルロイド類（ニトロ・セルローズを主
　　材とした生地製品、半製品及びくずをいう。）

五　黄りん、カーバイト、金属ナトリウムその他の発火性物質及びマグネシウム粉、
　　過酸化水素、過酸化ソーダその他の爆発性物質

六 放射性物質等（放射性同位元素等の規制に関する法律施行規則（昭和35年総理府令第56号）第18条の3第1項の放射性同位元素等並びに核原料物質、核燃料物質及び原子炉の規制に関する法律（昭和32年法律第166号）第2条第2項の核燃料物質及びそれによって汚染された物をいう。）

七 苛性ソーダ、硝酸、硫酸、塩酸その他の腐食性物質

八 高圧ガス（高圧ガス保安法（昭和26年法律第204号）の高圧ガスをいう。ただし、消火器内に封入した炭酸ガス及び医薬用酸素器に封入した酸素ガスを除く。）

九 クロル・ピクリン、メチル・クロライド、液体青酸、クロロ・ホルム、ホルマリンその他の有毒ガス及び有毒ガスを発生するおそれのある物質

十 刃物

十一 500グラムを超えるマッチ

十二 電池（乾電池を除く。）

十三 死体

十四 動物（身体障害者補助犬（身体障害者補助犬法（平成14年法律第49号）の身体障害者補助犬をいう。）及びこれと同等の能力を有すると認められる犬並びに愛玩用の小動物を除く。）

十五 事業用自動車の通路、出入口又は非常口をふさぐおそれのあるもの

十六 前各号に掲げるもののほか、他の旅客の迷惑となるおそれのあるもの又は車室を著しく汚損するおそれのあるもの

旅客自動車運送事業用自動車による危険物等の運送基準を定める告示

（令和2年国土交通省告示第1406号）（令和2年11月27日）

旅客自動車運送事業運輸規則（昭和31年運輸省令第44号）第52条の告示で定める条件は、次のとおりとする。

一 火薬類にあっては、次の各号のいずれかに掲げるもの

イ 300グラムを超えない猟銃雷管及び信号雷管であって、振動、衝撃等によりこれから発火するおそれのない容器に入れてあるもの

ロ 500グラムを超えない信号焔管及び信号火せん

ハ 100グラムを超えない競技用紙雷管

ニ 800発を超えない競技用の公称口径22のへり打ちのライフル銃用実包及び拳銃用実包

ホ 銃器に装填した実包及び空包（警察官、刑務官その他法令に基づき職務のため銃器を所持する者が事業用自動車内に持ち込む場合に限る。）

二 引火性液体にあっては、次の各号のいずれかに掲げるもの

　イ　0.5リットルを超えない引火性液体（アルコールを除く。）であって、漏れる
　　おそれのない容器に密閉し、かつ、容器が破損するおそれがないように包装し
　　てあるもの

　ロ　2リットルを超えないアルコールであって、漏れるおそれのないように保護
　　されたもの

　ハ　10キログラムを超えない引火のおそれのあるペンキ類であって、金属製容器
　　に密閉してあるもの

三　セルロイド類にあっては、次の各号のいずれかに掲げるもの

　イ　300グラムを超えないものであって、紙箱等の電気絶縁物質により包装して
　　あるもの

　ロ　映画用フィルムであって、ファイバ等の不燃性電気絶縁物質製の容器に入れ
　　てあるもの（この場合において容器は、振動衝撃等によりふたが開くことがな
　　いようにしてあるものであること。）

　ハ　映画用フィルムであって、フィルム用容器に入れ、かつ、帆布製の袋に入れ
　　てあるもの（この場合において帆布製の袋は、ＪＥＳ繊維3101の上綿帆布8号
　　若しくは並綿布又はこれらと同等以上の厚さ及び強度を有する帆布を使用した
　　ものであって、二重底とし、上ぶた布又は中ぶた布を付してあり、かつ、金属
　　製品を使用していないものであること。）

四　25キログラムを超えない乾燥した状態のカーバイトであって、破損するおそれ
　のない容器に密閉してあるもの

五　500グラムを超えない写真撮影用閃光粉であって、これが飛散するおそれのな
　い容器に密閉し、かつ、容器が破損するおそれのないように包装してあるもの

六　腐食性物質にあっては、次の各号のいずれかに掲げるもの

　イ　0.5リットルを超えないものであって、漏れるおそれのない容器に密閉し、
　　かつ、容器が破損するおそれのないように包装してあるもの

　ロ　25グラムを超えない固体の苛性カリであって、破損するおそれのない容器に
　　密閉してあるもの

七　0.5リットルを超えない液体青酸、クロロホルム及びホルマリンであって、漏
　れるおそれのない容器に密閉し、かつ、容器が破損するおそれのないように包装
　してあるもの

八　刃物であって、他の旅客に危害を及ぼすおそれがないようにこん包してあるも
　の

九　電池であって、感電及び火災のおそれのないように保護されたもの

十　動物であって、一般貸切旅客自動車運送事業者又は一般乗用旅客自動車運送事

業者が運送契約において事業用自動車内に持ち込むことについて同意したもの

（禁止行為）

第53条　旅客自動車運送事業者の事業用自動車を利用する旅客は、自動車の事故の場合その他やむを得ない場合のほか、事業用自動車内において、次に掲げる行為（一般貸切旅客自動車運送事業者の事業用自動車を利用する旅客にあっては、第5号に掲げる行為を除く。）をしてはならない。

一　走行中みだりに運転者に話しかけること。

二　物品をみだりに車外へ投げること。

三　自動車の操縦装置、制動装置その他運行に必要な機械装置に手を触れ、又は非常口その他事故の際旅客を車外に脱出させるための装置を操作すること。

四　走行中乗降口の扉を開閉すること。

五　一般の旅客に対して寄附若しくは物品の購買を求め、演説し、勧誘し、又は物品を配付すること。

六　禁煙の表示のある自動車内で喫煙すること。

七　第49条第4項（特定自動運行事業用自動車を利用する旅客にあっては、第15条の2第7項）の規定による制止又は指示に反すること。

八　走行中の自動車に飛び乗り、又は飛び降りること。

○旅客自動車運送事業等報告規則［抄］

（昭和39年 3 月31日
運輸省令第21号）

最終改正　令和 2 年11月27日　国土交通省令第93号

（趣旨）

第 1 条　旅客自動車運送事業者、自家用有償旅客運送者その他自動車を所有し、若しくは使用する者又はこれらの者の組織する団体の事業又は所有若しくは使用に関する報告については、別に定めるものを除き、この省令の定めるところによる。

（事業報告書及び輸送実績報告書）

第 2 条　旅客自動車運送事業者は、次の表の第 1 欄に掲げる事業者の区分に応じ、同表の第 2 欄に掲げる国土交通大臣又は当該事業者が経営する旅客自動車運送事業に係る路線若しくは営業区域が存する区域を管轄する地方運輸局長（以下「管轄地方運輸局長」という。）、運輸監理部長（以下「管轄運輸監理部長」という。）若しくは運輸支局長（以下「管轄運輸支局長」という。）に、同表の第 3 欄に掲げる報告書を、同表の第 4 欄に掲げる時期にそれぞれ 1 通提出しなければならない。

第 1 欄	第 2 欄	第 3 欄	第 4 欄
1　路線定期運行又は路線不定期運行を行う一般乗合旅客自動車運送事業者	国土交通大臣及び管轄地方運輸局長	毎事業年度に係る事業報告書	毎事業年度の経過後100日以内
	国土交通大臣	第 2 号様式第 1 表及び第 2 表による輸送実績報告書	毎年 5 月31日まで
	管轄地方運輸局長及び管轄運輸監理部長又は管轄運輸支局長	第 2 号様式第 1 表及び第 2 表（その管轄区域に存する運行系統の部分に限る。）による輸送実績報告書	毎年 5 月31日まで

2　区域運行を行う一般乗合旅客自動車運送事業者	国土交通大臣及び管轄地方運輸局長	毎事業年度に係る事業報告書	毎事業年度の経過後100日以内
	国土交通大臣	第2号様式第3表及び第4表による輸送実績報告書	毎年5月31日まで
	管轄地方運輸局長及び管轄運輸監理部長又は管轄運輸支局長	第2号様式第3表及び第4表（その管轄区域に存する営業区域の部分に限る。）による輸送実績報告書	毎年5月31日まで
3　一般貸切旅客自動車運送事業者	管轄地方運輸局長	毎事業年度に係る事業報告書	毎事業年度の経過後100日以内
	管轄地方運輸局長及び管轄運輸監理部長又は管轄運輸支局長	第3号様式による輸送実績報告書	毎年5月31日まで
4　一般乗用旅客自動車運送事業者（個人タクシー事業者及び道路運送法（昭和26年法律第183号）第86条第1項の規定により業務の範囲を限定する条件を付された一般乗用旅客自動車運送事業者であって、地方運輸局長が定めるものを除く。）	管轄地方運輸局長	毎事業年度に係る事業報告書	毎事業年度の経過後100日以内
	管轄地方運輸局長及び管轄運輸監理部長又は管轄運輸支局長	第4号様式第1表による輸送実績報告書	毎年5月31日まで
5　一般乗用旅客自動車運送事業者（個人タクシー事業者に限る。）	管轄地方運輸局長	毎事業年度に係る事業報告書	毎事業年度の経過後100日以内
	管轄地方運輸局長及び管轄運輸監理部長又は管轄運輸	第4号様式第2表による輸送実績報告書	毎年5月31日まで

	支局長		
6　一般乗用旅客自動車運送事業者（道路運送法第86条第1項の規定により業務の範囲を限定する条件を付された一般乗用旅客自動車運送事業者であって、地方運輸局長が定めるものに限る。）	管轄地方運輸局長及び管轄運輸監理部長又は管轄運輸支局長	第4号様式第3表による輸送実績報告書	毎年5月31日まで
7　特定旅客自動車運送事業者	管轄地方運輸局長及び管轄運輸監理部長又は管轄運輸支局長	第5号様式による輸送実績報告書	毎年5月31日まで

2　前項の事業報告書は、次に掲げるとおりとする。ただし、個人タクシー事業者にあっては第3号ロに掲げるものを除き、一般貸切旅客自動車運送事業者にあっては同号ハに掲げるものを除くものとする。

一　事業概況報告書（第1号様式第1表）

二　損益計算書及び貸借対照表

三　次に掲げる財務計算に関する明細表

　イ　一般旅客自動車運送事業損益明細表（第1号様式第2表）

　ロ　一般旅客自動車運送事業人件費明細表（第1号様式第3表）

　ハ　固定資産明細表（第1号様式第4表）

3　第1項の輸送実績報告書は、前年4月1日から3月31日までの期間に係るものとする。

4　路線定期運行又は路線不定期運行を行う一般乗合旅客自動車運送事業者は、管轄地方運輸局長及び管轄運輸監理部長又は管轄運輸支局長に第1項の輸送実績報告書を提出するときは、運行系統図（運行系統の番号、起点、終点及び主な経過地を明示し、かつ、運行系統を色分けして記載したもの）を添付しなければならない。ただし、前年4月1日から3月31日までの間に運行系統の新設、変更又は廃止を行わなかったときは、この限りでない。

（臨時の報告）

第3条　旅客自動車運送事業者その他自動車を所有し、若しくは使用する者又はこれらの者の組織する団体は、前2条に定める報告書のほか、国土交通大臣、地方運輸局長、運輸監理部長又は運輸支局長（主として指定都道府県等の区域内において自家用有償旅客運送を行う者の場合にあっては、当該指定都道府県等の長。以下この条において同じ。）から、その事業又は自動車の所有若しくは使用に関し、報告を求められたときは、報告書の提出その他の方法により報告をしなければならない。

2　国土交通大臣、地方運輸局長、運輸監理部長又は運輸支局長は、前項の報告を求めるときは、報告の方法及び期限その他必要な事項を明示するものとする。

（報告書の経由）

第4条　この省令の規定により国土交通大臣又は地方運輸局長に報告書を提出するときは、その住所の所有地を管轄する運輸監理部長又は運輸支局長を経由しなければならない。

（例）

財　務　諸　表
損　益　計　算　書
年　月　日から　年　月　日まで
事業者名

科　　　　　目	金　　　額
Ⅰ　収　　　　　　　　益	千円
運　送　収　入	
そ　の　他　収　益	
Ⅱ　費　　　　　　　　用	
店　主　給　与	
使　用　人　給　与	
水　道　光　熱　費	
備　消　品　費	
燃　　料　　費	
ガ　ソ　リ　ン　費	
軽　油　費	
Ｌ　Ｐ　ガ　ス　費	
天　然　ガ　ス　費	
そ　の　他　油　脂　費	
車　両　修　繕　費	
そ　の　他　修　繕　費	
車　両　減　価　償　却　費	
そ　の　他　減　価　償　却　費	
賃　　借　　料	
交　　際　　費	
通　信　運　搬　費	
図　書　印　刷　費	
事　故　賠　償　費	
保　　険　　料	
租　税　公　課	
金　融　費　用	
諸　負　担　金	
そ　の　他　費　用	
Ⅲ　当　期　利　益	

記載要領
　1．当期利益が当期損失となる場合は△印を付すること。

(例)

貸 借 対 照 表
年　　月　　日

事業者名

資　産　の　部		負 債・資 本 の 部	
現　金　預　金	円	支　払　手　形	円
受　取　手　形		未　払　金	
未　収　金		店　主　借	
店　主　貸		借　入　金	
車　　　両		未　払　消　費　税	
建　　　物		その　他　負　債	
土　　　地		元　入　金	
権　利　金		剰　余　金	
		当期利益（当期損失）	
その　他資　産			
合　　　計		合　　　計	

備　考

　1．金銭債権及び取引所の相場のない社債について取立不能のおそれがある場合には、その
　　金銭債権及び取引所の相場のない社債額から、当該取立不能の見込額を控除した残額を記
　　載し、控除額は貸倒引当金として一括注記すること。
　2．固定資産は、減価償却額を控除した残額を記載し、有形固定資産の減価償却額は、その
　　累計額を一括して注記すること。

第4号様式（第2条関係）（日本産業規格Ａ列4番）　第2表

事業者番号		個人

$\boxed{\text{○○運輸監理部又は○○運輸支局}}$

一般乗用旅客自動車運送事業（個人タクシー）輸送実績報告書（　　年度）

あて

住　　所
氏　　名
電話番号

事業概況　　　（　　年3月31日現在）

営業区域	

輸送実績（前年4月1日から本年3月31日まで）

実働日数		
走行キロ（キロメートル）		
	うち実車キロ（キロメートル）	
	実車率（％）	
運送回数（回）		
輸送人員（人）		
営業収入（千円）		
	実働車1日1車あたり営業収入（円）	

事故件数（前年4月1日から本年3月31日まで）

交通事故件数	
重大事故件数	
死者数	
負傷者数	

備　考1　交通事故とは、道路交通法（昭和23年法律第105号）第72条第1項の交通事故をいう。
　　　2　重大事故とは、自動車事故報告規則（昭和26年運輸省令第104号）第2条の事故をいう。
　　　3　実車率及び実働車1日1車あたり営業収入は、次の算式により算出する。

　（1）　実車率 $= \dfrac{\text{実車キロ}}{\text{走行キロ}} \times 100$

　（2）　実働車1日1車あたり営業収入 $= \dfrac{\text{営業収入}}{\text{実働日数}}$

○道路運送車両法［抄］

（昭和26年6月1日
法律第185号）

最終改正　令和5年6月16日　法律第63号

第1章　総　則

（この法律の目的）

第1条　この法律は、道路運送車両に関し、所有権についての公証等を行い、並びに安全性の確保及び公害の防止その他の環境の保全並びに整備についての技術の向上を図り、併せて自動車の整備事業の健全な発達に資することにより、公共の福祉を増進することを目的とする。

（定義）

第2条　この法律で「道路運送車両」とは、自動車、原動機付自転車及び軽車両をいう。

2　この法律で「自動車」とは、原動機により陸上を移動させることを目的として製作した用具で軌条若しくは架線を用いないもの又はこれにより牽引して陸上を移動させることを目的として製作した用具であって、次項に規定する原動機付自転車以外のものをいう。

3　この法律で「原動機付自転車」とは、国土交通省令で定める総排気量又は定格出力を有する原動機により陸上を移動させることを目的として製作した用具で軌条若しくは架線を用いないもの又はこれにより牽引して陸上を移動させることを目的として製作した用具をいう。

4　この法律で「軽車両」とは、人力若しくは畜力により陸上を移動させることを目的として製作した用具で軌条若しくは架線を用いないもの又はこれにより牽引して陸上を移動させることを目的として製作した用具であって、政令で定めるものをいう。

5　この法律で「運行」とは、人又は物品を運送するとしないとにかかわらず、道路運送車両を当該装置の用い方に従い用いること（道路以外の場所のみにおいて用いることを除く。）をいう。

6　この法律で「道路」とは、道路法（昭和27年法律第180号）による道路、道路運送法（昭和26年法律第183号）による自動車道及びその他の一般交通の用に供する場所をいう。

7　この法律で「自動車運送事業」とは、道路運送法による自動車運送事業（貨物軽自動車運送事業を除く。）をいい、「自動車運送事業者」とは、自動車運送事業を経営する者をいう。

8　この法律で「使用済自動車」とは、使用済自動車の再資源化等に関する法律（平成14年法律第87号）による使用済自動車をいう。

9　この法律で「登録識別情報」とは、第4条の自動車登録ファイルに自動車の所有者として記録されている者が当該自動車に係る登録を申請する場合において、当該記録されている者自らが当該登録を申請していることを確認するために用いられる符号その他の情報であって、当該記録されている者を識別することができるものをいう。

第2章　自動車の登録等

（自動車登録番号標の封印等）

第11条　自動車の所有者は、前条の規定により自動車登録番号の通知を受けたときは、当該番号を記載した自動車登録番号標を国土交通大臣又は第25条の自動車登録番号標交付代行者から交付を受け、国土交通省令で定めるところによりこれを当該自動車に取り付けた上、国土交通大臣（政令で定める離島にあっては、国土交通大臣又は政令で定める市町村の長。以下この条（次項第3号及び第3項を除く。）において同じ。）又は第28条の3第1項の規定による委託を受けた者（以下この条において「封印取付受託者」という。）の行う封印の取付けを受けなければならない。

2　前項の規定は、次に掲げる場合について準用する。この場合において必要となる自動車登録番号標又は封印の取り外しは、国土交通大臣又は封印取付受託者が行うものとする。

一　自動車登録番号標が滅失し、毀損し、又は第39条第2項の規定に基づく国土交通省令で定める様式に適合しなくなったとき。

二　自動車登録番号標に記載された自動車登録番号の識別が困難となったとき。

三　次項の規定により国土交通大臣が自動車登録番号標の交換を認めたとき。

3　国土交通大臣は、自動車の所有者から当該自動車に係る自動車登録番号標の交換の申請があったときは、これを認めるものとする。

4　自動車の所有者は、当該自動車に係る自動車登録番号標に取り付けられた封印が滅失し、又は毀損したとき（次項ただし書の国土交通省令で定めるやむを得ない事

由に該当して取り外したときを除く。）は、国土交通大臣又は封印取付受託者の行う封印の取付けを受けなければならない。

5　何人も、国土交通大臣若しくは封印取付受託者が取付けをした封印又はこれらの者が封印の取付けをした自動車登録番号標は、これを取り外してはならない。ただし、整備のため特に必要があるときその他の国土交通省令で定めるやむを得ない事由に該当するときは、この限りでない。

6　前項ただし書の場合において、当該自動車の所有者は、同項ただし書の国土交通省令で定めるやむを得ない事由に該当しなくなったときは、封印のみを取り外した場合にあっては国土交通大臣又は封印取付受託者の行う封印の取付けを受け、封印の取付けをした自動車登録番号標を取り外した場合にあっては国土交通省令で定めるところにより当該自動車登録番号標を当該自動車に取り付けた上で国土交通大臣又は封印取付受託者の行う封印の取付けを受けなければならない。

（変更登録）

第12条　自動車の所有者は、登録されている型式、車台番号、原動機の型式、所有者の氏名若しくは名称若しくは住所又は使用の本拠の位置に変更があったときは、その事由があった日から15日以内に、国土交通大臣の行う変更登録の申請をしなければならない。ただし、次条の規定による移転登録又は第15条の規定による永久抹消登録の申請をすべき場合は、この限りでない。

2　前項の申請をすべき事由により第67条第1項の規定による自動車検査証の変更記録の申請をすべきときは、これらの申請は、同時にしなければならない。

3　第1項の変更登録のうち、車台番号又は原動機の型式の変更に係るものについては、第8条（第3号及び第4号に係る部分に限る。）の規定を、その他の変更に係るものについては、同条（同号に係る部分に限る。）の規定を準用する。

4　第10条の規定は、変更登録をした場合について準用する。

（移転登録）

第13条　新規登録を受けた自動車（以下「登録自動車」という。）について所有者の変更があったときは、新所有者は、その事由があった日から15日以内に、国土交通大臣の行う移転登録の申請をしなければならない。

2　国土交通大臣は、前項の申請を受理したときは、第8条第1号若しくは第4号に該当する場合又は当該自動車に係る自動車検査証が有効なものでない場合を除き、移転登録をしなければならない。

3　前条第2項の規定は、第1項の申請について準用する。

4　第10条の規定は、移転登録をした場合について準用する。

（永久抹消登録）

第15条　登録自動車の所有者は、次に掲げる場合には、その事由があった日（当該事由が使用済自動車の解体である場合にあっては、使用済自動車の再資源化等に関する法律による情報管理センター（以下単に「情報管理センター」という。）に当該自動車が同法の規定に基づき適正に解体された旨の報告がされたことを証する記録として政令で定める記録（以下「解体報告記録」という。）がなされたことを知った日）から15日以内に、永久抹消登録の申請をしなければならない。

　一　登録自動車が滅失し、解体し（整備又は改造のために解体する場合を除く。）、又は自動車の用途を廃止したとき。

　二　当該自動車の車台が当該自動車の新規登録の際存したものでなくなったとき。

2　引取業者（使用済自動車の再資源化等に関する法律による引取業者をいう。第100条第1項第3号において同じ。）は、同法の規定に基づきその取扱いに係る登録自動車の解体報告記録がなされたことを確認し、これを確認したときは、自らが当該自動車の所有者である場合を除き、その旨を当該自動車の所有者に通知するものとする。

3　登録自動車の所有者は、使用済自動車の解体に係る第1項の申請をするときは、同項の解体報告記録がなされた日及び車台番号その他の当該解体報告記録が当該自動車に係るものであることを特定するために必要な事項として国土交通省令で定める事項を明らかにしなければならない。

4　第1項の場合において、登録自動車の所有者が永久抹消登録の申請をしないときは、国土交通大臣は、その定める7日以上の期間内において、これをなすべきことを催告しなければならない。

5　国土交通大臣は、前項の催告をした場合において、登録自動車の所有者が正当な理由がないのに永久抹消登録の申請をしないときは、永久抹消登録をし、その旨を所有者に通知しなければならない。

（自動車登録番号標の表示の義務）

第19条　自動車は、第11条第1項（同条第2項及び第14条第2項において準用する場合を含む。）の規定により国土交通大臣又は第25条の自動車登録番号標交付代行者から交付を受けた自動車登録番号標を国土交通省令で定める位置に、かつ、被覆しないことその他当該自動車登録番号標に記載された自動車登録番号の識別に支障が生じないものとして国土交通省が定める方法により表示しなければ、運行の用に供

してはならない。

（自動車登録番号標の廃棄等）

第20条　登録自動車の所有者は、次の各号のいずれかに該当するときは、遅滞なく、当該自動車登録番号標及び封印を取り外し、国土交通省令で定める方法により、これを破壊し、若しくは廃棄し、又は国土交通大臣若しくは第25条の自動車登録番号標交付代行者に返納しなければならない。

一　第14条第2項において準用する第10条の規定により自動車登録番号の通知を受けたとき。

二　第15条第1項の申請に基づく永久抹消登録、第15条の2第1項の申請に基づく輸出抹消仮登録又は第16条第1項の申請に基づく一時抹消登録を受けたとき。

三　第15条第5項の規定により永久抹消登録のあった旨の通知を受けたとき。

2　登録自動車の所有者は、当該自動車の使用者が第69条第2項の規定により自動車検査証を返納したときは、遅滞なく、当該自動車登録番号標及び封印を取りはずし、自動車登録番号標について国土交通大臣の領置を受けなければならない。

3　前項の自動車の使用者が第69条第3項の規定により自動車検査証の返付を受けたときは、国土交通大臣は、遅滞なく、領置をした自動車登録番号標を返付しなければならない。

4　前項の自動車登録番号標の返付を受けた者は、国土交通省令で定めるところにより当該自動車登録番号標を当該自動車に取り付け、国土交通大臣の行う封印の取付けを受けなければならない。

第3章　道路運送車両の保安基準

（自動車の装置）

第41条　自動車は、次に掲げる装置について、国土交通省令で定める保安上又は公害防止その他の環境保全上の技術基準に適合するものでなければ、運行の用に供してはならない。

一　原動機及び動力伝達装置

二　車輪及び車軸、そりその他の走行装置

三　操縦装置

四　制動装置

五　ばねその他の緩衝装置

六　燃料装置及び電気装置

七　車枠及び車体

八　連結装置

九　乗車装置及び物品積載装置

十　前面ガラスその他の窓ガラス

十一　消音器その他の騒音防止装置

十二　ばい煙、悪臭のあるガス、有毒なガス等の発散防止装置

十三　前照灯、番号灯、尾灯、制動灯、車幅灯その他の灯火装置及び反射器

十四　警音器その他の警報装置

十五　方向指示器その他の指示装置

十六　後写鏡、窓拭き器その他の視野を確保する装置

十七　速度計、走行距離計その他の計器

十八　消火器その他の防火装置

十九　内圧容器及びその附属装置

二十　自動運行装置

二十一　その他政令で定める特に必要な自動車の装置

2　前項第20号の「自動運行装置」とは、プログラム（電子計算機（入出力装置を含む。この項及び第99条の3第1項第1号を除き、以下同じ。）に対する指令であって、一の結果を得ることができるように組み合わされたものをいう。以下同じ。）により自動的に自動車を運行させるために必要な、自動車の運行時の状態及び周囲の状況を検知するためのセンサー並びに当該センサーから送信された情報を処理するための電子計算機及びプログラムを主たる構成要素とする装置であって、当該装置ごとに国土交通大臣が付する条件で使用される場合において、自動車を運行する者の操縦に係る認知、予測、判断及び操作に係る能力の全部を代替する機能を有し、かつ、当該機能の作動状態の確認に必要な情報を記録するための装置を備えるものをいう。

　　　※　1項「国土交通省令」＝道路運送車両の保安基準第29条・第43条の2・第43条の3・第43条の4・第50条

（乗車定員又は最大積載量）

第42条　自動車は、乗車定員又は最大積載量について、国土交通省令で定める保安上又は公害防止その他の環境保全上の技術基準に適合するものでなければ、運行の用に供してはならない。

第4章　道路運送車両の点検及び整備

（使用者の点検及び整備の義務）

第47条　自動車の使用者は、自動車の点検をし、及び必要に応じ整備をすることにより、当該自動車を保安基準に適合するように維持しなければならない。

（日常点検整備）

第47条の2　自動車の使用者は、自動車の走行距離、運行時の状態等から判断した適切な時期に、国土交通省令で定める技術上の基準により、灯火装置の点灯、制動装置の作動その他の日常的に点検すべき事項について、目視等により自動車を点検しなければならない。

2　次条第1項第1号及び第2号に掲げる自動車の使用者又はこれらの自動車を運行する者は、前項の規定にかかわらず、1日1回、その運行の開始前において、同項の規定による点検をしなければならない。

3　自動車の使用者は、前2項の規定による点検の結果、当該自動車が保安基準に適合しなくなるおそれがある状態又は適合しない状態にあるときは、保安基準に適合しなくなるおそれをなくするため、又は保安基準に適合させるために当該自動車について必要な整備をしなければならない。

　　※　1項「国土交通省令」＝自動車点検基準第1条、別表第1

（定期点検整備）

第48条　自動車（小型特殊自動車を除く。以下この項、次条第1項及び第54条第4項において同じ。）の使用者は、次の各号に掲げる自動車について、それぞれ当該各号に掲げる期間ごとに、点検の時期及び自動車の種別、用途等に応じ国土交通省令で定める技術上の基準により自動車を点検しなければならない。

一　自動車運送事業の用に供する自動車及び車両総重量8トン以上の自家用自動車その他の国土交通省令で定める自家用自動車　3月

二　道路運送法第78条第2号に規定する自家用有償旅客運送の用に供する自家用自動車（国土交通省令で定めるものを除く。）、同法第80条第1項の許可を受けて業として有償で貸し渡す自家用自動車その他の国土交通省令で定める自家用自動車（前号に掲げる自家用自動車を除く。）　6月

三　前2号に掲げる自動車以外の自動車　1年

2　前条第3項の規定は、前項の場合に準用する。この場合において、同条第3項中

「前2項」とあるのは、「前項」と読み替えるものとする。

　　※　1項「国土交通省令」＝自動車点検基準第2条

（点検整備記録簿）

第49条　自動車の使用者は、点検整備記録簿を当該自動車に備え置き、当該自動車について前条の規定により点検又は整備をしたときは、遅滞なく、次に掲げる事項を記載しなければならない。

一　点検の年月日

二　点検の結果

三　整備の概要

四　整備を完了した年月日

五　その他国土交通省令で定める事項

2　自動車（第58条第1項に規定する検査対象外軽自動車及び小型特殊自動車を除く。以下この項において同じ。）の使用者は、当該自動車について特定整備（原動機、動力伝達装置、走行装置、操縦装置、制動装置、緩衝装置、連結装置又は自動運行装置（第41条第2項に規定する自動運行装置をいう。第99条の3第1項第1号において同じ。）を取り外して行う自動車の整備又は改造その他のこれらの装置の作動に影響を及ぼすおそれがある整備又は改造（同号に掲げる行為を除く。）であって国土交通省令で定めるものをいう。以下同じ。）をしたときは、遅滞なく、前項の点検整備記録簿に同項第3号から第5号までに掲げる事項を記載しなければならない。ただし、前条第2項において準用する第47条の2第3項の規定による必要な整備として当該特定整備をしたとき及び第78条第4項に規定する自動車特定整備事業者が当該特定整備を実施したときは、この限りでない。

3　点検整備記録簿の保存期間は、国土交通省令で定める。

　　※　1項「国土交通省令」＝自動車点検基準第4条第1項、3項「国土交通省令」＝自動車点検基準第4条第2項

（整備命令等）

第54条　地方運輸局長は、自動車が保安基準に適合しなくなるおそれがある状態又は適合しない状態にあるとき（次条第1項に規定するときを除く。）は、当該自動車の使用者に対し、保安基準に適合しなくなるおそれをなくするため、又は保安基準に適合させるために必要な整備を行うべきことを命ずることができる。この場合において、地方運輸局長は、保安基準に適合しない状態にある当該自動車の使用者に対し、当該自動車が保安基準に適合するに至るまでの間の運行に関し、当該自動車

の使用の方法又は経路の制限その他の保安上又は公害防止その他の環境保全上必要な指示をすることができる。

2　地方運輸局長は、自動車の使用者が前項の規定による命令又は指示に従わない場合において、当該自動車が保安基準に適合しない状態にあるときは、当該自動車の使用を停止することができる。

3　地方運輸局長は、前項の処分に係る自動車が保安基準に適合するに至ったときは、直ちに同項の処分を取り消さなければならない。

4　地方運輸局長は、第1項の規定により整備を命ずる場合において、当該保安基準に適合しなくなるおそれがある状態又は適合しない状態が、劣化又は摩耗により生ずる状態であって国土交通省令で定めるものであり、かつ、当該自動車について、点検整備記録簿の有無及び記載内容その他の事項を確認した結果第48条第1項の規定による点検で国土交通省令で定めるものが行われていないことが判明したときは、当該自動車の使用者に対し、当該点検（第1項の規定により整備を命ずる部分に係るものを除く。）をし、及び必要に応じ整備をすべきことを勧告することができる。

（自動車の点検及び整備に関する手引）

第57条　国土交通大臣は、自動車を使用し、又は運行する者が、自動車の点検及び整備の実施の方法を容易に理解することができるようにするため、次に掲げる事項を内容とする手引を作成し、これを公表するものとする。

一　第47条の2第1項及び第2項並びに第48条第1項の規定による点検の実施の方法

二　前号に規定する点検の結果必要となる整備の実施の方法

三　第2号に掲げるもののほか、点検及び整備に関し必要な事項

第5章　道路運送車両の検査等

（自動車の検査及び自動車検査証）

第58条　自動車（国土交通省令で定める軽自動車（以下「検査対象外軽自動車」という。）及び小型特殊自動車を除く。以下この章において同じ。）は、この章に定めるところにより、国土交通大臣の行う検査を受け、有効な自動車検査証の交付を受けているものでなければ、これを運行の用に供してはならない。

2　自動車検査証は、車台番号、使用者の氏名又は名称その他国土交通省令で定める事項が記載され、かつ、これらの事項、有効期間その他国土交通省令で定める事項（以下「自動車検査証記録事項」という。）が電子的方法、磁気的方法その他の人

の知覚によって認識することができない方法により記録されたカードとする。

3 　自動車検査証は、特定の自動車を識別して行う事務を処理する国の行政機関、地方公共団体、民間事業者その他の者であって国土交通省令で定めるものが、国土交通省令で定めるところにより、自動車検査証の自動車検査証記録事項が記録された部分と区分された部分に、当該事務を処理するために必要な事項を記録して利用することができる。この場合において、これらの者は、自動車検査証記録事項の漏えい、滅失又は毀損の防止その他の自動車検査証記録事項の安全管理を図るため必要なものとして国土交通大臣が定める基準に従って自動車検査証を取り扱わなければならない。

（自動車検査証の有効期間）

第61条　自動車検査証の有効期間は、旅客を運送する自動車運送事業の用に供する自動車、貨物の運送の用に供する自動車及び国土交通省令で定める自家用自動車であって、検査対象軽自動車以外のものにあっては１年、その他の自動車にあっては２年とする。

2 　次の各号に掲げる自動車について、初めて前条第１項又は第71条第４項の規定により自動車検査証を交付する場合においては、前項の規定にかかわらず、当該自動車検査証の有効期間は、それぞれ当該各号に掲げる期間とする。

一 　前項の規定により自動車検査証の有効期間を１年とされる自動車のうち車両総重量８トン未満の貨物の運送の用に供する自動車及び国土交通省令で定める自家用自動車であるもの　２年

二 　前項の規定により自動車検査証の有効期間を２年とされる自動車のうち自家用乗用自動車（人の運送の用に供する自家用自動車であって、国土交通省令で定めるものを除く。）及び二輪の小型自動車であるもの　３年

3 　国土交通大臣は、前条第１項、第62条第２項（第63条第３項及び第67条第４項において準用する場合を含む。）又は第71条第４項の規定により自動車検査証を交付し、又は返付する場合において、当該自動車が第１項又は前項の有効期間を経過しない前に保安基準に適合しなくなるおそれがあると認めるときは、第１項又は前項の有効期間を短縮することができる。

4 　第70条の規定により自動車検査証の再交付をする場合にあっては、新たに交付する自動車検査証の有効期間は、従前の自動車検査証の有効期間の残存期間とする。

（継続検査）

第62条　登録自動車又は車両番号の指定を受けた検査対象軽自動車若しくは二輪の小

型自動車の使用者は、自動車検査証の有効期間の満了後も当該自動車を使用しようとするときは、当該自動車を提示して、国土交通大臣の行う継続検査を受けなければならない。この場合において、当該自動車の使用者は、当該自動車検査証を国土交通大臣に提出しなければならない。

2　国土交通大臣は、継続検査の結果、当該自動車が保安基準に適合すると認めるときは、当該自動車検査証に有効期間を記録して、これを当該自動車の使用者に返付し、当該自動車が保安基準に適合しないと認めるときは、当該自動車検査証を当該自動車の使用者に返付しないものとする。

3　第59条第3項の規定は、継続検査について準用する。

4　次条第2項の規定により臨時検査を受けるべき自動車については、臨時検査を受けていなければ、継続検査を受けることができない。

5　自動車の使用者は、継続検査を申請しようとする場合において、第67条第1項の規定による自動車検査証の変更記録の申請をすべき事由があるときは、あらかじめ、その申請をしなければならない。

（自動車検査証の備付け等）

第66条　自動車は、自動車検査証を備え付け、かつ、国土交通省令で定めるところにより検査標章を表示しなければ、運行の用に供してはならない。

2　国土交通大臣は、次の場合には、使用者に検査標章を交付しなければならない。

　一　第60条第1項又は第71条第4項の規定により自動車検査証を交付するとき。

　二　第62条第2項（第63条第3項及び次条第4項において準用する場合を含む。）の規定により自動車検査証に有効期間を記録して、これを返付するとき。

3　検査標章には、国土交通省令で定めるところにより、その交付の際の当該自動車検査証の有効期間の満了する時期を表示するものとする。

4　検査標章の有効期間は、その交付の際の当該自動車の自動車検査証の有効期間と同一とする。

5　検査標章は、当該自動車検査証がその効力を失ったとき、又は継続検査、臨時検査若しくは構造等変更検査の結果、当該自動車検査証の返付を受けることができなかったときは、当該自動車に表示してはならない。

（自動車検査証記録事項の変更及び構造等変更検査）

第67条　自動車の使用者は、自動車検査証記録事項について変更があったときは、その事由があった日から15日以内に、当該変更について、国土交通大臣が行う自動車検査証の変更記録を受けなければならない。ただし、その効力を失っている自動車

検査証については、これに変更記録を受けるべき時期は、当該自動車を使用しようとする時とすることができる。

2　前項の規定は、行政区画又は土地の名称の変更により、自動車の使用者若しくは所有者の住所又は自動車の使用の本拠の位置についての自動車検査証記録事項の変更があった場合については、適用しない。

3　国土交通大臣は、第1項の変更が国土交通省令で定める事由に該当する場合において、保安基準に適合しなくなるおそれがあると認めるときは、当該自動車が保安基準に適合するかどうかについて、これを提示して構造等変更検査を受けるべきことを命じなければならない。

4　第59条第3項及び第62条第2項の規定は、構造等変更検査について準用する。

（自動車検査証の返納等）

第69条　自動車の使用者は、当該自動車について次に掲げる事由があったときは、その事由があった日（当該事由が使用済自動車の解体である場合にあっては、解体報告記録がなされたことを知った日）から15日以内に、当該自動車検査証を国土交通大臣に返納しなければならない。

一　当該自動車が滅失し、解体し（整備又は改造のために解体する場合を除く。）、又は自動車の用途を廃止したとき。

二　当該自動車の車台が当該自動車の新規登録の際（検査対象軽自動車及び二輪の小型自動車にあっては、車両番号の指定の際）存したものでなくなったとき。

三　当該自動車について第15条の2第1項の申請に基づく輸出抹消仮登録又は第16条第1項の申請に基づく一時抹消登録があったとき。

四　当該自動車について次条第3項の規定による届出に基づく輸出予定届出証明書の交付がされたとき。

2　第54条第2項又は第54条の2第6項の規定により自動車の使用の停止を命ぜられた者は、遅滞なく、当該自動車検査証を国土交通大臣に返納しなければならない。

3　国土交通大臣は、第54条第3項の規定により使用の停止の取消をしたとき又は第54条の2第6項の規定による自動車の使用の停止の期間が満了し、かつ、当該自動車が保安基準に適合するに至ったときは、返納を受けた自動車検査証を返付しなければならない。

4　車両番号の指定を受けた検査対象軽自動車又は二輪の小型自動車の使用者は、当該自動車を運行の用に供することをやめたときは、当該自動車検査証を国土交通大臣に返納して自動車検査証返納証明書の交付を受けることができる。

（再交付）

第70条　自動車又は検査対象外軽自動車の使用者は、自動車検査証若しくは検査標章
　　　又は臨時検査合格標章が滅失し、き損し、又はその識別が困難となった場合その他
　　　国土交通省令で定める場合には、その再交付を受けることができる。

○道路運送車両法施行令［抄］

（昭和26年 6 月30日
政令第254号）

最終改正　令和 5 年 7 月21日　政令第246号

（権限の委任）

第15条　法に規定する国土交通大臣の権限で次の各号に掲げるものは、当該各号に定める地方運輸局長に委任する。

一　法第 2 章（第 6 条第 2 項、第15条の 2 第 3 項（法第16条第 6 項及び第69条の 2 第 5 項において準用する場合を含む。）、第24条第 1 項、第24条の 2 、第29条及び第30条を除く。）、第41条第 2 項（使用の本拠の位置が定められた自動車に取り付けられた装置に係るものに限り、当該自動車に係る法第99条の 3 第 1 項の許可（同条第 2 項において準用する法第78条第 3 項の規定による許可の条件の付与及び変更並びに法第99条の 3 第 7 項の規定による許可の取消しを含む。）に伴い当該装置について付され、又は変更される条件に係るものを除く。）、第43条第 2 項及び第 5 章（第63条第 1 項、第63条の 2 （第 3 項を除く。）、第63条の 3 、第63条の 4 第 1 項、第64条、第72条第 2 項、第74条第 1 項、第74条の 2 、第74条の 3 、第75条第 1 項及び第 7 項から第 9 項まで、第75条の 2 第 1 項及び第 4 項から第 6 項まで、第75条の 3 第 1 項及び第 5 項から第 7 項まで、第75条の 5 並びに第75条の 6 第 1 項を除く。）に規定する国土交通大臣の権限（次号から第 4 号までに掲げるものを除く。）　自動車の使用の本拠の位置を管轄する地方運輸局長

二　法第11条第 4 項及び第 6 項、第15条の 2 第 4 項（法第16条第 6 項及び第69条の 2 第 5 項において準用する場合を含む。）及び第 5 項、第16条第 2 項、第 4 項、第 5 項及び第 7 項、第18条第 3 項（法第69条の 3 において準用する場合を含む。）、第22条第 1 項、第41条第 2 項（予備検査を受けようとする自動車に取り付けられた装置に係るものに限る。）、第62条第 1 項及び第 2 項（法第63条第 3 項において準用する場合を含む。）、第63条第 2 項及び第 5 項、第66条第 2 項（第 2 号に係る部分（構造等変更検査に係るものを除く。）に限る。）、第69条の 2 第 1 項、第 3 項本文、第 4 項及び第 6 項、第71条第 1 項及び第 2 項、第71条の 2 第 1 項（新規検査に係るものを除く。）、同条第 2 項において準用する法第54条第 4 項、法第72

条の３並びに第74条の５第１項に規定する国土交通大臣の権限並びにこれらの権限に係る法第72条第１項に規定する国土交通大臣の権限　最寄りの地方運輸局長

三　法第18条第１項（法第69条の３において準用する場合を含む。）に規定する国土交通大臣の権限　一時抹消登録の申請又は自動車検査証の返納が行われた時における当該自動車の使用の本拠の位置を管轄する地方運輸局長（法第18条第３項（法第69条の３において準用する場合を含む。）の規定により当該自動車の所有者の変更が自動車登録ファイル（二輪の小型自動車にあっては、二輪自動車検査ファイル）に記録された場合にあっては、新所有者の住所地を管轄する地方運輸局長）

四　法第25条第１項、第26条第２項、第27条第１項及び第２項並びに第28条の２第２項に規定する国土交通大臣の権限　自動車登録番号標交付代行者の事業場の所在地を管轄する地方運輸局長

2　法に規定する地方運輸局長の権限及び前項の規定により地方運輸局長に委任された権限で次の各号に掲げるものは、当該各号に定める運輸監理部長又は運輸支局長に委任する。

一　法第34条第２項（法第73条第２項において準用する場合を含む。）並びに第54条の２第４項及び第５項に規定する地方運輸局長の権限並びに前項第２号の規定により地方運輸局長に委任された権限（法第41条第２項に係るものを除く。）　最寄りの運輸監理部長又は運輸支局長

二　法第36条の２第５項（法第73条第２項において準用する場合を含む。）に規定する地方運輸局長の権限　自動車の回送を業とする者の営業所の所在地を管轄する運輸監理部長又は運輸支局長

三　法第43条第１項及び第97条の３第１項に規定する地方運輸局長の権限並びに前項第１号の規定により地方運輸局長に委任された権限（法第41条第２項及び第43条第２項に係るものを除く。）　自動車の使用の本拠の位置を管轄する運輸監理部長又は運輸支局長

四　前項第３号の規定により地方運輸局長に委任された権限　一時抹消登録の申請又は自動車検査証の返納が行われた時における当該自動車の使用の本拠の位置を管轄する運輸監理部長又は運輸支局長（法第18条第３項（法第69条の３において準用する場合を含む。）の規定により当該自動車の所有者の変更が自動車登録ファイル（二輪の小型自動車にあっては、二輪自動車検査ファイル）に記録された場合にあっては、新所有者の住所地を管轄する運輸監理部長又は運輸支局長）

3　法第54条第１項の規定による命令及び指示、同条第４項の規定による勧告、法第54条の２第１項の規定による命令及び指示並びに同条第２項の規定による標章の貼

付けは、自動車の現在地を管轄する運輸監理部長又は運輸支局長も行うことができる。

4　法第54条第2項の規定による処分及び同条第3項の規定による処分の取消し並びに法第54条の2第6項の規定による処分は、自動車の使用の本拠の位置を管轄する運輸監理部長又は運輸支局長も行うことができる。

5　法第54条の3第1項の規定による報告徴収及び立入検査の権限は、自動車若しくはその部分の改造、装置の取付け若しくは取り外しその他これらに類する行為を行った者の事務所その他の事業場の所在地又は自動車の使用の本拠の位置若しくは現在地を管轄する運輸監理部長又は運輸支局長も行うことができる。

6　法第92条の規定による命令は、自動車特定整備事業者の事業場の所在地を管轄する運輸監理部長又は運輸支局長も行うことができる。

7　第2項の場合において、次の表の上欄に掲げる法律の規定の適用については、これらの規定中同表の中欄に掲げる字句は、それぞれ同表の下欄に掲げる字句とする。

法第11条第5項本文及び第19条	国土交通大臣	運輸監理部長、運輸支局長
法第58条第1項及び第58条の2	国土交通大臣	運輸監理部長又は運輸支局長
法第36条の2第7項（法第73条第2項において準用する場合を含む。）	地方運輸局長	自動車の回送を業とする者の営業所の所在地を管轄する運輸監理部長又は運輸支局長
法第63条第4項並びに第69条第1項及び第2項	国土交通大臣	自動車の使用の本拠の位置を管轄する運輸監理部長又は運輸支局長
法第94条の5第7項（法第59条及び第60条の規定の適用に係る部分に限る。）及び第94条の5の2第4項（法第59条及び第60条の規定の適用に係る部分に限る。）	国土交通大臣	自動車の使用の本拠の位置を管轄する運輸監理部長又は運輸支局長
法第94条の5第7項（法第71条の規定の適用に係る部分に限る。）及び第8項並びに第94条の5の2第4項（法第62条及び第71条の規定の適用に係る部分に限る。）	国土交通大臣	最寄りの運輸監理部長又は運輸支局長
（略）	（略）	（略）

道路運送法（昭和26年法律第183号）第41条第3項及び第4項（これらの規定を同法第43条第5項及び第81条第2項、タクシー業務適正化特別措置法（昭和45年法律第75号）第52条第2項、地域公共交通の活性化及び再生に関する法律（平成19年法律第59号）第27条の18第7項（同法第29条の9において準用する場合を含む。）並びに特定地域及び準特定地域における一般乗用旅客自動車運送事業の適正化及び活性化に関する特別措置法（平成21年法律第64号）第17条の3第2項において準用する場合を含む。）並びに貨物自動車運送事業法（平成元年法律第83号）第34条第3項及び第4項（これらの規定を同法第35条第6項及び第37条第3項において準用する場合を含む。）	国土交通大臣	自動車の使用の本拠の位置を管轄する運輸監理部長又は運輸支局長
（略）	（略）	（略）

○自動車点検基準　［抄］

（昭和26年8月10日　運輸省令第70号）

最終改正　令和5年10月20日　国土交通省令第86号

（日常点検基準）

第1条　道路運送車両法（昭和26年法律第185号。以下「法」という。）第47条の2第1項の国土交通省令で定める技術上の基準は、次の各号に掲げる自動車の区分に応じ、当該各号に定めるとおりとする。

　一　法第48条第1項第1号及び第2号に掲げる自動車　別表第1

　二　法第48条第1項第3号に掲げる自動車　別表第2

（定期点検基準）

第2条　法第48条第1項の国土交通省令で定める技術上の基準は、次の各号に掲げる自動車の区分に応じ、当該各号に定めるとおりとする。

　一　法第48条第1項第1号に掲げる自動車（被牽引自動車を除く。）　別表第3

　二　法第48条第1項第1号に掲げる自動車（被牽引自動車に限る。）　別表第4

　三　法第48条第1項第2号に掲げる自動車（二輪自動車を除く。）　別表第5

　四　法第48条第1項第2号に掲げる自動車（二輪自動車に限る。）　別表第5の2

　五　法第48条第1項第3号に掲げる自動車（二輪自動車を除く。）　別表第6

　六　法第48条第1項第3号に掲げる自動車（二輪自動車に限る。）　別表第7

（点検整備記録簿の記載事項等）

第4条　法第49条第1項第5号の国土交通省令で定める事項は、次のとおりとする。

　一　登録自動車にあっては自動車登録番号、法第60条第1項後段の車両番号の指定を受けた自動車にあっては車両番号、その他の自動車にあっては車台番号

　二　点検又は特定整備時の総走行距離

　三　点検又は整備を実施した者の氏名又は名称及び住所（点検又は整備を実施した者が使用者と同一の者である場合にあっては、その者の氏名又は名称）

　2　点検整備記録簿の保存期間は、その記載の日から、第2条第1号から第4号までに掲げる自動車にあっては1年間、同条第5号及び第6号に掲げる自動車にあっては2年間とする。

別表第1（事業用自動車、自家用貨物自動車等の日常点検基準）（第1条関係）

点　検　箇　所	点　検　内　容
1　ブレーキ	1　ブレーキ・ペダルの踏みしろが適当で、ブレーキの効きが十分であること。 2　ブレーキの液量が適当であること。 3　空気圧力の上がり具合が不良でないこと。 4　ブレーキ・ペダルを踏み込んで放した場合にブレーキ・バルブからの排気音が正常であること。 5　駐車ブレーキ・レバーの引きしろが適当であること。
2　タイヤ	1　タイヤの空気圧が適当であること。 2　亀裂及び損傷がないこと。 3　異状な摩耗がないこと。 （※1）4　溝の深さが十分であること。 （※2）5　ディスク・ホイールの取付状態が不良でないこと。
3　バッテリ	（※1）　液量が適当であること。
4　原動機	（※1）1　冷却水の量が適当であること。 （※1）2　ファン・ベルトの張り具合が適当であり、かつ、ファン・ベルトに損傷がないこと。 （※1）3　エンジン・オイルの量が適当であること。 （※1）4　原動機のかかり具合が不良でなく、かつ、異音がないこと。 （※1）5　低速及び加速の状態が適当であること。
5　灯火装置及び方向指示器	点灯又は点滅具合が不良でなく、かつ、汚れ及び損傷がないこと。
6　ウインド・ウォッシャ及びワイパー	（※1）1　ウインド・ウォッシャの液量が適当であり、かつ、噴射状態が不良でないこと。 （※1）2　ワイパーの払拭状態が不良でないこと。
7　エア・タンク	エア・タンクに凝水がないこと。
8　運行において異状が認められた箇所	当該箇所に異状がないこと。

（注）　①（※1）印の点検は、当該自動車の走行距離、運行時の状態等から判断した適切な時期に行うことで足りる。

②（※2）印の点検は、車両総重量8トン以上又は乗車定員30人以上の自動車に限る。

別表第3（事業用自動車等の定期点検基準）（第2条、第5条関係）

点検箇所 ＼ 点検時期		3月ごと	12月ごと （3月ごとの点検に次の点検を加えたもの）
か じ 取 り 装 置	ハンドル		操作具合
	ギヤ・ボックス		1　油漏れ 2　取付けの緩み
	ロッド及びアーム類	（※2）緩み、がた及び損傷	ボール・ジョイントのダスト・ブーツの亀裂及び損傷
	ナックル	（※2）連結部のがた	
	かじ取り車輪		ホイール・アライメント
	パワー・ステアリング装置	1　ベルトの緩み及び損傷 （※2）2　油漏れ及び油量	取付けの緩み
制 動 装 置	ブレーキ・ペダル	1　遊び及び踏み込んだときの床板とのすき間 2　ブレーキの効き具合	
	駐車ブレーキ機構	1　引きしろ 2　ブレーキの効き具合	
	ホース及びパイプ	漏れ、損傷及び取付状態	
	リザーバ・タンク	液量	
	マスタ・シリンダ、ホイール・シリンダ及びディスク・キャリパ		機能、摩耗及び損傷
	ブレーキ・チャンバ	ロッドのストローク	機能
	ブレーキ・バルブ、クイック・レリーズ・バルブ及びリレー・バルブ		機能
	倍力装置		1　エア・クリーナの詰まり 2　機能
	ブレーキ・カム		摩耗
	ブレーキ・ドラム及びブレーキ・シュー	1　ドラムとライニングとのすき間 （※2）2　シューの摺動部分及びライニングの摩耗	ドラムの摩耗及び損傷
	バック・プレート		バック・プレートの状態
	ブレーキ・ディスク及びパッド	（※2）1　ディスクとパッドとのすき間 （※2）2　パッドの摩耗	ディスクの摩耗及び損傷
	センタ・ブレーキ・ドラム及びライニング	1　ドラムの取付けの緩み 2　ドラムとライニングとのすき間	1　ライニングの摩耗 2　ドラムの摩耗及び損傷

点検箇所 ＼ 点検時期	3月ごと	12月ごと（3月ごとの点検に次の点検を加えたもの）
二重安全ブレーキ機構		機能
走行装置 — ホイール	（※2）1　タイヤの状態 2　ホイール・ナット及びホイール・ボルトの緩み （※2）3　フロント・ホイール・ベアリングのがた	（※3）1　ホイール・ナット及びホイール・ボルトの損傷 2　リム、サイド・リング及びディスク・ホイールの損傷 3　リヤ・ホイール・ベアリングのがた
緩衝装置 — リーフ・サスペンション	スプリングの損傷	取付部及び連結部の緩み、がた及び損傷
緩衝装置 — コイル・サスペンション		1　スプリングの損傷 2　取付部及び連結部の緩み、がた及び損傷
緩衝装置 — エア・サスペンション	1　エア漏れ （※2）2　ベローズの損傷 （※2）3　取付部及び連結部の緩み及び損傷	レベリング・バルブの機能
緩衝装置 — ショック・アブソーバ	油漏れ及び損傷	
動力伝達装置 — クラッチ	1　ペダルの遊び及び切れたときの床板とのすき間 2　作用 3　液量	
動力伝達装置 — トランスミッション及びトランスファ	（※2）油漏れ及び油量	
動力伝達装置 — プロペラ・シャフト及びドライブ・シャフト	（※2）連結部の緩み	1　自在継手部のダスト・ブーツの亀裂及び損傷 2　継手部のがた 3　センタ・ベアリングのがた
動力伝達装置 — デファレンシャル	（※2）油漏れ及び油量	
電気装置 — 点火装置	（※2）（※4）1　点火プラグの状態 （※7）2　点火時期	（※7）ディストリビュータのキャップの状態
電気装置 — バッテリ	ターミナル部の接続状態	
電気装置 — 電気配線	接続部の緩み及び損傷	
原動機 — 本体	（※2）1　エア・クリーナ・エレメントの状態 2　低速及び加速の状態 3　排気の状態	シリンダ・ヘッド及びマニホールド各部の締付状態
原動機 — 潤滑装置	油漏れ	
原動機 — 燃料装置	燃料漏れ	
原動機 — 冷却装置	ファン・ベルトの緩み及び損傷	水漏れ

点検箇所＼点検時期	3月ごと	12月ごと（3月ごとの点検に次の点検を加えたもの）
ばい煙、悪臭のあるガス、有害なガス等の発散防止装置 ブローバイ・ガス還元装置		1　メターリング・バルブの状態 2　配管の損傷
燃料蒸発ガス排出抑止装置		1　配管等の損傷 2　チャコール・キャニスタの詰まり及び損傷 3　チェック・バルブの機能
一酸化炭素等発散防止装置		1　触媒反応方式等排出ガス減少装置の取付けの緩み及び損傷 2　二次空気供給装置の機能 3　排気ガス再循環装置の機能 4　減速時排気ガス減少装置の機能 5　配管の損傷及び取付状態
警音器、窓ふき器、洗浄液噴射装置、デフロスタ及び施錠装置		作用
エグゾースト・パイプ及びマフラ	（※2）取付けの緩み及び損傷	マフラの機能
エア・コンプレッサ	エア・タンクの凝水	コンプレッサ、プレッシャ・レギュレータ及びアンローダ・バルブの機能
高圧ガスを燃料とする燃料装置等	1　導管及び継手部のガス漏れ及び損傷 （※8）2　ガス容器及びガス容器附属品の損傷	ガス容器取付部の緩み及び損傷
車枠及び車体	1　非常口の扉の機能 2　緩み及び損傷 （※3）3　スペアタイヤ取付装置の緩み、がた及び損傷 （※3）4　スペアタイヤの取付状態 （※3）5　ツールボックスの取付部の緩み及び損傷	
連結装置		1　カプラの機能及び損傷 2　ピントル・フックの摩耗、亀裂及び損傷
座席		（※1）座席ベルトの状態
開扉発車防止装置		機能
その他	シャシ各部の給油脂状態	（※5）（※6）車載式故障診断装置の診断の結果

（注）　① （※１）印の点検は、人の運送の用に供する自動車に限る。

② （※２）印の点検は、自動車検査証の交付を受けた日又は当該点検を行った日以降の走行距離が３月当たり２千キロメートル以下の自動車については、前回の当該点検を行うべきこととされる時期に当該点検を行わなかった場合を除き、行わないことができる。

③ （※３）印の点検は、車両総重量８トン以上又は乗車定員30人以上の自動車に限る。

④ （※４）印の点検は、点火プラグが白金プラグ又はイリジウム・プラグの場合は、行わないことができる。

⑤ （※５）印の点検は、大型特殊自動車を除く。

⑥ （※６）印の点検は、原動機、制動装置、アンチロック・ブレーキシステム及びエアバック（かじ取り装置並びに車枠及び車体に備えるものに限る。）、衝突被害軽減制動制御装置、自動命令型操舵機能及び自動運行装置に係る識別表示（道路運送車両の保安基準（昭和26年運輸省令第74号）に適合しないおそれがあるものとして警報するものに限る。）の点検をもって代えることができる。

⑦ （※７）印の点検は、ディストリビュータを有する自動車に限る。

⑧ （※８）印の点検は、圧縮天然ガス、液化天然ガス及び圧縮水素を燃料とする自動車に限り、大型特殊自動車及び検査対象外軽自動車を除く。

○道路運送車両の保安基準［抄］

$$\left(\begin{array}{l}\text{昭和26年7月28日}\\\text{運輸省令第67号}\end{array}\right)$$

最終改正　令和5年9月22日　国土交通省令第74号

（窓ガラス）

第29条　自動車（最高速度25キロメートル毎時以下の自動車を除く。）の窓ガラスは、告示で定める基準に適合する安全ガラスでなければならない。ただし、衝突等により窓ガラスが損傷した場合において、当該ガラスの破片により乗車人員が傷害を受けるおそれの少ないものとして告示で定める場所に備えられたものにあっては、この限りでない。

2　自動車（最高速度40キロメートル毎時未満の自動車を除く。）の前面ガラスは、損傷した場合においても運転者の視野を確保できるものであり、かつ、容易に貫通されないものとして、強度等に関し告示で定める基準に適合するものでなければならない。

3　自動車（被牽引自動車を除く。）の前面ガラス及び側面ガラス（告示で定める部分を除く。）は、運転者の視野を妨げないものとして、ひずみ、可視光線の透過率等に関し告示で定める基準に適合するものでなければならない。

4　前項に規定する窓ガラスには、次に掲げるもの以外のものが装着され、貼り付けられ、塗装され、又は刻印されていてはならない。

一　整備命令標章

一の二　臨時検査合格標章

二　検査標章

二の二　保安基準適合標章（中央点線のところから二つ折りとしたものに限る。）

三　自動車損害賠償保障法（昭和30年法律第94号）第9条の2第1項（同法第9条の4において準用する場合を含む。）又は第10条の2第1項の保険標章、共済標章又は保険・共済除外標章

四　道路交通法第63条第4項の標章

五　削除

六　前各号に掲げるもののほか、運転者の視野の確保に支障がないものとして告示

190

で定めるもの

七　前各号に掲げるもののほか、国土交通大臣又は地方運輸局長が指定したもの

道路運送車両の保安基準の細目を定める告示

（平成14年国土交通省告示第619号）

最終改正　令和6年1月5日　国土交通省告示第2号

（窓ガラス）

第195条　自動車（二輪自動車、側車付二輪自動車及び最高速度25km／h以下の自動車を除く。）の窓ガラスに関し、保安基準第29条第1項の告示で定める基準に適合する安全ガラスは、合わせガラス、強化ガラス、部分強化ガラス、有機ガラス（ポリカーボネート材又はメタクリル材等の硬質合成樹脂をいう。）又はガラス―プラスチック（車外面を板ガラス、合わせガラス又は強化ガラスとし、車室内にプラスチックを装着したものをいう。）（協定規則第43号の規則1．(i)及び(ii)に係る窓ガラスを除く。次項及び第3項において「前面ガラス等」という。）とする。この場合において、保安基準第29条第1項ただし書の「当該ガラスの破片により乗車人員が傷害を受けるおそれの少ないものとして告示で定める場所」とは、損傷したガラスの破片を容易に通さない隔壁によって運転者席及び客室と仕切られた場所をいう。

2　自動車（二輪自動車、側車付二輪自動車及び最高速度40キロメートル毎時未満の自動車を除く。）の前面ガラス等のうち前面ガラスの強度に関し、保安基準第29条第2項の告示で定める基準は、次の各号に掲げる基準とする。

一　損傷した場合においても運転者の視野を確保できるものであること。

二　容易に貫通されないものであること。

3　自動車（二輪自動車、側車付二輪自動車及び被牽引自動車を除く。）の前面ガラス等のうち前面ガラス及び側面ガラスのひずみ、可視光線の透過率等に関し、保安基準第29条第3項の告示で定める基準は、次の各号に掲げる基準とする。

一　透明で、運転者の視野を妨げるようなひずみのないものであること。

二　運転者が交通状況を確認するために必要な視野の範囲に係る部分における可視光線の透過率が70％以上のものであること。

4　保安基準第29条第3項の告示で定める部分は、運転者席より後方の部分とする。この場合において、次の各号に掲げる範囲は運転者席より後方の部分とする。

一　運転者席より後方の座席等の側面ガラス

二　側面ガラスのうち、運転者席に備えられている頭部後傾抑止装置の前縁（運転者席に頭部後傾抑止装置が備えられていない自動車にあっては、運転者席に備えられている背あて上部の前縁、運転者席に頭部後傾抑止装置及び背あてが

　　備えられていない自動車にあっては、通常の運転姿勢にある運転者の頭部の後
　　端）を含み、かつ、車両中心線に直交する鉛直面より後方の部分。この場合に
　　おいて、スライド機構等を有する運転者席にあっては、運転者席を最後端の位
　　置に調整した状態とし、リクライニング機構を有する運転者席の背もたれに
　　あっては、背もたれを鉛直線から後方に25°の角度にできるだけ近くなるよう
　　な角度の位置に調整した状態とする。

5　　窓ガラスへの装着、貼り付け、塗装又は刻印に関し、保安基準第29条第4項第
　　6号の告示で定めるものは、専ら乗用の用に供する自動車であって乗車定員10人
　　未満のもの及び貨物の運送の用に供する自動車であって車両総重量が3.5ｔ以下
　　のもの並びに第27条第2号イ(2)に適合する自動車にあっては第1号から第8号ま
　　で及び第10号、その他の自動車にあっては第2号から第10号までに掲げるものと
　　する。

一　協定規則第125号の規則5．1．3．に定める基準に適合したもの。

二　車室内に備える貼り付け式の後写鏡及び後方等確認装置

三　道路等に設置された通信設備との通信のための機器、協定規則第159号に定
　　める基準に適合する装置、ドライブレコーダーの前方用カメラ若しくは運転者
　　用カメラその他の道路、交通状況若しくは運行中の運転者の状況に係る情報の
　　入手のためのカメラ、一般乗用旅客自動車運送事業用自動車に備える車内を撮
　　影するための防犯カメラ、車両間の距離を測定するための機器、雨滴等を検知
　　して窓ふき器を自動的に作動させるための感知器、車室内の温度若しくは湿度
　　を検知して空調装置等を自動的に制御するための感知器又は受光量を感知して
　　前照灯、車幅灯等を自動的に作動させるための感知器であって、次に掲げる要
　　件に該当するもの

（以下省略）

（非常信号用具）

第43条の2　　自動車には、非常時に灯光を発することにより他の交通に警告すること
　　ができ、かつ、安全な運行を妨げないものとして、灯光の色、明るさ、備付け場所
　　等に関し告示で定める基準に適合する非常信号用具を備えなければならない。ただ
　　し、二輪自動車、側車付二輪自動車、大型特殊自動車、小型特殊自動車及び被牽引
　　自動車にあっては、この限りでない。

道路運送車両の保安基準の細目を定める告示

（平成14年国土交通省告示第619号）

最終改正　令和6年1月5日　国土交通省告示第2号

（非常信号用具）

第220条　非常信号用具の灯光の色、明るさ、備付け場所等に関し、保安基準第43条の2第1項の告示で定める基準は、次の各号に掲げる基準とする。

一　夜間200mの距離から確認できる赤色の灯光を発するものであること。

二　自発光式のものであること。

三　使用に便利な場所に備えられたものであること。

四　振動、衝撃等により、損傷を生じ、又は作動するものでないこと。

（以下省略）

（警告反射板）

第43条の3　自動車に備える警告反射板は、その反射光により他の交通に警告することができるものとして、形状、反射光の色、明るさ等に関し告示で定める基準に適合するものでなければならない。

道路運送車両の保安基準の細目を定める告示

（平成14年国土交通省告示第619号）

最終改正　令和6年1月5日　国土交通省告示第2号

（警告反射板）

第221条　警告反射板の形状、反射光の色、明るさ等に関し、保安基準第43条の3の告示で定める基準は、次の各号に掲げる基準とする。

一　警告反射板の反射部は、一辺が400mm以上の中空の正立正三角形で帯状部の幅が50mm以上のものであること。

二　警告反射板は、夜間150mの距離から走行用前照灯で照射した場合にその反射光を照射位置から確認できるものであること。

三　警告反射板による反射光の色は、赤色であること。

四　警告反射板は、路面上に垂直に設置できるものであること。

（停止表示器材）

第43条の4　自動車に備える停止表示器材は、けい光及び反射光により他の交通に当該自動車が停止していることを表示することができるものとして、形状、けい光及び反射光の明るさ、色等に関し告示で定める基準に適合するものでなければならない。

2　停止表示器材は、使用に便利な場所に備えられたものでなければならない。

道路運送車両の保安基準の細目を定める告示

（平成14年国土交通省告示第619号）

最終改正　令和6年1月5日　国土交通省告示第2号

（停止表示器材）

第222条　停止表示器材の形状、蛍光及び反射光の明るさ、色等に関し、保安基準第43条の4第1項の告示で定める基準は、次の各号に掲げる基準とする。

一　停止表示器材は、次図に定める様式の中空の正立正三角形の反射部及び蛍光部又は中空の正立正三角形の蛍光反射部を有するものであること。

二　停止表示器材は、夜間200mの距離から走行用前照灯で照射した場合にその反射光を照射位置から確認できるものであること。

三　停止表示器材は、昼間200mの距離からそのけい光を確認できるものであること。

四　停止表示器材による反射光の色は赤色であり、かつ、当該停止表示器材による蛍光の色は、赤色又は橙色であること。

五　停止表示器材は、路面上に垂直に設置できるものであること。

六　停止表示器材は、容易に組み立てられる構造であること。

七　停止表示器材は、使用に便利な場所に備えられたものであること。

（以下省略）

（旅客自動車運送事業用自動車）

第50条　旅客自動車運送事業用自動車（乗車定員11人以上の自動車に限る。）は、第2条から第48条までの規定によるほか、旅客自動車運送事業の用に供するため必要な性能及び構造に関し告示で定める基準に適合しなければならない。

（乗車定員及び最大積載量）

第53条　自動車の乗車定員又は最大積載量は、本章の規定に適合して安全な運行を確保し、及び公害を防止できるものとして、告示で定める基準に基づき算出される範囲内において乗車し又は積載することができる人員又は物品の積載量のうち最大のものとする。ただし、二輪の軽自動車（側車付二輪自動車を除く。）にあっては乗車定員2人以下、車両総重量2トン未満の被牽引自動車にあっては乗車定員なしとする。

2　前項の規定の乗車定員は、12歳以上の者の数をもって表すものとする。この場合において、12歳以上の者1人は、12歳未満の小児又は幼児1.5人に相当するものとする。

○自動車事故報告規則 ［抄］

（昭和26年12月20日
運輸省令第104号）

最終改正　令和5年3月31日　国土交通省令第31号

（定義）

第2条　この省令で「事故」とは、次の各号のいずれかに該当する自動車の事故をいう。

一　自動車が転覆し、転落し、火災（積載物品の火災を含む。以下同じ。）を起こし、又は鉄道車両（軌道車両を含む。以下同じ。）と衝突し、若しくは接触したもの

二　10台以上の自動車の衝突又は接触を生じたもの

三　死者又は重傷者（自動車損害賠償保障法施行令（昭和30年政令第286号）第5条第2号又は第3号に掲げる傷害を受けた者をいう。以下同じ。）を生じたもの

四　10人以上の負傷者を生じたもの

五　自動車に積載された次に掲げるものの全部若しくは一部が飛散し、又は漏えいしたもの

イ　消防法（昭和23年法律第186号）第2条第7項に規定する危険物

ロ　火薬類取締法（昭和25年法律第149号）第2条第1項に規定する火薬類

ハ　高圧ガス保安法（昭和26年法律第204号）第2条に規定する高圧ガス

ニ　原子力基本法（昭和30年法律第186号）第3条第2号に規定する核燃料物質及びそれによって汚染された物

ホ　放射性同位元素等の規制に関する法律（昭和32年法律第167号）第2条第2項に規定する放射性同位元素及びそれによって汚染された物又は同条第5項に規定する放射線発生装置から発生した同条第1項に規定する放射線によって汚染された物

ヘ　シアン化ナトリウム又は毒物及び劇物取締法施行令（昭和30年政令第261号）別表第2に掲げる毒物又は劇物

ト　道路運送車両の保安基準（昭和26年運輸省令第67号）第47条第1項第3号に規定する品名の可燃物

六　自動車に積載されたコンテナが落下したもの

七　操縦装置又は乗降口の扉を開閉する操作装置の不適切な操作により、旅客に自動車損害賠償保障法施行令第5条第4号に掲げる傷害が生じたもの

八　酒気帯び運転（道路交通法（昭和35年法律第105号）第65条第1項の規定に違反する行為をいう。以下同じ。）（特定自動運行旅客運送（道路運送法施行規則（昭和26年運輸省令第75号）第6条第1項第9号に規定する特定自動運行旅客運送をいう。以下この号において同じ。）又は特定自動運行貨物運送（貨物自動車運送事業法施行規則（平成2年運輸省令第21号）第3条第3号の3に規定する特定自動運行貨物運送をいう。以下この号において同じ。）を行う場合にあっては、旅客自動車運送事業運輸規則（昭和31年運輸省令第44号）第15条の2第1項又は貨物自動車運送事業輸送安全規則（平成2年運輸省令第22号）第3条第1項に規定する特定自動運行保安員（以下「特定自動運行保安員」という。）が酒気を帯びて特定自動運行用自動車（同法第75条の12第2項第2号イに規定する特定自動運行用自動車をいう。以下この号において同じ。）の運行の業務に従事する行為。第4条第1項第5号において同じ。）、無免許運転（同法第64条の規定に違反する行為をいう。）、大型自動車等無資格運転（同法第85条第5項から第9項までの規定に違反する行為をいう。）又は麻薬等運転（同法第117条の2第1項第3号の罪に当たる行為をいう。）（特定自動運行旅客運送又は特定自動運行貨物運送を行う場合にあっては、特定自動運行保安員が麻薬、大麻、あへん、覚醒剤又は毒物及び劇物取締法（昭和25年法律第303号）第3条の3の規定に基づく政令で定める物の影響により正常な業務ができないおそれがある状態で特定自動運行用自動車の運行の業務に従事する行為）を伴うもの

九　運転者又は特定自動運行保安員の疾病により、事業用自動車の運行を継続することができなくなったもの

十　救護義務違反（道路交通法第117条の罪に当たる行為をいう。以下同じ。）があったもの

十一　自動車の装置（道路運送車両法（昭和26年法律第185号）第41条第1項各号に掲げる装置をいう。）の故障（以下単に「故障」という。）により、自動車が運行できなくなったもの

十二　車輪の脱落、被牽引自動車の分離を生じたもの（故障によるものに限る。）

十三　橋脚、架線その他の鉄道施設（鉄道事業法（昭和61年法律第92号）第8条第1項に規定する鉄道施設をいい、軌道法（大正10年法律第76号）による軌道施設を含む。）を損傷し、3時間以上本線において鉄道車両の運転を休止させたもの

十四　高速自動車国道（高速自動車国道法（昭和32年法律第79号）第4条第1項に

規定する高速自動車国道をいう。）又は自動車専用道路（道路法（昭和27年法律第180号）第48条の４に規定する自動車専用道路をいう。以下同じ。）において、３時間以上自動車の通行を禁止させたもの

十五　前各号に掲げるもののほか、自動車事故の発生の防止を図るために国土交通大臣（主として指定都道府県等（道路運送法施行令（昭和26年政令第250号）第４条第１項の指定都道府県等をいう。以下同じ。）の区域内において行われる自家用有償旅客運送に係るものの場合にあっては、当該指定都道府県等の長）が特に必要と認めて報告を指示したもの

（報告書の提出）

第３条　旅客自動車運送事業者、貨物自動車運送事業者（貨物軽自動車運送事業者を除く。以下同じ。）、特定第二種貨物利用運送事業者及び自家用有償旅客運送者並びに道路運送車両法第50条に規定する整備管理者を選任しなければならない自家用自動車の使用者（以下「事業者等」という。）は、その使用する自動車（自家用自動車（自家用有償旅客運送の用に供するものを除く。）にあっては、軽自動車、小型特殊自動車及び二輪の小型自動車を除く。）について前条各号の事故があった場合には、当該事故があった日（前条第10号に掲げる事故にあっては事業者等が当該救護義務違反があったことを知った日、同条第15号に掲げる事故にあっては当該指示があった日）から30日以内に、当該事故ごとに自動車事故報告書（別記様式による。以下「報告書」という。）３通を当該自動車の使用の本拠の位置を管轄する運輸監理部長又は運輸支局長（以下「運輸監理部長又は運輸支局長」という。）を経由して、国土交通大臣に提出しなければならない。

２　前条第11号及び第12号に掲げる事故の場合には、報告書に次に掲げる事項を記載した書面及び故障の状況を示す略図又は写真を添付しなければならない。

一　当該自動車の自動車検査証の有効期間

二　当該自動車の使用開始後の総走行距離

三　最近における当該自動車についての大規模な改造の内容、施行期日及び施行工場名

四　故障した部品及び当該部品の故障した部位の名称（前後左右の別がある場合は、前進方向に向かって前後左右の別を明記すること。）

五　当該部品を取りつけてから事故発生までの当該自動車の走行距離

六　当該部品を含む装置の整備及び改造の状況

七　当該部品の製作者（製作者不明の場合は販売者）の氏名又は名称及び住所

３　運輸監理部長又は運輸支局長は、報告書を受け付けたときは、遅滞なく、地方運

輸局長を経由して、国土交通大臣に進達しなければならない。

4　第1項の規定にかかわらず、主として指定都道府県等の区域内において自家用有償旅客運送を行う者の場合にあっては、報告書を当該指定都道府県等の長に提出するものとする。

（速報）

第4条　事業者等は、その使用する自動車（自家用自動車（自家用有償旅客運送の用に供するものを除く。）にあっては、軽自動車、小型特殊自動車及び二輪の小型自動車を除く。）について、次の各号のいずれかに該当する事故があったとき又は国土交通大臣の指示があったときは、前条第1項の規定によるほか、電話その他適当な方法により、24時間以内においてできる限り速やかに、その事故の概要を運輸監理部長又は運輸支局長に速報しなければならない。

一　第2条第1号に該当する事故（旅客自動車運送事業者及び自家用有償旅客運送者（以下「旅客自動車運送事業者等」という。）が使用する自動車が引き起こしたものに限る。）

二　第2条第3号に該当する事故であって次に掲げるもの

　イ　2人（旅客自動車運送事業者等が使用する自動車が引き起こした事故にあっては、1人）以上の死者を生じたもの

　ロ　5人以上の重傷者を生じたもの

　ハ　旅客に1人以上の重傷者を生じたもの

三　第2条第4号に該当する事故

四　第2条第5号に該当する事故（自動車が転覆し、転落し、火災を起こし、又は鉄道車両、自動車その他の物件と衝突し、若しくは接触したことにより生じたものに限る。）

五　第2条第8号に該当する事故（酒気帯び運転があったものに限る。）

2　前条第3項の規定は、前項の規定により運輸監理部長又は運輸支局長が速報を受けた場合について準用する。

3　第1項の規定にかかわらず、主として指定都道府県等の区域内において自家用有償旅客運送を行う者の場合にあっては、同項各号のいずれかに該当する事故があったとき又は当該指定都道府県等の長の指示があったときは、当該指定都道府県等の長に速報するものとする。

別記様式（第3条関係）

（表）

自 動 車 事 故 報 告 書
宛て
自動車の使用者の氏名又は名称
住　　所
電話番号

年　　月　　日　提出

☆発生日時	年　　月　　日　　時　　分	☆路線名又は道路名	道　　線
天　　候	1晴れ　2曇　3雨　4雪　5霧　6その他		
☆発生場所	都道　　区市　　区町　　　　番地 府県　　　郡　　　村		

☆当該自動車の使用の本拠の名称及び位置	☆自動車登録番号又は車両番号

☆当時の状況

☆◆現場の略図（道路上の事故の場合には車線の区分を明らかにして図示すること。）

☆当時の処置	
☆事故の原因	
☆再発防止対策	
※備　　　考	

（日本産業規格A列4番）

（裏）

事故の種類

区分	1 転覆	2 転落	3 路外逸脱	4 火災	5 踏切	6 衝突	7 死傷	8 危険物等	9 車内	10 飲酒等	11 健康起因	12 救護違反	13 車両故障	14 交通違反	15 その他

☆発生の順位

☆転落の状態　落差 ＿＿＿ m　水深 ＿＿＿ m

衝突等の状態：　1 正面衝突　2 側面衝突　3 追突　4 接触　5 物件衝突

☆車名	☆型式	☆車体の形状	☆初度登録年又は初度検査年

当該自動車の概要

事業用：　1 乗合旅客　2 貸切旅客　3 乗用旅客　4 特定旅客　5 一般貨物（イ 特別積合せ貨物　ロ その他）　6 特定貨物　7 特定第二種

自家用：　1 有償貸渡し（レンタカー）　2 有償旅客運送　3 その他

種別：　1 普通　2 小型　3 その他

☆乗車定員 ＿＿＿ 人　　☆当時の乗車人員 ＿＿＿ 人

☆最大積載量 ＿＿＿ kg　　☆当時の積載量 ＿＿＿ kg
　　　　　　　 ＿＿＿ kg　　　　　　　　　　 ＿＿＿ kg

許可等の必要性：　制限外許可 1 有 2 無　／　特殊車両通行許可 1 有 2 無　／　保安基準の緩和 1 有 2 無

許可等の取得状況：　制限外許可 1 有 2 無　／　特殊車両通行許可 1 有 2 無　／　保安基準の緩和 1 有 2 無

貨物の内容：　1 土砂等　2 長大物品等　3 コンテナ　4 生コンクリート　5 危険物等　6 冷凍、冷蔵品　7 原木、製材　8 引越　9 その他

積載危険物等

運搬の有無　1 有　2 無

種類：　1 危険物　2 火薬類　3 高圧ガス　4 核　5 RI　6 毒劇物　7 可燃物

☆品名及び積載量又は放射能の量　品名（　　　　）kg、（　　　　）Bq

イエローカードの携行状況　1 有　2 無

道路等の状況

種類：　1 道路（イ 高速自動車国道　ロ 自動車専用道路等　ハ その他）　2 その他の場所

☆道路の幅員 ＿＿＿ m

こう配：　1 平たん　2 上り　3 下り

道路の形態：　1 直線　2 右曲り　3 左曲り　4 交差　5 つづら折り

路面の状態：　1 乾　2 湿　3 積雪　4 氷結

警戒標識の設置 1 有 2 無　☆当該道路の制限速度 ＿＿＿ km/h

踏切の状態：　1 遮断機付き　2 警報機付き　3 その他

☆当時の運行計画　（発地・経由地・着地）

営業所及び運行等の状況

☆運送契約の相手方の氏名又は名称、住所等（貸切旅客含みます）

安全性優良事業所の認定（貨物のみ）　1 有　2 無

運送形態　1 下請運送　2 その他

☆荷送人の氏名又は名称及び住所

☆荷受人の氏名又は名称及び住所

☆危険認知時の速度 ＿＿＿ km/h

☆危険認知時の距離 ＿＿＿ m

☆スリップ距離 ＿＿＿ m

当時の状況

当該自動車の事故時の走行等の態様：　1 直進（加速）　2 直進（減速）　3 直進（定速）　4 後退　5 追越　6 右折　7 左折　8 駐車　9 停車　10 転回　11 合流　12 その他

道路上での事故の場合には事故発生地点：　1 車道　2 歩道　3 横断歩道　4 路側帯　5 路肩　6 交差点　7 バス停留所　8 トンネル　9 その他

死傷事故の場合には死傷者の状態：　1 左側通行　2 右側通行　3 信号無視　4 車道通行　5 歩道通行　6 横断歩道歩行　7 車の直前横断　8 斜横断　9 飛び出し　10 酩酊　11 路上作業　12 路上遊戯　13 乗降中　14 安全地帯　15 自転車運転　16 その他

車両の故障に起因する場合には故障箇所：　1 原動機（速度抑制装置を除く）　2 速度抑制装置　3 動力伝達装置　4 車輪（タイヤを除く）　5 タイヤ　6 車軸　7 操縦装置　8 制動装置　9 緩衝装置　10 燃料装置　11 電気装置　12 車枠及び車体　13 連結装置　14 乗車装置　15 物品積載装置　16 窓ガラス　17 騒音防止装置　18 ばい煙等の発散防止装置　19 灯火装置及び指示装置　20 反射器　21 警音器　22 視野を確保する装置（後写鏡、窓拭き器等）　23 計器（速度計、走行距離計等）　24 消火器　25 内圧容器及びその附属装置　26 自動消火装置　27 運行記録計　28 その他

乗務員

運転者

☆氏名

☆年齢 ＿＿＿ 才

☆経験年数 ＿＿＿ 年 ＿＿＿ 月

本務・臨時の別　1 本務　2 臨時

自動車の運転を職業とする者にあっては勤務状況：
- ☆事故日以前1ヶ月間に出勤しなかった日数 ＿＿＿ 日
- ☆乗務開始から事故発生までの乗務時間及び乗務距離 ＿＿＿ 時間 ＿＿＿ km
- ☆最近出勤しなかった日から事故日までの勤務日数及び乗務距離の合計　勤務日数 ＿＿＿ 日　乗務距離 ＿＿＿ km

損害の程度　1 死亡　2 重傷　3 軽傷

シートベルトの着用状況　1 着用　2 非着用　3 非装備

☆交替運転者の配置　1 有　2 無（交替後の乗務時間及び乗務距離）＿＿＿ 時間 ＿＿＿ km

☆過去3年間の事故の状況　（過去3年間の事故件数）＿＿＿ 件　（最近の事故年月日）＿＿＿ 年 ＿＿＿ 月 ＿＿＿ 日

☆過去3年間の道路交通法の違反の状況　（過去3年間の違反件数）＿＿＿ 件　（最近の違反年月日）＿＿＿ 年 ＿＿＿ 月 ＿＿＿ 日

☆過去3年間の適性診断の受診状況　1 有　2 無（最近の受診年月日）＿＿＿ 年 ＿＿＿ 月 ＿＿＿ 日（適性診断受診場所）

☆最近の健康診断の受診年月日　（最近の受診年月日）＿＿＿ 年 ＿＿＿ 月 ＿＿＿ 日

特定自動運行保安員

☆氏名

☆年齢 ＿＿＿ 才

☆経験年数 ＿＿＿ 年 ＿＿＿ 月

本務・臨時の別　1 本務　2 臨時

損害の程度　1 死亡　2 重傷　3 軽傷

業務場所の別　1 車両内　2 車両外

シートベルトの着用状況　1 着用　2 非着用　3 非装備

☆最近の健康診断の受診年月日　（最近の受診年月日）＿＿＿ 年 ＿＿＿ 月 ＿＿＿ 日

車掌

本務・臨時の別　1 本務　2 臨時

損害の程度　1 死亡　2 重傷　3 軽傷

シートベルトの着用状況　1 着用　2 非着用　3 非装備

☆運行管理者

	運行管理者	統括運行管理者
氏名		

運行管理者資格者証番号

☆損害の程度：

死亡	＿＿＿ 人（うち乗客	＿＿＿ 人）
重傷	＿＿＿ 人（うち乗客	＿＿＿ 人）
軽傷	＿＿＿ 人（うち乗客	＿＿＿ 人）

※事業者番号

※再発防止対策

（注）

⑴　☆印欄は、具体的に記入すること。ただし、不明の場合は該当欄に「不明」と記入し、記入の要のない場合は該当欄に斜線を引くこと。

　　なお、欄内に記入し得ないときは、別紙に記入し、これを添付すること。

⑵　※印欄は、記入しないこと。

⑶　☆印欄及び※印欄以外の欄は、該当する事項を〇で囲むこと。

⑷　◆印欄は、事故が第2条第11号又は第12号のみに該当する場合には、記入を要しない。

⑸　時刻の記入は、24時間制によること。

⑹　「区分」の記入は、次の区分によること。

　1　転覆　当該自動車が道路上において路面と35度以上傾斜したとき。

　2　転落　当該自動車が道路外に転落した場合で、その落差が0.5メートル以上のとき。

　3　路外逸脱　当該自動車の車輪が道路（車道と歩道の区分がある場合は、車道）外に逸脱した場合で、「転落」以外のとき。

　4　火災　当該自動車又は積載物品に火災が生じたとき。

　5　踏切　当該自動車が踏切において、鉄道車両と衝突し、又は接触したとき。

　6　衝突　当該自動車が鉄道車両、トロリーバス、自動車、原動機付自転車、荷牛馬車、家屋その他の物件に衝突し、又は接触したとき。

　7　死傷　死傷者を生じたとき（9に該当する場合を除く。）

　8　危険物等　第2条第5号又は第6号に該当する事故

　9　車内　操縦装置又は乗降口の扉を開閉する装置の不適切な操作により、旅客（乗降する際の旅客を含む。）を死傷させたとき。

　10　飲酒等　第2条第8号に該当する事故

　11　健康起因　第2条第9号に該当する事故

　12　救護違反　第2条第10号に該当する事故

　13　車両故障　第2条第11号又は第12号に該当する事故

　14　交通障害　第2条第13号又は第14号に該当する事故

　15　その他　1から14までに該当しないとき。

⑺　2種類以上の事故が生じたときには、「発生の順」の欄に発生の順に番号を記入すること。

⑻　「転落の状態」の欄の「落差」は、路面から落下地点までの垂直距離とする。ただし、水中に転落した場合で水深を記入する必要がある場合には、路面から水面までの垂直距離とする。

⑼　「車体の形状」の欄は、道路運送車両法第58条の自動車検査証に記載されている車体の形状を記入すること。

⑽　「積載危険物等」とは、次に掲げるものであって事故当時に当該自動車に積載していたものをいう。

　1　危険物　消防法第2条第7項に規定する危険物

　2　火薬類　火薬類取締法第2条第1項に規定する火薬類

　3　高圧ガス　高圧ガス保安法第2条に規定する高圧ガス

　4　核　原子力基本法第3条第2号に規定する核燃料物質及びそれによって汚染された物

　5　RI　放射性同位元素等の規制に関する法律第2条第2項に規定する放射性同位元素及びそれによって汚染された物又は同条第5項に規定する放射線発生装置から発生した同条第1項に規定する放射線によって汚染された物

　6　毒劇物　シアン化ナトリウム又は毒物及び劇物取締法施行令別表第二に掲げる毒物又は劇物

　7　可燃物　道路運送車両の保安基準第47条第1項第3号に規定する品名の可燃物

⑾　「許可等の必要性」及び「許可等の取得状況」の欄は、当該自動車の運行について次の許可等

の必要性の有無及びその取得状況に該当するものを○で囲むこと。
1　制限外許可　道路交通法第57条の規定による許可
2　特殊車両通行許可　道路法第47条の2の規定による許可
3　保安基準の緩和　道路運送車両の保安基準第55条の規定による基準の緩和であって、道路運送車両の保安基準第2条第1項、第4条及び第4条の2に係るもの

⑿　「イエローカード」とは、当該積載危険物等の取扱方法を記載した書類をいう。

⒀　「種類」の欄の「ロ　自動車専用道路等」は、自動車専用道路及び道路運送法による自動車道とし、「2　その他の場所」は、構内、営業所等一般交通の用に供しない場所とする。

⒁　「道路の幅員」は、路肩部分を含む道路（車道と歩道の区分がある場合は、車道）の総幅員とする。

⒂　「道路の形態」の欄の「交差」は、当該自動車前方30メートル以内に交差点があった場合とする。

⒃　「運行計画」には、運行管理者が与えた指示を含むものとする。

⒄　「運送契約の相手方の氏名又は名称、住所等（貸切旅客のみ）」の欄は、事故を引き起こした当該一般貸切旅客自動車運送事業者と運送契約を締結した者の氏名又は名称及び住所を記載すること。運送契約の相手方が旅行業法（昭和27年法律第239号）第3条の規定による旅行業若しくは旅行業者代理業の登録を受けている者（以下「旅行業者等」という。）又は同法第23条の規定による旅行サービス手配業の登録を受けている者である場合には、氏名又は名称及び住所のほか、旅行業者等又は旅行サービス手配業者の登録番号を記載すること。

⒅　「安全性優良事業所の認定」とは、全国貨物自動車運送適正化事業実施機関が、輸送の安全の確保に関する取組が優良であると認められる貨物自動車運送事業者の営業所に対して行う認定をいう。

⒆　「下請運送」とは、貨物自動車運送事業者からの運送の依頼により行う貨物運送をいう。

⒇　「荷送人の氏名又は名称及び住所」の欄は、事故を引き起こした当該貨物自動車運送事業者と運送契約を締結した荷送人のほか、事故の際に運送していた貨物に関して当該荷送人と運送契約を締結した者等の当該貨物の運送に関して運送契約を締結した全ての者を記載すること。

㉑　「運送形態」の欄の「2その他」に該当し、かつ、当該運送が特別積合せ運送である場合には「荷送人の氏名又は名称及び住所」及び「荷受人の氏名又は名称及び住所」の欄は、記入を要しない。

㉒　「過去3年間の事故の状況」の欄は、当該運転者が引き起こした道路交通法第67条第2項の交通事故に関して記入する。

㉓　「過去3年間の適性診断の受診状況」の欄は、当該運転者の過去3年間の運転適性診断の受診の有無について、該当する事項を○で囲むこと。また、「適性診断受診場所」は、「最近の受診年月日」に受診した受診場所（又は受診機関）を具体的に記入すること。

㉔　「最近の健康診断の受診年月日」の欄は、第2条第9号に該当する事故を引き起こした当該運転者又は特定自動運行保安員が受診した労働安全衛生法第66条に規定する健康診断の最近の受診年月日を記入すること。

㉕　「運行管理者」は、事故について最も責任のあると考えられる運行管理者のことである。

㉖　「統括運行管理者」とは、旅客自動車運送事業運輸規則（昭和31年運輸省令第44号）第48条の2第1項又は貨物自動車運送事業輸送安全規則（平成2年運輸省令第22号）第21条第1項に規定する業務を統括する運行管理者をいう。

○タクシー業務適正化特別措置法 ［抄］

（昭和45年 5 月19日）
（法律第75号）

最終改正　平成28年12月16日　法律第106号

第 1 章　総　則

（目的）

第 1 条　この法律は、タクシーの運転者の登録を実施し、指定地域において輸送の安全及び利用者の利便の確保に関する試験を行うとともに、特定指定地域においてタクシー業務適正化事業の実施を促進すること等の措置を定めることにより、タクシー事業の業務の適正化を図り、もって輸送の安全及び利用者の利便の確保に資することを目的とする。

（定義）

第 2 条　この法律で「タクシー」とは、一般乗用旅客自動車運送事業（道路運送法（昭和26年法律第183号）第 3 条第 1 号ハの一般乗用旅客自動車運送事業をいう。以下同じ。）を経営する者がその事業の用に供する自動車でハイヤー以外のものをいう。

2　この法律で「ハイヤー」とは、一般乗用旅客自動車運送事業を経営する者がその事業の用に供する自動車で当該自動車による運送の引受けが営業所のみにおいて行われるものをいう。

3　この法律で「タクシー事業」とは、タクシーを使用して行なう一般乗用旅客自動車運送事業をいう。

4　この法律で「タクシー事業者」とは、タクシー事業を経営する者をいう。

5　この法律で「指定地域」とは、次条第 1 項の規定により指定された地域をいう。

6　この法律で「特定指定地域」とは、第 2 条の 3 第 1 項の規定により指定された地域をいう。

第1章の2　指定地域及び特定指定地域の指定

（指定地域の指定）

第2条の2　国土交通大臣は、タクシーによる運送の引受けが専ら営業所以外の場所において行われており、かつ、道路運送法第27条第1項の規定に違反する適切な勤務時間又は乗務時間によらない勤務又は乗務、同法第13条の規定に違反する運送の引受けの拒絶その他の輸送の安全及び利用者の利便を確保することが困難となるおそれがある行為の状況に照らして、タクシー事業の業務の適正化を図る必要があると認められる地域を、指定地域として指定することができる。

2　国土交通大臣は、指定地域について前項に規定する指定の事由がなくなったと認めるときは、当該指定地域について同項の規定による指定を解除するものとする。

3　第1項の規定による指定及び前項の規定による指定の解除は、告示によって行う。

4　特定地域及び準特定地域における一般乗用旅客自動車運送事業の適正化及び活性化に関する特別措置法（平成21年法律第64号）第8条第1項に規定する協議会は、国土交通大臣に対し、当該協議会が組織されている同法第2条第5項に規定する特定地域又は同条第6項に規定する準特定地域について第1項の規定による指定を行うよう要請することができる。

5　都道府県知事は、国土交通大臣に対し、当該都道府県について第1項の規定による指定を行うよう要請することができる。

6　市町村長は、当該市町村の属する都道府県の知事を経由して、国土交通大臣に対し、当該市町村について第1項の規定による指定を行うよう要請することができる。

（特定指定地域の指定）

第2条の3　国土交通大臣は、指定地域のうち、特に利用者の利便を確保する観点からタクシー事業の業務の適正化を図る必要があると認められる地域を、特定指定地域として指定することができる。

2　前条第2項から第6項までの規定は、前項の規定による指定について準用する。

第2章　タクシー運転者の登録等

第1節　タクシー運転者の登録

（登録運転者の乗務）

第3条　タクシー事業者は、タクシーには、当該タクシーを配置する営業所を設けて

いる単位地域（全国の区域を分けてタクシー運転者登録原簿（以下「原簿」という。）を設ける単位となる地域として国土交通大臣が指定する地域をいう。以下同じ。）に係る原簿に登録を受けている者（以下「登録運転者」という。）以外の者を運転者として乗務させてはならない。ただし、その運行が旅客の運送を目的としない場合は、この限りでない。

2　前項の規定による指定は、告示によって行う。

（原簿）

第4条　原簿への登録（第3節を除き、以下「登録」という。）は、国土交通大臣が行う。

2　原簿は、単位地域ごとに設ける。

（登録の申請）

第5条　登録は、当該登録に係る単位地域内に営業所を有するタクシー事業者に雇用されている者（登録を条件として雇用の契約を締結している者を含む。第7条第1項第5号において同じ。）でタクシーの運転者として選任されており、又は選任されることを予定されているものの申請により行う。

2　登録を申請しようとする者は、次の事項を記載した申請書を国土交通大臣に提出しなければならない。

　一　申請者の氏名、生年月日及び住所

　二　申請者が雇用されているタクシー事業者（登録を条件として雇用の契約を締結している者を含む。）の氏名又は名称及び住所

　三　申請者が受けている第二種運転免許（道路交通法（昭和35年法律第105号）第86条第1項の大型第二種免許、中型第二種免許又は普通第二種免許をいう。以下同じ。）の種類並びにこれに係る運転免許証の番号及び有効期限

　四　申請に係る単位地域

3　前項の申請書を提出する場合には、同項第1号に掲げる事項を証する書面、申請者が第7条第1項第1号から第5号までに該当する者でないことを証する書面及び申請者の写真を添付し、かつ、申請者が受けている第二種運転免許に係る運転免許証を提示しなければならない。

（登録の拒否）

第7条　国土交通大臣は、第5条の規定による申請を受理した場合において、申請者が次の各号のいずれかに該当していると認められるとき、又は該当していないこと

が明らかでないときは、その登録を拒否しなければならない。

一　道路運送法第25条の政令で定める要件を備えていないこと。

二　タクシー事業者が道路運送法第27条第3項の規定に基づく国土交通省令の規定に違反しなければタクシーの運転者として選任されることができない者であること。

三　タクシーの運転者の業務の取扱いに係る輸送の安全及び利用者の利便の確保に関する講習として国土交通省令で定めるものを修了していないこと。

四　指定地域にあっては、当該指定地域に係る国土交通省令で定める運転の経歴を有しておらず、又は第48条の規定により国土交通大臣の行う輸送の安全及び利用者の利便の確保に関する試験に合格していないこと。

五　当該単位地域内に営業所を有するタクシー事業者に雇用されている者でタクシーの運転者として選任されており、又は選任されることを予定されている者以外の者であること。

六　現に第9条第2項又は第3項の規定による処分を受けていること。

2　国土交通大臣は、前項の規定により登録を拒否したときは、遅滞なく、理由を示してその旨を申請者に通知しなければならない。

※　1項2号「国土交通省令」＝旅客自動車運送事業運輸規則

（登録事項の変更等の届出）

第8条　登録運転者は、次に掲げる場合には、直ちにその旨を国土交通大臣に届け出なければならない。

一　第5条第2項第1号から第3号までに掲げる事項に変更があったとき。

二　登録運転者が前条第1項第1号、第2号又は第5号に該当することとなったとき。

三　第10条第2項の規定により登録の効力が停止されている場合において、同項の国土交通省令で定める事由の存続する期間が短縮されたとき。

2　前項の届出をする場合には、国土交通省令で定めるところにより、その事由を証する書面を添附し、又は申請者が受けている第二種運転免許に係る運転免許証を提示しなければならない。

3　国土交通大臣は、第1項の届出を受理したときは、第10条第1項の規定により登録を消除する場合を除き、届出があった事項を登録しなければならない。

※　1・2項「国土交通省令」＝タクシー業務適正化特別措置法施行規則第5条

（登録の取消し等）

第9条　国土交通大臣は、登録運転者が次の各号のいずれかに該当するとき、又は登録運転者となる前2年以内に第1号、第3号若しくは第4号に該当していたことが判明したときは、その登録を取り消すことができる。

一　この法律、道路運送法若しくは同法に基づく命令に違反する行為をし、又は一般乗用旅客自動車運送事業を経営する者の業務に関し当該事業の用に供する自動車の運転者としてこの法律、道路運送法若しくは同法に基づく命令若しくはこれらに基づく処分若しくはこれに付した条件に違反する行為をしたとき。

二　第18条の2の規定による命令に係る講習を受けないとき。

三　道路運送法第29条の規定による届出がされた重大な事故（国土交通省令で定めるものに限る。）を引き起こしたとき。

四　一般乗用旅客自動車運送事業の用に供する自動車の運転者の職務に関して輸送の安全又は利用者の利便を確保することが困難となるおそれがある著しく不適当な行為をしたと認められるとき。

五　不正の手段により登録を受けていたとき。

2　国土交通大臣は、前項の規定により登録を取り消すときは、当該登録運転者について、2年以内の期間を定めて登録を行なわない旨の決定をしなければならない。

3　国土交通大臣は、登録運転者が第1項各号の一に該当した場合において同項の処分前にその登録の消除が行なわれたときは、その者について、2年以内の期間を定めて登録を行なわない旨の決定をすることができる。

4　国土交通大臣は、前3項の規定による処分をしたときは、直ちにその旨を当該処分に係る者に通知しなければならない。

第2節　登録タクシー運転者証等

（運転者証の表示）

第13条　タクシー事業者は、登録運転者（第10条第2項の規定によりその登録の効力が停止されている者を除く。）で第7条第1項第1号又は第2号に該当していないものをタクシーに運転者として乗務させるときは、当該登録運転者に係る登録タクシー運転者証（以下「運転者証」という。）を、国土交通省令で定めるところにより、当該タクシーに表示しなければならない。ただし、その運行が旅客の運送を目的としない場合は、この限りでない。

　　※　「国土交通省令」＝タクシー業務適正化特別措置法施行規則第12条

（講習の命令）

第18条の2　国土交通大臣は、タクシー事業者に対し、その雇用する登録運転者で特にその業務の取扱いの改善を図る必要があると認められるものに、輸送の安全及び利用者の利便の確保に関する講習として国土交通省令で定めるものを受けさせるよう命ずることができる。

（登録運転者業務経歴証明書の交付）

第18条の3　登録運転者は、国土交通大臣に対し、第9条第1項第3号に規定する重大な事故の有無その他の当該登録運転者の業務の取扱いに関する経歴に係る国土交通省令で定める事項を記載した書面（次項において「登録運転者業務経歴証明書」という。）の交付を申請することができる。

2　前項の規定による申請を受けた国土交通大臣は、国土交通省令で定めるところにより、登録運転者経歴証明書を交付するものとする。

第3節　登録実施機関

（登録等）

第19条　国土交通大臣は、申請により、単位地域ごとにその登録を受けた者（以下「登録実施機関」という。）に、当該単位地域に係る次に掲げる国土交通大臣の事務（以下「登録事務等」という。）の全部又は一部を行わせることができる。

一　第4条から第12条まで（第9条を除く。）に規定する事務

二　第14条から第17条までに規定する事務

三　前条に規定する事務

四　第46条第2項に規定する事務

2　国土交通大臣は、前項の登録を申請した者（法人でない団体で代表者又は管理人の定めのあるもの（以下この条及び第61条第2項において「団体」という。）を含む。）が次に掲げる要件のすべてに適合しているときは、その登録をしなければならない。この場合において、登録に関して必要な手続は、国土交通省令で定める。

一　登録事務等を行うために必要な設備を有し、これを用いて登録事務等を行うものであること。

二　登録事務等の信頼性の確保のために専任の管理者が置かれていること。

3　次の各号のいずれかに該当する者は、第1項の登録を受けることができない。

一　この法律若しくは道路運送法又はこれらに基づく命令の規定に違反し、罰金以上の刑に処せられ、その執行を終わり、又は執行を受けることがなくなった日か

　　ら起算して２年を経過しない者

　二　第30条の規定により登録を取り消され、その取消しの日から起算して２年を経
　　過しない者

　三　法人等（法人又は団体をいう。以下同じ。）であって、その業務を行う役員等
　　（法人の役員又は団体の代表者若しくは管理人をいう。以下同じ。）のうちに前
　　２号のいずれかに該当する者があるもの

4　第１項の登録は、登録実施機関登録簿に次に掲げる事項を記載してするものとす
　る。

　一　登録年月日及び登録番号

　二　登録実施機関の氏名又は名称及び住所並びに法人等にあっては、その代表者等
　　（法人の代表者又は団体の代表者若しくは管理人をいう。以下同じ。）の氏名

　三　登録実施機関が登録事務等を行う事務所の所在地

　四　前３号に掲げるもののほか、国土交通省令で定める事項

5　国土交通大臣は、第１項の登録をしたときは、当該登録実施機関が行う当該単位
　地域に係る登録事務等を行わないものとする。

6　登録実施機関が登録事務等を行う場合における第４条から第12条まで（第９条を
　除く。）、第14条から第17条まで、前条及び第46条第２項の規定の適用については、
　これらの規定（第７条第１項第４号を除く。）中「国土交通大臣」とあるのは、「登
　録実施機関」とする。

7　国土交通大臣は、第９条第１項から第３項までの規定による処分をしたときは、
　直ちにその旨を関係する登録実施機関に通知しなければならない。

8　国土交通大臣は、登録実施機関が第１項第３号に掲げる事務を行う場合において、
　当該事務を行うため必要な事項について国土交通大臣に照会したときは、照会に係
　る事項を当該登録実施機関に通知するものとする。

（登録諮問委員会）

第24条　登録実施機関には、登録諮問委員会を置かなければならない。

2　登録諮問委員会は、登録実施機関の代表者等（法人等でない登録実施機関にあっ
　ては、第19条第１項の登録を受けた者。以下この条において同じ。）の諮問に応じ
　登録事務等の実施に関し調査審議し、及びこれに関し必要と認める意見を登録実施
　機関の代表者等に述べることができる。

3　登録諮問委員会の委員は、タクシー事業者が組織する団体が推薦する者、タク
　シーの運転者が組織する団体が推薦する者及び学識経験のある者のうちから、登録
　実施機関の代表者等が任命する。

第4節　補　則

（手数料）

第33条　国土交通大臣に対して、登録の申請をする者、第12条第1項若しくは第2項の交付若しくは閲覧の請求をする者、第14条の交付を申請する者、第15条の訂正を申請する者、第17条の再交付を申請する者又は第18条の3第1項の交付を申請する者は、国土交通省令で定めるところにより、手数料を国土交通大臣に納付しなければならない。

　　※　「国土交通省令」＝タクシー業務適正化特別措置法施行規則第22条

第3章　タクシー業務適正化事業

（適正化事業実施機関の指定）

第34条　特定指定地域内におけるタクシー事業に係る次の業務を行う者で特定指定地域ごとに国土交通大臣の指定するもの（以下「適正化事業実施機関」という。）は、当該業務の実施に必要な経費に充てるため、当該特定指定地域内に営業所を有するタクシー事業者から負担金を徴収することができる。

　一　タクシーの運転者の道路運送法に違反する運送の引受けの拒絶その他同法又はこの法律に違反する行為の防止及び是正を図るための指導

　二　タクシーの運転者の業務の取扱いの適正化を図るための研修

　三　タクシー事業の利用者からの苦情の処理

　四　タクシー乗場その他タクシー事業の利用者のための共同施設の設置及び運営

2　前項の指定は、指定を受けようとする者の申請により行なう。

（適正化事業実施機関の公示等）

第35条の2　国土交通大臣は、適正化事業実施機関の指定をしたときは、その名称、住所、指定に係る特定指定地域、適正化業務を実施する事務所の所在地及び適正化業務の実施を開始する日を官報で公示しなければならない。

2　適正化事業実施機関は、その名称、住所又は適正化業務を実施する事務所の所在地を変更しようとするときは、あらかじめ、その旨を国土交通大臣に届け出なければならない。

3　国土交通大臣は、前項の届出があったときは、その旨を官報で公示しなければならない。

（負担金の徴収）

第37条　適正化事業実施機関は、毎事業年度、第34条第１項の負担金の額及び徴収方法について、国土交通大臣の認可を受けなければならない。

2　適正化事業実施機関は、前項の認可を受けたときは、当該適正化事業実施機関の指定に係る特定指定地域内に営業所を有するタクシー事業者に対し、その認可を受けた事項を記載した書面を添付して、負担金の額、納付期限及び納付方法を通知しなければならない。

3　タクシー事業者は、前項の通知に従い、適正化事業実施機関に対し、負担金を納付する義務を負う。

4　第２項の通知を受けたタクシー事業者（以下この条において「納付義務者」という。）は納付期限までにその負担金を納付しないときは、負担金の額に納付期限の翌日から当該負担金を納付する日までの日数１日につき国土交通省令で定める率を乗じて計算した金額に相当する金額の延滞金を納付する義務を負う。

5　適正化事業実施機関は、国土交通省令で定める事由があると認めるときは、前項の規定による延滞金の納付を免除することができる。

6　適正化事業実施機関は、納付義務者が納付期限までにその負担金を納付しないときは、督促状により、期限を指定して、督促しなければならない。この場合において、その期限は、督促状を発する日から起算して10日以上経過した日でなければならない。

7　適正化事業実施機関は、前項の規定による督促を受けた納付義務者がその指定の期限までにその督促に係る負担金及び第４項の規定による延滞金を納付しないときは、国土交通大臣にその旨を申し立てることができる。

8　国土交通大臣は、前項の申立てがあったときは、納付義務者に対し、適正化事業実施機関に負担金及び第４項の規定による延滞金を納付すべきことを命ずることができる。

　　※　４・５項「国土交通省令」＝タクシー業務適正化特別措置法施行規則第24条第２項・第３項

（適正化事業諮問委員会）

第39条　適正化事業実施機関には、適正化事業諮問委員会を置かなければならない。

2　適正化事業諮問委員会は、適正化事業実施機関の代表者の諮問に応じ負担金の額及び徴収方法その他適正化業務の実施に関する重要事項を調査審議し、及びこれらに関し必要と認める意見を適正化事業実施機関の代表者に述べることができる。

3　適正化事業諮問委員会の委員は、タクシー事業者が組織する団体が推薦する者、タクシーの運転者が組織する団体が推薦する者、学識経験のある者及びタクシー事

業の利用者のうちから、国土交通大臣の認可を受けて適正化事業実施機関の代表者
が任命する。

第4章　タクシー業務の特別規制等

（タクシー乗場及びタクシー乗車禁止地区の指定）

第43条　国土交通大臣は、特定指定地域内の駅前、繁華街等におけるタクシーによる
運送の引受けの適正化を図るため特に必要があると認めるときは、タクシー乗場を
指定し、かつ、旅客のタクシーへの乗車を禁止する地区及び時間を指定することが
できる。

2　タクシー事業者は、前項の指定をされた地区及び時間においては、同項の指定を
されたタクシー乗場以外の場所でタクシーに旅客を乗車させてはならない。

3　国土交通大臣は、第1項の指定をするときは、当該指定をする地区に係る都道府
県公安委員会及び道路法（昭和27年法律第180号）による道路の管理者に協議しな
ければならない。

4　国土交通大臣は、第1項の指定をするときは、その旨を官報で公示するとともに、
国土交通省令で定めるところにより、同項の指定に係るタクシー乗場及び禁止を示
すための必要な標識を設置しなければならない。

　　※　4項「国土交通省令」＝タクシー業務適正化特別措置法施行規則第27条

（タクシー等に関する届出）

第44条　一般乗用旅客自動車運送事業を経営する者は、指定地域内の営業所にその事
業の用に供する自動車を配置しようとするときは、あらかじめ、当該自動車につい
て道路運送車両法（昭和26年法律第185号）による自動車登録番号、タクシー又は
ハイヤーの別その他の国土交通省令で定める事項を国土交通大臣に届け出なければ
ならない。届け出た事項を変更しようとするときも、同様とする。

　　※　「国土交通省令」＝タクシー業務適正化特別措置法施行規則第28条

（タクシーである旨の表示等）

第45条　一般乗用旅客自動車運送事業を経営する者は、その事業の用に供する自動車
で指定地域内の営業所に配置するものに、国土交通省令で定めるところにより、タ
クシー又はハイヤーである旨の表示その他の一般乗用旅客自動車運送事業の業務の
適正化のために必要と認められる国土交通省令で定める表示事項又は装置を表示し、
又は装着しなければならない。

2　何人も、前項の規定により表示し、又は装着する場合及び国土交通省令で定める
場合を除き、自動車に同項の表示事項若しくは装置又はこれらに類似するものを表
示し又は装着してはならない。

　　※　1・2項「国土交通省令」＝タクシー業務適正化特別措置法施行規則第29条第1項・第2項

（個人タクシー事業者乗務証）

第46条　タクシー事業者（法人である者を除く。）は、タクシーに自ら乗務するとき
は、その者に係る個人タクシー事業者乗務証（以下「事業者乗務証」という。）を、
国土交通省令で定めるところにより、当該タクシーに表示しなければならない。た
だし、その運行が旅客の運送を目的としない場合は、この限りでない。

2　国土交通大臣は、前項のタクシー事業者の申請により、その者に係る事業者乗務
証を交付する。

3　第33条の規定は、前項の場合について準用する。

　　※　1項「国土交通省令」＝タクシー業務適正化特別措置法施行規則第35条

（不正表示の禁止）

第47条　何人も、第13条又は前条第1項の規定により表示する場合及び国土交通省令
で定める場合を除き、タクシーに運転者証若しくは事業者乗務証又はこれらに類似
するものを表示してはならない。

　　※　「国土交通省令」＝タクシー業務適正化特別措置法施行規則第38条

（輸送の安全及び利用者の利便の確保に関する試験）

第48条　国土交通大臣は、指定地域ごとに、国土交通省令で定めるところにより、タ
クシーの運転者になろうとする者に対し、当該指定地域に係るタクシー事業の業務
に必要な輸送の安全及び利用者の利便の確保に関する試験を行う。

2　前項の試験を受けようとする者は、国土交通省令で定めるところにより、手数料
を国土交通大臣に納付しなければならない。

　　※　1・2項「国土交通省令」＝タクシー業務適正化特別措置法施行規則第39条・第42条

（試験事務の代行）

第49条　国土交通大臣は、申請により、指定地域（特定指定地域を除く。）にあって
は当該指定地域に係る登録実施機関に、特定指定地域にあっては当該特定指定地域
に係る登録実施機関又は適正化事業実施機関に、前条第1項の試験の事務（以下
「試験事務」という。）を行わせることができる。

第5章　雑　則

（報告及び検査）

第51条　国土交通大臣は、この法律を施行するため必要があると認めるときは、一般乗用旅客自動車運送事業を経営する者、登録実施機関又は適正化事業実施機関に対し、その業務に関し必要な報告を命じ、又はその職員にこれらの者の事務所その他の事業所若しくは自動車に立ち入り、帳簿、書類その他の必要な物件を検査し、若しくは関係者に質問させることができる。

2　前項の規定により立入検査をする職員は、その身分を示す証票を携帯し、関係者に提示しなければならない。

3　第1項の規定による立入検査の権限は、犯罪捜査のために認められたものと解してはならない。

（許可の取消し等）

第52条　国土交通大臣は、一般乗用旅客自動車運送事業を経営する者がこの法律又はこの法律に基づく命令若しくは処分に違反したときは、6月以内の期間を定めて輸送施設の当該事業のための使用の停止若しくは当該事業の停止を命じ、又は当該事業の許可を取り消すことができる。

2　道路運送法第41条の規定は、前項の規定により輸送施設の使用の停止又は事業の停止を命じた場合について準用する。

（権限の委任）

第54条　この法律に規定する国土交通大臣の権限は、国土交通省令で定めるところにより、地方運輸局長に委任することができる。

2　前項の規定により地方運輸局長に委任された権限は、国土交通省令で定めるところにより、運輸監理部長又は運輸支局長に委任することができる。

（聴聞の特例等）

第54条の2　第52条第1項の規定により、国土交通大臣が輸送施設の使用の停止の命令をしようとするとき、又は地方運輸局長がその権限に属する輸送施設の使用の停止若しくは事業の停止の命令をしようとするときは、行政手続法（平成5年法律第88号）第13条第1項の規定による意見陳述のための手続の区分にかかわらず、聴聞を行わなければならない。

2 　道路運送法第90条第2項及び第3項の規定は、国土交通大臣又は地方運輸局長が第52条第1項の規定による処分に係る聴聞を行う場合について準用する。

3 　地方運輸局長は、国土交通大臣の権限に属する第52条第1項の規定による処分について国土交通大臣の指示があったときは、利害関係人又は参考人の出頭を求めて意見を聴取しなければならない。

4 　道路運送法第89条第3項及び第4項の規定は、前項の場合について準用する。

（国土交通省令への委任）

第55条 　この法律に定めるもののほか、この法律の実施のため必要な事項は、国土交通省令で定める。

　　※ 　「国土交通省令」＝タクシー業務適正化特別措置法施行規則

第6章　罰　則

第56条 　次の各号のいずれかに該当する者は、1年以下の懲役又は150万円以下の罰金に処し、又はこれを併科する。

一 　第3条第1項の規定に違反した者

二 　第52条第1項の規定による輸送施設の使用の停止又は事業の停止の処分に違反した者

第57条 　第25条第1項（第49条第6項又は第7項において準用する場合を含む。）の規定に違反して、その職務に関して知り得た秘密を漏らした者は、1年以下の懲役又は50万円以下の罰金に処する。

第58条 　第30条の規定による登録事務等の停止の命令に違反したときは、その違反行為をした登録実施機関の役員等又は職員は、1年以下の懲役又は50万円以下の罰金に処する。

第59条 　次の各号のいずれかに該当する者は、100万円以下の罰金に処する。

一 　第52条第2項において準用する道路運送法第41条第1項の規定による命令に違反した者

二 　第52条第2項において準用する道路運送法第41条第3項の規定に違反した者

第60条 　次の各号のいずれかに該当する者は、30万円以下の罰金に処する。

一　第8条第1項（第3号を除く。）、第13条、第15条、第16条第1項若しくは第2項、第18条、第43条第2項、第44条、第45条第1項若しくは第2項、第46条第1項又は第47条の規定に違反した者

二　第5条第2項の申請書、同条第3項の添付書類、第8条第1項の届出書、同条第2項の添付書類又は第17条の再交付の申請書に虚偽の記載をしてこれを提出した者

三　第27条の規定による許可を受けないで登録事務等の全部を廃止した者

四　第31条の規定に違反して、帳簿を備えず、帳簿に記載せず、若しくは帳簿に虚偽の記載をし、又は帳簿を保存しなかった者

五　第51条第1項の規定による報告をせず、又は虚偽の報告をした者

六　第51条第1項の規定による検査を拒み、妨げ、若しくは忌避し、又は同項の規定による質問に対して答弁をせず、若しくは虚偽の答弁をした者

第61条　法人等の代表者等又は法人等若しくは人の代理人、使用人その他の従業者が、その法人等又は人の業務に関し、第56条、第59条又は前条の違反行為をしたときは、行為者を罰するほか、その法人等又は人に対しても、各本条の罰金刑を科する。

2　団体について前項の規定の適用がある場合には、その代表者又は管理人が、その訴訟行為につき団体を代表するほか、法人を被告人又は被疑者とする場合の刑事訴訟に関する法律の規定を準用する。

○タクシー業務適正化特別措置法施行規則［抄］

（昭和45年7月25日
運輸省令第66号）

最終改正　令和6年3月29日　国土交通省令第26号

（用語）

第1条　この省令で使用する用語は、タクシー業務適正化特別措置法（昭和45年法律第75号。以下「法」という。）で使用する用語の例による。

（指定地域の指定の要請）

第1条の2　法第2条の2第4項から第6項（これらの規定を法第2条の3第2項において準用する場合を含む。）の規定により指定地域の指定を要請しようとする特定地域及び準特定地域における一般乗用旅客自動車運送事業の適正化及び活性化に関する特別措置法（平成21年法律第64号）第8条第1項に規定する協議会、都道府県知事又は市町村長は、次に掲げる事項を記載した要請書を国土交通大臣に提出しなければならない。

一　指定を要請する地域

二　指定を要請する理由

三　その他参考となる事項

（登録申請書）

第3条　法第5条第2項の申請書の様式は、第2号様式のとおりとする。

3　法第5条第3項の規定により第1項の申請書に添付すべき申請者の写真は、申請前6月以内に撮影した縦6センチメートル、横4センチメートルの単独、無帽、正面、無背景の顔写真でその裏面に氏名及び撮影年月日を記入したもの（以下「申請用写真」という。）とする。

（登録事項の変更等の届出）

第5条　法第8条第1項の届出をしようとする者は、第4号様式による届出書を地方

運輸局長に提出しなければならない。

2　前項の届出書を提出する場合には、次の表の上欄に掲げる届出をすべき場合の区分に従い、同表の中欄に掲げる書面を、同表の下欄に定めるところにより、添付し、又は提示しなければならない。

届　出　を　す　べ　き　場　合	書　　面	添付又は提示の別
1　法第5条第2項第1号に掲げる事項に変更があったとき。	第3条第2項第1号に掲げる書面	添　付
2　タクシー事業者に雇用されることとなったため法第5条第2項第2号に掲げる事項に変更があったとき。	第3条第2項第2号に掲げる書面	添　付
3　法第5条第2項第3号に掲げる事項に変更があったとき。	第二種運転免許に係る運転免許証	提　示
4　道路交通法（昭和35年法律第105号）第90条第5項、第103条第1項若しくは第4項又は第103条の2第1項の規定に基づき運転免許の効力が停止されたことにより法第7条第1項第1号に該当することとなったとき。	運転免許停止処分通知書又は仮停止処分通知書	提　示
5　法第10条第2項の規定により登録の効力が停止されている場合において、同項の国土交通省令を定める事由の存続する期間が短縮されたとき。	第二種免許に係る運転免許証	提　示

（運転者証の様式及び交付）

第11条　運転者証の様式は、第8号様式のとおりとする。

2　法第14条の規定により運転者証の交付を申請しようとする者は、第9号様式による運転者証交付申請書に当該登録運転者の申請用写真を添附して地方運輸局長に提出しなければならない。

3　運転者証は、登録運転者ごとに、1枚を限り、交付する。

（運転者証の表示）

第12条　運転者証は、タクシーの前面ガラスの内側に、運転者証の表をタクシーの外部に、裏を内部に向けて、利用者に見易いように表示しなければならない。

（運転者証の記載事項の訂正）

第13条　法第15条の規定により運転者証の記載事項の訂正を受けようとする者は、第10号様式による運転者証訂正申請書に当該申請に係る運転者証及び当該登録運転者の申請用写真を添付して地方運輸局長に提出しなければならない。

（運転者証の再交付）

第14条　法第17条の規定により運転者証の再交付を受けようとする者は、第10号様式による運転者証再交付申請書に当該申請に係る運転者証（当該運転者証を失ったときは、その事実を証する書面）及び当該登録運転者の申請用写真を添附して地方運輸局長に提出しなければならない。

2　タクシー事業者は、運転者証の再交付を受けた後、失なった運転者証を発見したときは、発見した運転者証を直ちに地方運輸局長に返納しなければならない。

（登録等の手数料）

第22条　次の表の上欄に掲げる者は、地方運輸局長が登録事務等を行う場合は、それぞれ同表の下欄に掲げる金額の手数料を地方運輸局長に納付しなければならない。

手数料を納付すべき者	金　　　額
1　原簿への登録の申請をする者	1件につき　1,700円
2　原簿の謄本の交付の請求をする者	1枚につき　400円
3　原簿の閲覧の請求をする者	1件につき　400円
4　運転者証の交付を申請する者	1件につき　1,700円
5　運転者証の訂正を申請する者	1件につき　1,100円
6　運転者証の再交付を申請する者	1件につき　1,700円
7　登録運転者業務経歴証明書の交付を申請する者	1枚につき　400円

（負担金）

第24条　適正化事業実施機関は、法第37条第1項の規定により負担金の額及び徴収方法の認可を受けようとするときは、負担金の額及び徴収方法を記載した申請書に負担金の額の算出基礎を記載した書類を添附して地方運輸局長に提出しなければならない。

2　法第37条第4項の国土交通省令で定める率は、1万分の4とする。

3　法第37条第5項の国土交通省令で定める事由は、天災その他負担金を納付しない

ことについてのやむを得ない事由とする。

（タクシー乗場及びタクシー乗車禁止地区の指定）

第27条　法第43条第４項の規定により設置する標識は、次の場所に設置しなければならない。

一　タクシー乗場を示す標識にあっては、タクシー乗場

二　旅客のタクシーへの乗車を禁止する地区及び時間を示す標識にあっては、旅客のタクシーへの乗車を禁止する地区の境界における道路の路端その他の必要な地点

2　前項第１号の標識の様式は、第11号様式のとおりとし、同項第２号の標識の様式は、第12号様式のとおりとする。

（タクシー等に関する届出）

第28条　法第44条の国土交通省令で定める事項は、道路運送車両法（昭和26年法律第185号）による自動車登録番号、タクシー又はハイヤーの別、車名及び所属営業所の名称とする。

（タクシーである旨の表示等）

第29条　法第45条第１項の国土交通省令で定める表示事項は、次の各号に掲げるものとし、別表の例により表示するものとする。

一　タクシー（次号に掲げるものを除く。）にあっては、「タクシー」又は「TAXI」

二　個人タクシー事業者（当該許可を受ける個人のみが自動車を運転することにより当該事業を行なうべき旨の条件の附された一般乗用旅客自動車運送事業の許可を受けた者をいう。以下同じ。）のタクシーにあっては、「個人」及び「タクシー」又は「ＴＡＸＩ」

2　法第45条第１項の国土交通省令で定める装置は、次の各号に掲げる事項を表示した表示灯とし、別表の例により装着するものとする。

一　タクシー（次号に掲げるものを除く。）にあっては、「タクシー」、「TAXI」、タクシー事業者の名称若しくは記号又はタクシー事業者が所属する団体の名称若しくは記号

二　個人タクシー事業者のタクシーにあっては「個人」

三　地方運輸局長が指示するタクシーにあっては、その指示する事項

（事業者乗務証の様式及び交付）

第30条 事業者乗務証の様式は、第13号様式のとおりとする。

2 事業者乗務証の交付を申請しようとする者は、第14号様式による事業者乗務証交付申請書を地方運輸局長に提出しなければならない。

3 前項の申請をする場合には、当該タクシー事業者の申請用写真を添附し、かつ、その者が受けている第二種運転免許に係る運転免許証を提示しなければならない。

（事業者乗務証の記載事項の訂正）

第31条 タクシー事業者は、交付を受けている事業者乗務証の記載事項に変更があったときは、直ちにその訂正を受けなければならない。

2 事業者乗務証の記載事項の訂正を受けようとする者は、第15号様式による事業者乗務証訂正申請書を地方運輸局長に提出しなければならない。

3 前項の申請をする場合には、事業者乗務証及び当該タクシー事業者の申請用写真を添附し、かつ、訂正を受けようとする記載事項が運転免許証の有効期限に係るものであるときは、その運転免許証を提示しなければならない。

（事業者乗務証の返納）

第32条 タクシー事業者は、タクシー事業を行なわないこととなったときは、直ちに事業者乗務証を地方運輸局長に返納しなければならない。

（事業者乗務証の再交付）

第33条 タクシー事業者は、事業者乗務証をよごし、損じ、又は失ったときは、その再交付を受けることができる。

2 事業者乗務証の再交付を受けようとする者は、第15号様式による事業者乗務証再交付申請書を地方運輸局長に提出しなければならない。

3 前項の申請をする場合には、当該申請に係る事業者乗務証（当該事業者乗務証を失ったときは、その事実を証する書面）及び当該タクシー事業者の申請用写真を添附し、かつ、その者が受けている第二種運転免許に係る運転免許証を提示しなければならない。

（事業者乗務証の譲渡等の禁止）

第34条 タクシー事業者は、事業者乗務証を他人に譲り渡し、又は貸与してはならない。

（準用規定）

第35条 第11条第3項、第12条及び第14条第2項の規定は、事業者乗務証の交付、表

示又は返納について準用する。

（登録実施機関が事業者乗務証の交付を行う場合における規定の適用）

第36条　登録実施機関が事業者乗務証の交付を行う場合における第30条第2項、第31条第2項、第32条及び第33条第2項並びに前条において準用する第14条第2項の規定の適用については、これらの規定中「地方運輸局長」とあるのは、「登録実施機関」とする。

（事業者乗務証の交付等の手数料）

第37条　次の表の上欄に掲げる者は、地方運輸局長が登録事務等を行う場合には、それぞれ同表の下欄に掲げる金額の手数料を地方運輸局長に納付しなければならない。

手数料を納付すべき者	金　　　　額
1　事業者乗務証の交付を申請する者	1件につき　　1,700円
2　事業者乗務証の訂正を申請する者	1件につき　　1,100円
3　事業者乗務証の再交付を申請する者	1件につき　　1,700円

（不正表示に該当しない場合）

第38条　法第47条の国土交通省令で定める場合は、登録運転者が旅客の運送を目的としないで乗務しているタクシーにその者に係る運転者証を表示する場合及びタクシー事業者が旅客の運送を目的としないで乗務しているタクシーにその者に係る事業者乗務証を表示する場合とする。

（輸送の安全及び利用者の利便の確保に関する試験）

第39条　法第48条第1項の輸送の安全及び利用者の利便の確保に関する試験（以下「試験」という。）は、タクシー事業に係る法令、安全及び接遇に関し告示で定める事項に関する知識について筆記試験の方法により行うものとする。

2　試験を受けようとする者は、第16号様式による受験申請書を地方運輸局長に提出しなければならない。

3　試験を受けようとする者は、試験を受ける際に運転免許証その他のその者が受験申請した者であることを証するに足りる書面を地方運輸局長に提示しなければならない。

4　地方運輸局長は、試験に合格した者に対し、第17号様式による試験合格証を交付する。

222

5 試験の合格の効力は、試験に合格した日から起算して2年を経過した日以後は、失効する。

6 地方運輸局長は、不正の手段によって試験を受け、又は受けようとした者に対しては、合格の決定を取り消し、又はその試験を受けることを禁止することができる。

（試験手数料）

第42条 試験を受けようとする者は、3,400円の手数料を地方運輸局長（登録実施機関又は適正化事業実施機関が試験事務を行う場合には、当該登録実施機関又は適正化事業実施機関）に納付しなければならない。

第11号様式

注 (1) 文字、記号及び縁線は、黒色とし、縁及び地は、白色とする。ただし、標識を灯火により表示する場合においては、文字、記号及び縁線は、白色とし、縁及び地は、黒色とすることができる。

(2) 寸法の単位は、センチメートルとする。

(3) 標識の寸法は、道路の設計速度、道路の形状、交通の状況又は設置場所周辺の実情を考慮し、図示の寸法の2倍まで拡大し、又は容易に視認できる範囲において、図示の寸法の2分の1まで縮小することができる。

第12号様式

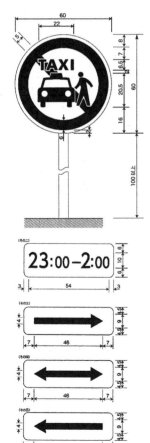

注 (1) （その二）の図示の数字は、旅客のタクシーへの乗車を禁止する時間の例示とし、図示の「23：00—2：00」は、23時から2時までであることを示す。

(2) （その三）及び（その五）の矢印の方向は、旅客のタクシーへの乗車を禁止する地区の内側を示す。

(3) （その四）は、旅客のタクシーへの乗車を禁止する地区内であることを示す。

(4) （その一）の文字及び記号は、青色とし、枠及び斜めの帯は、赤色とし、縁及び地は白色とする。

(5) （その二）の数字及び記号は、黒色とし、地は白色とする。

(6) （その三）、（その四）及び（その五）の記号は赤色とし、地は白色とする。

(7) 寸法の単位は、センチメートルとする。

(8) （その二）から（その五）までは、（その一）の柱の部分に取り付ける。

(9) （その一）について、標識の寸法は、道路の設計速度、道路の形状、交通の状況又は設置場所周辺の実情を考慮し、図示の寸法の2倍まで拡大し、又は容易に視認できる範囲において、図示の寸法の2分の1まで縮小することができる。

(10) （その二）から（その五）までについて、(9)の規定による（その一）の拡大率又は縮小率と同じ比率で拡大し、又は縮小することができる。

224

第13号様式

注 (1) 模様は、青色及び薄い青色とし、模様の地は、白色とし、「CERTIFIED」の文字は、黒色とし、「Japan Professional Driver」の文字は、白色とし、地は、青色とし、「個」の文字及び下線は、青色とする。
   (2) 許可番号は、一般乗用旅客自動車運送事業の許可の際に地方運輸局長が当該許可に付した番号とする。
   (3) 寸法の単位は、ミリメートルとする。
   (4) 押出しスタンプは、割印をもって代えることができる。
   ※ 第13号様式の事業者乗務証については、改正後の様式にかかわらず、当分の間、なおこれを使用することができる。

第14号様式

事 業 者 乗 務 証 交 付 申 請 書

許 可 番 号	

殿

運転免許証 の有効期限	年 月 日

申 請 年 月 日	
年 月 日	

フリガナ	
氏 名	

申 請 者 の 氏 名

住 所

注 (1) 許可番号の欄は、一般乗用旅客自動車運送事業の許可を受けた際に地方運輸局長が当該許可に付した番号を記入すること。
   (2) 用紙の大きさは、日本工業規格Ａ列４番とする。

第15号様式

事 業 者 乗 務 証 ^{訂　正}／_{再交付} 申 請 書

許 可 番 号		殿

運転免許証 の有効期限	年　月　日

申 請 年 月 日

年　　　月　　　日

フリガナ	
氏　　名	

申 請 者 の 氏 名

住 所

訂正の内容又は再交付の事由

注　(1)　申請書の名称中不要の文字は、消すこと。
　　(2)　許可番号の欄は、一般乗用旅客自動車運送事業の許可を受けた際に地方運輸局長が当
　　　　該許可に付した番号を記入すること。
　　(3)　用紙の大きさは、日本工業規格Ａ列４番とする。

別表〔第29条〕

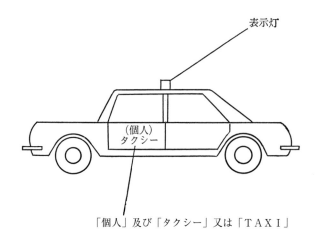

表示灯

（個人）
タクシー

「個人」及び「タクシー」又は「ＴＡＸＩ」

注　(1)　「個人」及び「タクシー」又は「ＴＡＸＩ」の表示は、ペンキ等による横書きとし、自動
　　　　車の両側面に行うこと。
　　(2)　表示灯は、自動車の屋根の上に自動車の前後から見易いように装着すること。

○タクシー業務適正化特別措置法施行規程［抄］

（平成26年１月24日 国土交通省告示第57号）

最終改正　令和６年２月29日　国土交通省告示第134号

（定義）

第1条　この告示において使用する用語は、タクシー業務適正化特別措置法（以下「法」という。）及びタクシー業務適正化特別措置法施行規則（以下「施行規則」という。）において使用する用語の例による。

（指定地域及び特定指定地域）

第2条　法第２条の２第１項の規定に基づき国土交通大臣が指定する地域は、次の表のとおりとする。

名　　称	地　　　　　域
札幌地域	北海道の区域のうち、札幌市、江別市、北広島市及び石狩市（厚田区及び浜益区を除く。）の区域
仙台地域	宮城県の区域のうち、仙台市の区域
さいたま地域	埼玉県の区域のうち、さいたま市、川口市、鴻巣市、上尾市、蕨市、戸田市、桶川市、北本市及び北足立郡の区域
千葉地域	千葉県の区域のうち、千葉市、市川市、船橋市、松戸市、野田市、習志野市、柏市、流山市、八千代市、我孫子市、鎌ヶ谷市、浦安市及び四街道市の区域
東京地域	東京都の区域のうち、特別区、武蔵野市及び三鷹市の区域
横浜地域	神奈川県の区域のうち、横浜市、川崎市、横須賀市及び三浦市の区域
名古屋地域	愛知県の区域のうち、名古屋市、瀬戸市、津島市、尾張旭市、豊明市、日進市、愛西市、清須市、北名古屋市、弥富市、あま市、長久手市、愛知郡、西春日井郡及び海部郡の区域
京都地域	京都府の区域のうち、京都市（右京区京北を除く。）、宇治市、城陽市、向日市、長岡京市、八幡市、京田辺市、木津川市、乙訓郡、久世郡、綴喜郡及び相楽郡の区域

大阪地域	大阪府の区域のうち、大阪市、堺市（美原区を除く。）、豊中市、池田市、吹田市、泉大津市、高槻市、守口市、茨木市、八尾市、和泉市、箕面市、門真市、摂津市、高石市、東大阪市、三島郡及び泉北郡の区域
神戸地域	兵庫県の区域のうち、神戸市、尼崎市、明石市、西宮市、芦屋市、伊丹市、宝塚市、川西市及び川辺郡の区域
広島地域	広島県の区域のうち、広島市（佐伯区（湯来町及び杉並台に限る。）を除く。）、廿日市市（玖島、永原、峠、友田、河津原、津田、浅原、虫所山、飯山、中道、栗栖、吉和、大野、宮島口1丁目から4丁目まで、宮島口東1丁目から3丁目まで、宮島口西1丁目から3丁目まで、宮島口上1丁目及び2丁目、福面1丁目から3丁目まで、対厳山1丁目から3丁目まで、深江1丁目から3丁目まで、前空1丁目から6丁目まで、物見東1丁目及び2丁目、物見西1丁目から3丁目まで、上の浜1丁目及び2丁目、下の浜、大野1丁目及び2丁目、大野中央1丁目から5丁目まで、大野原1丁目から4丁目まで、梅原1丁目及び2丁目、塩屋1丁目及び2丁目、沖塩屋1丁目から4丁目まで、林が原1丁目及び2丁目、丸石1丁目から5丁目まで、宮浜温泉1丁目から3丁目まで、八坂1丁目及び2丁目並びに宮島町を除く。）及び安芸郡の区域
北九州地域	福岡県の区域のうち、北九州市、中間市及び遠賀郡の区域
福岡地域	福岡県の区域のうち、福岡市、筑紫野市、春日市、大野城市、太宰府市、古賀市、糸島市、筑紫郡及び粕屋郡の区域
備考　この表において用いられた行政区画又は土地の名称による区域は、平成26年1月1日においてその行政区画又は土地の名称による区域として定められていた区域とする。	

2　法第2条の3第1項に基づき国土交通大臣が指定する地域は、前項に規定する東京地域、横浜地域及び大阪地域とする。

（単位地域）

第3条　法第3条第1項の規定に基づき国土交通大臣が指定する地域は、次の表のとおりとする。

名　称	地　域
北海道A	前条第1項に規定する札幌地域
北海道B	北海道の区域のうち、北海道A以外の区域
青森県	青森県全域

岩 手 県	岩手県全域
宮城県A	前条第1項に規定する仙台地域
宮城県B	宮城県の区域のうち、宮城県A以外の区域
秋 田 県	秋田県全域
山 形 県	山形県全域
福 島 県	福島県全域
茨 城 県	茨城県全域
栃 木 県	栃木県全域
群 馬 県	群馬県全域
埼玉県A	前条第1項に規定するさいたま地域
埼玉県B	埼玉県の区域のうち、埼玉県A以外の区域
千葉県A	前条第1項に規定する千葉地域
千葉県B	千葉県の区域のうち、千葉県A以外の区域
東京都A	前条第1項に規定する東京地域
東京都B	東京都の区域のうち、東京都A以外の区域
神奈川県A	前条第1項に規定する横浜地域
神奈川県B	神奈川県の区域のうち、神奈川県A以外の区域
山 梨 県	山梨県全域
新 潟 県	新潟県全域
富 山 県	富山県全域
石 川 県	石川県全域
長 野 県	長野県全域
福 井 県	福井県全域
岐 阜 県	岐阜県全域
静 岡 県	静岡県全域
愛知県A	前条第1項に規定する名古屋地域
愛知県B	愛知県の区域のうち、愛知県A以外の区域
三 重 県	三重県全域
滋 賀 県	滋賀県全域

京都府A	前条第1項に規定する京都地域
京都府B	京都府の区域のうち、京都府A以外の区域
大阪府A	前条第1項に規定する大阪地域
大阪府B	大阪府の区域のうち、大阪府A以外の区域
兵庫県A	前条第1項に規定する神戸地域
兵庫県B	兵庫県の区域のうち、兵庫県A以外の区域
奈 良 県	奈良県全域
和歌山県	和歌山県全域
鳥 取 県	鳥取県全域
島 根 県	島根県全域
岡 山 県	岡山県全域
広島県A	前条第1項に規定する広島地域
広島県B	広島県の区域のうち、広島県A以外の区域
山 口 県	山口県全域
徳 島 県	徳島県全域
香 川 県	香川県全域
愛 媛 県	愛媛県全域
高 知 県	高知県全域
福岡県A	前条第1項に規定する北九州地域
福岡県B	前条第1項に規定する福岡地域
福岡県C	福岡県の区域のうち、福岡県A及び福岡県B以外の区域
佐 賀 県	佐賀県全域
長 崎 県	長崎県全域
熊 本 県	熊本県全域
大 分 県	大分県全域
宮 崎 県	宮崎県全域
鹿児島県	鹿児島県全域
沖 縄 県	沖縄県全域

○一般乗用旅客自動車運送事業標準運送約款

（昭和48年9月6日
運輸省告示第372号）

最終改正　令和2年11月27日　国土交通省告示第1405号

（適用範囲）

第1条　当社の経営する一般乗用旅客自動車運送事業に関する運送契約は、この運送約款の定めるところにより、この運送約款に定めのない事項については、法令の定めるところ又は一般の慣習によります。

2　当社がこの運送約款の趣旨及び法令に反しない範囲でこの運送約款の一部条項について特約に応じたときは、当該条項の定めにかかわらず、その特約によります。

（係員の指示）

第2条　旅客は、当社の運転者その他の係員が運送の安全確保のために行う職務上の指示に従わなければなりません。

（運送の引受け）

第3条　当社は、次条又は第4条の2第2項の規定により運送の引受け又は継続を拒絶する場合を除いて、旅客の運送を引き受けます。

（運送の引受け及び継続の拒絶）

第4条　当社は、次の各号のいずれかに該当する場合には、運送の引受け又は継続を拒絶することがあります。

　(1)　当該運送の申込みがこの運送約款によらないものであるとき。

　(2)　当該運送に適する設備がないとき。

　(3)　当該運送に関し、申込者から特別な負担を求められたとき。

　(4)　当該運送が法令の規定又は公の秩序若しくは善良の風俗に反するものであるとき。

　(5)　天災その他やむを得ない事由による運送上の支障があるとき。

　(6)　旅客が乗務員の旅客自動車運送事業運輸規則の規定に基づいて行う措置に従

わないとき。

⑺　旅客が旅客自動車運送事業運輸規則の規定により持込みを禁止された刃物その他の物品を携帯しているとき。

⑻　旅客が第4条の3第3項又は第4項の規定により持込みを拒絶された物品を携帯しているとき。

⑼　旅客が行先を明瞭に告げられないほど又は人の助けなくしては歩行が困難なほど泥酔しているとき。

⑽　旅客が車内を汚染するおそれがある不潔な服装をしているとき。

⑾　旅客が付添人を伴わない重病者であるとき。

⑿　旅客が感染症の予防及び感染症の患者に対する医療に関する法律による一類感染症、二類感染症、新型インフルエンザ等感染症若しくは指定感染症（入院を必要とするものに限る。）の患者（これらの患者とみなされる者を含む。）又は新感染症の所見のある者であるとき。

第4条の2　当社の禁煙車両（禁煙車である旨を表示した車両をいう。次項において同じ。）内では、旅客は喫煙を差し控えていただきます。

2　旅客が当社の禁煙車両内で喫煙し、又は喫煙しようとしている場合、運転者は喫煙を中止するように求めることができ、旅客がこの求めに応じない場合には、運送の引受け又は継続を拒絶することがあります。

（手回品の持込制限）

第4条の3　旅客は、第4条第7号の物品を車内に持ち込むことができません。

2　当社は、旅客の手回品（旅客の携行する物品をいう。以下同じ。）の中に前項の物品が収納されているおそれがあると認めるときは、旅客に対し手回品の内容の明示を求めることがあります。

3　当社は、前項の規定による求めに応じない旅客に対して、その手回品の持込みを拒絶することがあります。

4　当社は、旅客が第2項の規定による求めに応じた場合においてその手回品の内容が第1項の物品と類似し、かつ、これと識別が困難であるときは、旅客がこれらの物品でない旨の相当の証明をしない限り、その手回品の持込みを拒絶することがあります。

（運賃及び料金）

第5条　当社が収受する運賃及び料金は、旅客の乗車時において地方運輸局長の認可

を受け、又は地方運輸局長に届出をして実施しているものによります。

2　前項の運賃及び料金は、時間貸しの契約をした場合を除いて、運賃料金メーター器の表示額によります。

（運賃及び料金の収受）

第6条　当社は、旅客の下車の際に運賃及び料金の支払いを求めます。

（旅客に対する責任）

第7条　当社は、当社の自動車の運行によって、旅客の生命又は身体を害したときは、これによって生じた損害を賠償する責に任じます。ただし、当社及び当社の係員が自動車の運行に関し注意を怠らなかったこと、当該旅客又は当社の係員以外の第三者に故意又は過失のあったこと並びに自動車に構造上の欠陥又は機能の障害がなかったことを証明したときは、この限りでありません。

2　前項の場合において、当社の旅客に対する責任は、旅客の乗車のときに始まり、下車をもって終わります。

第8条　当社は、前条によるほか、その運送に関し旅客が受けた損害を賠償する責に任じます。ただし、当社及び当社の係員が運送に関し注意を怠らなかったことを証明したときは、この限りではありません。

第9条　当社は、天災その他当社の責に帰することができない事由により、輸送の安全の確保のため一時的に運行中止その他の措置をしたときは、これによって旅客が受けた損害を賠償する責に任じません。

（旅客の責任）

第10条　当社は、旅客の故意若しくは過失により又は旅客が法令若しくはこの運送約款の規定を守らないことにより当社が損害を受けたときは、その旅客に対し、その損害の賠償を求めます。

◯特定地域及び準特定地域における一般乗用旅客自動車運送事業の適正化及び活性化に関する特別措置法

（平成21年 6 月26日
法律第64号）

最終改正　令和 5 年 4 月28日　法律第18号

第1章　総　則

（目的）

第 1 条　この法律は、一般乗用旅客自動車運送が地域公共交通として重要な役割を担っており、地域の状況に応じて、地域における輸送需要に対応しつつ、地域公共交通としての機能を十分に発揮できるようにすることが重要であることに鑑み、国土交通大臣による特定地域及び準特定地域の指定並びに基本方針の策定、特定地域において組織される協議会による特定地域計画の作成並びにこれに基づく一般乗用旅客自動車運送事業者による供給輸送力の削減及び活性化措置の実施、準特定地域において組織される協議会による準特定地域計画の作成及びこれに基づく一般乗用旅客自動車運送事業者による活性化事業等の実施並びに特定地域及び準特定地域における道路運送法（昭和26年法律第183号）の特例について定めることにより、特定地域及び準特定地域における一般乗用旅客自動車運送事業の適正化及び活性化を推進し、もって地域における交通の健全な発達に寄与することを目的とする。

（定義）

第 2 条　この法律において「一般乗用旅客自動車運送事業」とは、道路運送法第 3 条第 1 号ハの一般乗用旅客自動車運送事業（国土交通大臣が指定するものを除く。）をいう。

2　この法律において「一般乗用旅客自動車運送事業者」とは、一般乗用旅客自動車運送事業を経営する者をいう。

3　この法律において「一般乗用旅客自動車運送」とは、一般乗用旅客自動車運送事

業者が行う旅客の運送をいう。

4　この法律において「地域公共交通」とは、地域公共交通の活性化及び再生に関する法律（平成19年法律第59号）第2条第1号に規定する地域公共交通をいう。

5　この法律において「特定地域」とは、次条第1項の規定により指定された地域をいう。

6　この法律において「準特定地域」とは、第3条の2第1項の規定により指定された地域をいう。

7　この法律において「活性化事業」とは、一般乗用旅客自動車運送事業について、利用者の選択の機会の拡大に資する情報の提供、情報通信技術の活用による運行の管理の高度化、利用者の特別の需要に応ずるための運送の実施その他の国土交通省令で定める措置（一般乗用旅客自動車運送事業の供給輸送力を増加させるものとして国土交通省令で定めるものを除く。）を講ずることにより、輸送需要に対応した合理的な運営及び法令の遵守の確保並びに運送サービスの質の向上及び輸送需要の開拓を図り、もって一般乗用旅客自動車運送事業の活性化に資する事業をいう。

8　この法律において「活性化措置」とは、活性化事業その他の一般乗用旅客自動車運送事業の活性化を推進するために行う事業及び一般乗用旅客自動車運送事業の譲渡又は譲受け、一般乗用旅客自動車運送事業者たる法人の合併又は分割その他経営の合理化に資する措置として国土交通省令で定めるものをいう。

9　この法律において「事業用自動車」とは、道路運送法第2条第8項に規定する事業用自動車（国土交通大臣が指定するものを除く。）をいう。

第2章　特定地域及び準特定地域の指定

（特定地域の指定）

第3条　国土交通大臣は、特定の地域において、一般乗用旅客自動車運送事業が供給過剰（供給輸送力が輸送需要量に対し過剰であることをいう。以下同じ。）であると認める場合であって、当該地域における一般乗用旅客自動車運送事業の次に掲げる状況に照らして、当該地域における供給輸送力の削減をしなければ、一般乗用旅客自動車運送事業の健全な経営を維持し、並びに輸送の安全及び利用者の利便を確保することにより、その地域公共交通としての機能を十分に発揮することが困難であるため、当該地域の関係者の自主的な取組を中心として一般乗用旅客自動車運送事業の適正化及び活性化を推進することが特に必要であると認めるときは、当該特定の地域を、期間を定めて特定地域として指定することができる。

一　事業用自動車1台当たりの収入の状況

二　法令の違反その他の不適正な運営の状況

三　事業用自動車の運行による事故の発生の状況

2　国土交通大臣は、前項の規定により特定地域を指定した場合において、当該指定の期間が経過した後において更にその指定の必要があると認めるときは、期間を定めて、その指定の期限を延長することができる。当該延長に係る期限が経過した後において、これを更に延長しようとするときも、同様とする。

3　国土交通大臣は、特定地域について第1項に規定する指定の事由がなくなったと認めるときは、当該特定地域について同項の規定による指定を解除するものとする。

4　第1項の規定による指定、第2項の規定による期限の延長及び前項の規定による指定の解除は、告示によって行う。

5　都道府県知事は、国土交通大臣に対し、当該都道府県について第1項の規定による指定及び第2項の規定による期限の延長を行うよう要請することができる。

6　市町村長は、当該市町村の属する都道府県の知事を経由して、国土交通大臣に対し、当該市町村について第1項の規定による指定及び第2項の規定による期限の延長を行うよう要請することができる。

（準特定地域の指定）

第3条の2　国土交通大臣は、特定の地域において、一般乗用旅客自動車運送事業が供給過剰となるおそれがあると認める場合であって、当該地域における一般乗用旅客自動車運送事業の前条第1項各号に掲げる状況に照らして、当該地域の輸送需要に的確に対応しなければ、一般乗用旅客自動車運送事業の健全な経営を維持し、並びに輸送の安全及び利用者の利便を確保することにより、その地域公共交通としての機能を十分に発揮することができなくなるおそれがあるため、当該地域の関係者の自主的な取組を中心として一般乗用旅客自動車運送事業の適正化及び活性化を推進することが必要であると認めるときは、当該特定の地域を、期間を定めて準特定地域として指定することができる。

2　前条第2項から第6項までの規定は、前項の規定による指定について準用する。

第3章　基本方針等

（基本方針）

第4条　国土交通大臣は、特定地域及び準特定地域における一般乗用旅客自動車運送事業の適正化及び活性化に関する基本方針（以下「基本方針」という。）を定めるものとする。

2　基本方針は、次に掲げる事項について定めるものとする。

一　一般乗用旅客自動車運送事業の適正化及び活性化の意義及び目標に関する事項

二　第8条の2第1項に規定する特定地域計画の作成に関する基本的な事項

三　第8条の2第1項に規定する特定地域計画に定める一般乗用旅客自動車運送事業の供給輸送力の削減及び活性化措置に関する基本的な事項

四　第9条第1項に規定する準特定地域計画の作成に関する基本的な事項

五　活性化事業その他の第9条第1項に規定する準特定地域計画に定める事業に関する基本的な事項

六　その他一般乗用旅客自動車運送事業の適正化及び活性化の推進に関する基本的な事項

3　国土交通大臣は、情勢の推移により必要が生じたときは、基本方針を変更するものとする。

4　国土交通大臣は、基本方針を定め、又はこれを変更したときは、遅滞なく、これを公表するものとする。

（一般乗用旅客自動車運送事業者等の責務）

第5条　一般乗用旅客自動車運送事業者であって特定地域又は準特定地域内に営業所を有するもの及びこれらの者の組織する団体（以下「一般乗用旅客自動車運送事業者等」という。）は、一般乗用旅客自動車運送が地域公共交通として重要な役割を担っていることを自覚し、当該特定地域又は準特定地域において、地域における輸送需要の把握及びこれに応じた適正かつ合理的な運営の確保を図るための措置、地域における利用者の需要の多様化及び高度化に的確に対応した運送サービスの円滑かつ確実な提供を図るための措置その他の一般乗用旅客自動車運送事業の適正化及び活性化のために必要な措置を講ずるよう努めなければならない。

（国の責務）

第6条　国は、特定地域及び準特定地域において一般乗用旅客自動車運送事業者等その他の関係者が行う一般乗用旅客自動車運送事業の適正化及び活性化に関する取組のために必要となる情報の収集、整理、分析及び提供、助言その他の支援を行うよう努めなければならない。

2　国は、特定地域及び準特定地域において一般乗用旅客自動車運送事業者等その他の関係者が行う一般乗用旅客自動車運送事業の適正化及び活性化に関する取組と相まって、一般乗用旅客自動車運送事業の適正化を推進するため、検査、処分その他の監督上必要な措置を的確に実施するものとする。

（関係者相互の連携及び協力）

第7条 国、地方公共団体、一般乗用旅客自動車運送事業者等その他の関係者は、特定地域及び準特定地域における一般乗用旅客自動車運送事業の適正化及び活性化を推進するため、相互に連携を図りながら協力するよう努めなければならない。

第4章　協議会

第8条 特定地域及び準特定地域において、関係地方公共団体の長、一般乗用旅客自動車運送事業者等、一般乗用旅客自動車運送事業の事業用自動車の運転者の組織する団体及び地域住民は、次条第1項に規定する特定地域計画の作成及び当該特定地域計画の実施に係る連絡調整並びに第9条第1項に規定する準特定地域計画の作成及び当該準特定地域計画の実施に係る連絡調整その他当該特定地域及び準特定地域における一般乗用旅客自動車運送事業の適正化及び活性化の推進に関し必要な協議を行うための協議会（以下単に「協議会」という。）を組織することができる。

2　協議会は、必要があると認めるときは、次に掲げる者をその構成員として加えることができる。

一　一般乗用旅客自動車運送事業の適正化及び活性化に資する他の事業を営む者

二　学識経験を有する者

三　その他協議会が必要と認める者

3　協議会は、第1項に規定する者が任意に加入し、又は脱退することができ、かつ、前項の規定に基づき構成員として加えた者が任意に脱退することができるものでなければならない。

4　前3項に定めるもののほか、協議会の運営に関し必要な事項は、協議会が定める。

第5章　特定地域計画等

第1節　特定地域計画

（特定地域計画の認可）

第8条の2 特定地域において組織された協議会は、当該特定地域における一般乗用旅客自動車運送事業の適正化及び活性化を推進しようとするときは、当該適正化及び活性化を推進するための計画（以下「特定地域計画」という。）を作成し、国土交通大臣の認可を受けなければならない。これを変更しようとするときも、同様とする。

2　特定地域計画は、次に掲げる事項について定めるものとする。

　一　一般乗用旅客自動車運送事業の適正化及び活性化の推進に関する基本的な方針

　二　特定地域計画の目標

　三　当該特定地域において削減すべき一般乗用旅客自動車運送事業の供給輸送力

　四　当該特定地域において行うべき一般乗用旅客自動車運送事業の供給輸送力の削減の方法

　五　当該特定地域内に営業所を有する各一般乗用旅客自動車運送事業者が削減すべき一般乗用旅客自動車運送事業の供給輸送力

　六　当該特定地域内に営業所を有する各一般乗用旅客自動車運送事業者が行うべき一般乗用旅客自動車運送事業の供給輸送力の削減の方法

　七　前各号に掲げるもののほか、当該特定地域における供給輸送力の削減に関し必要な事項

3　特定地域計画には、当該特定地域における一般乗用旅客自動車運送事業の活性化を推進するため、次に掲げる事項を定めることができる。

　一　前項第2号の目標を達成するために行う活性化措置及びその実施主体に関する事項

　二　前項各号及び前号に掲げるもののほか、特定地域計画の実施に関し当該協議会が必要と認める事項

4　第1項の認可の申請には、次項第2号の基準に適合することを証する書面その他国土交通省令で定める書類を添付しなければならない。

5　国土交通大臣は、第1項の認可をしようとするときは、次の基準によって、これをしなければならない。

　一　特定地域計画に定める事項が基本方針に照らし適切なものであること。

　二　特定地域計画に定める事項が都市計画その他法律の規定による地域の交通に関する計画との調和が保たれたものであること。

　三　協議会が特定地域計画を作成した際に当該協議会の構成員として当該特定地域計画の作成に合意をした一般乗用旅客自動車運送事業者が当該特定地域計画に係る特定地域内の営業所に配置する事業用自動車の台数の合計が当該特定地域内の営業所に配置される事業用自動車の総台数の3分の2以上であること。

　四　特定地域計画に定める事項が当該特定地域の一般乗用旅客自動車運送事業の供給過剰の状況を是正するための必要かつ最小限度の範囲を超えないものであること。

　五　特定地域計画に定める事項が特定の一般乗用旅客自動車運送事業者に対し不当な差別的取扱いをするものでないこと。

六　特定地域計画に定める事項が旅客の利益を不当に害するものでないこと。

6　国土交通大臣は、第1項の認可をしたときは、当該認可に係る特定地域計画（以下「認可特定地域計画」という。）の内容その他国土交通省令で定める事項を公表しなければならない。

（認可特定地域計画に定められた事項の実施）

第8条の3　協議会が認可特定地域計画を作成した際に当該協議会の構成員として当該認可特定地域計画の作成に合意をした一般乗用旅客自動車運送事業者（以下「合意事業者」という。）は、当該認可特定地域計画に従い、一般乗用旅客自動車運送事業の供給輸送力の削減を行わなければならない。

2　協議会が認可特定地域計画を作成した際に当該協議会の構成員として当該認可特定地域計画の作成に合意をした者であって、当該認可特定地域計画に定められた活性化措置の実施主体とされたものは、当該認可特定地域計画に従い、活性化措置を実施しなければならない。

3　認可特定地域計画を作成した協議会（以下「認可協議会」という。）は、当該認可特定地域計画の目標を達成するために必要があると認めるときは、合意事業者以外の当該認可特定地域計画に係る特定地域内に営業所を有する一般乗用旅客自動車運送事業者及び当該認可特定地域計画に定められた活性化措置の実施主体とされた者以外の者に対し、当該認可特定地域計画に定められた一般乗用旅客自動車運送事業の供給輸送力の削減及び活性化措置の実施のために必要な協力を要請することができる。

（私的独占の禁止及び公正取引の確保に関する法律の適用除外）

第8条の4　私的独占の禁止及び公正取引の確保に関する法律（昭和22年法律第54号）の規定は、認可特定地域計画及び認可特定地域計画に基づいてする行為には、適用しない。ただし、次の各号のいずれかに該当するときは、この限りでない。

一　不公正な取引方法を用いるとき。

二　一定の取引分野における競争を実質的に制限することにより旅客の利益を不当に害することとなるとき。

三　第8条の6第4項の規定による公示があった後1月を経過したとき（同条第3項の請求に応じ、国土交通大臣が次条第3項の規定による処分をした場合を除く。）。

2　第8条の6第3項の規定による請求が認可特定地域計画に定める事項の一部について行われたときは、当該認可特定地域計画に定める事項のうち当該請求に係る部

分以外の部分に関しては、前項ただし書（第3号に係る部分に限る。）の規定にかかわらず、同項本文の規定の適用があるものとする。

（認可特定地域計画の変更命令等）

第8条の5　国土交通大臣は、認可特定地域計画の内容が第8条の2第5項第1号又は第2号に適合しないものとなったと認めるときは、認可協議会に対し、当該認可特定地域計画の変更を命ずることができる。

2　国土交通大臣は、認可協議会が前項の規定による命令に従わないときは、第8条の2第1項の認可を取り消すことができる。

3　国土交通大臣は、認可特定地域計画の内容が第8条の2第5項第4号から第6号までのいずれかに適合しないものとなったと認めるときは、認可協議会に対し、当該認可特定地域計画の変更を命じ、又は同条第1項の認可を取り消さなければならない。

4　国土交通大臣は、認可協議会が前項の規定による命令に従わないときは、第8条の2第1項の認可を取り消さなければならない。

（公正取引委員会との関係）

第8条の6　国土交通大臣は、第8条の2第1項の認可をしたときは、遅滞なく、当該認可に係る認可特定地域計画を公正取引委員会に通知しなければならない。

2　国土交通大臣は、前条第3項又は第4項の規定による処分をしたときは、遅滞なく、その旨を公正取引委員会に通知しなければならない。

3　公正取引委員会は、認可特定地域計画の内容が第8条の2第5項第4号から第6号までのいずれかに適合しないものとなったと認めるときは、国土交通大臣に対し、前条第3項の規定による処分をすべきことを請求することができる。

4　公正取引委員会は、前項の規定による請求をしたときは、その旨を官報に公示しなければならない。

第2節　事業者計画

（事業者計画の認可）

第8条の7　特定地域計画について第8条の2第1項の認可があったときは、合意事業者（この法律、道路運送法又はタクシー業務適正化特別措置法（昭和45年法律第75号）の規定により一般乗用旅客自動車運送事業に係る道路運送法第4条第1項の許可（第18条の4第2項を除き、以下単に「許可」という。）の取消しを受けた者

その他国土交通省令で定める者を除く。以下この条から第8条の11までにおいて同じ。）は、正当な理由がある場合を除き、当該認可に係る第8条の2第6項の公表後6月以内に、単独で又は共同して、各合意事業者が削減する一般乗用旅客自動車運送事業の供給輸送力、その削減の方法等について定めた計画（以下「事業者計画」という。）を作成し、国土交通大臣の認可を受けなければならない。これを変更しようとするときも、同様とする。

2　事業者計画は、次に掲げる事項について定めるものとする。

　一　各合意事業者が削減する一般乗用旅客自動車運送事業の供給輸送力

　二　各合意事業者が行う一般乗用旅客自動車運送事業の供給輸送力の削減の方法

　三　前2号に掲げるもののほか、各合意事業者が行う一般乗用旅客自動車運送事業の供給輸送力の削減に関し必要な事項として国土交通省令で定める事項

　四　認可特定地域計画において活性化措置（活性化事業以外の一般乗用旅客自動車運送事業の活性化を推進するために行う事業を除く。以下同じ。）の実施主体とされた合意事業者にあっては、次に掲げる事項

　　イ　活性化措置の内容

　　ロ　活性化措置の実施時期

　　ハ　活性化措置の実施に必要な資金の額及びその調達方法

　　ニ　活性化措置の効果

　　ホ　イからニまでに掲げるもののほか、活性化措置の実施のために必要な事項として国土交通省令で定める事項

3　国土交通大臣は、第1項の認可をしようとするときは、次の基準によって、これをしなければならない。

　一　事業者計画に定める事項が認可特定地域計画に照らし適切なものであること。

　二　事業者計画に定める事項が一般乗用旅客自動車運送事業の供給輸送力の削減を確実に行うため適切なものであること。

　三　事業者計画に定める事項が道路運送法第15条第1項又は第36条第1項若しくは第2項の認可を要するものである場合にあっては、その内容が同法第15条第2項又は第36条第3項において準用する同法第6条各号に掲げる基準に適合すること。

　四　事業者計画に前項第4号に掲げる事項が定められている場合にあっては、当該事項が活性化措置を確実に遂行するため適切なものであること。

（道路運送法の特例）

第8条の8　前条第1項の認可を受けた合意事業者（以下「認可合意事業者」という。）が当該認可に係る事業者計画（以下「認可事業者計画」という。）に基づき一

般乗用旅客自動車運送事業の事業計画（道路運送法第５条第１項第３号の事業計画をいう。以下同じ。）の変更をする場合においては、当該認可合意事業者が当該認可を受けたことをもって、同法第15条第１項の認可を受け、又は同条第３項若しくは第４項の規定による届出をしたものとみなす。

2　認可合意事業者が認可事業者計画（前条第２項第４号に掲げる事項が定められているものに限る。）に基づき一般乗用旅客自動車運送事業の譲渡若しくは譲受け又は一般乗用旅客自動車運送事業者たる法人の合併若しくは分割をする場合においては、当該認可合意事業者が当該認可を受けたことをもって、道路運送法第36条第１項又は第２項の認可を受けたものとみなす。

（認可事業者計画の変更命令等）

第８条の９　国土交通大臣は、合意事業者が正当な理由がなく事業者計画について第８条の７第１項の認可を受けないときは、当該合意事業者に対し、事業者計画（営業方法の制限のみによる一般乗用旅客自動車運送事業の供給輸送力の削減を定めたものに限る。）の認可を受けることを命ずることができる。

2　国土交通大臣は、認可合意事業者が正当な理由がなく認可事業者計画に従って事業用自動車の台数の削減による一般乗用旅客自動車運送事業の供給輸送力の削減を行っていないと認めるときは、当該認可合意事業者に対し、当該認可事業者計画の変更（営業方法の制限のみによる一般乗用旅客自動車運送事業の供給輸送力の削減を定めた計画への変更に限る。第５項において同じ。）を命ずることができる。

3　国土交通大臣は、認可合意事業者が正当な理由がなく認可事業者計画に従って営業方法の制限による一般乗用旅客自動車運送事業の供給輸送力の削減を行っていないと認めるときは、当該認可合意事業者に対し、当該認可事業者計画に従って営業方法の制限による一般乗用旅客自動車運送事業の供給輸送力の削減を行うことを命ずることができる。

4　国土交通大臣は、認可合意事業者が正当な理由がなく認可事業者計画に従って活性化事業を実施していないと認めるときは、当該認可合意事業者に対し、当該認可事業者計画に従って活性化事業を実施することを勧告することができる。

5　国土交通大臣は、認可事業者計画の内容が第８条の７第３項各号のいずれかに適合しないものとなったと認めるときは、認可合意事業者に対し、当該認可事業者計画の変更を命ずることができる。

第3節　合意事業者以外の一般乗用旅客自動車運送事業者に対する措置

第8条の10　一の特定地域に係る全ての合意事業者が第8条の7第1項の認可を受けた場合において、当該特定地域に係る認可協議会から申出があったときは、国土交通大臣は、当該特定地域において、合意事業者以外の当該特定地域内に営業所を有する一般乗用旅客自動車運送事業者の事業活動により、当該特定地域における一般乗用旅客自動車運送事業の適正化の推進が阻害されている事態が存し、かつ、このような事態を放置しては当該一般乗用旅客自動車運送事業の健全な経営を維持し、並びに輸送の安全及び利用者の利便を確保することにより、その地域公共交通としての機能を十分に発揮することに支障が生ずると認めるときは、国土交通省令の定めるところにより、当該一般乗用旅客自動車運送事業者に対し、当該特定地域に係る認可特定地域計画の内容を参酌して、営業方法の制限による一般乗用旅客自動車運送事業の供給輸送力の削減を行うよう勧告することができる。

2　前項の申出には、同項の事態が存することを明らかにする書面その他国土交通省令で定める書類を添付しなければならない。

3　国土交通大臣は、第1項の申出があったときは、遅滞なく、同項の勧告をするかどうかを決定し、その申出をした認可協議会にその結果を通知しなければならない。

第4節　営業方法の制限に関する命令

第8条の11　一の特定地域に係る全ての合意事業者が第8条の7第1項の認可を受けた場合において、当該特定地域に係る認可協議会から申出があったときは、国土交通大臣は、当該特定地域において、次の各号のいずれかに該当する事態が存し、かつ、このような事態を放置しては当該特定地域における一般乗用旅客自動車運送事業の健全な経営を維持し、並びに輸送の安全及び利用者の利便を確保することにより、その地域公共交通としての機能を十分に発揮することに著しい支障が生ずると認めるときに限り、当該特定地域に係る認可特定地域計画の内容を参酌して、国土交通省令をもって、営業方法の制限による一般乗用旅客自動車運送事業の供給輸送力の削減について定め、当該特定地域内に営業所を有する一般乗用旅客自動車運送事業者の全てに対し、これに従うべきことを命ずることができる。この場合において、国土交通大臣は、その事業活動がこの条に定める事態の生じたことについて関係がないと認める一般乗用旅客自動車運送事業者については、その者に限り、当該営業方法の制限に関する命令の全部又は一部の適用を受けないものとすることができる。

一　合意事業者以外の当該特定地域内に営業所を有する一般乗用旅客自動車運送事業者の事業活動により、当該特定地域における一般乗用旅客自動車運送事業の適正化の推進が阻害されていること。

二　合意事業者による一般乗用旅客自動車運送事業の自主的な供給輸送力の削減をもってしては、当該特定地域における一般乗用旅客自動車運送事業の適正化を推進することができないこと。

2　前条第2項及び第3項の規定は、前項の申出について準用する。

第6章　準特定地域計画等

（準特定地域計画）

第9条　準特定地域において組織された協議会は、基本方針に基づき、当該準特定地域における一般乗用旅客自動車運送事業の活性化を推進するための計画（以下「準特定地域計画」という。）を作成することができる。

2　準特定地域計画は、次に掲げる事項について定めるものとする。

一　一般乗用旅客自動車運送事業の活性化の推進に関する基本的な方針

二　準特定地域計画の目標

三　前号の目標を達成するために行う活性化事業その他の事業及びその実施主体に関する事項

四　前3号に掲げるもののほか、準特定地域計画の実施に関し当該協議会が必要と認める事項

3　準特定地域計画は、都市計画その他法律の規定による地域の交通に関する計画との調和が保たれたものでなければならない。

4　準特定地域計画は、その作成に係る合意をした協議会の構成員である一般乗用旅客自動車運送事業者が当該準特定地域計画に係る準特定地域内の営業所に配置する事業用自動車の台数の合計が当該準特定地域内の営業所に配置される事業用自動車の総台数の過半数であるものでなければならない。

5　協議会は、準特定地域計画を作成したときは、遅滞なく、これを公表するとともに、国土交通大臣に送付しなければならない。

6　国土交通大臣は、前項の規定により準特定地域計画の送付を受けたときは、協議会に対し、必要な助言をすることができる。

7　第3項から前項までの規定は、準特定地域計画の変更について準用する。

（準特定地域計画に定められた事業の実施）

第10条 準特定地域計画の作成に係る合意をした協議会の構成員であって、当該準特定地域計画に定められた事業の実施主体とされたものは、当該準特定地域計画に従い、事業を実施しなければならない。

2 準特定地域計画を作成した協議会は、当該準特定地域計画の目標を達成するために必要があると認めるときは、当該準特定地域計画に定められた事業の実施主体とされた者以外の者に対し、当該準特定地域計画に定められた事業の実施のために必要な協力を要請することができる。

（活性化事業計画の認定）

第11条 準特定地域計画において活性化事業に関する事項が定められたときは、当該準特定地域計画の作成に係る合意をした協議会の構成員であって、活性化事業の実施主体とされた一般乗用旅客自動車運送事業者は、単独で又は共同して、当該準特定地域計画に即して活性化事業を実施するための計画（以下「活性化事業計画」という。）を作成し、これを国土交通大臣に提出して、その活性化事業計画が一般乗用旅客自動車運送事業の活性化を適切かつ確実に推進するために適当である旨の認定を申請することができる。

2 活性化事業計画は、次に掲げる事項について定めるものとする。

　一　活性化事業の内容

　二　活性化事業の実施時期

　三　活性化事業の実施に必要な資金の額及びその調達方法

　四　活性化事業の効果

　五　前各号に掲げるもののほか、活性化事業の実施のために必要な事項として国土交通省令で定める事項

3 活性化事業計画には、活性化事業と相まって、準特定地域計画に基づく一般乗用旅客自動車運送事業の活性化を推進するため、一般乗用旅客自動車運送事業の譲渡又は譲受け、一般乗用旅客自動車運送事業者たる法人の合併又は分割、一般乗用旅客自動車運送事業の供給輸送力の削減その他経営の合理化に資する措置として国土交通省令で定めるもの（以下「事業再構築」という。）について、次に掲げる事項を定めることができる。

　一　内容

　二　実施時期

　三　効果

　四　前3号に掲げるもののほか、その実施のために必要な事項として国土交通省令

で定める事項

4　国土交通大臣は、第1項の規定による認定の申請があった場合において、その活性化事業計画が次の各号のいずれにも適合するものであると認めるときは、その認定をするものとする。

一　活性化事業計画に定める事項が基本方針に照らし適切なものであること。

二　活性化事業計画に定める事項が活性化事業（当該活性化事業計画に事業再構築に関する事項が定められている場合にあっては、活性化事業及び事業再構築。以下同じ。）を確実に遂行するため適切なものであること。

三　活性化事業計画に定める事項が道路運送法第15条第1項又は第36条第1項若しくは第2項の認可を要するものである場合にあっては、その内容が同法第15条第2項又は第36条第3項において準用する同法第6条各号に掲げる基準に適合すること。

四　活性化事業計画に共同事業再構築（二以上の一般乗用旅客自動車運送事業者が共同して行う事業再構築をいう。以下同じ。）に関する事項が定められている場合にあっては、次のイ及びロに適合すること。

　　イ　共同事業再構築を行う一般乗用旅客自動車運送事業者と他の一般乗用旅客自動車運送事業者との間の適正な競争が確保されるものであること。

　　ロ　一般乗用旅客自動車運送の利用者及び関連事業者の利益を不当に害するおそれがあるものでないこと。

5　前項の認定を受けた者は、当該認定に係る活性化事業計画を変更しようとするときは、国土交通大臣の認定を受けなければならない。

6　第4項の規定は、前項の変更の認定について準用する。

7　第4項の認定及び第5項の変更の認定に関し必要な事項は、国土交通省令で定める。

（公正取引委員会との関係）

第12条　国土交通大臣は、二以上の一般乗用旅客自動車運送事業者の申請に係る活性化事業計画（共同事業再構築に係る事項が記載されているものに限る。第3項において同じ。）について前条第4項の認定（同条第5項の変更の認定を含む。以下同じ。）をしようとする場合において、必要があると認めるときは、当該認定に係る申請書の写しを公正取引委員会に送付するとともに、公正取引委員会に対し、当該送付に係る活性化事業計画に従って行おうとする共同事業再構築が一般乗用旅客自動車運送事業における競争に及ぼす影響に関する事項その他の必要な事項について意見を述べるものとする。この場合において、国土交通大臣は、当該活性化事業計

画に係る準特定地域の一般乗用旅客自動車運送事業における市場の状況その他の当該意見の裏付けとなる根拠を示すものとする。

2　公正取引委員会は、必要があると認めるときは、国土交通大臣に対し、前項の規定による送付を受けた活性化事業計画について意見を述べるものとする。

3　国土交通大臣及び公正取引委員会は、国土交通大臣が前条第4項の認定をした活性化事業計画に従ってする共同事業再構築について、当該認定後の経済的事情の変化により、一般乗用旅客自動車運送事業者間の適正な競争を阻害し、又は一般乗用旅客自動車運送の利用者及び関連事業者の利益を不当に害することとならないよう、相互に緊密に連絡するものとする。

（道路運送法の特例）

第13条　第11条第4項の認定を受けた者（以下「認定事業者」という。）がその認定に係る活性化事業計画（以下「認定活性化事業計画」という。）に基づき一般乗用旅客自動車運送事業の事業計画の変更をする場合においては、当該認定事業者が当該認定を受けたことをもって、道路運送法第15条第1項の認可を受け、又は同条第3項若しくは第4項の規定による届出をしたものとみなす。

2　認定事業者が認定活性化事業計画（事業再構築に関する事項が定められているものに限る。）に基づき一般乗用旅客自動車運送事業の譲渡若しくは譲受け又は一般乗用旅客自動車運送事業者たる法人の合併若しくは分割をする場合においては、当該認定事業者が当該認定を受けたことをもって、道路運送法第36条第1項又は第2項の認可を受けたものとみなす。

（認定の取消し等）

第14条　国土交通大臣は、認定事業者が正当な理由がなく認定活性化事業計画に従って活性化事業を実施していないと認めるときは、当該認定事業者に対し、当該認定活性化事業計画に従って活性化事業を実施すべきことを勧告することができる。

2　国土交通大臣は、前項の規定による勧告を受けた認定事業者が当該勧告に従わないときは、その認定を取り消すことができる。

3　国土交通大臣は、認定活性化事業計画が第11条第4項各号のいずれかに適合しないものとなったと認めるときは、認定事業者に対して、当該認定活性化事業計画の変更を指示し、又はその認定を取り消すことができる。

第7章　特定地域及び準特定地域における許可等の特例

第1節　特定地域における許可等の特例

（許可の禁止）

第14条の2　国土交通大臣は、許可の申請があった場合において、当該申請に係る営業区域が特定地域の全部又は一部を含むものであるときは、当該許可をしてはならない。

（供給輸送力を増加させる事業計画の変更の禁止）

第14条の3　一般乗用旅客自動車運送事業者は、特定地域における一般乗用旅客自動車運送事業の供給輸送力を増加させるものとして国土交通省令で定める事業計画の変更をすることができない。

第2節　準特定地域における許可等の特例

（許可の特例）

第14条の4　国土交通大臣は、許可の申請があった場合において、当該申請に係る営業区域が準特定地域の全部又は一部を含むものであるときは、道路運送法第6条各号に掲げる基準のほか、当該許可を行うことにより当該準特定地域における一般乗用旅客自動車運送事業が供給過剰とならないものとして国土交通大臣が定める基準に適合するかどうかを審査しなければならない。この場合において、国土交通大臣は、当該申請が当該基準に適合しないと認めるときは、許可をしてはならない。

2　国土交通大臣は、前項の申請に対し許可をしようとする場合において、当該準特定地域において協議会が組織されているときは、国土交通省令で定めるところにより、当該協議会の意見を聴かなければならない。

（供給輸送力を増加させる事業計画の変更の特例）

第15条　道路運送法第15条第3項に規定する事業計画の変更であって、一般乗用旅客自動車運送事業者が準特定地域における一般乗用旅客自動車運送事業の供給輸送力を増加させるものとして国土交通省令で定めるものについては、同条第1項中「第3項、第4項」とあるのは、「第4項」とし、同条第3項の規定は、適用しない。

2　準特定地域の指定が解除された際又は準特定地域の指定期間が満了した際現にさ

れている前項の規定により読み替えて適用する道路運送法第15条第1項の認可の申請であって、前項に規定する事業計画の変更に係るものは、同条第3項の規定によりした届出とみなす。ただし、準特定地域の指定の解除後又は準特定地域の指定期間の満了後引き続き当該地域が特定地域として指定された場合は、この限りでない。

第15条の2　国土交通大臣は、一般乗用旅客自動車運送事業者が準特定地域における一般乗用旅客自動車運送事業の供給輸送力を増加させるものとして国土交通省令で定める事業計画の変更について、道路運送法第15条第1項（前条第1項の規定により読み替えて適用する場合を含む。次項において同じ。）の認可の申請があった場合には、同法第15条第2項において準用する同法第6条各号に掲げる基準のほか、次に掲げる基準に適合するかどうかを審査しなければならない。この場合において、国土交通大臣は、当該申請が当該基準に適合しないと認めるときは、当該認可をしてはならない。

一　当該申請を行った一般乗用旅客自動車運送事業者に当該認可を行うことにより当該準特定地域における一般乗用旅客自動車運送事業が供給過剰とならないものとして国土交通大臣が定める基準に適合するものであること。

二　当該申請を行った一般乗用旅客自動車運送事業者に係る事業用自動車1台当たりの収入の状況、法令の遵守の状況、事業用自動車の運行による事故の発生の状況その他の状況が国土交通大臣が定める基準に適合するものであること。

2　第14条の4第2項の規定は、前項の規定により道路運送法第15条第1項の認可をしようとする場合について準用する。

第8章　特定地域及び準特定地域における運賃の特例

（運賃の範囲の指定）

第16条　国土交通大臣は、第3条第1項又は第3条の2第1項の規定により特定地域又は準特定地域を指定した場合には、当該特定地域又は準特定地域において協議会が組織されているときは、国土交通省令で定めるところにより、当該協議会の意見を聴いて、当該特定地域又は準特定地域における一般乗用旅客自動車運送事業に係る旅客の運賃（国土交通省令で定める運賃を除く。以下同じ。）の範囲を指定し、当該運賃の範囲を、その適用の日の国土交通省令で定める日数前までに、公表しなければならない。これを変更しようとするときも、同様とする。

2　前項の規定により指定する運賃の範囲は、次に掲げる基準に適合するものでなければならない。

一　能率的な経営を行う標準的な一般乗用旅客自動車運送事業者が行う一般乗用旅客自動車運送事業に係る適正な原価に適正な利潤を加えた運賃を標準とすること。

二　特定の旅客に対し不当な差別的取扱いをするものでないこと。

三　道路運送法第９条第７項第３号に規定する一般旅客自動車運送事業者の間に不当な競争を引き起こすこととなるおそれがないものであること。

3　特定地域の指定の解除後若しくは指定期間の満了後引き続き当該地域が準特定地域として指定された際又は準特定地域の指定の解除後若しくは指定期間の満了後引き続き当該地域が特定地域として指定された際、現に当該地域において適用されている第１項の運賃の範囲については、同項の規定により指定され、当該指定の日に適用があるものとして公表されたものとみなす。

（報告の徴収）

第16条の2　国土交通大臣は、前条第１項の規定による運賃の範囲の指定を適正かつ円滑に行うため必要があると認めるときは、国土交通省令で定めるところにより、一般乗用旅客自動車運送事業者等に対し、当該特定地域又は準特定地域における一般乗用旅客自動車運送事業に関し、報告を求めることができる。

（道路運送法の特例）

第16条の3　道路運送法第９条の３の規定は、第16条第１項の運賃の範囲が適用された特定地域及び準特定地域における一般乗用旅客自動車運送事業に係る旅客の運賃には、適用しない。

（運賃の届出等）

第16条の4　第16条第１項の規定により運賃の範囲が公表された特定地域又は準特定地域内に営業所を有する一般乗用旅客自動車運送事業者は、当該運賃の範囲の適用後に当該特定地域又は準特定地域において行う一般乗用旅客自動車運送事業に係る旅客の運賃を定め、あらかじめ、国土交通大臣に届け出なければならない。これを変更しようとするときも、同様とする。

2　前項の運賃は、当該特定地域又は準特定地域について第16条第１項の規定により指定された運賃の範囲内で定めなければならない。

3　国土交通大臣は、第１項の規定により届け出られた運賃が、前項の規定に適合しないと認めるときは、当該一般乗用旅客自動車運送事業者に対し、期間を定めてその運賃を変更すべきことを命ずることができる。

4　特定地域又は準特定地域について第16条第１項の運賃の範囲が適用された際現に

当該特定地域又は準特定地域において行われている一般乗用旅客自動車運送事業について道路運送法第９条の３第１項の認可を受けている運賃は、当該運賃が当該運賃の範囲内にある場合には、第１項の規定により届け出られた運賃とみなす。

5　特定地域又は準特定地域について第16条第１項の運賃の範囲が適用された際現にされている当該特定地域又は準特定地域における一般乗用旅客自動車運送事業に係る道路運送法第９条の３第１項の認可の申請は、第１項の規定によりされた届出とみなす。

6　特定地域若しくは準特定地域の指定が解除された際又は特定地域若しくは準特定地域の指定期間が満了した際現に当該特定地域又は準特定地域において行われている一般乗用旅客自動車運送事業について第１項の規定により届け出られた運賃は、当該運賃が当該特定地域又は準特定地域について第16条第１項の規定により指定された運賃の範囲内にある場合には、道路運送法第９条の３第１項の認可があったものとみなす。

7　特定地域若しくは準特定地域の指定が解除された際又は特定地域若しくは準特定地域の指定期間が満了した際現に当該特定地域又は準特定地域において行われている一般乗用旅客自動車運送事業について第１項の規定により届け出られた運賃が、当該特定地域又は準特定地域について第16条第１項の規定により指定された運賃の範囲内にない場合には、当該一般乗用旅客自動車運送事業を行っている一般乗用旅客自動車運送事業者は、当該特定地域若しくは準特定地域の指定が解除され、又は当該特定地域若しくは準特定地域の指定期間が満了した時から６月以内に、旅客の運賃を定め、道路運送法第９条の３第１項の認可を受けなければならない。

8　前項に規定する場合において、当該一般乗用旅客自動車運送事業者が同項の認可の申請をしたときは、当該特定地域若しくは準特定地域の指定が解除され、又は当該特定地域若しくは準特定地域の指定期間が満了した時からその認可があった旨又は認可しない旨の通知を受ける日までは、前項に規定する第１項の規定により届け出られた運賃は、道路運送法第９条の３第１項の認可を受けたものとみなす。

9　前３項の規定は、特定地域の指定の解除後若しくは指定期間の満了後引き続き当該地域が準特定地域として指定され、又は準特定地域の指定の解除後若しくは指定期間の満了後引き続き当該地域が特定地域として指定された場合は、適用しない。

第９章　雑　則

（報告の徴収及び立入検査）

第17条　国土交通大臣は、この法律の施行に必要な限度において、国土交通省令で定

めるところにより、一般乗用旅客自動車運送事業者等に対し、特定地域又は準特定地域における一般乗用旅客自動車運送事業に関し、報告をさせることができる。

2　国土交通大臣は、この法律の施行に必要な限度において、その職員に、一般乗用旅客自動車運送事業者等の事務所その他の事業場に立ち入り、帳簿書類その他の物件を検査させ、又は関係者に質問させることができる。

3　前項の規定により立入検査をする職員は、その身分を示す証明書を携帯し、関係者の請求があったときは、これを提示しなければならない。

4　第2項の規定による権限は、犯罪捜査のために認められたものと解してはならない。

（輸送の安全を確保するための措置等）

第17条の2　国土交通大臣は、特定地域又は準特定地域において一般乗用旅客自動車運送事業の適正化及び活性化が阻害されていることにより、その地域公共交通としての機能を十分に発揮することができなくなるおそれがある場合として国土交通省令で定める場合には、当該特定地域又は準特定地域内に営業所を有する一般乗用旅客自動車運送事業者に対し、輸送の安全を確保するための措置その他必要な措置を講ずることを命ずることができる。

（許可の取消し等）

第17条の3　国土交通大臣は、一般乗用旅客自動車運送事業者がこの法律又はこの法律に基づく命令若しくは処分に違反したときは、6月以内の期間を定めて輸送施設の当該一般乗用旅客自動車運送事業のための使用の停止若しくは一般乗用旅客自動車運送事業の停止を命じ、又は許可を取り消すことができる。

2　道路運送法第41条の規定は、前項の規定により輸送施設の使用の停止又は一般乗用旅客自動車運送事業の停止を命じた場合について準用する。

（権限の委任）

第18条　この法律に規定する国土交通大臣の権限は、国土交通省令で定めるところにより、地方運輸局長に委任することができる。

（運輸審議会への諮問）

第18条の2　国土交通大臣は、次に掲げる処分等をしようとするときは、運輸審議会に諮らなければならない。

一　第3条第1項の規定による特定地域の指定又は同条第2項の規定による期限の

　　延長

　二　第8条の2第1項の規定による特定地域計画の認可

　三　第8条の5第3項の規定による認可特定地域計画の変更命令又は同項若しくは
　　　同条第4項の規定による認可の取消し

　四　第8条の10第1項の規定による勧告

　五　第8条の11第1項の規定による命令

　六　第16条第1項の規定による運賃の範囲の指定

　七　第17条の3第1項の規定による一般乗用旅客自動車運送事業の停止の命令又は
　　　許可の取消し

（利害関係人等の意見の聴取）

第18条の3　地方運輸局長は、その権限に属する前条第2号、第3号及び第6号に掲
げる事項について、必要があると認めるときは、利害関係人又は参考人の出頭を求
めて意見を聴取することができる。

2　地方運輸局長は、その権限に属する前項に規定する事項について利害関係人の申
請があったとき、又は国土交通大臣の権限に属する同項に規定する事項若しくは一
般乗用旅客自動車運送事業の停止の命令若しくは許可の取消しについて国土交通大
臣の指示があったときは、利害関係人又は参考人の出頭を求めて意見を聴取しなけ
ればならない。

3　前2項の意見の聴取に際しては、利害関係人に対し、証拠を提出する機会が与え
られなければならない。

4　第1項及び第2項の意見の聴取に関し必要な事項は、国土交通省令で定める。

（聴聞の特例）

第18条の4　地方運輸局長は、その権限に属する一般乗用旅客自動車運送事業の停止
の命令をしようとするときは、行政手続法（平成5年法律第88号）第13条第1項の
規定による意見陳述のための手続の区分にかかわらず、聴聞を行わなければならな
い。

2　地方運輸局長の権限に属する一般乗用旅客自動車運送事業の停止の命令又は許可
の取消しの処分に係る聴聞の主宰者は、行政手続法第17条第1項の規定により当該
処分に係る利害関係人が当該聴聞に関する手続に参加することを求めたときは、こ
れを許可しなければならない。

3　前項の聴聞の主宰者は、聴聞の期日において必要があると認めるときは、参考人
の出頭を求めて意見を聴取することができる。

（国土交通省令への委任）

第19条　この法律に定めるもののほか、この法律の実施のため必要な事項は、国土交通省令で定める。

（経過措置）

第20条　この法律の規定に基づき国土交通省令を制定し、又は改廃する場合においては、国土交通省令で、その制定又は改廃に伴い合理的に必要と判断される範囲内において、所要の経過措置（罰則に関する経過措置を含む。）を定めることができる。

第10章　罰　則

第20条の2　次の各号のいずれかに該当する者は、1年以下の懲役若しくは150万円以下の罰金に処し、又はこれを併科する。

一　第16条の2の規定による報告をせず、又は虚偽の報告をした者

二　第17条の3第1項の規定による輸送施設の使用の停止又は一般乗用旅客自動車運送事業の停止の処分に違反した者

第20条の3　次の各号のいずれかに該当する者は、100万円以下の罰金に処する。

一　第8条の2第1項の認可を受けていない特定地域計画に定められた事項（同条第2項に掲げる事項に限る。）を実施した者

二　第8条の9第1項から第3項まで若しくは第5項、第8条の11第1項若しくは第17条の2又は第17条の3第2項において準用する道路運送法第41条第1項の規定による命令に違反した者

三　第16条の4第1項の規定による届出をしないで、又は同項の規定により届け出た運賃によらないで、運賃を収受した者

四　第16条の4第3項の規定による命令に違反して、運賃を収受した者

五　第17条第1項の規定による報告をせず、又は虚偽の報告をした者

六　第17条第2項の規定による検査を拒み、妨げ、若しくは忌避し、又は質問に対して陳述をせず、若しくは虚偽の陳述をした者

七　第17条の3第2項において準用する道路運送法第41条第3項の規定に違反した者

第21条　法人の代表者又は法人若しくは人の代理人、使用人その他の従業者が、その法人又は人の業務に関し、前2条の違反行為をしたときは、行為者を罰するほか、

その法人又は人に対しても、各本条の罰金刑を科する。

○特定地域及び準特定地域における一般乗用旅客自動車運送事業の適正化及び活性化に関する特別措置法施行規則

〔平成21年 9 月29日　　　〕
〔国土交通省令第58号〕

最終改正　令和 6 年 3 月29日　国土交通省令第26号

（定義）

第1条　この省令において使用する用語は、特定地域及び準特定地域における一般乗用旅客自動車運送事業の適正化及び活性化に関する特別措置法（以下「法」という。）において使用する用語の例による。

（法第 2 条第 7 項の国土交通省令で定める措置）

第2条　法第 2 条第 7 項の国土交通省令で定める措置は、次に掲げる措置とする。

一　利用者の選択の機会の拡大に資する情報の提供

二　情報通信技術の活用による運行の管理の高度化

三　利用者の利便の増進に資する乗場の設置及び運営

四　事業用自動車の適正な運行の確保に資する装置等の導入

五　事業用自動車の運転者等に対する講習等の実施

六　利用者からの苦情、問合せ等に迅速かつ適切に対応するための体制の整備

七　他の公共交通機関との乗継ぎの円滑化に資する措置の実施

八　事業用自動車の集中により発生する駅前、繁華街等における渋滞を解消するための措置の実施

九　低公害車の導入等による事業活動に伴う環境への負荷の低減

十　事業用自動車の運転者の労働条件の改善その他の労働環境の整備

十一　利用者の需要に対応したサービスの提供

十二　利用者の特別の需要に応ずるための運送の実施

十三　輸送需要に関する調査の実施

（法第2条第7項の国土交通省令で定めるもの）

第2条の2　法第2条第7項の一般乗用旅客自動車運送事業の供給輸送力を増加させるものとして国土交通省令で定める措置は、次に掲げる措置とする。

一　特定地域又は準特定地域における営業区域の設定

二　特定地域又は準特定地域内の営業所に配置する事業用自動車の合計数の増加

（経営の合理化に資する措置）

第2条の3　法第2条第8項の国土交通省令で定める措置は、事業用自動車の使用の停止とする。

（特定地域の指定又はその期限の延長の要請）

第3条　法第3条第5項又は第6項（これらの規定を法第3条の2第2項において準用する場合を含む。）の規定により特定地域の指定又はその期限の延長を要請しようとする都道府県知事又は市町村長は、次に掲げる事項を記載した要請書を国土交通大臣に提出しなければならない。

一　指定を要請する地域

二　指定を要請する理由

三　その他参考となる事項

（特定地域計画の認可の申請）

第3条の2　法第8条の2第1項前段の規定により特定地域計画の認可を申請しようとする協議会は、次に掲げる事項を記載した申請書を国土交通大臣（第11条第1項の規定により国土交通大臣の権限が地方運輸局長に委任されている場合にあっては、地方運輸局長。以下同じ。）に提出しなければならない。

一　協議会の名称及び構成員の氏名又は名称

二　法第8条の2第2項各号に掲げる事項

三　当該特定地域計画が法第8条の2第3項第1号の活性化措置に関する事項を含む場合には、同号に掲げる事項

四　当該特定地域計画が法第8条の2第3項第2号に掲げる事項を含む場合には、同号に掲げる事項

2　国土交通大臣は、申請者に対し、前項各号に規定するもののほか、必要な書類の提出を求めることができる。

（特定地域計画の変更の認可の申請）

第3条の3　法第8条の2第1項後段の規定により認可特定地域計画の変更の認可を申請しようとする認可協議会は、次に掲げる事項を記載した申請書を国土交通大臣に提出しなければならない。

一　認可協議会の名称及び構成員の氏名又は名称

二　変更しようとする事項（新旧の対照を明示すること。）

三　変更の理由

2　前項の申請書には、次に掲げる事項の実施状況を記載した書類を添付しなければならない。

一　当該認可特定地域計画に定められた一般乗用旅客自動車運送事業の供給輸送力の削減

二　当該認可特定地域計画が法第8条の2第3項第1号の活性化措置に関する事項を含む場合には、当該活性化措置

三　当該認可特定地域計画が法第8条の2第3項第2号に掲げる事項を含む場合には、当該事項

3　国土交通大臣は、申請者に対し、前2項に規定するもののほか、必要な書類の提出を求めることができる。

（法第8条の2第4項の国土交通省令で定める書類）

第3条の4　法第8条の2第4項の国土交通省令で定める書類は、次に掲げる書類とする。

一　協議会が特定地域計画を作成した際に当該協議会の構成員として当該特定地域計画の作成に合意をした一般乗用旅客自動車運送事業者の氏名又は名称及び住所を記載した書面

二　当該一般乗用旅客自動車運送事業者が当該特定地域計画に係る特定地域内の営業所に配置する事業用自動車の台数の合計を記載した書面

三　当該特定地域内の営業所に配置される事業用自動車の総台数を記載した書面

（法第8条の2第6項の国土交通省令で定める事項）

第3条の5　法第8条の2第6項の国土交通省令で定める事項は、次に掲げる事項とする。

一　認可協議会の名称

二　当該認可特定地域計画に係る特定地域

（法第8条の7第1項の国土交通省令で定める者）

第3条の6 法第8条の7第1項の国土交通省令で定める者は、次に掲げる者とする。

一 道路運送法（昭和26年法律第183号）第38条第1項の規定により一般乗用旅客自動車運送事業の休止を届け出た者のうち、道路運送法施行規則（昭和26年運輸省令第75号）第66条第1項の規定により一般乗用旅客自動車運送事業の再開を届け出ていない者

二 道路運送法第38条第1項の規定により一般乗用旅客自動車運送事業の廃止を届け出た者

（法第8条の7第2項第3号の事業者計画の記載事項）

第3条の7 法第8条の7第2項第3号の国土交通省令で定める事項は、次に掲げる事項とする。

一 当該事業者計画に定められた一般乗用旅客自動車運送事業の供給輸送力の削減の実施時期

二 実施に伴う労務に関する事項

三 当該事業者計画が事業用自動車の台数の削減による一般乗用旅客自動車運送事業の供給輸送力の削減を含む場合には、当該事業者計画の作成時及び実施後における事業用自動車の台数

四 当該事業者計画が営業方法の制限による一般乗用旅客自動車運送事業の供給輸送力の削減を含む場合には、当該事業者計画の作成時における営業方法並びに実施後における営業方法及びその表示に関する事項

（法第8条の7第2項第4号ホの事業者計画の記載事項）

第3条の8 法第8条の7第2項第4号ホの国土交通省令で定める事項は、実施に伴う労務に関する事項とする。

（事業者計画の認可の申請）

第3条の9 法第8条の7第1項前段の規定により事業者計画の認可を申請しようとする合意事業者（法第8条の7第1項に規定する合意事業者。以下同じ。）は、次に掲げる事項を記載した申請書を国土交通大臣に提出しなければならない。

一 氏名又は名称及び住所並びに法人にあっては、その代表者の氏名

二 法第8条の7第2項第1号から第3号までに掲げる事項

三 当該事業者計画が活性化措置（法第8条の7第2項第4号に規定する活性化措置。次条第2項において同じ。）に関する事項を含む場合には、法第8条の7第

２項第４号イからホまでに掲げる事項

2　前項の場合において、法第８条の８第１項の規定の適用を受けようとするときは、前項各号に掲げる事項のほか、道路運送法施行規則第14条第１項第３号に掲げる事項を記載し、かつ、同条第２項に規定する書類を添付しなければならない。

3　第１項の場合において、法第８条の８第２項の規定（一般乗用旅客自動車運送事業の譲渡又は譲受けに係る部分に限る。）の適用を受けようとするときは、第１項各号に掲げる事項のほか、道路運送法施行規則第22条第１項各号（第２号及び第５号を除く。）に掲げる事項を記載し、かつ、同条第２項第１号から第３号までに掲げる書類を添付しなければならない。

4　第１項の場合において、法第８条の８第２項の規定（一般乗用旅客自動車運送事業者たる法人の合併又は分割に係る部分に限る。）の適用を受けようとするときは、第１項各号に掲げる事項のほか、道路運送法施行規則第23条第１項各号（第４号を除く。）に掲げる事項を記載し、かつ、同条第２項第１号から第３号までに掲げる書類を添付しなければならない。

5　国土交通大臣は、申請者に対し、前各項に規定するもののほか、当該申請者の登記事項証明書その他必要な書類の提出を求めることができる。

（事業者計画の変更の認可の申請）

第３条の10　法第８条の７第１項後段の規定により認可事業者計画の変更の認可を受けようとする認可合意事業者は、次に掲げる事項を記載した申請書を国土交通大臣に提出しなければならない。

一　氏名又は名称及び住所並びに法人にあっては、その代表者の氏名

二　変更しようとする事項（新旧の対照を明示すること。）

三　変更の理由

2　前項の申請書には、認可事業者計画に定められた一般乗用旅客自動車運送事業の供給輸送力の削減（当該認可事業者計画に活性化措置に関する事項が定められている場合にあっては、供給輸送力の削減及び活性化措置。）の実施状況を記載した書類を添付しなければならない。

3　前条第２項から第５項までの規定は、第１項の認可の申請について準用する。

（合意事業者以外の一般乗用旅客自動車運送事業者に対する勧告）

第３条の11　法第８条の10第１項の規定による勧告の内容は、次の各号に該当するものでなければならない。

一　法第８条の10第１項の事態を解消するための必要かつ最小限度の範囲を超えな

いものであること

二　不当な差別的取扱いをするものでないこと

三　旅客の利益を不当に害するものでないこと

四　当該一般乗用旅客自動車運送事業者が使用する事業用自動車の台数を考慮したものであること

（法第8条の10第2項の国土交通省令で定める書類）

第3条の12　法第8条の10第2項（法第8条の11第2項において準用する場合を含む。）の国土交通省令で定める書類は、次に掲げる書類とする。

一　法第8条の10第1項の申出を行った認可協議会の存する特定地域内に営業所を有する一般乗用旅客自動車運送事業者による一般乗用旅客自動車運送事業の供給輸送力の削減の実施状況を記載した書類

二　当該特定地域内に営業所を有する合意事業者以外の一般乗用旅客自動車運送事業者の事業活動の状況を記載した書類

三　当該特定地域における一般乗用旅客自動車運送事業の健全な経営を維持し、並びに輸送の安全及び利用者の利便を確保することにより、その地域公共交通としての機能を十分に発揮することに支障が生ずることを明らかにする書類

（証紙の表示）

第3条の13　法第8条の11第1項の規定による命令を受けた者は、国土交通大臣が当該命令に応じて交付する証紙を事業用自動車の前面ガラスの内側に、証紙の表を事業用自動車の外部に、裏を内部に向けて、利用者に見易いように表示しなければならない。

（法第11条第2項第5号の活性化事業計画の記載事項）

第4条　法第11条第2項第5号の国土交通省令で定める事項は、準特定地域計画に活性化事業に関連して実施される事業が定められている場合には、当該事業に関する事項とする。

（経営の合理化に資する措置）

第5条　法第11条第3項各号列記以外の部分の国土交通省令で定める措置は、事業用自動車の使用の停止とする。

（法第11条第3項第4号の活性化事業計画の記載事項）

第6条　法第11条第3項第4号の国土交通省令で定める事項は、次に掲げる事項とする。

一　活性化事業との関連に関する事項

二　実施に伴う労務に関する事項

（活性化事業計画の認定の申請）

第7条　法第11条第1項の規定により活性化事業計画の認定を申請しようとする一般乗用旅客自動車運送事業者は、次に掲げる事項を記載した申請書を国土交通大臣（活性化事業計画の認定又は変更の認定の権限が地方運輸局長に委任されている場合にあっては、地方運輸局長。第5項及び次条第1項において同じ。）に提出しなければならない。

一　氏名又は名称及び住所並びに法人にあっては、その代表者の氏名

二　法第11条第2項各号に掲げる事項

三　当該活性化事業計画が事業再構築に関する事項を含む場合には、法第11条第3項各号に掲げる事項

2　前項の場合において、法第13条第1項の規定の適用を受けようとするときは、前項各号に掲げる事項のほか、道路運送法施行規則第14条第1項第3号に掲げる事項を記載し、かつ、同条第2項に規定する書類を添付しなければならない。

3　第1項の場合において、法第13条第2項の規定（一般乗用旅客自動車運送事業の譲渡又は譲受けに係る部分に限る。）の適用を受けようとするときは、第1項各号に掲げる事項のほか、道路運送法施行規則第22条第1項各号（第2号及び第5号を除く。）に掲げる事項を記載し、かつ、同条第2項第1号から第3号までに掲げる書類を添付しなければならない。

4　第1項の場合において、法第13条第2項の規定（一般乗用旅客自動車運送事業者たる法人の合併又は分割に係る部分に限る。）の適用を受けようとするときは、第1項各号に掲げる事項のほか、道路運送法施行規則第23条第1項各号（第4号を除く。）に掲げる事項を記載し、かつ、同条第2項第1号から第3号までに掲げる書類を添付しなければならない。

5　国土交通大臣は、申請者に対し、前各項に規定するもののほか、当該申請者の登記事項証明書その他必要な書類の提出を求めることができる。

（活性化事業計画の変更の認定の申請）

第8条　法第11条第5項の規定により認定活性化事業計画の変更の認定を受けようと

する認定事業者は、次に掲げる事項を記載した申請書を国土交通大臣に提出しなければならない。

一　氏名又は名称及び住所並びに法人にあっては、その代表者の氏名

二　変更しようとする事項（新旧の対照を明示すること。）

三　変更の理由

2　前項の申請書には、認定活性化事業計画に係る活性化事業（当該認定活性化事業計画に事業再構築に関する事項が定められている場合にあっては、活性化事業及び事業再構築。）の実施状況を記載した書類を添付しなければならない。

3　前条第2項から第5項までの規定は、第1項の認定の申請について準用する。

（法第14条の3の国土交通省令で定める事業計画の変更）

第9条　法第14条の3の国土交通省令で定める事業計画の変更は、次に掲げる事業計画の変更とする。

一　特定地域における営業区域の設定

二　特定地域内の営業所に配置する事業用自動車の合計数の増加

（準特定地域における許可についての意見聴取に関する協議会への通知）

第10条　法第14条の4第2項（法第15条の2第2項において準用する場合を含む。）の規定により、国土交通大臣は、準特定地域における許可をしようとするときは、あらかじめ、当該協議会に対し、当該許可の申請書に係る道路運送法施行規則第4条第8項第1号及び第3号に掲げる事項を記載した書面を添え、当該事案に関する準特定地域計画の実施上の意見を提出すべき旨を通知して、その意見を聴かなければならない。

2　前項の通知には、準特定地域計画の実施上の意見を提出すべき期限を付すことができる。ただし、その期限は、当該協議会の同意がなければ14日以内とすることができない。

（準特定地域における許可についての意見聴取に関する協議会の意見提出）

第10条の2　当該協議会は、前条第1項の規定による通知を受けたときは、遅滞なく、国土交通大臣に対し、当該事案に関する準特定地域計画の実施上の意見書を提出しなければならない。

2　国土交通大臣が、前条第2項の規定により付した期限までに前項の意見の提出を受けないときは、準特定地域計画の実施に支障がない旨の協議会の意見の提出を受けたものとみなす。

（法第15条第１項の国土交通省令で定めるもの）

第10条の３　法第15条第１項の国土交通省令で定める事業計画の変更は、準特定地域内の営業所に配置する事業用自動車の合計数の増加とする。

（法第15条の２第１項の国土交通省令で定める事業計画の変更）

第10条の４　法第15条の２第１項の国土交通省令で定める事業計画の変更は、次に掲げる事業計画の変更とする。

一　準特定地域における営業区域の設定

二　準特定地域内の営業所に配置する事業用自動車の合計数の増加

（運賃の範囲の指定についての意見聴取に関する協議会への通知）

第10条の５　法第16条第１項の規定により、国土交通大臣は、当該運賃の範囲を指定し、公表しようとするときは、あらかじめ、当該協議会に対し、当該運賃の範囲に関する意見を提出すべき旨を通知して、その意見を聴かなければならない。

２　前項の通知には、意見を提出すべき期限を付することができる。ただし、その期限は、当該協議会の同意がなければ14日以内とすることができない。

（運賃の範囲の指定についての意見聴取に関する協議会の意見提出）

第10条の６　当該協議会は、前条第１項の規定による通知を受けたときは、遅滞なく、国土交通大臣に対し、当該運賃の範囲に関する意見書を提出しなければならない。

２　国土交通大臣が、前条第２項の規定により付した期限までに前項の意見の提出を受けないときは、当該運賃の範囲に関する意見がない旨の協議会の意見の提出を受けたものとみなす。

（法第16条第１項の国土交通省令で定める運賃）

第10条の７　法第16条第１項の国土交通省令で定める運賃は、一般乗用旅客自動車運送事業に係る基本運賃（これに準ずるものとして国土交通大臣が認める運賃を含む。）を除いた運賃とする。

（法第16条第１項の国土交通省令で定める日数）

第10条の８　法第16条第１項の国土交通省令で定める日数は、30日とする。

（報告の徴収）

第10条の９　法第16条の２の規定により、一般乗用旅客自動車運送事業者等は、国土

交通大臣から、特定地域又は準特定地域における一般乗用旅客自動車運送事業に関し、報告を求められたときは、報告書を提出しなければならない。

2　国土交通大臣は、前項の報告を求めるときは、報告書の様式、報告書の提出期限その他必要な事項を明示するものとする。

第10条の10　法第17条第1項の規定により、一般乗用旅客自動車運送事業者等は、国土交通大臣、地方運輸局長、運輸監理部長又は運輸支局長から、特定地域又は準特定地域における一般乗用旅客自動車運送事業に関し、報告を求められたときは、報告書を提出しなければならない。

2　国土交通大臣、地方運輸局長、運輸監理部長又は運輸支局長は、前項の報告を求めるときは、報告書の様式、報告書の提出期限その他必要な事項を明示するものとする。

（法第17条の2の国土交通省令で定める場合）

第10条の11　法第17条の2の国土交通省令で定める場合は、一般乗用旅客自動車運送事業者の事業用自動車の運転者が、業務に関し他の法令に違反した場合において、当該一般乗用旅客自動車運送事業者の責めに帰すべき理由がある場合とする。

（権限の委任）

第11条　法第5章から第9章までに規定する国土交通大臣の権限は、次に掲げるものを除き、当該事案の関する土地を管轄する地方運輸局長（当該事案が二以上の地方運輸局長の管轄区域にわたるときは、当該事案の主として関する土地を管轄する地方運輸局長。第3項において「所轄地方運輸局長」という。）に委任する。

一　法第8条の6第1項及び第2項の規定による通知

二　法第8条の10第1項の規定による勧告

三　法第8条の10第3項（第8条の11第2項において準用する場合を含む。）の規定による通知

四　法第8条の11第1項の規定による命令

五　法第11条第4項の活性化事業計画（共同事業再構築に係る事項が記載されているものに限る。次号において同じ。）の認定

六　法第11条第5項の活性化事業計画の変更の認定

七　法第12条第1項の規定による意見陳述

八　法第12条第3項の規定による連絡

九　法第14条第1項の規定による認定活性化事業計画（共同事業再構築に係る事項

　　が記載されているものに限る。次号及び第11号において同じ。）に係る勧告

　十　法第14条第２項の規定による認定活性化事業計画の認定の取消し

　十一　法第14条第３項の規定による認定活性化事業計画の変更の指示又は認定の取消し

　十二　法第17条第１項の規定による報告の徴収

　十三　法第17条第２項の規定による立入検査

　十四　法第17条の３第２項において準用する道路運送法第41条第３項の規定による封印の取付け及び同条第４項の規定による登録識別情報の通知

　十五　法第18条の２の規定による諮問

　十六　法第18条の３第２項の規定による指示

２　前項の規定により地方運輸局長に委任された権限のうち法第17条の３第２項において準用する道路運送法第41条第１項の規定による自動車検査証の返納の受理及び自動車登録番号標の領置並びに同条第２項の規定による自動車検査証及び自動車登録番号標の返付は、運輸監理部長又は運輸支局長に委任する。

３　法第17条第１項及び第２項に規定する国土交通大臣の権限は、地方運輸局長、運輸監理部長及び運輸支局長も行うことができる。

（事案の公示）

第11条の２　地方運輸局長は、その権限に属する法第18条の３第１項に規定する事案について調査を開始しようとするときは、あらかじめ、当該事案の件名に番号を付し、その旨を地方運輸局の掲示板に掲示する等適当な方法で公示しなければならない。

（利害関係人）

第11条の３　法第18条の３第１項に規定する利害関係人（次条において「利害関係人」という。）とは、次の各号のいずれかに該当する者をいう。

　一　法第８条の２第１項の規定により特定地域計画の認可又は変更の認可の申請をした協議会の構成員

　二　法第８条の５第３項の規定による認可特定地域計画の変更命令又は同項若しくは同条第４項の規定による認可の取消しに係る認可協議会の構成員

　三　法第16条第１項の規定による運賃の範囲を指定しようとする特定地域又は準特定地域内に営業所を有する一般乗用旅客自動車運送事業者

　四　第１号若しくは第２号の構成員又は前号の一般乗用旅客自動車運送事業者と競争の関係にある者

　五　利用者その他の者のうち地方運輸局長が当該事案に関し特に重大な利害関係を
　　有すると認める者

（意見の聴取の申請）

第11条の4　利害関係人は、法第18条の3第2項の規定により、意見聴取の申請をし
ようとするときは、次に掲げる事項を記載した申請書を地方運輸局長に提出するも
のとする。

　一　申請者の氏名又は名称及び住所並びに法人にあっては、その代表者の氏名
　二　事案の件名及び公示があったものについてはその番号
　三　意見の聴取において陳述しようとする者の氏名及び職業又は職名
　四　意見の聴取における陳述の概要及び利害関係を説明する事項

2　前項の申請は、第11条の2の規定による公示をした事案にあっては、公示の日か
ら10日以内に、これをしなければならない。

（陳述人の選定）

第11条の5　地方運輸局長は、意見の聴取の申請者が2人以上あるときは、意見の聴
取において陳述すべき者を選定することができる。

（非公開）

第11条の6　意見の聴取は、非公開とする。ただし、地方運輸局長が特に必要がある
と認める場合は、この限りでない。

（聴聞の方法の特例）

第11条の7　地方運輸局長は、その権限に属する一般乗用旅客自動車運送事業の停止
の命令又は許可の取消しの処分に係る聴聞を行うに当たっては、その期日の17日前
までに、当該事案の件名に番号を付し、その旨を地方運輸局の掲示板に掲示する等
適当な方法で公示しなければならない。

第11条の8　法第18条の4第2項に規定する利害関係人とは、利用者その他の者のう
ち地方運輸局長が当該事案に関し特に重大な利害関係を有すると認める者をいう。

（届出）

第11条の9　一般乗用旅客自動車運送事業者は、法第8条の9第3項、法第8条の11、
法第17条の2の規定に基づく命令を実施した場合に該当することとなったときは、

その旨を国土交通大臣又は地方運輸局長に届け出なければならない。

2　前項の届出は、届出事由の発生した後遅滞なく行わなければならない。

3　第1項の届出をしようとする者は、次に掲げる事項を記載した届出書を提出しなければならない。

一　氏名又は名称及び住所並びに法人にあっては、その代表者の氏名

二　届出事項

三　届出事由の発生の日

四　その他必要事項

（書類の経由）

第12条　法第9条第5項（同条第7項において準用する場合を含む。）の規定により国土交通大臣に送付すべき準特定地域計画は、当該事案の関する土地を管轄する運輸監理部長又は運輸支局長（当該事案が運輸監理部長と運輸支局長又は二以上の運輸支局長の管轄区域にわたるときは、当該事案の主として関する土地を管轄する運輸監理部長又は運輸支局長。次項において同じ。）を経由して送付しなければならない。

2　この省令の規定により国土交通大臣又は地方運輸局長に提出すべき申請書、届出書、意見書又は報告書は、それぞれ当該事案の関する土地を管轄する運輸監理部長又は運輸支局長を経由して提出しなければならない。

3　第3条の規定により国土交通大臣に提出すべき要請書は、当該事案の関する土地を管轄する運輸監理部長又は運輸支局長を経由して提出することができる。

○個人タクシー事業の申請に対する処分に関する処理方針

（平成13年9月12日　国自旅
第78号　国土交通省自動車
交通局長から各地方運輸局
長、沖縄総合事務局長あて）

一部改正　平成17年4月28日　国自旅第 23号
　　　　　平成23年11月18日　国自旅第 78号
　　　　　平成26年1月24日　国自旅第412号
　　　　　平成27年1月13日　国自旅第291号
　　　　　平成28年12月20日　国自旅第300号
　　　　　令和元年7月26日　国自旅第106号
　　　　　令和5年8月1日　国自旅第123号
　　　　　令和5年12月28日　国自旅第267号

個人タクシー事業の申請に対する処分に関する処理方針

1．個人タクシー事業（道路運送法第4条に基づく許可を受けた個人のみが自動車を運転することにより事業を行うべき旨の条件の付された一般乗用旅客自動車運送事業。以下「個人タクシー」という。）は、昭和34年に「自動車運転者に将来の希望を与えるとともに、タクシー業界に新風を注入する」ことを目的として導入された特別な制度であるが、個人タクシーでは、運行管理、整備管理等の全てを運転者自らが責任を持って行わなければならないことから、優秀適格者に限って本事業の免許を付与してきた。

　平成14年の改正道路運送法の施行により、タクシー事業の参入規制が免許制から許可制へ移行することとなったが、個人タクシーについては、同法の国会審議における附帯決議等を勘案し、今後も引き続き、制度創設時の趣旨を維持し、優良・優秀な運転者に限って認める特別な制度として位置づけることとする。

　今般、地方部におけるラストワンマイル・モビリティを担う交通サービスとして個人タクシーを最大限活用することが重要と位置づけられたため、下記の点に留意しつつ運用していくこととされたい。

2．個人タクシーの申請に対する処分の処理については、その具体的な方針を別紙のとおり定めたので、各地方運輸局（沖縄総合事務局を含む。以下同じ。）においては、その趣旨を十分理解の上、各地方運輸局で定めている審査基準について、所要の改正を行い、速やかにこれを公示することとされたい。

　なお、各地方運輸局において、本処理方針に基づき新たな審査基準を定めるときは、その内容を事前に本省と調整されたい。

３．その他の個人タクシーに係る取扱いについては、追って通達することとする。

４．また、本件については、一般社団法人全国個人タクシー協会会長あて別添のとおり通知したので申し添える。

記

１．許可に際しては、個人タクシー事業が特別な制度であることに鑑み、事業者及び運転者としての両側面を加味した厳格な資格要件を課すこととする。

２．許可を行う地域については、人口が概ね30万人以上の都市を含む営業区域等（地域の実情を勘案して当該地域に個人タクシーが必要と認められる場合はこの限りではない。）で、地方運輸局長又は沖縄総合事務局長が認めた地域とし、原則として法人タクシーの営業区域と同一の地域とする。

別　紙

個人タクシー事業の申請に対する処分に関する処理方針

I．人口が概ね30万人以上の都市を含む営業区域等における許可（道路運送法（以下「法」という。）第4条第1項）

以下の方針の定めるところにより行うものとする。

1．営業区域

　道路運送法施行規則（昭和26年運輸省令第75号）第5条に基づき地方運輸局長（沖縄総合事務局長を含む。以下同じ。）が定める営業区域。

2．年齢

　申請日現在の年齢が65歳未満であること。

3．運転経歴等

⑴　有効な第二種運転免許（普通免許、中型免許又は大型免許に限る。以下同じ。）を有していること。

⑵　申請日現在における別表の左欄に掲げる年齢区分に応じて、右欄に定める国内の自動車運転経歴、タクシー又はハイヤーの運転経歴等の要件すべてに適合するものであること。

4．法令遵守状況

⑴　申請日以前5年間及び申請日以降に、次に掲げる処分を受けていないこと。また、過去にこれらの処分を受けたことがある場合には、申請日の5年前においてその処分期間が終了していること。

①　法、貨物自動車運送事業法（平成元年法律第83号）又は特定地域及び準特定地域における一般乗用旅客自動車運送事業の適正化及び活性化に関する特別措置法（平成21年法律第64号。以下「タクシー適正化・活性化特措法」という。）の違反による輸送施設の使用停止以上の処分又は使用制限（禁止）の処分

②　道路交通法（昭和35年法律第105号）の違反による運転免許の取消し処分

③　タクシー業務適正化特別措置法（昭和45年法律第75号）に基づく登録の取消し処分及びこれに伴う登録の禁止処分

④　自動車運転代行業の業務の適正化に関する法律（平成13年法律第57号）の違反による営業の停止命令又は営業の廃止命令の処分

⑤　刑法（明治40年法律第45号）、暴力行為等処罰に関する法律（大正15年法律第60号）、麻薬及び向精神薬取締法（昭和28年法律第14号）、覚せい剤取締法（昭和26年法律第252号）、売春防止法（昭和31年法律第118号）、銃砲刀剣類所持等取締法（昭和33年法律第6号）、その他これらに準ずる法令の違反による処分

⑥　自らの行為により、その雇用主が受けた法、貨物自動車運送事業法、タクシー業務適正化特別措置法又はタクシー適正化・活性化特措法に基づく輸送施設の使用停止以上の処分

⑦　申請者が、一般旅客自動車運送事業又は特定旅客自動車運送事業の許可の取消しを受けた事業者において、当該取消処分を受ける原因となった事項が発生した当時現に運行管理者であった者として受けた法第23条の3の規定による運行管理者資格者証の返納命令の処分

(2)　申請日以前3年間及び申請日以降に、道路交通法の違反（同法の違反であって、その原因となる行為をいう。）がなく、運転免許の効力の停止を受けていないこと。ただし、申請日の1年前以前において、点数（同法の違反により付される点数をいう。）が1点付されることとなる違反があった場合、又は点数が付されない違反があった場合のいずれか1回に限っては、違反がないものとみなす。

(3)　(1)又は(2)の違反により現に公訴を提起されていないこと。

5．資金計画
(1)　所要資金の見積りが適切であり、かつ、資金計画が合理的かつ確実なものであること。なお、所要資金は次の①～④の合計額とし、各費用ごとに以下に示すところにより計算されているものであること。

①　設備資金（③を除く。）
　　原則として70万円以上（ただし、70万円未満で所要の設備が調達可能であることが明らかな場合は、当該所要金額とする。）

②　運転資金
　　原則として70万円以上

③　自動車車庫に要する資金
　　新築、改築、購入又は借入等自動車車庫の確保に要する資金

④　保険料

自動車損害賠償保障法に定める自賠責保険料（保険期間12ヶ月以上）、並びに、旅客自動車運送事業者が事業用自動車の運行により生じた旅客その他の者の生命、身体又は財産の損害を賠償するために講じておくべき措置の基準を定める告示（平成17年国土交通省告示第503号）で定める基準に適合する任意保険又は共済に係る保険料の年額

(2) 所要資金の100％以上の自己資金（自己名義の預貯金等）が、申請日以降常時確保されていること。

6．営業所

個人タクシー営業上の管理を行う事務所であって、次の各事項に適合するものであること。

(1) 申請する営業区域内にあり、原則として住居と営業所が同一であること。

(2) 申請する営業区域内に申請日現在において現に居住しているものであること等、居住の実態が認められるものであること。

(3) 使用権原を有するものであること。

7．事業用自動車

使用権原を有するものであること。

8．自動車車庫

(1) 申請する営業区域内にあり、営業所から直線で２キロメートル以内であること。

(2) 計画する事業用自動車の全体を収容することができるものであること。

(3) 隣接する区域と明確に区分されているものであること。

(4) 土地、建物について、１年以上の使用権原を有するものであること。

(5) 建築基準法（昭和25年法律第201号）、都市計画法（昭和43年法律第100号）、消防法（昭和23年法律第186号）、農地法（昭和27年法律第229号）等の関係法令に抵触しないものであること。

(6) 計画する事業用自動車の出入りに支障がなく、前面道路が車両制限令（昭和36年政令第265号）に抵触しないものであること。なお、前面道路が私道の場合にあっては、当該私道の通行に係る使用権原を有する者の承認があり、かつ、当該私道に接続する公道が車両制限令に抵触しないものであること。

(7) 確保の見通しが確実であること。

9．健康状態及び運転に関する適性

(1)　公的医療機関等の医療提供施設において、胸部疾患、心臓疾患及び血圧等に係る診断を受け、個人タクシーの営業に支障がない健康状態にあること。

(2)　独立行政法人自動車事故対策機構等において運転に関する適性診断を受け、個人タクシーの営業に支障がない状態にあること。

10．法令及び地理に関する知識

申請する営業区域を管轄する地方運輸局長が実施する法令及び地理の試験に合格した者であること。なお、法令及び地理の試験の実施については、「個人タクシー事業の許可等に係る法令及び地理の試験の実施について（平成13年12月26日国自旅第127号。以下「試験実施通達」という。)」で定めるところにより実施するものとする。

ただし、申請する営業区域において、申請日以前継続して10年以上タクシー・ハイヤー事業者に運転者として雇用されている者で、申請日以前5年間無事故無違反であった者又は申請する営業区域において、申請日以前継続して15年以上タクシー・ハイヤー事業者に運転者として雇用されている者については、地理試験を免除できることとする。

11．その他

申請日前3年間において個人タクシー事業を譲渡若しくは廃止し、又は期限の更新がなされなかった者でないこと。

12．申請及び処分の時期等

(1)　申請の受付

毎年9月1日から10月31日までの間における1か月程度の期間とする。ただし、タクシー適正化・活性化特措法第3条第1項の規定による特定地域に指定されている地域を営業区域とする申請の受付は行わない。

また、タクシー適正化・活性化特措法第3条の2第1項の規定による準特定地域に指定されている地域を営業区域とする申請は、「準特定地域における一般乗用旅客自動車運送事業の適正化の推進のために監督上必要となる措置等の実施について（平成26年1月24日国自旅第406号)」Ⅱ．1．に基づき地方運輸局長が公示した場合にあっては、公示した期間を受付期間とする。

(2)　法令及び地理の試験の実施

試験実施通達で定めるところにより実施するものとする。

(3) 申請内容の確認

　　申請内容の確認のため、地方運輸局が必要と認める場合にヒアリングを実施するものとする。

(4) 処分の時期

　　標準処理期間の範囲内において行うこととする。ただし、タクシー適正化・活性化特措法第3条の2第1項の規定による準特定地域に指定されている地域を営業区域とする申請にあっては、各地方運輸局長が定める時期とすることができるものとする。

(5) その他

　　新規許可申請の受付日以降処分日までの間に当該申請に係る営業区域がタクシー適正化・活性化特措法第3条第1項の規定による特定地域に指定された場合には、当該申請事案は同法第14条の2の規定に基づき却下処分とする。

Ⅱ．人口が概ね30万人以上の都市を含まない営業区域等における許可（法第4条第1項）

　　Ⅰ．1.、3.(1)、4.、5.、6.(1)・(3)、7.～9.及び以下の方針の定めるところにより行うものとする。

1．年齢

　　申請日現在の年齢が80歳未満であること。

2．運転経歴

　　申請者が申請日以前に1年以上の個人タクシーの経験を有していること。

3．管理運営体制

　　申請者の年齢区分に応じて次の事項に適合すること。

　① 申請日現在の年齢が75歳未満（ア又はイ）

　　ア　申請する営業区域が属する都道府県内に営業所を設置している法人タクシー事業者（以下「連携事業者」という。）による運行管理を受ける体制の整備、連携事業者との業務提携又は連絡体制の構築がなされていること。

　　イ　申請する営業区域が属する都道府県内の個人タクシー事業者団体又は申請日以前に所属していた個人タクシー事業者団体との連絡体制の構築がなされていること。

② 申請日現在の年齢が75歳以上

連携事業者による運行管理を受ける体制の整備がなされていること。

4．法令に関する知識

申請する営業区域を管轄する地方運輸局長が実施する法令の試験に合格した者であること。法令の知識については、試験実施通達で定めるところにより実施するものとする。

なお、申請日以前1年以内に、自動車の運転を専ら職業とした期間（他人に運転専従者として雇用されていた期間で、個人タクシー事業者又はその代務運転者であった期間を含む。）があった場合は免除とする。

5．申請及び処分の時期等

（1）申請の受付

許可の申請は、随時受け付けるものとする。

ただし、タクシー適正化・活性化特措法第3条第1項の規定による特定地域に指定されている地域を営業区域とする申請の受付は行わない。

また、タクシー適正化・活性化特措法第3条の2第1項の規定による準特定地域に指定されている地域を営業区域とする申請は、「準特定地域における一般乗用旅客自動車運送事業の適正化の推進のために監督上必要となる措置等の実施について（平成26年1月24日国自旅第406号）」Ⅱ．1．に基づき地方運輸局長が公示した場合にあっては、公示した期間を受付期間とする。

（2）試験の実施

試験実施通達で定めるところにより実施するものとする。

（3）申請内容の確認

申請内容の確認のため、地方運輸局が必要と認める場合にヒアリングを実施するものとする。

（4）処分の時期

標準処理期間の範囲内において行うこととする。ただし、タクシー適正化・活性化特措法第3条の2第1項の規定による準特定地域に指定されている地域を営業区域とする申請にあっては、各地方運輸局長が定める時期とすることができるものとする。

（5）その他

新規許可申請の受付日以降処分日までの間に当該申請に係る営業区域がタクシー適正化・活性化特措法第3条第1項の規定による特定地域に指定された場

合には、当該申請事案は同法第14条の２の規定に基づき却下処分とする。

Ⅲ．許可等に付す期限及び条件（法第86条第１項）

1．新規許可等に付す期限
(1) 新規許可又は譲渡譲受認可若しくは相続認可に当たっては、当該許可又は認可後３年間とする期限を付すこととする。
(2) 譲渡譲受認可申請が行われた場合は、従前の許可期限（許可期限を更新した場合にあっては更新後の期限。以下同じ。）の翌日以降、２．(11)の条件により旅客の運送を行わない限りにおいて許可期限を認可の日までとする。

2．新規許可等に付す条件
新規許可又は譲渡譲受認可若しくは相続認可に当たっては、少なくとも次の条件を付すこととする。
(1) 引き続き有効な第二種運転免許を有するものであること。なお、当該第二種運転免許の取り消し処分を受けた場合には許可を取り消すものであること。また、譲渡譲受認可申請が行われた場合であって、やむを得ない事情により第二種運転免許が失効し、かつ、それ以降旅客の運送を行うことがないときは、許可に係る当該条件は適用しない。
(2) 使用する事業用自動車は１両であり、他人に当該事業用自動車を営業のために運転させてはならないこと。
(3) 患者輸送等の特殊な需要に特化した運送のみを行うものでないこと。
(4) 事業用自動車の両側面に見やすいように「個人タクシー」と表示すること。
(5) 月に２日以上の定期休日を定めること。
(6) 地方運輸局長等が日時及び場所を指定して出頭を求めたときは、特別の事情がない限りこれに応じること。
(7) 営業中は運転日報を携行しこれに記入を行い、１年間は保存すること。
(8) 刑法、暴力行為等処罰に関する法律、麻薬及び向精神薬取締法、覚せい剤取締法、売春防止法、銃砲刀剣類所持等取締法のいずれかに抵触する行為により処罰を受けた場合には、許可を取り消すことがあること。
(9) 年齢が満65歳に達した場合には、旅客自動車運送事業運輸規則（昭和31年運輸省令第44号）第38条第２項に定めるところにより同項の認定を受けた適性診断を受診すること。
(10) 年齢が満75歳の誕生日の前日（Ⅱ．３．②により許可を受けた場合は、年齢

が満80歳の誕生日の前日）以降の期限を付す更新は行わないものであること。

⑾　譲渡譲受認可申請が行われた場合であって、1．⑵により許可期限が認可の日までとなる場合にあっては、従前の許可期限の翌日から譲渡譲受認可の日までの間は旅客の運送を行わないものとすること。なお、当該条件に違反して旅客の運送を行ったときは、許可を取り消すものであること。

Ⅳ．事業計画の変更の認可（法第15条第1項）

Ⅰ．及びⅡ．に定めるところに準じて審査することとする。

Ⅴ．譲渡譲受及び相続の認可（法第36条第1項及び第37条第1項）

1．譲渡譲受の認可

（1）　譲渡人の資格要件

申請日現在において、次のいずれかに該当するとともに、有効な第二種運転免許を有していること。ただし、年齢が満80歳の誕生日の前日以前に、既に譲渡譲受認可申請がなされ、Ⅲ．1．⑵が適用されており、従前の許可期限の日を過ぎている場合を除く。

①　年齢が65歳以上80歳未満であること。

②　年齢が65歳未満で、傷病等により事業を自ら遂行できない正当な理由がある者。

③　年齢が65歳未満で、20年以上個人タクシー事業を経営している者であること。

（2）　譲受人の資格要件

Ⅰ．に定める基準を満たす者であること。なお、譲渡人が75歳以上80歳未満の場合は、60歳以下の者であること。

（3）　申請及び処分の時期等

①　申請の受付

原則として通年受付とする。

②　法令及び地理の試験の実施

試験実施通達で定めるところにより実施するものとする。

③　申請内容の確認

申請内容の確認のため、各地方運輸局が必要と認める場合にヒアリングを実施するものとする。

④　処分の時期

　　標準処理期間の範囲内において行うこととする。

　２．相続の認可

　⑴　被相続人の死亡時における年齢が75歳未満であること。

　⑵　相続人がⅠ．に定める基準を満たす者であること。

　⑶　申請の受付、法令及び地理の試験並びに処分は、随時行うこととする。ただ
　　し、申請が被相続人の死亡後60日以内になされるものであること。

Ⅵ．運送約款の認可（法第11条第１項）

　⑴　公衆の正当な利益を害するおそれがないものであること。

　⑵　道路運送法施行規則第12条各号に掲げる記載事項が明確に定められているこ
　　と。

Ⅶ．運賃及び料金の認可（法第９条の３第１項）

　別に定めるところにより行うものとする。

Ⅷ．認可に付した期限及び条件の変更

　上記Ⅰ．〜Ⅴ．の許可に付した期限及び条件について、変更を行う場合には、上
記Ⅰ．〜Ⅴ．の定めるところにより審査するものとする。

Ⅸ．挙証等

　申請内容について、客観的な挙証等があり、かつ、合理的な陳述がなされるもの
であること。

Ⅹ．実施時期

　本処理方針は、平成14年２月１日以降に申請を受け付けたものから適用するもの
とする。

　なお、地域の実情に応じて、所要の経過措置を設けることができるものとする。

附則（平成17年４月28日　国自旅第23号）

　本処理方針は、平成17年４月28日以降に申請を受け付けたものから適用するもの
とする。

附則（平成23年11月18日　国自旅第89号）

　改正後の通達は、平成24年4月1日以降に申請を受け付けたものから適用するものとする。

附則（平成26年1月24日　国自旅第412号）

　改正後の通達は、平成26年1月27日以降に処分するものから適用するものとする。

附則（平成27年1月13日　国自旅第291号）

　改正後の通達は、平成27年4月1日以降に処分するものから適用するものとする。

附則（平成28年12月20日　国自旅第300号）

　改正後の通達は、平成28年12月20日以降の申請を受け付けたものから適用するものとする。

附則（令和元年7月26日国自旅第106号）

　改正後の通達は、令和元年8月1日以降に処分するものから適用するものとする。なお、改正後のⅡ．1．(2)並びに2．(1)及び(12)については、事業者がこれらの改正後の規定による許可に付した期限及び条件への変更を申請した場合において適用するものとする。

附則（令和5年8月1日　国自旅第123号）

　改正後の通達は、令和5年8月1日から適用するものとする。

附則（令和5年12月28日　国自旅第267号）

　改正後の通達は、令和5年12月28日以降に申請を受け付けたものから適用するものとする。

　なお、改正後のⅢ．2．(10)については、平成14年1月31日以前に個人タクシー事業の許可を取得した者については適用しないものとする。

別　表

個人タクシーの申請に係る運転経歴要件

申請時の年齢	運　転　経　歴　要　件
A．35歳未満	1．申請する営業区域において、申請日以前継続して10年以上同一のタクシー又はハイヤー事業者に運転者として雇用されていること。 2．申請日以前10年間無事故無違反であること。
B．35歳以上 40歳未満	1．申請日以前、申請する営業区域において自動車の運転を専ら職業とした期間（他人に運転専従者として雇用されていた期間で、個人タクシー事業者又はその代務運転者であった期間を含む。）が10年以上であること。この場合、一般旅客自動車運送事業用自動車以外の自動車の運転を職業とした期間は50％に換算する。 2．1．の運転経歴のうちタクシー・ハイヤーの運転を職業としていた期間が5年以上であること。 3．申請する営業区域においてタクシー・ハイヤーの運転を職業としていた期間が申請日以前継続して3年以上であること。 4．申請日以前10年間無事故無違反である者については、40歳以上65歳未満の要件によることができるものとする。
C．40歳以上 65歳未満	1．申請日以前25年間のうち、自動車の運転を専ら職業とした期間（他人に運転専従者として雇用されていた期間で、個人タクシー事業者又はその代務運転者であった期間を含む。）が10年以上であること。この場合、一般旅客自動車運送事業用自動車以外の自動車の運転を職業とした期間は50％に換算する。 2．申請する営業区域において、申請日以前3年以内に2年以上タクシー・ハイヤーの運転を職業としていた者であること。

（適用）
1)　B．1．及びC．1．の「自動車の運転」に係る自動車については、道路運送車両法施行規則（昭和26年運輸省令第74号）別表第一に規定する普通自動車（四輪以上の自動車に限る。）、小型四輪自動車（四輪以上の自動車に限る。）及び軽自動車（民間患者輸送事業の用に供する自動車に限る。）とする。
2)　B．3．及びC．2．の「タクシー・ハイヤーの運転を職業」については、当初、タクシー又はハイヤー運転者として雇用され、引き続き運行管理者又は整備管理者として選任された場合を含む。
3)　35歳以上40歳未満の者に対する40歳以上65歳未満の要件の適用について、B．4．の要件によるか、すべての者についてC．の要件を適用するかについては、地域の実情を踏まえ地方運輸局長の判断によることができるものとする。

運輸局別：個人タクシーの申請に係る運転経歴要件

　個人タクシーの申請に係る運転経歴要件（P．279）については、地方運輸局長の判断によって、関東、中国、四国運輸局および沖縄総合事務局が記載のとおりの要件であり、北海道、東北、北陸信越、中部、近畿、九州運輸局が次の要件となっています。

適用運輸局：北海道、東北、北陸信越、中部、九州

申請時の年齢	運　転　経　歴　要　件
35歳未満	1．申請する営業区域において、申請日以前継続して10年以上同一のタクシー又はハイヤー事業者に運転者として雇用されていること。 2．申請日以前10年間無事故無違反であること。
35歳以上 65歳未満	1．申請日以前25年間のうち、自動車の運転を専ら職業とした期間（他人に運転専従者として雇用されていた期間で、個人タクシー事業者又はその代務運転者であった期間を含む。）が10年以上あること。この場合、一般旅客自動車運送事業用自動車以外の自動車の運転を職業とした期間は50％に換算する。 2．申請する営業区域において、申請日以前３年以内に２年以上タクシー・ハイヤーの運転を職業としていた者であること。

（適用）
1)　「自動車の運転」に係る自動車については、道路運送車両法施行規則（昭和26年運輸省令第74号）別表第一に規定する普通自動車（四輪以上の自動車に限る。）、小型自動車（四輪以上の自動車に限る。）及び軽自動車（民間患者輸送事業の用に供する自動車に限る。）とする。
2)　35歳以上65歳未満２．の「タクシー・ハイヤーの運転を職業」については、当初、タクシー又はハイヤー運転者として雇用され、引き続き運行管理者又は整備管理者として選任された場合を含む。

適用運輸局：近畿

申請時の年齢	運　転　経　歴　要　件
35歳未満	1．申請する営業区域において、申請日を含み申請日前継続して10年以上同一のタクシー又はハイヤー事業者に運転者として雇用されていること。 2．申請日を含み申請日前10年間無事故無違反であること。
35歳以上65歳未満	1．申請日を含み申請日前25年間のうち、自動車の運転を専ら職業とした期間（他人に運転専従者として雇用されていた期間で、個人タクシー事業者又はその代務運転者であった期間を含む。）が10年以上であること。この場合、一般旅客自動車運送事業用自動車以外の自動車の運転を職業とした期間は50％に換算する。 2．申請する営業区域において、申請日を含み申請日前３年以内に２年以上タクシー・ハイヤーの運転を職業としていた者であること。

（適用）

1)　「自動車の運転」に係る自動車については、道路運送車両法施行規則（昭和26年運省令第74号）別表第一に規定する普通自動車（四輪以上の自動車に限る。）、小型自動車（四輪以上の自動車に限る。）及び軽自動車（民間患者輸送事業の用に供する自動車に限る。）とする。

2)　35歳以上65歳未満２．の「タクシー・ハイヤーの運転を職業」については、当初、タクシー又はハイヤー運転手として雇用され、引き続き支局へ選任届を提出した運行管理者又は整備管理者として選任された場合を含む。

○個人タクシー事業の許可等に係る法令及び地理の試験の実施について

（平成13年12月26日　国自旅第
127号　国土交通省自動車交
通局長から各地方運輸局長、
沖縄総合事務局長あて）

一部改正　平成17年12月8日　国自旅第191号
平成20年6月10日　国自旅第 94号
平成23年11月18日　国自旅第 92号
平成27年1月13日　国自旅第293号
平成27年9月17日　国自旅第185号
令和5年12月28日　国自旅第269号

個人タクシー事業の許可等に係る法令及び地理の試験の実施について

　平成14年2月1日からの改正道路運送法の施行に伴い、個人タクシー事業の許可等をするにあたり実施する法令及び地理の試験（以下「試験」という。）の実施方法等を下記のとおり定めたので、各地方運輸局及び沖縄総合事務局（以下「各局等」という。）においては、各局等において定めている公示の所要の改正を行う等、適切な措置を講じることとされたい。

　なお、本件については、一般社団法人全国個人タクシー協会会長あて別添のとおり通知したので申し添える。

記

Ⅰ．試験制度

　1．事前試験

　　　許可申請等をする前の者を対象として実施する試験。

　2．申請後試験

　　　許可申請等をした者を対象として実施する試験。

Ⅱ．事前試験

　1．受験者の資格要件

　　　試験の申込日現在において、次の(1)から(3)のいずれにも該当する者であること。

　(1)　有効な第二種運転免許（普通免許、中型免許又は大型免許に限る。）を有し

ていること。

(2)　年齢が65歳未満（人口が概ね30万人以上の都市を含まない営業区域等における許可申請にあっては80歳未満）であること。

(3)　「個人タクシー事業の申請に対する処分に関する処理方針（平成13年９月12日国自旅第78号。以下「処理方針通達」という。）」の別紙Ⅰ．３．(2)又は別紙Ⅱ．２に適合すること。ただし、同基準中「申請日」とあるのは「試験の申込日」とする。また、同基準別表の表題を「事前試験の受験に係る運転経歴要件」とし、同表中「申請時」とあるのは「試験の申込時」と、「申請する」とあるのは「受験する」と、「申請日」とあるのは「試験の申込日」とする。

２．受験申込書の受付期間及び試験実施時期

(1)　受験者は、受験する営業区域を管轄している地方運輸局長（沖縄総合事務局長を含む。以下同じ。）あてに別添１の受験申込書を提出することとする。

(2)　受験申込書の受付期間は、毎年次の(3)①及び②で定める試験の実施時期に応じた以下の期間とする。

　　①　法令及び地理の試験

　　　　８月１日から８月31日まで。

　　②　法令のみの試験

　　　ア　４月１日から４月30日まで。

　　　イ　８月１日から８月31日まで。

　　　ウ　12月１日から12月28日まで。

(3)　試験の実施時期は、毎年次の①及び②で定める試験区分毎に応じた各期間におけるいずれかの日とする。

　　①　法令及び地理の試験

　　　　11月１日から11月30日まで。

　　②　法令のみの試験

　　　ア　７月１日から７月31日まで。

　　　イ　11月１日から11月30日まで。ただし、①の試験が実施される場合には、同日に行うこととする。

　　　ウ　３月１日から３月31日まで。

３．出題範囲及び設問形式等

　　別添２のとおりとする。

4．試験実施後の取扱い

(1) 試験実施後2週間を目途に、各局等において合格者の公表を行うこととする。

(2) (1)と併せて、合格者に対して別添3の合格証を発することとする。

(3) 合格証の有効期限は、次の①又は②のいずれか早く到達する日とする。

①　合格証の発行日から2年を経過する日

②　年齢が65歳又は80歳に達する日の前日

5．その他

(1) 受験者に対して受験資格を確認するため、必要な書類の提出を求めることができることとする。

(2) 試験合格後に1．(3)に該当していないことが判明した場合、当該合格は無効とする。

Ⅲ．申請後試験

1．試験対象者

次の(1)から(3)に掲げる者を対象に実施することとする。ただし、Ⅰ．に規定する試験に合格した者であって、申請日現在において合格証の有効期限が満了していない者又は合格が無効とされていない者を除く。

(1) 許可申請の場合

許可申請者

(2) 譲渡譲受の認可申請の場合

譲渡譲受の認可申請者のうち譲受人

(3) 相続の認可申請の場合

相続の認可申請者

2．試験の実施時期

(1) 許可申請の場合

毎年11月1日から11月30日までの間のいずれかの日とする。

(2) 譲渡譲受の認可申請の場合

原則として毎年次の①及び②の各期間のいずれかの日とする。なお、試験は、原則として前回試験の受付締切日の翌日から今回試験の実施日の属する月の前々月の末日までに申請を受け付けた者に対して実施するものとする。

①　法令及び地理の試験

11月1日から11月30日まで。

② 法令のみの試験

ア　7月1日から7月31日まで。

イ　11月1日から11月30日まで。ただし、①の試験が実施される場合には、同日に行うこととする。

ウ　3月1日から3月31日まで。

(3)　相続の認可申請の場合

相続人に対する試験の実施は随時行うこととするが、(1)又は(2)の実施時に併せて行うことができるものとする。

3．出題範囲及び設問形式等

別添2のとおりとする。

4．試験実施後の取扱い

(1)　試験実施後2週間を目途に合格者に対しては合格通知を発することとし、その際に、併せて申請に係る挙証資料の提出又は提示等の日時を明らかにすること。

(2)　不合格者については、速やかに却下処分の手続きを行うこととする。

5．申請事案の却下処分時における試験合格者の取扱い

(1)　試験合格者にあっては、申請した事案が却下処分となる場合に限り、その却下処分時に別添3の合格証を発することとする。

(2)　合格証の有効期限は、次の①又は②のいずれか早く到達する日とする。

① 合格証の発行日から2年を経過する日

② 年齢が65歳又は80歳に達する日の前日

Ⅳ．その他

1．Ⅰ．に規定する試験は、原則として同時に行うものとする。

2．試験の実施日時、場所については、事前に各局等において公示するとともにⅠ．1．に規定する試験の受験者及びⅠ．2．に規定する試験の試験対象者あてに通知すること。

3．2．の受験者に対する試験実施通知には、試験区分及び営業区域を記載すること。

4．2．の試験対象者に対する試験実施通知において、処理方針通達の別紙Ⅰ．10．のただし書きに基づき地理試験を免除する者に対しては、その旨を明らかにする

こと。

5．試験結果は試験実施後2週間を目途に以下の事項について公表することとし、試験問題は試験終了後の持ち帰りを認めることにより公表とする。

⑴　受験者数

⑵　合格者数

⑶　法令試験、地理試験それぞれの最高点、最低点及び平均点

6．試験に欠席した者は原則として不合格とし、Ⅰ．2．に規定する試験の試験対象者に係る申請については、速やかに却下処分の手続を行うこととする。

附則（平成23年11月18日　国自旅第92号）

1　改正後の通達は、平成24年4月1日以降に申請を受け付けたものから適用するものとする。

2　改正前の通達により平成24年3月に実施される譲渡譲受認可に係る試験において不合格となった者（前回試験の不合格者で処分を保留されている者を除く。）については、3．⑶の規定によらず、地域の実情に応じて、次回に実施する試験の受験を認めるとともに、処分の保留をすることができるものとする。なお、次回に実施する試験については、平成24年7月1日から31日までの間におけるいずれかの日に実施することとする。

附則（平成27年1月13日　国自旅第293号）

1　改正後の通達は、平成27年4月1日以降に実施する試験から適用する。

2　改正前の通達により平成27年5月に譲渡譲受に係る試験を実施する予定の地方運輸局にあっては、当該試験を平成27年3月に実施することとし、当該試験の対象者は、前回試験の受付締切日の翌日から平成27年1月31日までに申請を受け付けた者とする。

附則（平成27年9月17日　国自旅第185号）

1　改正後の通達は、平成27年10月1日以降に申請を受け付けたものから適用する。

附則（令和5年12月28日　国自旅第269号）

1　改正後の通達は、令和5年12月28日以降に申請を受け付けたものから適用する。

（別添１）

年　　月　　日

地方運輸局長　殿

（○○運輸支局長経由）

住　　所

氏　　名

生年月日

受　験　申　込　書

「個人タクシー事業の許可等に係る法令及び地理の試験の実施について（平成13年12月26日国自旅第127号）」Ⅰ．１．に規定する試験を受けたいため、下記の通り申込みします。

記

１．試験区分（いずれかを○で囲むこと。）

　　　法令及び地理の試験　　　・　　　法令のみの試験

２．営業区域

３．運転経歴（新しいものから記載すること。）

（自） 年月日	（至） 年月日	勤務 年月数	勤務地	勤務先（事務所名）	ハイ・タク バス・他

４．試験通知等の送付先

　　郵便番号＿＿＿＿＿＿＿＿＿＿＿＿＿＿＿＿＿＿＿

　　住　　所＿＿＿＿＿＿＿＿＿＿＿＿＿＿＿＿＿＿＿

　　氏　　名＿＿＿＿＿＿＿＿＿＿＿＿＿＿＿＿＿＿＿

５．添付書類

（1）自動車運転免許証の写し（表・裏）

（別添２）

出題範囲及び設問形式等

	法 令 試 験	地 理 試 験
出題範囲	別紙のとおり	申請する営業区域内の地名、道路、交差点、主要公共施設、河川、橋、公園、名所・旧跡等の名称及び場所、主要ターミナル等周辺の交通規制、その他個人タクシー事業の遂行に必要な地理に関する事項
設問方式	○×方式及び語群選択方式	○×方式及び選択肢方式（語群選択及び地図上の番号を選択する方式）
出 題 数	40問（ただし、タクシー業務適正化特別措置法の特定指定地域（以下「特定指定地域」という。）については、同法に関係する問題を5問付加し45問とする。）	30〜40問
配　　　点	1問1点	1問1点
合格基準	36点以上（ただし、特定指定地域に係る試験は41点以上とする。）（正解率90％以上）	正解率90％以上
試験時間	50分（ただし、特定指定地域に係る試験は60分とする。）	45〜60分

別　紙

個人タクシーの法令試験問題の出題範囲

出題範囲
1．道路運送法関係
①　道路運送法　　②　道路運送法施行令　　③　道路運送法施行規則
④　旅客自動車運送事業運輸規則
⑤　旅客自動車運送事業等報告規則 ⑥　一般乗用旅客自動車運送事業の標準運送約款 ⑦　個人タクシー事業の許可期限の更新等の取扱いについて（平成13年11月15日付け国自旅第107号） ⑧　一般乗用旅客自動車運送事業の運賃及び料金に関する制度について（平成13年10月26日付け国自旅第100号） ⑨　一般乗用旅客自動車運送事業の運賃料金の認可の処理方針について（平成13年10月26日付け国

自旅第101号）

⑩　その他個人タクシー事業の遂行に必要な事項（地方運輸局等の公示及び通達を含む。）

2－1．タクシー業務適正化特別措置法関係（申請に係る営業区域が同法に基づく特定指定地域の場合のみ出題）

①　タクシー業務適正化特別措置法
②　タクシー業務適正化特別措置法施行規則
③　タクシー業務適正化特別措置法関係告示・通達
④　タクシー乗り場及び乗車禁止地区に関する事項
⑤　その他個人タクシー事業の遂行に必要な事項（地方運輸局等の公示及び通達を含む。）

2－2．タクシー業務適正化特別措置法関係（申請に係る営業区域が同法に基づく特定指定地域以外の指定地域の場合のみ出題）

①　タクシー業務適正化特別措置法（第44条から第47条までに限る。）
②　タクシー業務適正化特別措置法施行規則（第28条から第38条までに限る。）

2－3．タクシー業務適正化特別措置法関係（申請に係る営業区域が同法に基づく指定地域以外の場合のみ出題）

①　タクシー業務適正化特別措置法（第46条及び第47条に限る。）
②　タクシー業務適正化特別措置法施行規則（第30条から第38条までに限る。）

3．道路運送車両法関係

①　道路運送車両法
・第1条（この法律の目的）　・第11条（自動車登録番号標の封印等）
・第12条（変更登録）　・第13条（移転登録）　・第15条（永久抹消登録）
・第19条（自動車登録番号標等の表示の義務）
・第20条第2項（自動車登録番号標の廃棄等）　・第41条（自動車の装置）
・第42条（乗車定員又は最大積載量）
・第47条（使用者の点検及び整備の義務）　・第47条の2（日常点検整備）
・第48条（定期点検整備）　・第49条（点検整備記録簿）
・第54条第1項、第2項（整備命令等）
・第57条（自動車の点検及び整備に関する手引）
・第58条（自動車の検査及び自動車検査証）
・第61条（自動車検査証の有効期間）
・第62条（継続検査）　・第66条（自動車検査証の備付け等）
・第67条（自動車検査証の記載事項の変更及び構造等変更検査）
・第69条第2項（自動車検査証の返納等）　・第70条（再交付）
②　自動車点検基準
・第1条第1号（日常点検基準）　・第2条第1号（定期点検基準）
・第4条（点検整備記録簿の記載事項等）
③　道路運送車両の保安基準
・第29条（窓ガラス）　・第43条の2（非常信号用具）
・第43条の3（警告反射板）
・第43条の4（停止表示器材）　・第50条（旅客自動車運送事業用自動車）
・第53条（乗車定員及び最大積載量）
④　自動車事故報告規則
・第2条（定義）　・第3条（報告書の提出）　・第4条（速報）
⑤　その他個人タクシー事業の遂行に必要な事項（地方運輸局等の公示及び通達を含む。）

※　上記1．①～⑨、2－1．①～④、2－2．①～②、及び3．①～④に係る○×方式の問題については、別途本省から示すものの中から選択して出題するものとし、この場合、運輸局等においては一切の修正を行わないこととする。

（別添３）

個人タクシー試験合格証

氏　　名＿＿＿＿＿＿＿＿＿＿＿
生年月日＿＿＿＿＿＿＿＿＿＿＿

　上記の者は、　　　　年　　月　　日に実施した「個人タクシー事業の許可等に係る法令及び地理の試験の実施について」Ⅰ．に規定する試験に下記のとおり合格したことを証する。
　なお、本合格証の有効期限は、　　　　年　　月　　日までとする。

記

１．合格した試験区分

２．営業区域

　　　　　年　　月　　日

地方運輸局長　│　　印　　│

○個人タクシー事業の許可期限の更新等の取扱いについて

〔平成13年11月15日　国自旅第107号　国土交通省自動車交通局長から各地方運輸局長、沖縄総合事務局長あて〕

一部改正　平成14年11月29日　国自旅第148号
　　　　　平成17年４月28日　国自旅第 23号
　　　　　平成17年12月 8日　国自旅第189号
　　　　　平成26年１月24日　国自旅第413号
　　　　　平成27年９月17日　国自旅第186号
　　　　　平成28年12月20日　国自旅第301号
　　　　　令和４年３月30日　国自旅第572号
　　　　　令和５年８月１日　国自旅第123号
　　　　　令和５年10月１日　国自旅第177号
　　　　　令和５年12月28日　国自旅第271号

個人タクシー事業の許可期限の更新等の取扱いについて

　平成14年２月１日からの改正道路運送法施行後における個人タクシー事業に係る許可期限の更新、代務運転制度及び事業の休止・廃止の各取扱い等について、下記のとおり定めたので、各地方運輸局及び沖縄総合事務局（以下「各局等」という。）においては、各局等において定めている公示の改正を行う等、所要の措置を講じることとされたい。

　なお、本件については、一般社団法人全国個人タクシー協会会長あて別添のとおり通知したので申し添える。

記

Ⅰ．許可等に付した期限の更新の処理について

　個人タクシー事業の許可（平成14年１月31日までの免許を含む。以下同じ。）並びに譲渡譲受又は相続の認可（以下「許可等」という。）の際に許可等に付した期限（以下「許可期限」という。）の更新（以下「期限更新」という。）は、次に定めるところにより行うこととする。

　なお、前回の期限更新の際に付した期限の更新についても本規定を準用する。

　また、本規定の適用に当たっては、地域の実情に応じて改正道路運送法施行後６ヶ月間を限度に所要の経過措置を設けることができることとする。

１．期限更新の手続き

(1)　地方運輸局長（沖縄総合事務局長を含む。以下同じ。）に対して「個人タクシー事業の許可等に付された期限の更新申請書」（別添様式例１による。以下「申請書」という。）を当該許可期限が満了する日以前の地方運輸局長が定める日までに、提出させるものとする。

(2)　申請書には、少なくとも次の①～⑧に掲げる書類を添付させることとする。ただし、地方運輸局の判断によりヒアリングを実施する場合にあっては、当該ヒアリングの実施日に提出させることができるものとする。なお、②、⑥及び⑦の書類については、地方運輸局が定める時期に発行されたものであることとする。

①　自動車運転免許証の写し

②　自動車安全運転センターが発行する運転記録証明書

③　事業用自動車の自動車検査証の写し

④　旅客自動車運送事業者が事業用自動車の運行により生じた旅客その他の者の生命、身体又は財産の損害を賠償するために講じておくべき措置の基準を定める告示（平成17年国土交通省告示第503号）で定める基準に適合する任意保険又は共済に加入していることを証する書面

⑤　法令遵守（道路運送法（昭和26年法律第183号）第７条の欠格事由及び２．(3)の期限更新を認めない場合に該当しない旨）に係る宣誓書

⑥　独立行政法人自動車事故対策機構等において運転に関する適性診断を受診したことを証する書面（平成14年８月１日以降を期限更新日（許可期限が満了する日の翌日をいう。以下同じ。）とする申請で、当該期限更新日において年齢が満65歳以上の者にあっては、旅客自動車運送事業運輸規則（昭和31年運輸省令第44号）第38条第２項に定めるところにより同項の認定を受けた高齢者に対する適性診断（以下「適齢診断」という。）を受けていることを証する書面（年齢が満75歳以上の者にあっては、当該適齢診断に係る適性診断書）。また、平成17年８月１日以降を期限更新日とする申請で、前回の期限更新日における年齢が満63歳又は満64歳、かつ、更新後の許可期限を５年後とされた者については、これに加え、年齢が満65歳に達した日以降２年以内において適齢診断を受けたことを証する書面。）

⑦　公的医療機関等の医療提供施設において、胸部疾患、心臓疾患及び血圧等に係る診断を受けたことを証する書面及び営業の支障の有無に係る医師の所見が記載された健康診断書（別添様式例２）

⑧　営業所及び自動車車庫の使用権原に係る宣誓書

(3) 事業者負担の軽減と事務処理の迅速化の観点から、地域の実情に応じ、更新申請に係る事務手続に必要な書類のとりまとめ、必要事項の記入の有無の確認等の形式的な事務については、その一部を事業者団体が行うことができるものとする。

　ただし、このような場合においては、事業者団体が行う事務の範囲をあらかじめ限定し、当該事務の実施計画書を提出させる等の適切な措置を講じることとし、審査及び期限更新の可否の判断に係る事務が行政において行われるものであることを明確化する必要があるので留意すること。

2．期限更新に当たっての審査及び期限更新の可否の判断等
(1) 期限更新に当たっての審査

　1．(2)の添付書類等により、許可等を受けた日又は前回の期限更新の決定がなされた日から当該申請書提出時の期限更新の決定がなされる日（以下「期限更新決定日」という。）までの期間（以下「審査期間」という。）における事業の実施状況及び法令違反行為の有無等を審査するものとする。

(2) 期限更新を認める場合

　別表に定めるところのいずれかに該当する者については、更新後の許可期限を付した上、期限更新を認めるものとし、別添様式例3の書面を交付するとともに、①～④の必要な措置を講じることとする。

　ただし、平成14年2月1日以降に許可又は譲渡譲受若しくは相続の認可を受けた者に付す更新後の許可期限は、当該事業者の満75歳の誕生日の前日（人口が概ね30万人以上の都市を含まない営業区域等において、75歳以上で許可を受けた場合は、当該事業者の満80歳の誕生日の前日）を超えない日とする。

① 事業計画が確保されていないことが明らかな者、利用者からの苦情が多い者等特に悪質な者（以下「悪質事業者」という。）に対しては、必要に応じて事業計画に定める業務の確保命令又は事業改善命令を発動するほか、別表の定めよりさらに短縮した期限を付すことができるものとする。なお、当該短縮した期限を付す場合、別添様式例3の書面に期限を短縮した理由を付記することとする。

② 別表のA．③（オ．及びカ．を除く。次のB．③、C．②及びD．②で適用する場合においても同じ。）、B．③、C．②及びD．②のいずれかに該当する者又は悪質事業者に対しては、期限更新日から6か月以内に地方運輸局等が主催する研修（地方運輸局が認める事業者団体又はタクシーセンターの研修を含む。）を受けさせるものとし、その旨を別添様式例3の書面に付記

することとする。

③　平成14年1月31日現在における個人タクシー事業者（以下「既存事業者」
という。）に対しては、既に当該事業者の許可等に付されている条件を「個
人タクシー事業の申請に対する処理方針（平成13年9月12日付け国自旅第78
号）」（以下「処理方針通達」という。）の別紙Ⅱ．2．(1)～(10)に変更するも
のとし、その旨を別添様式例3の書面に付記することとする。

④　期限更新日における年齢が満63歳又は満64歳であって、更新後の許可期限
を5年後とする者に対しては、年齢が満65歳に達する日から2年を経過する
日までの間に適齢診断を受診させるものとし、その旨を別添様式例3の書面
に付記することとする。

(3)　期限更新を認めない場合

次のいずれかに該当する場合には、許可期限の更新を認めないこととする。

①　許可等に付した条件により、許可等を取り消すべき事由又は許可期限の更
新を行わないこととする事由に該当している場合

②　代務運転者を使用している場合で、代務期間を1年間継続した後も特段の
事情（回復の見込みが明らかであり、なお若干の療養が必要である場合等）
がなく運転業務に従事できない場合

③　既存事業者で、平成14年2月1日以降、処理方針通達の別紙Ⅱ．2．(1)な
お書きの場合に該当したことがある場合

④　期限更新後の許可期限が5回以上連続して1年（別表のA．③（オ．及び
カ．を除く。次のB．③、C．②及びD．②で適用する場合においても同
じ。）、B．③、C．②及びD．②のいずれかに該当する場合に限る。）とな
ることが明らかである場合

(4)　その他

概ね過去1年間において特段の事情がなく事業を実施していない者に対して
は、事業廃止の届出を行うよう指導するものとする。

また、既存事業者で適齢診断・健康診断の結果により個人タクシーの営業に
支障があることが明らかな場合及び特段の事情がなく稼働率が著しく低い場合
については、これらの者に対して必要な業務の見直しに関する勧告を行うもの
とする。なお、勧告に応じた見直しが行われない場合には、必要に応じて公表
を行うこととする。

Ⅱ．代務運転制度について

個人タクシーの代務運転制度は、事業者本人が病気又は負傷等（以下「傷病等」

という。）により、自ら事業を遂行できない場合において、当該事業者及び家族の当面の生活の安定を確保するため、一定期間に限って当該事業用自動車を他人に運転させ事業を継続することを認める特例措置として、これまで特別に認めてきたところである。

　本制度については、今般の需給調整規制の廃止に伴い事業継続義務がなくなること及び運用の如何によっては個人タクシーの趣旨になじまない事態を惹起する可能性もあること等から、慎重に取り扱う必要があると考えられるが、現段階においては本制度が定着していること等を考慮し、引き続き当分の間、本制度を認めることとしたので、各局等においては、次に定めるところにより厳正かつ適正な運用を行うこととされたい。

1．代務運転の承認方法

　　代務運転者を使用しようとする事業者からの申請に基づいて、許可等に付された条件のうち「他人に当該事業用自動車を営業のために運転させてはならない」旨の条件を一定期間変更（以下「代務運転に係る許可条件変更」という。）することにより行うこととする。

2．承認要件

　　代務運転者を使用しようとする事業者及び代務運転者のいずれもが、少なくとも次のそれぞれの要件のすべてを満たしている場合に限って認めることとする。

（1）　代務運転者を使用しようとする事業者（以下Ⅱ．において「事業者」という。）の要件

　①　傷病等によって入院・療養が必要なため、自ら運転業務を実施できないことが、医師の診断書により明らかであること。

　②　①により、当該事業者が運転業務を実施することができない結果、個人タクシー事業以外に収入の途がないため、医療費を含めた生計の維持が著しく困難であることが認められる場合。

　③　①の原因となった負傷が、自らの重大な法令違反行為が原因で生じた交通事故によるものではないこと。

　④　申請時において、年齢が75歳未満であること。

（2）　代務運転者の要件

　①　申請時において、年齢が65歳未満であること。

　②　有効な第二種運転免許証（普通免許、中型免許又は大型免許に限る。）を有していること。

③　申請に係る営業区域において、タクシー又はハイヤーの運転を職業とした期間（個人タクシーの代務運転者であった期間を含む。）が、申請日以前５年以内に３年以上である者

④　タクシー業務適正化特別措置法（昭和45年法律第75号）に基づく登録を受けていること。

⑤　法令遵守状況

イ　申請日以前５年間に、次に掲げる処分を受けていないこと。また、過去にこれらの処分を受けたことがある場合には、申請日の５年前においてその処分期間が終了していること。

(イ)　道路運送法（昭和26年法律第183号）又は貨物自動車運送事業法（平成元年法律第83号）の違反による輸送施設の使用停止以上の処分又は使用制限（禁止）の処分

(ロ)　道路交通法（昭和35年法律第105号）の違反による運転免許の取消し処分

(ハ)　タクシー業務適正化特別措置法に基づく登録の取消し処分及びこれに伴う登録の禁止処分

(ニ)　自動車運転代行業の業務の適正化に関する法律（平成13年法律第57号）の違反による営業の停止命令又は営業の廃止命令の処分

(ホ)　刑法（明治40年法律第45号）、暴力行為等処罰に関する法律（大正15年法律第60号）、麻薬及び向精神薬取締法（昭和28年法律第14号）、覚せい剤取締法（昭和26年法律第252号）、売春防止法（昭和31年法律第118号）、銃砲刀剣類所持等取締法（昭和33年法律第6号）、その他これらに準ずる法令の違反による処分

(ヘ)　自らの行為により、その雇用主が受けた道路運送法、貨物自動車運送事業法、タクシー業務適正化特別措置法又は特定地域及び準特定地域における一般乗用旅客自動車運送事業の適正化及び活性化に関する特別措置法（平成21年法律第64号）に基づく輸送施設の使用停止以上の処分

(ト)　代務運転者が、一般旅客自動車運送事業又は特定旅客自動車運送事業の許可の取消しを受けた事業者において、当該取消処分を受ける原因となった事項が発生した当時現に運行管理者であった者として受けた法第23条の３の規定による運行管理者資格者証の返納命令の処分

ロ　申請日以前３年間及び申請日以降に、道路交通法の違反（同法の違反であって、その原因となる行為をいう。）がないこと。ただし、申請日の１年前以前において、点数（同法の違反により付される点数）が１点付され

ることとなる違反があった場合、又は点数が付されない違反があった場合のいずれか1回に限っては、違反がないものとみなす。

ハ　イ又はロの違反により現に公訴を提起されていないこと。

⑥　事業計画

事業者の事業計画を確実に遂行できるものであること。

3．代務運転に係る許可条件変更の手続

「個人タクシー事業の代務運転に係る許可条件変更承認申請書」（別添様式例4による。）及び添付書類を地方運輸局長へ提出させるものとする。

4．承認する期間

(1)　代務運転に係る許可条件変更の承認期間は6か月間を限度とし、承認の際に期限を付すこととする。なお、当該承認期限については、当初承認が行われた日から1年間までの範囲において更新できるものとする。

(2)　承認が行われた日から1年を経過した場合において、特段の事情（回復の見込みが明らかであり、なお若干の療養が必要である場合等）がある場合に限り、(1)の承認期間を更新できるものとする。

(3)　当該承認期間内であっても、事業者が死亡又は事業の廃止等により個人タクシー事業者でなくなったときは、当該承認の期間は終了するものとする。

5．承認の処理

代務運転に係る許可条件変更の承認をしたときは、事業者に対して次の条件を付した別添様式例5の書面を交付することとする。

(1)　代務運転者以外の者に、当該事業用自動車を営業のために運転させてはならない。

(2)　代務運転者が運転業務に従事する際には、車内にタクシー業務適正化特別措置法第13条に規定する代務運転者の登録タクシー運転者証を表示しなければならない。

(3)　承認期間内は、事業者が運転業務に従事してはならない。

(4)　代務運転者は、地方運輸局長等が日時及び場所を指定して出頭を求めたときは、特別な事情がない限りこれに応じること。

(5)　承認期間内に事業者の傷病等が治癒し、事業者が運転業務に復帰することが可能となったときは、速やかに代務運転に係る許可条件変更の解除届（別添様式例6による。）を地方運輸局長へ提出し、事業者は運転業務に復帰しなけれ

ばならない。

(6) 事業者が死亡又は事業の廃止等により個人タクシー事業者でなくなったときは、承認期間が満了するものであること。

(7) (5)又は(6)の場合並びに承認期間が満了した場合には、速やかに代務運転者の登録タクシー運転者証をタクシー業務適正化特別措置法第19条に規定する登録実施機関に返付しなければならない。

6．代務運転に係る許可条件変更の承認の取消

次のいずれかに該当する場合は、代務運転に係る許可条件変更の承認を取消すこととする。

(1) 代務運転者以外の者に当該事業用自動車を営業のために運転させた場合

(2) 代務運転者が、2．(2)②又は④の要件に適合しなくなった場合

Ⅲ．事業の休止及び廃止について

個人タクシー事業者に係る道路運送法第38条第1項の規定（以下「法の規定」という。）による手続については、1人1車制という特殊性に鑑み、次に定めるところによるものとする。

1．事業の休止

以下の取扱によるところとする。

(1) 休止期間が30日以内の場合

運転日報に明記させることとする。

(2) 休止期間が30日を超える場合

法の規定に基づき事業休止届出書（別添様式例7による。）を提出させることとする。

なお、当該届出書については、事業者が所属する事業者団体を経由して管轄の地方運輸局運輸支局長（神戸運輸監理部兵庫陸運部長及び沖縄総合事務局陸運事務所長を含む。）へ提出することができるものとする。

2．事業の廃止

事業を廃止しようとする場合には、法の規定に基づき廃止しようとする30日前までに地方運輸局長あて事業廃止届出書（別添様式例8による。）を提出させるものとする。

Ⅳ．個人タクシー事業全体のレベルの維持、向上のために取り組むべき事項について
　　個人タクシー事業全体のレベルの維持、向上を図るために、事業者団体において
以下のような措置を講じることとし、行政としては、これらの措置についての積極
的な指導・連携や優良事業者の表彰等の措置を講じることとする。

　1．個人タクシーが、優良・優秀な運転者に限って認められる特別な制度であるこ
　　とを含め、個人タクシーの誕生経緯、事業者数等の情報について、利用者等への
　　積極的な開示・PR に努めること。

　2．「利用者相談窓口」の一層の充実を図ることにより、利用者からの苦情や要望
　　に対して確実かつ迅速に対応するとともに、その傾向等の的確な把握に努めるこ
　　と。

　3．時間帯別稼働状況、月別輸送実績等の営業実態の把握のほか、交通事故件数、
　　年齢別事業者数、導入車両、新しいサービスの導入状況等、事業に関係する数値
　　の把握に努めること。

　4．利用者団体との定期的な懇談、モニター制度の導入、利用者アンケート等の実
　　施により利用者ニーズを的確に把握し、各事業者へ周知することにより一層の
　　サービスの向上を図ること。

　5．これまで取り組んできた交通安全や税務講習会に加え、タクシー事業者として
　　の基本的な接遇、利用者からの苦情や要望を踏まえた旅客サービス等の適正化に
　　ついての講習会を少なくとも年1回以上確実に実施し、良質な個人タクシーとの
　　評価を常に維持し、利用者からのより一層の信頼の醸成が図られるよう万全を期
　　すこと。

附則（平成26年1月24日　国自旅第413号）
　この通達は、平成26年1月27日以降に処分を行うものから適用するものとする。

附則（平成27年9月17日　国自旅第186号）
1　改正後の通達は、平成27年10月1日以降に申請を受け付けたものから適用する。
2　この通達の適用の際現に、タクシー事業者に雇用されている者でタクシー運転者
　として選任されているものに係る申請については、平成28年3月31日までの間、な

お従前の例によるものとする。

附則（平成28年12月20日　国自旅第301号）

　この通達は、平成28年12月20日以降の申請を受け付けたものから適用するものとする。

　ただし、Ⅲ．１．及び２．については、平成29年１月19日以降に休止又は廃止する者について適用し、平成29年１月18日以前の休止又は廃止しようとするものについては、なお従前の例とする。

附則（令和４年３月30日　国自旅572号）

　この通達は、令和４年４月１日以降に申請を受け付けたものから適用するものとし、Ⅰ１(2)⑦の健康診断の受診日は令和４年４月１日以降のものから適用するものとする。

附則（令和５年８月１日　国自旅第123号）

　この通達は、令和５年８月１日から適用するものとする。

附則（令和５年10月１日　国自旅第177号）

　この通達は、令和５年10月１日以降に適用するものとする。

附則（令和５年12月28日　国自旅第271号）

　この通達は、令和５年12月28日以降に適用するものとする。

別　表

個人タクシー事業の期限更新基準表

1. 法令違反行為等の状況による更新後の許可期限の判断

審査期間	審査期間における法令違反行為等の状況	更新後の許可期限
A．5年	①　③に該当しない者で、期限更新決定日以前の3年間において無事故無違反であり、かつ、その前2年間における道路交通法の違反が1回以下で当該違反が反則点3点以下である者	5年後
	②　①及び③に該当しない者	3年後
	③　次のいずれかに該当する者 ア．道路交通法違反による反則点の合計が4点以上若しくは4回以上の道路交通法の違反がある者 イ．旅客自動車運送事業等報告規則（昭和39年運輸省令第21号）に基づく事業報告書、輸送実績報告書、その他道路運送法及びこれに基づく法令に基づき提出すべき書類が正当な理由なく未提出となっている者 ウ．道路運送法等の法令違反により車両使用停止以上の行政処分を受けた者又は行政処分に係る事業改善が的確に行われていない者 エ．正当な理由がなく本文I．2．(2)②に規定する研修を受けなかった者 オ．期限更新日まで代務運転者を使用している者 カ．期限更新日まで事業を休止している者 キ．旅客自動車運送事業運輸規則（昭和31年運輸省令第44号）第38条第2項に基づき受診すべき適性診断を受診していない者	1年後
B．3年	①　③に該当しない者で、無事故無違反である者	5年後
	②　①及び③に該当しない者	3年後
	③　次のいずれかに該当する者 ア．道路交通法違反による反則点の合計が4点以上若しくは3回以上の道路交通法の違反がある者 イ．A．③のイ．～キ．のいずれかに該当する者	1年後
C．2年	①　次のいずれにも該当する者 ア．期限更新決定日以前の1年間において無事故無違反であり、かつ、その前の1年間における道路交通法の違反が1回以下で当該違反が反則点3点以下の違反である者 イ．②のイ．に該当しない者	3年後
	②　次のいずれかに該当する者 ア．①のア．に該当しない者 イ．A．③のイ．～キ．のいずれかに該当する者	1年後
D．1年	①　②に該当しない者	3年後
	②　次のいずれかに該当する者 ア．道路交通法の違反がある者 イ．A．③のイ．～キ．のいずれかに該当する者	1年後

（適用）　1．反則金の納付のみを命ぜられた違反については、反則点3点以下の違反に相当する道路交通法の違反として取り扱うこととする。
　　　　　2．期限更新日決定日以前の1年間において無事故無違反であって、期限更新決定日の1年前以前における道路交通法の違反が1回である者については、当該違反が反則点1点以下である場合（併せて反則金の納付を命ぜられた場合を含む。）又は当該違反により反則金の納付のみを命ぜられた場合に限り無事故無違反とみなす。

2. 高齢者に係る更新後の許可期限の判断

年齢が満65歳以上の者については、1．によって判断された期限が、次表による年齢区分に応じた期限以後となる場合には、次表による期限を更新後の許可期限とする。

年　齢　区　分	更新後の許可期限
65歳以上73歳未満	3年後
73歳以上75歳未満	2年後
75歳以上	1年後

別添様式例1

令和　年　月　日

○○運輸局長　殿

住　　所：
名　　称：
氏　　名：
生年月日：　年　月　日生
（年齢　　歳）

個人タクシー事業の許可等に付された期限の更新申請書

　○○　年　月　日付け○○第　　号の個人タクシー事業の許可（認可）について、当該許可（認可）に付された期限が満了するので、期限の更新を申請します。

１．営業区域

２．許可（認可）に付された期限　　　令和　年　月　日

３．営業所

名　　称	位　　置	所有借用の別

４．自動車車庫

位　　置	収容能力	所有借用の別

５．事業用自動車

車　　名	年　　式	自動車登録番号

６．更新申請書提出前６か月間の輸送実績
　　（平成14年１月31日現在の既存事業者で年齢が満75歳以上の者に限る。）

	月	月	月	月	月	月
稼　働　日　数（日）						
走行キロ数　実車キロ数（km）						
空車キロ数（km）						
合　計						
輸　送　回　数（回）						
営　業　収　入（千　円）						

7．添付書類

(1)　自動車運転免許証の写し

(2)　自動車安全運転センターが発行する運転記録証明書

(3)　事業用自動車の自動車検査証の写し

(4)　旅客自動車運送事業者が事業用自動車の運行により生じた旅客その他の者の生命、身体又は財産の損害を賠償するために講じておくべき措置の基準を定める告示（平成17年国土交通省告示第503号）で定める基準に適合する任意保険又は共済に加入していることを証する書面

(5)　法令遵守（道路運送法（昭和26年法律第183号）第7条の欠格事由及び2．(3)の期限更新を認めない場合に該当しない旨）に係る宣誓書

(6)　独立行政法人自動車事故対策機構等において運転に関する適性診断を受診したことを証する書面（平成14年8月1日以降を期限更新日とする申請で、当該期限更新日において年齢が満65歳以上の者にあっては、旅客自動車運送事業運輸規則（昭和31年運輸省令第44号）第38条第2項に定めるところにより同項の認定を受けた高齢者に対する適性診断（以下「適齢診断」という。）を受けていることを証する書面。また、平成17年8月1日以降を期限更新日とする申請で、前回の期限更新日における年齢が満63歳又は満64歳、かつ、更新後の許可期限を5年後とされた者については、これに加え、年齢が満65歳に達した日以降2年以内において適齢診断を受けたことを証する書面。）

(7)　公的医療機関等の医療提供施設において、胸部疾患、心臓疾患及び血圧等に係る診断を受けたことを証する書面及び営業の支障の有無に係る医師の所見が記載された健康診断書

(8)　営業所及び自動車車庫の使用権原に係る宣誓書

別添様式例2

健　　康　　診　　断　　書

氏　名		生 年 月 日	年　　月　　日	性別	男　：　女	
		健診年月日	年　　月　　日	年齢	歳	
既往歴		血　　圧 　　　　(mmHg)			／	
		貧　血 検　査	血 色 素 量　(g/dl)			
			赤 血 球 数　(万mm³)			
自　覚 症　状		肝 機 能 検　査	A S T （ G O T ）　(IU/L)			
			A L T （ G P T ）　(IU/L)			
			γ － G T P　(IU/L)			
他　覚 症　状		血 中 脂 質 検　査	L D L コレステロール (mg/dl)			
			H D L コレステロール (mg/dl)			
			ト リ グ リ セ ラ イ ド (mg/dl)			
身 長 （ cm ）		血 糖 検 査　(mg/dl)				
体 重 （ kg ）		尿 検 査	糖	－ ± 1+ 2+ 3+ 4+		
B M I			蛋　　白	－ ± 1+ 2+ 3+		
腹 囲 （ cm ）		心 電 図 検 査				
視 力	右 （　　　）					
	左 （　　　）	その他の検査				
聴 力	右 1000Hz 所見なし　所見あり					
	右 4000Hz 所見なし　所見あり	医 師 の 診 断				
	左 1000Hz 所見なし　所見あり					
	左 4000Hz 所見なし　所見あり					
胸部エックス線 検　査	直　接　　　間　接　撮影 　　　年　　月　　日　異常の有無	医 師 の 意 見	運転業務の可否（就業上の措置）			
		健康診断実施医師氏名				
備　考		上記のとおり診断する。 　　　　年　　月　　日 住　　所 医療機関名				

別添様式例3

個人タクシー事業の許可等に付した期限の変更通知書

〇〇　〇〇　殿

　〇〇　年　月　日付け〇〇第　号の個人タクシー事業の許可（認可）に付した期限は、令和　年　月　日までに変更する。
（以下、必要に応じ、記Ⅰ．２．(2)①～④に係る事項を付記するものとする。）

令和　年　月　日

〇〇運輸局長　〇〇　〇〇

別添様式例4

令和　年　月　日

〇〇運輸局長　殿

住　　所
名　　称
氏　　名
生年月日　　年　月　日生
（年齢　満　　歳）

個人タクシー事業の代務運転に係る許可条件変更承認申請書

　下記の通り代務運転者を使用したいので、個人タクシー事業の許可に付された条件の一部の変更承認を申請します。

記

1．許可（認可）の内容
　(1)　許可（認可）年月日
　(2)　許可（認可）番号
　(3)　許可（認可）の期限
　(4)　営業区域

2．代務運転者
　　住所
　　氏名
　　生年月日　　　年　月　日生（年齢　満　　歳）

3．代務運転者を使用しようとする期間
　　令和　年　月　日　～　令和　年　月　日

4．申請理由
5．代務運転承認状況（過去3年間）

承認年月日	番　号	承　認　期　間	代務運転者名
		～	
		～	
		～	
		～	

6．添付書類

　(1)　事業者に係る医師の診断書

　(2)　事業者の収入状況を記載した書面

　(3)　事業者の運転免許証の写し

　(4)　代務運転者との雇用契約書

　(5)　代務運転者の運転免許証の写し

　(6)　代務運転者の履歴書

　(7)　代務運転者の運転経歴書

　(8)　代務運転者の運転適性診断書

　(9)　代務運転者に係る自動車安全運転センターが発行する運転記録証明書

　(10)　代務運転者の宣誓書（関係する法令に違反していない旨）

　(11)　代務運転者の健康診断書

　(12)　代務運転者の在職証明書

別添様式例5

個人タクシー事業の代務運転に係る許可条件変更承認書

　〇〇　年　月　日付け（許可番号）による個人タクシー事業の許可に付した条件のうち「他人に当該事業用自動車を営業のために運転させてはならないこと。」について、下記のとおり期間を限定して変更することを承認する。

記

１．変更する期間（承認期間）

　　令和　年　月　日　〜　令和　年　月　日

２．代務運転者

　　住　　所

　　氏　　名

　　生年月日　　年　月　日生

３．条件

　⑴　代務運転者以外の者に、当該事業用自動車を営業のために運転させてはならない。

　⑵　代務運転者が運転業務に従事する際には、車内に代務運転者の登録タクシー運転者証を表示しなければならない。

　⑶　承認期間内は、事業者が運転業務に従事してはならない。

　⑷　代務運転者は、地方運輸局長等が日時及び場所を指定して出頭を求めたときは、特別な事情がない限りこれに応じること。

　⑸　承認期間内に事業者の傷病等が治癒し、事業者が運転業務に復帰することが可能となったときは、速やかに代務運転に係る許可条件変更の解除届（別添様式例5による。）を地方運輸局長へ提出し、事業者は運転業務に復帰しなければならない。

　⑹　事業者が死亡又は事業の廃止等により個人タクシー事業者でなくなったときは、承認期間が満了するものであること。

　⑺　⑸又は⑹の場合並びに承認期間が満了した場合には、速やかに代務運転者の登録タクシー運転者証を登録実施機関に返付しなければならない。

　　令和　年　月　日

〇〇運輸局長　〇〇　〇〇

312

別添様式例6

令和　年　月　日

○○運輸局長　殿

　　　　　　　　　　　　　　　　住　　　所
　　　　　　　　　　　　　　　　名　　　称
　　　　　　　　　　　　　　　　氏　　　名
　　　　　　　　　　　　　　　　生年月日　　年　月　日生
　　　　　　　　　　　　　　　　　　（年齢　満　　歳）

個人タクシー事業の代務運転に係る許可条件変更の解除届

　令和　年　月　日付け（承認番号）による個人タクシー事業の代務運転に係る許可条件変更について、令和　年　月　日に代務運転者の使用を終了したので、当該許可時要件変更の解除届をします。

別添様式例7

令和　年　月　日

○○運輸局長　殿

住　　所
名　　称
氏　　名
生年月日　　年　月　日生
（年齢　満　　歳）

個人タクシー事業の事業休止届出書

個人タクシー事業の休止について、下記のとおり届出します。

記

1．許可（認可）の内容
　(1)　許可（認可）年月日
　(2)　許可（認可）番号
　(3)　許可（認可）の期限
　(4)　営業区域

2．休止（予定）期間
　　令和　年　月　日　〜　令和　年　月　日（　日間）

3．休止理由

別添様式例8

令和　年　月　日

○○運輸局長　殿

個人タクシー事業の事業廃止届出書

住　　所
名　　称
氏　　名
生年月日　　年　月　日生
（年齢　満　　歳）

　個人タクシー事業の廃止について、下記のとおり届出します。

記

1．許可（認可）の内容
　(1)　許可（認可）年月日
　(2)　許可（認可）番号
　(3)　許可（認可）期限
　(4)　営業区域

2．廃止の日
　　令和　年　月　日

3．廃止理由

○一般乗用旅客自動車運送事業の運賃及び料金に関する制度について

〔平成13年10月26日　国自旅第
100号　国土交通省自動車交
通局長から各地方運輸局長、
沖縄総合事務局長あて〕

一部改正　平成14年 4 月11日　国自旅第 8 号
　　　　　平成14年 7 月16日　国自旅第 78号
　　　　　平成16年 9 月16日　国自旅第148号
　　　　　平成18年 9 月25日　国自旅第113号
　　　　　平成18年10月31日　国自旅第208号
　　　　　平成21年 9 月29日　国自旅第155号
　　　　　平成22年 6 月21日　国自旅第 50号
　　　　　平成26年 1 月24日　国自旅第409号
　　　　　平成31年 4 月26日　国自旅第 30号
　　　　　令和 2 年11月30日　国自旅第313号
　　　　　令和 3 年10月29日　国自旅第297号の 3
　　　　　令和 5 年 6 月27日　国自旅第 63号

一般乗用旅客自動車運送事業の運賃及び料金に関する制度について

　一般乗用旅客自動車運送事業の運賃及び料金（ハイヤー及び福祉輸送サービスに係る別建運賃及び料金を除く。）に関する制度は、以下のとおりとする。

１．運賃
　(1)　運賃の種類
　　　　運賃の種類は、次のとおりとする。
　　イ　距離制運賃（時間距離併用制運賃を含む。以下同じ。）
　　　　初乗運賃と加算運賃を定め、旅客の乗車地点から降車地点までの実車走行距離に応じた運賃。
　　ロ　時間制運賃
　　　　初乗運賃と加算運賃を定め、旅客の指定した場所に到着したときから旅客の運送を終了するまでの実拘束時間に応じた運賃。
　　ハ　定額運賃
　　　①　施設及びエリアに係る定額運賃
　　　　　特定の空港、鉄道駅、各種集客施設（公的医療機関、博物館、美術館、大

規模テーマパーク（遊戯施設）等を含む。）等（以下「定額運賃適用施設」という。）と他の定額運賃適用施設との間又は定額運賃適用施設と一定のエリアとの間の運送を行う場合において、事前に定額を定めて運送の引受けを行う運賃。

② イベント定額運賃

イベントの開催期間中、駅、空港等特定の場所からイベントの開催場所との間の運送を行う場合において、事前に定額を定めて運送の引受けを行う運賃。

③ 観光ルート別運賃

観光地における主要施設（最寄駅、主要宿泊施設等）を拠点とした名所旧跡等を巡るルートに沿った運送を行う場合において、事前に定額を定めて運送の引受けを行う運賃。

④ 一括定額運賃

閑散時等の需要喚起を目的として、あらかじめ利用回数の上限、利用時間帯の制限、適用地点又はエリア、タクシーの利用権を行使する期限等の条件を設定し、当該条件に応じた価格を定め、定額で複数回のタクシーの利用権を一括して設定する運賃。

ニ 事前確定運賃

配車アプリ（スマートフォンやタブレット端末上でタクシーの配車依頼等を行うためのアプリケーションソフトウェア）等に搭載された電子地図（一般的に流通しており、地図情報が定期的に更新される仕組みを持ったものに限る。）を用いて、旅客が入力した乗車地点と降車地点との間の推計走行距離を基に距離制運賃に準じて別途定める方法により算定し、乗車前に運賃額を確定する運賃。

(2) 運賃の適用順位

運賃の適用順位は、原則として距離制運賃を適用することとするが、⑷に定めるところにより設定した時間制運賃を適用することができるものとする。また、⑸に定めるところにより定額運賃を設定している場合は、定額運賃を適用することができるものとする。

なお、距離制運賃の適用を想定した運送を行おうとする場合において、旅客の求め又は同意（配車アプリ等の利用を通じた同意を含む。）があるときは、⑹に定めるところにより事前確定運賃を適用することができるものとする。

(3) 距離制運賃

イ 距離制運賃の適用方法

① 初乗距離は各運賃適用地域ごとに地方運輸局長（沖縄総合事務局長を含む。以下同じ。）が定める距離により設定するものとする。

② 加算運賃は、1メートル単位とし、1メートル未満の端数は四捨五入する。

③ 時間距離併用制運賃は、一定速度（限界速度といい、10km/Hを超えないものとする。）以下の走行速度になった場合の運送に要した時間を加算距離に換算し、距離制メーターに併算する。

④ 時間距離併用制運賃の加算距離相当時間に端数が生じた場合は、5秒単位に切り上げるものとする。

⑤ 二種類の初乗距離を設定し、現行の初乗距離を基本としつつ、事業者の意向により、これを短縮して設定されるもう一種類の初乗距離も設定できるものとする。この場合、もう一種類の初乗距離は、現行の初乗距離から、加算距離を1回分（ただし、地域の実情に応じて、複数回分とすることも出来るものとする。）控除した距離で、地方運輸局長が定めるものにより設定するものとする。なお、当該距離に係る初乗運賃額は、控除した距離に相当する加算運賃額を控除した額で設定するものとする。

⑥ 運賃の収受に当たっては、旅客の降車地点に停車後直ちにメーター器を「支払」の位置に操作し、その表示額による。

⑦ 距離制運賃を設定する場合は、(4)の規定を適用して設定される時間制運賃も設定するものとする。

ロ　距離制運賃の割増

① 大型車及び特定大型車の割増率については、地域の実情にあわせて定めることができる。

② 深夜早朝割増は、原則午後10時以降午前5時までの間における運送に適用し、割増率は2割とする。

③ 冬期割増は、地方運輸局長が指定する期間及び指定する地域の営業所に配置されている車両、又は当該地域を走行する車両に限り適用し、割増率は2割以内で当該地域の状況に応じて地方運輸局長が定める。

④ 寝台割増は、寝台専用の固定した設備を有する車両に限り適用し、割増率は2割とする。

⑤ 相乗り割増は、「一般乗用旅客自動車運送事業における相乗り旅客の運送の取扱いについて」（令和3年10月29日付け国自旅第297号）によるものとし、割増率は最大2割以内とする。

⑥ 適用方法

(ｱ) 大型車割増、特定大型車割増及び相乗り割増以外の割増は、距離短縮方

　　式とする。

　　㈡　大型車割増及び特定大型車割増は、普通車の運賃額に割増相当額を加算
　　　する方式によることとし、当該合算額をメーター等に表示することとする。

　　㈢　大型車割増、特定大型車割増及び相乗り割増以外の割増については、２
　　　以上の割増条件に該当する場合はいずれか高い率を適用し、割増の重複は
　　　できないものとする。

ハ　距離制運賃の割引（公共的割引）

　①　身体障害者割引は、身体障害者福祉法による身体障害者手帳を所持してい
　　る者に適用するものとし、割引率は１割とする。

　②　知的障害者割引は、都道府県知事（政令指定都市にあっては、市長）の発
　　行する知的障害者の療育手帳を所持している者に適用するものとし、割引率
　　は１割とする。

　③　①、②以外の法令等で対象が限定される者に対する福祉的な割引について
　　は、以下の㈠～㈢に掲げる者その他の対象者の種類ごとに、事業者の申請に
　　基づき個別に設定するものとし、割引率は１割とする。

　　㈠　精神障害者
　　　精神保健及び精神障害者福祉法に規定する精神障害者保険福祉手帳の交
　　　付を受けている者

　　㈡　被爆者
　　　原子爆弾被爆者援護法に規定する被爆者健康手帳の交付を受けている者

　　㈢　戦傷病者
　　　戦傷病者特別援護法に規定する戦傷病者手帳の交付を受けている者

　④　適用方法

　　㈠　公共的割引は、メーター表示額から割引相当額を減じる方法による。

　　㈡　公共的割引は、遠距離割引及び営業的割引と重複して適用するものとす
　　　るが、公共的割引のうち、複数の割引条件に該当する場合は、いずれか高
　　　い率を適用し、割引の重複はできないものとする。

ニ　距離制運賃の割引（遠距離割引及び営業的割引）

　①　遠距離割引及び営業的割引については、適正な原価に適正な利潤を加えた
　　ものであること、利用者間に不当に差別的な取扱いをするものでないこと及
　　び他の事業者との間に不当な競争を引き起こすおそれがないことが認められ
　　る場合であって、運転者の労働条件の確保が図られていると認められる場合
　　に設定されるものとする。

　②　遠距離割引は、一定のメーター表示額（基準額という。）に相当する距離

を超える遠距離旅客に対し適用するものとし、割引は基準額を超える部分の額に一定割合を乗じた額を割り引く方法で行うものとする。

　　　割引の方法については、利用者への分かりやすさを担保するため原則として、基準額及び割引率を逓増させる場合の区切りの額については1,000円単位とし、割引率は1割単位とするものとする。

③　営業的割引は、クーポン券割引、利用回数・金額割引など主に需要喚起目的として設定される運賃の割引（公共的割引及び遠距離割引を除く。）とする。

④　適用方法

　　㈠　遠距離割引は、メーター表示額から割引相当額を減じる方法による。

　　㈡　営業的割引については、割引の形態に応じた方法で割り引きを行うものとする。

　　㈢　遠距離割引及び営業的割引は、それぞれ重複して、又は、それぞれが公共的割引と重複して適用するものとする。

(4)　時間制運賃

　イ　時間制運賃の適用方法

①　時間制運賃は、営業所（無線基地局を含む。以下同じ。）において時間制運賃によるあらかじめの特約がある場合に適用する。

②　時間制運賃は、初乗1時間、以後30分単位とし、30分未満の端数が生じた場合は切り上げるものとする。

　　　ただし、事業者の申請に基づき、初乗30分、以後15分又は10分単位とすることができるものとする。

③　時間制運賃は、50円単位とし、50円未満の端数は切り捨てるものとする。

④　当分の間、既に時間制運賃が導入されている運賃適用地域においては、「営業所等を出発し、旅客の運送を終了するまでの実拘束時間に応じた」かつ「30分単位の」運賃を設定することができるものとする。

⑤　時間制運賃による契約の場合は、タクシーメーター器にカバーをし、前面に「貸切」表示をするものとする。

⑥　運送の引き受けを営業所においてのみ行う場合には、時間制運賃のみを設定することができるものとする。この場合にあっては、タクシーメーター器を取り付けないこととしても差し支えないものとする。

　　　ただし、個人タクシー事業者にあっては、その事業特性に鑑み、時間制運賃のみを設定することはできないものとする。

　ロ　時間制運賃の割増

① 時間制運賃には、運賃の割増（大型車及び特定大型車を除く。）及び料金（待料金及び迎車回送料金に限る。）は適用しないものとする。

② 大型車及び特定大型車の割増率については、地域の実情にあわせて定めることができる。

③ 割増は、普通車の運賃額に割増相当額を加算する方式によるものとする。

ハ　時間制運賃の割引

① 公共的割引

(3)ハの規定は、時間制運賃の公共的割引について準用する。

② 営業的割引

(ア)　(3)ニのうち、営業的割引に係る規定は、時間制運賃の営業的割引について準用する。

(イ)　割引の種類については、(ア)及び以下に掲げるもののほか、事業者の申請に基づき設定することができるものとする。

a　特定時間帯割引

需要の少ない時間帯の利用に限定した運賃の割引。

b　長時間割引

一定の時間を超える長時間の配車予約があった場合の運賃の割引。

③ 適用方法

(ア)　①の割引は、イにより算出された時間制運賃額から割引相当額を減じる方法による。

(イ)　②の割引については、割引の形態に応じた方法で割り引きを行うものとする。

(ウ)　①及び②（②(ア)において準用する(3)ハを含む。）の各区分の割引は重複して適用するものとするが、①及び②（②(ア)において準用する(3)ハを含む。）の同一区分内において複数の割引条件に該当する場合は、いずれか高い率を適用し、割引の重複はできないものとする。

(5) 定額運賃

イ　施設及びエリアに係る定額運賃

① 定額運賃適用施設と他の定額運賃適用施設との間又は定額運賃適用施設と一定のエリアとの間に行われる反復・継続的な運送であって、3,000円、5,000円等を目安として地域の実情に応じて地方運輸局長が定める額に相当する距離を超えるものについて設定できるものとする。

② 運賃の額は、当該定額運賃を定める定額運賃適用施設から他の適用施設又は一定のエリア内への最短経路による運送に適用される通常の距離制運賃

（時間距離併用制運賃において時間加算を行わない距離制運賃をいい、遠距離割引を含むものとする。）の額によるものとする。

この場合において、設定する運賃の額の単位は、10円単位、50円単位、100円単位、500円単位等とすることができるものとするが、端数処理に当たっては、利用者の不利にならないよう調整するものとする。

③　定額運賃適用施設は、事業者の申請に基づき設定することができることとするが、恒常的に相当数の不特定多数の集客が見込まれる施設と認められるものとする。

④　定額運賃を適用する一定のエリアは、営業区域の単位として地方運輸局長が定めた区域の範囲を超えない範囲内において、営業区域、行政区画、道路、河川その他の明確な区分により設定するものとする。当該エリアは事業者の申請に基づき設定することとするが、地域の輸送実態その他の事情により地方運輸局長が別に定めるところによることができるものとする。

⑤　運賃以外で有料道路料金や駐車場料金等の実費が必要となる場合は、利用者が負担すべき実費の額等についてその内容をあらかじめ明示するものとする。

⑥　他の利用者との間で不当な差別的な取扱いや乗り場等で利用者の混乱が生じないよう乗り場を定める、乗車券方式による、予約方式による等利用者保護に十分な対策を講じるものとする。

⑦　定額運賃に運賃の割増又は運賃の割引を適用する場合は、割増や割引を適用した後の運賃を定額運賃として設定するものとする。

ロ　イベント定額運賃

①　イベントの開催期間中、駅、空港等特定の場所とイベントの開催場所との間の運送に適用する場合に設定できるものとする。

②　運賃の額は、イベント開催時において予想される最短経路による運行経路（初乗距離を超える運送距離であること。）に基づき計測した距離に対応した通常の距離制運賃によるものとする。

この場合において、設定する運賃の額の単位は、10円単位、50円単位、100円単位、500円単位等とすることができるものとするが、端数処理に当たっては、利用者の不利にならないよう調整するものとする。

③　実施に当たり、イベント主催者等との連携、旅客への案内等の対応について、十分な方策を講じるものとする。

④　運賃以外で有料道路料金や駐車場料金等の実費が必要となる場合は、利用者が負担すべき実費の額等についてその内容をあらかじめ明示するものとす

る。

⑤　他の利用者との間で不当な差別的な取扱いや乗り場等で利用者の混乱が生じないよう乗り場を定める、乗車券方式による、予約方式による等利用者保護に十分な対策を講じるものとする。

⑥　イベント定額運賃に運賃の割増又は運賃の割引を適用する場合は、割増や割引を適用した後の運賃を定額運賃として設定するものとする。

ハ　観光ルート別運賃

　　観光ルート別運賃の設定については、「タクシーの観光地におけるルート別運賃制度の見直しについて」（平成8年6月21日付け自旅第105号）によるものとする。

ニ　一括定額運賃

①　複数の適用地点又はエリア間（一のエリア内を含む。）で行われる反復・継続的な運送需要に対して設定できるものとし、運送の申込みに対して円滑に対応するため実働車両数に比して過剰に利用権を販売することにならないよう一定期間あたりの販売数に上限を定めるものとする。

②　適用条件は、利用回数の上限、利用時間帯の制限、適用地点又はエリア、タクシーの利用権を行使する期限等について、①の運送需要に応じて定めるものとする。

③　運賃の額は、①の運送需要及び②の条件を踏まえて、距離制運賃（割増及び遠距離割引を含むものとする。）に基づき、過去の実績等を参考に平均的な額を算出するものとする。なお、時間制運賃によることも差し支えない。

　　この場合において、設定する運賃の額の単位は、10円単位、50円単位、100円単位、500円単位等とすることができるものとするが、端数処理に当たっては、利用者の不利にならないよう調整するものとする。

④　割引率を1割以下とする割引については、申請における原価計算書の提出を不要とする。

⑤　利用回数の上限を定めない乗り放題については、損失が発生した場合の地方公共団体等の第三者による補填が保証される場合又は実証実験の結果等により損失がない又は軽微であることが立証される場合に認めるものとする。この場合において、原価計算書の提出は不要とする。

　　④以外の割引についても同様とする。

⑥　需給の逼迫により運送の申込みに対する円滑な配車が困難であると見込まれる地域又は時間帯においては、一括定額運賃は適用できないものとする。また、供給不足のおそれがあると地方運輸局長が判断する申請については、

認可に１年以下の期限を付すこととする。

⑦　運賃以外で有料道路料金や駐車場料金等の実費が必要となる場合は、利用者が負担すべき実費の額等についてその内容をあらかじめ明示するものとする。

⑧　定期的に実施状況を管轄する地方運輸局長に報告することとする。

ホ　その他

定額運賃を設定する場合は、運賃算定の基礎となる距離制運賃又は時間制運賃を設定するものとする。

(6)　事前確定運賃

事前確定運賃（需給に応じて事前確定運賃を設定するものを含む。）の要件及び適用方法その他の取り扱いについては、「一般乗用旅客自動車運送事業の事前確定運賃に関する認可申請の取扱いについて」（平成31年４月26日付け国自旅第31号）によることとする。

２．料金

(1)　料金の種類

料金の種類は、待料金、迎車回送料金、サービス指定予約料金及びその他の料金とする。

(2)　料金の適用方法

イ　待料金

①　待料金は、旅客の都合により車両を待機させた場合に適用する。

②　待料金の額は、加算運賃額とする。

ロ　迎車回送料金

迎車回送料金は、旅客の要請により乗車地点まで車両を回送する場合に、次のいずれかを適用するものとする。なお、当該料金の適用方法について、あらかじめ利用者に分かりやすい情報提供を行い、利用者保護に十分な対策を講じるものとする。

①　１車両１回ごとの定額（一定距離まで無料とするもの、一定の距離に応じて段階的に料金を設定するもの及び需要に応じて料金を設定するものを含む。）

需要に応じて料金を設定する場合において、１回ごとの上限の額は、初乗運賃額又は認可済みの定額の迎車回送料金のうちいずれか低額な方（以下「基準料金額」という。）にその３倍増の額を加えた額までとすることとし、定額の場合の金額よりも高額となる場合には、配車対象となる車両の範囲を

拡げるなどにより、配車能力を高めることとする。また、運送需要等を踏まえて一定期間における平均の迎車回送料金の額が基準料金額と一致するよう変動させるものとし、定期的に実施状況を管轄する地方運輸局長に報告することとする。

変動の仕組み（例：平日の〇時〜〇時は〇円、それ以外は〇円など）についてあらかじめ事業者の営業所・ホームページ、車内、配車アプリ上等において利用者に分かりやすく周知するものとする。

② 発車地点より実車扱い（タクシーメーター器を「迎車」の位置に操作すること）とし、初乗運賃額を限度とする。

ハ サービス指定予約料金

① サービス指定予約料金は、時間指定配車料金及び車両指定配車料金とする。

② 時間指定配車料金は、予約による旅客の指定した時間に車両を配車する場合に適用する。

③ 車両指定配車料金は、予約による旅客のワゴン車等の配車依頼に応じてワゴン車等を配車する場合に適用する。

④ サービス指定予約料金の額は、1車両1回ごとの定額とする。

ただし、「時間指定配車」かつ「車両指定配車」のいずれにも該当する場合は、②又は③により適用しうるいずれかの料金のうち高額の料金のみを収受するものとする。

ニ その他の料金

その他の料金は、不当な差別的取扱いをするものではなく、かつ、旅客が利用することを困難にするおそれがないものである場合に設定できるものとする。なお、介護料金等旅客の運送に直接伴うものではない料金は、当然のことながらこれに含まないものであり、認可も届出も不要である。

3．車種区分

車種は、特定大型車、大型車及び普通車の三区分（区分の基準は別表のとおりとする。）又は地方運輸局長が地域の実情に応じて定めた区分及び区分の基準によるものとする。

4．その他

「福祉輸送サービスを行う一般乗用旅客自動車運送事業の運賃及び料金について」（平成18年9月25日付け国自旅第170号）の記Ⅱ．1．②で例示するケア運賃については、事業者の申請に基づき、既に認可を受けている（認可を受けようとして

いる場合を含む。以下同じ。）運賃を上限として一定の幅で運賃を設定することができるものとする。

　この場合において、一定の幅で運賃を設定するに当たっては、既に認可を受けている運賃を上限（最高運賃）とし、適用する運賃の最低となる運賃を下限（最低運賃）として取り扱うものとする。

附則

(1)　改正後の規定は、平成14年2月1日以降に申請のあったものから適用するものとする。

(2)　1(3)ロ、2(2)イ・ロ、3については、次の運賃改定（需要構造、原価水準等を勘案して運賃改定手続をまとめて取り扱うことが合理的であると認められる地域として地方運輸局長が定める地域において普通車の最も高額の運賃よりも高い運賃を設定することをいう。以下同じ。）の時から適用し、それより前は従前の例による。ただし、地域の実情に応じ次の運賃改定の時より前から適用できるものとする。

附則（平成16年9月16日付け国自旅第148号改正）

(1)　改正後の規定は、平成16年10月1日以降に申請のあったものから適用する。ただし、3に係る改正については、次の運賃改定の時から適用し、それより前は従前の例による。

(2)　改正後の規定の適用の際現に大型車に区分されている車両であって、改正後の3の規定に基づき、次の運賃改定の時に普通車に区分されることとなるものについては、事業者の申請に基づき、改正前の直近下位の区分に該当するものとして運賃を設定することができるものとする。

附則（平成18年9月25日付け国自旅第113号改正）

　改正後の規定は、平成18年10月10日以降に申請のあったものから適用する。

　ただし、3に係る改正については、次の運賃改定の時から適用し、それより前は従前の例による。

附則（平成18年10月31日付け国自旅第208号改正）

(1)　改正後の規定は、平成18年12月1日以降に処分するものから適用する。

(2)　1(3)ロ、3については、次の運賃改定（需要構造、原価水準等を勘案して運賃改定手続をまとめて取り扱うことが合理的であると認められる地域として地方運

輸局長が定める地域において普通車（普通車の車種区分がない地域においては地方運輸局長の定める区分による車種別）の最も高額の運賃よりも高い運賃を設定することをいう。以下同じ。）の時から適用し、それより前は従前の例による。

　ただし、地域の実情に応じ次の運賃改定の時より前から適用できるものとする。

附則（平成21年9月29日付け国自旅第155号改正）
　改正後の規定は、平成21年10月1日以降に処分するものから適用する。

附則（平成22年6月21日付け国自旅第50号改正）
　改正後の規定は、平成22年7月1日から適用する。

附則（平成26年1月24日付け国自旅第409号）
　改正後の規定は、平成26年1月27日から適用する。

附則（平成31年4月26日付け国自旅第30号）
　改正後の規定は、平成31年4月26日から適用する。

附則（令和2年11月30日付け国自旅第313号）
　改正後の規定は、令和2年11月30日から適用する。

附則（令和3年10月29日付け国自旅第297号の3）
　改正後の規定は、令和3年11月1日から適用する。

附則（令和5年6月27日付け国自旅第63号）
　改正後の規定は、令和5年7月1日から適用する。

別　表

車　種　区　分	自　動　車　の　大　き　さ　等
普　　通　　車	道路運送車両法施行規則第2条に定める普通自動車のうち排気量2リットル（ディーゼル機関を除く。）以下のもので乗車定員6名以下のもの及び同条に定める小型自動車で乗車定員6名以下のもの。 　同条に定める普通自動車及び同条に定める小型自動車のうち身体障害者輸送車（患者輸送車、車椅子移動車）であって乗車定員6名以下のもの。 　同条に定める軽自動車で運行時に寝台又は車椅子を固定することのできる設備を有する特種用途自動車。 　同条に定める普通自動車、小型自動車、軽自動車のうち内燃機関を有しないもので乗車定員6名以下のもの。
大　　型　　車	道路運送車両法施行規則第2条に定める普通自動車のうち排気量2リットル（ディーゼル機関を除く。）を超えるもので乗車定員6名以下のもの。 　身体障害者輸送車（患者輸送車、車椅子移動車）であって乗車定員7名以上のもの。
特　定　大　型　車	道路運送車両法施行規則第2条に定める普通自動車又は小型自動車のうち乗車定員7名以上のもの。 　ただし、身体障害者輸送車（患者輸送車、車椅子移動車）及び内燃機関を有しない自動車を除く。

備　　　　　考	ディーゼル機関を搭載した自動車については、同一仕様（外寸、内装等）のガソリン車の車種区分を適用する。

（参考）

タクシーの観光地におけるルート別運賃制度の見直しについて
（平成8年6月21日付け自旅第105号）

　タクシーの観光地におけるルート別運賃の採用については、昭和61年12月23日付け地自第260号（以下「観光ルート別運賃本通達」という。）及び同日付け地域交通局自動車業務課長名による事務連絡をもって通知したところであるが、本年3月29日に閣議決定された規制緩和推進計画を踏まえ、認可手続の簡素化及び運用の弾力化を図ることとし、今後は下記の運用方により昭和61年12月23日付け地自第260号を運用することとされたい。

　なお、これに伴い同事務連絡は廃止する。

　また、社団法人全国乗用自動車連合会会長及び社団法人全国個人タクシー協会会長に対して、別添のとおり通達したので申し添える。

記

Ⅰ　認可手続の簡素化

　1　観光ルート別運賃の設定又は変更の申請については、事案の公示を必要としないものとする。

　2　観光ルート別運賃については、平成5年10月6日付け自旅第219号「運賃料金の多様化、需給調整の運用の緩和その他タクシー事業についての今後の行政方針について」の通達2⑴ハの運賃改定申請に係る標準処理期間によることなくできる限り早期に処分を行うものとする。

Ⅱ　観光ルート別運賃の設定について

　1　観光ルートの設定について

　⑴　観光ルートの設定については、観光ルート別運賃を設定しようとするタクシー事業者に対し、地元の観光協会等関係機関の十分な協力を得るよう指導するものとする。

　⑵　観光ルートのうち、起終点と複数の名所旧跡が所在する観光目的地との間の移動経路に有料道路等を含めることが一般的であるルートを設定する場合は、「一般乗用旅客自動車運送事業の運賃及び料金に関する制度について（平成13年10月26日付け国自旅第100号。以下「運賃制度通達」という。）」1⑴ハ③及び観光ルート別運賃本通達1にかかわらず、起終点及び観光目的地はそれぞれ一定のエリアとすることができることとし、その取扱いは次のとおりとする。

　①　起終点は、運賃制度通達1⑸イ④に定める定額運賃における一定のエリ

アの設定方法に準じて設定するものとする。

② 観光目的地（当該エリア内に終点が設定される場合を含む。）は、予定しているすべての行程（観光する名所旧跡をあらかじめ確定させておくもの）を設定時間内に無理なく周遊できる範囲を設定するものとする。

2 ルート別運賃について

(1) ルート別運賃は、事業者ごとに設定することができる。

(2) ルート別運賃は、標準的な走行状態を想定して算出される額を基準とするが、その取扱いは次のとおりとする。

① 観光ルートを設定し、又は変更する場合、当該ルートの走行距離、所要時間を実測し、この実測に基づいて既認可（届出）運賃の距離制又は時間制の運賃に基づく運賃額を設定するものとする。

この場合において、設定する運賃額の単位は、10円単位、50円単位、100円単位、500円単位等とすることができることとするが、端数処理に当たっては、利用者の不利とならないよう調整するものとする。

② 観光ルート（1.(2)に規定する場合を除く。）設定する運賃額を距離制運賃とするか時間制運賃とするかは、各事業者の判断によるものとする。この場合、当該ルートの実態を十分考慮するものとする。

③ 1.(2)に規定する観光ルートを設定する場合は、有料道路等の移動経路（起終点又は観光目的地をエリアとして設定しない場合は、起終点又は名所旧跡から有料道路等の出入口までの間を含む。）に関しては最短経路による運送に適用される距離制運賃、観光目的地における周遊に関しては時間制運賃に基づくことを基本とし、これらの合算を当該観光ルートの運賃額として設定するものとする。

④ 旅客誘致を促進する観点等から、事業者の申請に基づき、確定額による5割以内までの割引運賃を設定することができるものとする。

(3) ルート別運賃の利便性の向上を図るため、観光ルートに何種類かのオプションを設定し、各々のオプションに係る運賃を確定額として設定することができるものとする。

(4) 運送途上において利用者側の都合により解約（ルートの変更を含む。）された場合、本運送について観光ルート別運賃の適用は行わない。この場合の運賃は、最初から距離制運賃又は時間制運賃が適用されたものとし、この取扱いは次のとおりとする。

① 距離制運賃により算出されているルートにおいては、距離制運賃（メーター表示額）で精算するものとする。

330

② 時間制運賃により算出されているルートにおいては、通常の時間制運賃で精算するものとする。

③ 2．(2)③により算定されているルートについては、①と②の合計額で精算するものとする。

④ 利用者とのトラブルを防止するため、本取扱いを記載した説明書を作成するとともに、利用者に対し乗車前にその旨を説明して十分理解を得るよう指導すること。

　附　則（平成16年９月16日付け国自旅第149号改正）

　　改正後の規定は、平成16年10月１日以降に申請のあったものから適用する。

　附　則（平成27年４月１日付け国自旅第346号改正）

　　改正後の規定は、平成27年４月１日以降に申請のあったものから適用する。

（参考）

一般乗用旅客自動車運送事業の事前確定運賃に関する認可申請の取扱いについて

（平成31年４月26日付け国自旅第31号）

最終改正　令和５年６月27日　国自旅第63号の３

　配車アプリを活用してタクシーの運賃を乗車前に確定させるサービス（事前確定運賃）については、平成29年８月から実証実験を行ったところであり、その結果を踏まえて当該サービスを実施するための認可申請の取扱いを下記のとおり定めるので、遺漏なきよう取り扱われたい。

　なお、本件については、別添のとおり一般社団法人全国ハイヤー・タクシー連合会会長、一般社団法人全国個人タクシー協会会長及び一般財団法人全国福祉輸送サービス協会会長あてに通知したので申し添える。

記

１．事前確定運賃の要件及び適用方法

(1) 事前確定運賃は、配車アプリ等に搭載された電子地図（一般的に流通しており、地図情報が定期的に更新される仕組みを持ったものに限る。以下同じ。）を用いて、旅客が入力した乗車地点と降車地点との間の推計走行距離を基に算定した距離制運賃（時間距離併用制運賃を除く。）に、地方運輸局長等が定めた係数を乗じ、１円単位を四捨五入して算定するものであることとする。なお、需給に応じて事前確定運賃を設定する運賃（事前確定型変動運賃。以下同じ。）の認可申請の取扱いについては、７．から11．のとおりとする。

(2) 事前確定運賃の適用方法については、以下のとおりとする。

① 旅客に対して、電子地図上において走行予定ルート又は走行予定ルート上の主要経由地点（幹線道路、交差点、有料道路出入口等）のいずれかを示すとともに、事前確定運賃額（各種割引を適用する場合は、割引前及び割引後の運賃額）を提示し、旅客の同意を得て適用することとする。

② 運転者は、旅客に対して事前確定運賃を適用する旨を確認するとともに、原則、旅客に示した走行予定ルート又は走行予定ルート上の主要経由地点を逸脱することなく運送を行うものとする。

③ 運送途中で旅客の都合によって走行予定ルートの変更（やむを得ないものと事業者が判断した場合における走行予定ルート上の施設への必要最小限度の時間内での立ち寄りは含まない。以下同じ。）を行う場合には、事前確定運賃による運送をその時点で終了し、事前確定運賃額を収受するとともに、新たに当該運送終了地点から距離制運賃又は事前確定運賃により運送を開始することとする。

④ 運転者の都合による走行予定ルートの変更（交通規制によるものを含む。）は、旅客の同意を得て行うこととし、収受する運賃は事前確定運賃額とする。

⑤ 通常時間帯と割増時間帯をまたぐ場合においては、運送の一部に割増時間帯での運送を含む旨を予め旅客に示すこととする。

⑥ 事前確定運賃には割増及び各種割引を適用するものとする。

⑦ 各種料金は事前確定運賃とは区分して適用するものとする。

⑧ 荒天、イベント等による大規模な交通規制の発生により、事前確定運賃の実施が困難になると予想される場合は、事前確定運賃は適用しないものとする。

2．認可申請手続

(1) 申請内容

　　事前確定運賃の認可申請においては、３．(2)により地方運輸局長等が公示する又は公示した係数を用いて、１．(1)の方法により算定する運賃を適用する旨を申請するものとする。

(2) 申請期間

　　営業区域ごとに、地方運輸局長等が別途定める申請期間中に申請を受け付けることとする。ただし、(4)のとおり、当該期間以外であっても、申請者が既に公示された係数を用いることを了承する場合には、申請することができるものとする。

(3) 申請書への添付を求める書類

申請書には以下の書類の添付を求めることとする。

①　配車アプリの概要を示した資料（３．⑴①から⑤を満たすことが確認できるもの）

なお、配車アプリを使用しない方式を用いる場合は、１．⑵①から⑧までの対応に係る仕組みについて概要を示した資料。

②　事前確定運賃を適用しようとする営業区域における実績年度（実績年度の期間については、４月１日から翌年３月末日までとする。）の輸送実績（ハイヤー及び福祉輸送事業限定を除いた一般乗用旅客自動車運送事業において距離制運賃を適用した運送のみを対象とし、その中から、深夜早朝割増以外の割増及び各種割引を適用した運送を除いたものとする。）を示した書面（別紙様式参照）〔省略〕。ただし、実績年度途中の運賃改定などの事情を勘案し、地方運輸局長等が必要と認めるときは、当該地方運輸局長等は、提出する輸送実績に係る期間を実績年度とは別に指定するものとする（③において同じ。）。

③　実績年度の全ての運送における以下イからニに示すデータ（ハイヤー及び福祉輸送事業限定を除いた一般乗用旅客自動車運送事業において距離制運賃を適用した運送のみを対象とし、その中から、深夜早朝割増以外の割増及び各種割引を適用した運送を除いたものとする。）。なお、当該データは、MicrosoftExcel によって作成されたものを電子媒体にて提出を求めることとする。

イ．運送を開始し、実車となった月日及び時刻（分単位まで）

ロ．運送を終了し、空車となった月日及び時刻（分単位まで）

ハ．実車走行距離

ニ．当該運送に係る運賃額（原則各種料金については含めないものとするが、迎車料金について、一定の距離に応じて段階的に料金を設定するものや発車地点より実車扱いとするものを設定している場合は、これを含めてもよいこととする。）

⑷　事前確定運賃を適用しようとする営業区域において既に有効な係数が公示されている場合であって、⑵の申請期間中に事前確定運賃の認可申請を行なわなかった者及び１人１車制個人タクシー事業者が当該係数を適用して事前確定運賃を適用する旨の認可申請を行う場合にあっては、⑶②及び③の書類の提出は不要とする。

３．審査方法

⑴　配車アプリ等には、少なくとも以下の機能が備わっていることを確認する。

① 配車アプリ等に搭載された電子地図を用いて、旅客が入力した乗車地点と降車地点との間の推計走行距離を基に算定した距離制運賃（時間距離併用制運賃を除く。）に、地方運輸局長等が定めた係数を乗じ、1円単位を四捨五入して算定するものであること。

② 旅客が、最短距離ルートや最短時間ルートなど2以上の走行予定ルートから走行すべき1つのルートを選択でき、旅客の乗車地点から降車地点までの間の推計走行距離を選択されたルートで推計するものであること。

③ 事前予約又は配車依頼時に、旅客と運転者に対して同一の走行予定ルート又は走行予定ルート上の主要経由地点を示すことが可能であり、かつ旅客と運転者に対して示した走行予定ルートに基づいて事前確定運賃額を算定し、提示できるものであること。

④ 事前予約又は配車依頼時に、旅客が有料道路利用の有無を選択でき、その選択結果に基づいた走行予定ルートにより事前確定運賃を算定できるものであること。

⑤ 旅客が事前確定運賃の適用に同意する前に、サービスについての以下の注意事項が提示され、旅客が同意したことを確認できるものであること。

・運送途中で旅客の都合による走行予定ルートの変更を行う場合には、事前確定運賃による運送をその時点で終了し、事前確定運賃額を収受するとともに、新たに当該運送終了地点から距離制運賃又は事前確定運賃により運送を開始すること。

・道が空いている場合等、事前確定運賃額が距離制運賃や定額運賃よりも高くなる場合があること。

(2) 地方運輸局長等は、2．(3)②及び③の書類から、申請期間における全申請事業者の実績年度の総運賃収入額（総運送収入額から深夜早朝割増及び料金等の額を除いたもの。）を、全申請事業者の実績年度の総実車距離等から算定した推計総距離制運賃額（時間距離併用制運賃を除くこととし、全申請事業者の実績年度の総初乗り運賃収入額を考慮するものとする。）で除して係数（以下「平準化係数」という。）を定めることとする。ただし、営業区域における運送実態を踏まえ、地方運輸局長等がこれと異なる区分を設けることができることとする。

(3) 平準化係数は、小数点以下第3位を四捨五入し、小数点以下第2位まで算定することとする。

(4) 平準化係数を算定した時は、速やかにこれを公示することとする。

4．認可の条件

(1) 荒天、イベント等による大規模な交通規制の発生により、事前確定運賃の実施が困難になると予想される場合には、配車アプリ等においてその旨旅客に周知すること。

(2) 1回の運送における事前確定運賃額が距離制運賃により算出した運賃額に比して大きく乖離する等不適切な運用が行われている事実を確認した場合は、道路運送法第31条に基づく事業改善命令の対象となることがあること。

(3) 配車アプリ等を変更または追加するときは、地方運輸局長等に2．(3)①の資料を添付して通知すること。

(4) 国土交通省が配車アプリ等の仕様について質問した場合には、これに回答すること。また、その回答結果に基づき、事前確定運賃の適切な運用に支障を生じるおそれがあると認められるときは、仕様の変更その他の適切な処置を講じること。

5．平準化係数の改定手続の開始等

　平準化係数の改定については、「一般乗用旅客自動車運送事業の運賃料金の認可の処理方針について」（平成13年10月26日付け国自旅第101号）による「運賃改定手続の開始等」に準じて取り扱うこととする。ただし、事前確定運賃の運用実態を踏まえ、地方運輸局長等が当該手続と異なる手続を別途設定することができることとする。

6．事前確定運賃に係るその他事項

(1) 事前確定運賃による運送時にメーター（事前確定運賃を表示する機能を有するメーターを除く。）を作動させる場合は、旅客の乗車地点においてメーター器を「実車」の位置に操作するとともに、メーターをカバー等で覆うこととする。

(2) 曜日、時間帯、運賃額等により限定して事前確定運賃を適用する場合は、予めその旨を周知することとする。

(3) 本通達施行後に、制度を見直すべき事由が生じた場合には、本通達の改正も含め、都度見直しを行うこととする。

7．事前確定型変動運賃の要件及び適用方法

(1) 事前確定型変動運賃は、事前確定運賃であって、配車アプリ等を通じ、需給に応じて柔軟に運賃を変動させることを可能とする運賃であり、かつ変動運賃の平均額が運賃幅（10．(2)の範囲内）に収まるような方法により算定される運賃であるものとする。

(2) 事前確定型変動運賃の適用方法については、1．(2)の適用方法によるほか、以下のとおりとする。

① 事前確定型変動運賃を導入する場合には、配車アプリ等によりサービスを提供することとし、事前確定型変動運賃を適用させる間は、当該事業者の「事前確定運賃」は全て「事前確定型変動運賃」とする（事前確定運賃と事前確定型変動運賃の併用はしない）。

② 事前確定型変動運賃は、１．(1)により算定された事前確定運賃について、当該運賃の５割増から５割引の範囲内で、10円単位で設定することとする。

③ 運賃を変動させる方法は、リアルタイムに変動する運賃を決定する場合、事前に変動する時間帯や要件を決定する場合のいずれの方法でも可能とする。

④ 導入する変動方法や配車アプリ等で提供する運賃の種類、運賃の内訳等について、配車アプリの画面上等でわかりやすく旅客に示すこととする。

８．認可申請手続

(1) 申請内容

　　事前確定型変動運賃の認可申請については、１．から６．に基づき事前確定運賃の認可を受けた者が７．(2)の方法により実施する旨を地方運輸局長等に対して申請するものとする。

(2) 申請書への添付を求める書類

　　申請書には以下の書類の添付を求めることとする。

① 配車アプリ等による変動方法を示した資料

② 運賃水準（変動運賃の平均額が運賃幅に収まる水準。以下同じ。）を確認する方法を示した資料

③ 変動方法等を旅客へどのように示すのか（アプリ表示画面等）が確認できる資料

９．審査方法

(1) 変動方法や運賃水準の確認方法が適切か、アプリ表示画面等、旅客へ変動方法等を示す手段が旅客に取ってわかりやすいものとなっているか等について確認することとする。

(2) 変動運賃の平均額が総括原価により設定された運賃幅に収まる水準となることが認可条件となるため、原価計算書の添付は不要とする。

10．認可の条件

(1) 運賃水準を満たしているかを定期的に確認するため、３ヶ月毎に実績を求めること。

(2) 運賃水準の範囲は、事前確定型変動運賃による運送と同様の運送を事前確定運賃で行うと仮定した場合に、当該運賃ブロックの上限運賃により算定した事前確定運賃と、同下限運賃により算定した事前確定運賃の範囲内に収まってい

るかにより判断すること。

(3) 運賃水準を満たさない場合には、改善の検討を指示し、なお改善されない場合には、道路運送法第31条に基づく事業改善命令の対象となることがあること。

(4) 新たに運転者負担をさせるような慣行が確認された場合には、配車アプリ事業者やタクシー事業者に改善を求めること。

11. 事前確定型変動運賃に係るその他事項

(1) 6.(1)の事項は、事前確定型変動運賃にも適用するものとする。

(2) 全国で最初に事前確定型変動運賃の認可を受けた事業者が運用を開始してから6ヶ月間をモニタリング期間とし、当該モニタリング結果を踏まえ、必要があると認めるときは、その結果に基づいて所要の措置を講ずるものとする。

　附　則

1. 本改正通達は、令和3年12月24日から施行する。

2. 本改正通達の施行の際、現に事前確定運賃の認可を受けている者は、令和4年10月31日までの間、引き続き改正前の規定を適用できることとする。(引き続き統一係数(本改正通達による改正前の「一般乗用旅客自動車運送事業の事前確定運賃に関する認可申請の取扱いについて」3.(2)の統一係数をいう。以下同じ。)を適用できることとする。)

3. 地方運輸局長等は、改正前の規定に基づき事前確定運賃を適用している営業区域については(統一係数を既に運用している営業区域については)、本改正通達の施行後速やかに、統一係数の算定に用いた輸送実績に基づき、平準化係数を算定することとする。

4. 改正後の規定に基づく平準化係数により事前確定運賃を適用しようとする事業者は、改正前の規定に基づく統一係数により事前確定運賃の認可を受けている場合であっても、地方運輸局長等の認可を別途受けることとする。ただし、この場合について、地方運輸局長等は3.のとおり過去の輸送実績から平準化係数を算出できることから、2.(3)の書類の提出を不要とし、簡便に認可を受けることも可能である。

　附　則(令和5年6月27日付け国自旅第63号の3)

　本改正通達は、令和5年7月1日から施行する。

(参考)

一般乗用旅客自動車運送事業における相乗り旅客の運送の取扱いについて

(令和3年10月29日付け国自旅第297号)

成長戦略実行計画(令和元年6月21日閣議決定)において、一般乗用旅客自動車

運送事業における旅客の相乗りに関し、「利用客にとっては低廉な料金で利用可能であり、同時に、タクシー事業者にとっては生産性向上につながる。限られた交通機関で可能な限り多くの人が低廉に移動することを可能とするため、タクシーの相乗り（略称「シェアタク」）について、地域や要件の限定はかけずに一般的に導入を行う」とされたところである。

　一般乗用旅客自動車運送事業における相乗り旅客の運送は、一般乗用旅客自動車運送事業に適用される運賃を前提としながら、旅客が「割り勘」による割安な小口輸送サービスを利用できる長所があり、また、地域の実情に応じた多様な移動手段を提供する重要性に鑑みて、今般、一般乗合旅客自動車運送事業との整合性にも留意しつつ、その実施できる範囲について下記のとおり定めたので、事務処理にあたり遺漏のないよう取り計らわれたい。

記

１．相乗り旅客の運送の定義について

　一般乗用旅客自動車運送事業における相乗り旅客の運送とは、各旅客が運送開始前に互いに同乗することを承諾することで、一団の旅客として、費用負担、事故時の補償等について公正な条件を設定した運送に係る契約（以下「相乗り運送契約」という。）を一般乗用旅客自動車運送事業者との間で共同して締結し、これに基づき行われる運送をいう。

　ただし、相乗り運送契約には、各旅客が配車アプリ事業者等との間で締結する運送等サービスの提供に係る契約も含むこととする。

　なお、運転者自らがタクシー乗場等で相乗り運送契約の締結に関わる行為は、タクシー乗場等での秩序維持を困難とし、延いては公正な条件の下での運送に係る契約の締結を阻害するおそれが生じる等の理由のため、認められない。

２．相乗り旅客と乗合旅客の差異について

　一般乗用旅客自動車運送事業者が乗合旅客を運送する場合には、道路運送法（昭和26年法律第183号）第４条の規定による一般乗合旅客自動車運送事業の許可又は同法第21条の規定による乗合旅客の運送の許可を受ける必要がある。

　他方で、一般乗用旅客自動車運送事業者における相乗り旅客の運送は、運送途中に不特定の旅客が乗車しないものであり、乗合旅客の運送には該当しないことから、一般乗用旅客自動車運送事業者は、道路運送法第４条又は第21条の許可を受けずに実施することができる。

３．相乗り旅客の運送における運賃の取扱いについて

(1)　相乗り旅客の運送に適用できる運賃の種類について

　一般乗用旅客自動車運送事業に認められる運賃であれば、その種類にかかわ

らず適用することを認めるが、相乗り旅客間におけるトラブルを防止する観点から、乗車前に運賃額が確定する運用を原則とする。

　ただし、定額運賃を適用する場合は、「一般乗用旅客自動車運送事業の運賃及び料金に関する制度について」（平成13年10月26日付国自旅第100号）に基づく認可を別途受ける必要がある。認可にあたっては、定額運賃として運用する運賃額について、１回の運送あたりの相乗り旅客人数を合理的に推計すること等により審査する。

　(2)　相乗り旅客間の費用負担の按分について

　　乗車距離に応じた按分を原則とするが、座席指定の対価など合理的な範囲において按分の比率を増減しても差し支えない。

　　なお、配車アプリ事業者等が車両を時間制運賃により貸し切り、旅客に運送等サービスを提供する場合においても、旅客の負担額はこれに準じることとする。

　(3)　相乗り旅客の運送における運賃の割増について

　　相乗り旅客の運送を行う一般乗用旅客自動車運送事業者は、相乗り旅客を運送する運転者の負担及び４．の措置の実施に必要な負担を考慮して、「一般乗用旅客自動車運送事業の運賃及び料金に関する制度について」に基づく認可を受けることで、乗車前に運賃額が確定し、割増について予め同意できる事前確定運賃に限り、最大２割の割増率を適用できることとする。

４．相乗り旅客の運送によるトラブルの防止措置について

　(1)　運送開始前に相乗り旅客が予め確認・承諾する内容について

　　費用負担、事故時の補償等の条件その他相乗り旅客の運送によるトラブルを防止するために必要な内容（例：異性同士の相乗り旅客の同乗、使用する車両の種類等）を設定することとする。

　(2)　目的地の設定に関する取扱いについて

　　相乗り旅客が個々に希望する目的地までの運送が行われる場合、相乗り旅客に対して、目的地の設定によっては自宅や勤務先等の所在地を知られるプライバシーのリスクがあることを予め注意喚起することとする。

　(3)　相乗り旅客の誤乗車の防止について

　　相乗り旅客を運送する運転者は、誤乗車を防止するため、乗車しようとする相乗り旅客が運送の引受けを申し込んだ本人であることを乗車時に確認することとする。なお、ID番号等の確認によることも差し支えなく、必ずしも氏名を確認する必要はない。

５．その他留意事項について

　一般乗用旅客自動車運送事業者は、４．の措置を講じつつ、相乗り旅客とのトラブルの防止に努めるものとし、特段の注意を払わなかったことにより相乗り旅客の利便を阻害する事実がある場合には、道路運送法第31条の規定による事業改善の命令の対象となる。

　また、いわゆる都市型ハイヤーを用いて相乗り旅客を運送する場合には、同乗する旅客の最短の乗車時間が２時間未満となるときは、タクシーと競合する運送行為となるため、道路運送法第15条違反となる。

附　則

１．本通知による取扱いは、令和３年11月１日以降から適用する。

２．相乗り運送を行う一般乗用旅客自動車運送事業者は、当該地域における一般乗合旅客自動車運送事業との整合性に留意するものとし、タクシーの相乗りの利用者数や１人当たりの運賃額等について、別途定めるところにより、管轄する地方運輸局長等に定期的に報告することとする。

３．附則２．の報告等を踏まえ、必要があると認めるときは、その結果に基づいて所要の措置を講ずるものとする。

○一般乗用旅客自動車運送事業の運賃料金の認可の処理方針について

平成13年10月26日　国自旅第101号　国土交通省自動車交通局長から各地方運輸局長、沖縄総合事務局長あて

一部改正　平成14年 4 月11日　国自旅第 8 号
　　　　　平成14年 7 月16日　国自旅第 78号
　　　　　平成16年 9 月16日　国自旅第148号
　　　　　平成18年10月31日　国自旅第208号
　　　　　平成19年10月29日　国自旅第173号
　　　　　平成21年 9 月29日　国自旅第155号
　　　　　平成26年12月11日　国自旅第229号
　　　　　令和 4 年12月12日　国自旅第364号

一般乗用旅客自動車運送事業の運賃料金の認可の処理方針について

　一般乗用旅客自動車運送事業の運賃料金の認可の処理については、下記によることとし、適正な原価に適正な利潤を加えたものであること、利用者間に不当に差別的な取扱いをするものでないこと及び他の事業者との間に不当な競争を引き起こすおそれがないことを十分勘案の上、取り扱うこととされたい。

記

１．運賃適用地域

　　運賃改定（需要構造、原価水準等を勘案して運賃改定手続をまとめて取り扱うことが合理的であると認められる地域として地方運輸局長（沖縄総合事務局長を含む。以下同じ。）が定める地域（以下「運賃適用地域」という。）において普通車（普通車の車種区分がない地域においては地方運輸局長の定める区分による車種別）の最も高額の運賃よりも高い運賃を設定することをいう。以下同じ。）申請については、運賃適用地域ごとに行う。

２．運賃改定手続の開始等

　(1)　運賃適用地域ごとに、原則として最初の申請があったときから３ヶ月の期間の間に申請を受け付けることとし、申請率（当該運賃適用地域における法人事業者

全体車両数に占める申請があった法人事業者の車両数の合計の割合をいう。以下同じ。）が７割以上となった場合には、３ヶ月の期間の到来を待たずに直ちに運賃改定手続を開始することとする。

(2)　運賃適用地域ごとに、運賃改定手続開始後において、申請の取り下げにより申請率が７割を下回る事態となった場合には、次のとおり取り扱うこととする。

①　申請率が７割を下回った時点で、運賃改定手続を一時的に中断するものとする。

②　当該運賃改定手続を中断したときから３ヶ月の期間の間に、追加的な申請により申請率が７割以上となった場合には、直ちに当該運賃改定手続を再開するものとする。

③　当該運賃改定手続を中断したときから３ヶ月の期間の間に、申請率が７割以上とならなかった場合には、当該運賃改定手続を中止するものとする。

(3)　なお、(1)において運賃改定手続の開始に至らなかったとき及び(2)③において運賃改定手続が中止となったときは、それぞれ申請事業者について、道路運送法第９条の３第２項第１号の規定に適合しないものとして却下処分を行うものとする。

3．運賃改定の要否の判定、原価及び収入の算定

(1)　運賃改定の要否の判定に当たっては、実績年度を基準とし別紙１により行うものとする。

実績年度の期間については、４月１日より翌年３月末日までとする。これと異なる決算期間を用いている場合は、事業期間を４月１日より翌年３月末日までに期間を修正するものとする。

(2)　原価及び収入の算定に当たっては、運賃改定の要否の判定において運賃改定を行う必要がないと判断される場合を除き、別紙２により原価及び収入の算定を行うこととする。

(3)　運賃改定の要否の判定において、運賃改定を行う必要がないと判断された場合には、申請事業者について、道路運送法第９条の３第２項第１号の規定に適合しないものとして却下処分を行うものとする。

4．自動認可運賃の設定及び認可申請の取扱いについて

(1)　自動認可運賃に係る運賃設定及び認可申請の取扱いについて

地方運輸局長は、上記３．(2)で算出した運賃額を上限とし、この上限運賃の初乗運賃額から別紙３により算出される初乗運賃額を下限とする範囲内の初乗運賃額及び当該初乗運賃額に対応した加算距離及び加算運賃額について、別紙３によ

り設定される運賃を自動認可運賃として設定するとともに、道路運送法施行規則（以下「施行規則」という。）第10条の３第３項の規定に基づき、運賃の認可申請に当たって原価計算書その他運賃の算出の基礎を記載した書類（以下「原価計算書等」という。）の添付の必要がないと認める場合として事前に公示するものとする。当該公示した自動認可運賃に該当する運賃の認可申請については、申請の公示を省略するとともに、標準処理期間によることなく速やかに処理を行うものとする。

(2)　自動認可運賃に該当しない運賃に係る認可申請の取扱い

　　自動認可運賃に該当しない運賃の認可申請で運賃改定申請以外のものの認可に当たっては、認可要件に沿って、適正な原価に適正な利潤を加えたものであること、利用者間に不当に差別的な取扱いをするものでないこと及び他の事業者との間に不当な競争を引き起こすおそれがないことを個別に審査することとする。

(3)　その他

　　その他自動認可運賃等の申請に対する処理手続等については別紙４による。

5．定額運賃、運賃の割引、運賃の割増及び料金の取扱いについて

　　定額運賃、運賃の割引、運賃の割増及び料金については、運賃改定時以外においても随時申請が行えるものとし、以下のとおり取り扱うこととする。

　　この場合において、処理の迅速化を図るため、(1)に規定する申請のうち、運賃適用地域において既に定着（利用者の著しい混乱が生じていないこと及び不当な競争を引き起こす状況にないことについて確認がなされたものをいう。以下同じ。）していると認められるものについては、施行規則第10条の３第３項の規定に基づき、原価計算書等の添付の必要がないと認める場合として公示するものとする。

(1)　定額運賃に係る申請の処理

　　定額運賃に係る認可申請については、乗り場等における利用者の混乱の防止及び運賃の適正収受のための措置が講じられているかを確認の上、距離制運賃との比較で不当に差別的なものとならないかとの観点から審査することとする。

　　また、当該申請のあった運賃が当該申請に係る運賃適用地域において既に定着しており、施行規則第10条の３第３項の規定に基づき原価計算書等の添付の必要がないと認める場合として公示したものに該当するときには、申請の公示を省略するとともに、標準処理期間によることなく速やかに処理を行うものとする。

(2)　運賃の割引に係る申請の処理

　　以下に掲げる運賃の割引に係る認可申請については、認可要件に沿って、適正な原価に適正な利潤を加えたものであること、利用者間に不当に差別的な取扱い

をするものでないこと及び他の事業者との間に不当な競争を引き起こすおそれが
ないことを個別に審査することとする。

　審査に当たっては、特に、自動認可運賃に該当しない運賃の審査に係る考え方
を適用して、割引運賃を実施した後の事業者の運賃収入が、全体として適正な原
価に適正な利潤を加えたものとなっているかどうかについて個別に審査すること
とする。

イ　遠距離割引及び営業的割引

　　遠距離割引及び営業的割引の認可に当たっては、以下の条件を付すこととす
るとともに、事業者に対し、運転者の労働条件の確保のために必要な措置を講
じることや、然るべき時期に運転者の労働条件の確保の状況（増収率、運転者
１人当賃金上昇率及び運転者に係る営業収入に占める賃金支給率の変動状況等。
以下同じ。）を公表すること等を指導することとし、事業者による公表内容に
ついて、運転者の労働条件の確保が図られていないと認められるときには、そ
の事実関係の公表及び必要な指導等を実施することとする。

①　認可の期限は原則１年間とすること。

②　認可後の需要への影響、運転者の労働条件の変化、収支率の変化、利用
者・他の事業者との混乱の有無等について検証を行うことが必要であること
から、申請事業者は、人件費、一般管理費、走行距離等について、毎月、報
告すること。

③　関係法令違反（労働基準法違反、最低賃金法違反、社会保険等未加入、道
路交通法違反、改善基準告示違反等。以下同じ。）により車両停止以上の行
政処分を受けた場合には、認可を取り消す場合があること。

ロ　試行的な割引

　　事業者の創意工夫による新たな運賃の割引については、地域、利用者等につ
いて限定を付した上で認可するものとするが、その他、以下の条件を付すこと
とするとともに、事業者に対し、運転者の労働条件の確保のために必要な措置
を講じることや、然るべき時期に運転者の労働条件の確保の状況を公表するこ
と等を指導することとし、事業者による公表内容について、運転者の労働条件
の確保が図られていないと認められるときには、その事実関係の公表及び必要
な指導等を実施することとする。

①　認可の期限は原則１年とすること。

②　認可後の需要への影響、運転者の労働条件の変化、収支率の変化、利用
者・他の事業者との混乱の有無等について検証を行うことが必要であること
から、申請事業者は、人件費、一般管理費、走行距離等について、毎月、報

告すること。

③　関係法令違反により車両停止以上の行政処分を受けた場合には、認可を取り消す場合があること。

(3)　運賃の割増率の引き下げ等に係る申請の処理

運賃の割増率の引き下げ（廃止を含む。以下同じ。）に係る認可申請については、認可要件に沿って、適正な原価に適正な利潤を加えたものであること、利用者間に不当に差別的な取扱いをするものでないこと及び他の事業者との間に不当な競争を引き起こすおそれがないことを個別に審査することとする。

審査に当たっては、特に、自動認可運賃に該当しない運賃の審査に係る考え方を適用して、割引運賃を実施した後の事業者の運賃収入が、全体として適正な原価に適正な利潤を加えたものとなっているかどうかについて個別に審査することとする。

なお、認可に当たっては、以下の条件を付すこととするとともに、事業者に対し、運転者の労働条件の確保のために必要な措置を講じることや、然るべき時期に運転者の労働条件の確保の状況を公表すること等を指導することとし、事業者による公表内容について、運転者の労働条件の確保が図られていないと認められるときには、その事実関係の公表及び必要な指導等を実施することとする。

①　認可の期限は原則１年間とすること。

②　認可後の需要への影響、運転者の労働条件の変化、収支率の変化、利用者・他の事業者との混乱の有無等について検証を行うことが必要であることから、申請事業者は、人件費、一般管理費、走行距離等について、毎月、報告すること。

③　関係法令違反により車両停止以上の行政処分を受けた場合には、認可を取り消す場合があること。

(4)　料金に係る申請の処理

料金に係る認可申請については、料金水準がサービスの内容に対応したものであることを確認の上、認可要件に沿って、料金を含めた事業者の収入が、全体として適正な原価に適正な利潤を加えたものであること、利用者間に不当に差別的な取扱いをするものでないこと、旅客が利用することを困難にするおそがないこと及び他の事業者との間に不当な競争を引き起こすおそれがないことを個別に審査することとする。

6．運賃改定の手続・内容の透明性の確保等

運賃改定の手続・内容についての透明性を図るとともに、利用者等への情報提供による事業の一層の効率化を促進するため、運賃改定時はもとより、運賃改定時以

外にも必要な情報を提供する等情報の公開を促進する必要がある。このため別紙5のタクシー事業の情報提供ガイドラインにより情報提供を確実に実施することとする。

7．サービス改善等の指導
　　運賃改定の機会をとらえて、サービスの改善、安全運行の確保等について事業者に対し積極的に指導すること。

附則
　　平成14年2月1日以降次回の運賃改定までの間は以下のような取扱いとする。
(1)　1中「普通車の」とあるのは「車種別の」とする。
(2)　4中「上記3(2)で算出した運賃額を上限とし、この上限運賃の初乗運賃額から別紙3により算出される初乗運賃額を下限とする」とあるのは、「車種ごとに平成14年1月31日現在の課税事業者の初乗運賃額を上限とし、平成14年1月31日現在の免税事業者の初乗運賃額を下限とする」とする。この場合において、免税事業者の上限運賃の加算運賃及び加算距離は課税事業者の上限運賃の加算運賃及び加算距離と、課税事業者の下限運賃の加算運賃及び加算距離は免税事業者の下限運賃の加算運賃及び加算距離と同一とするものとする。

附則（平成16年9月16日付け国自旅第148号改正）
　　改正後の規定は、平成16年10月1日以降に申請のあったものから適用する。

附則（平成18年10月31日付け国自旅第208号改正）
　　改正後の規定は、平成18年12月1日以降に処分するものから適用する。

附則（平成19年10月29日付け国自旅第173号改正）
　　改正後の規定は、平成19年10月29日から適用する。ただし、記2(2)の規定に関しては、本通達改正時点において、現に運賃改定手続を中断している地域については、記2(2)②及び③の規定中「当該運賃改定手続を中断したときから3ヶ月」とあるのは「本通達改正時点から3ヶ月」に読み替えて適用するものとする。

附則（平成21年9月29日付け国自旅第155号改正）
　　改正後の規定は、平成21年10月1日以降に処分するものから適用する。

附則（平成26年12月11日付け国自旅第229号改正）

　　改正後の規定は、平成26年12月11日以降に処分するものから適用する。

附則（令和４年12月12日付け国自旅第364号改正）

　　改正後の規定は、既に申請のあったものにも遡及して適用する。

別紙1

一般乗用旅客自動車運送事業の運賃改定要否の判断基準

　地方運輸局長において、地域の実情に応じ、以下の基準に従い運賃改定要否の検討を開始すること。

　なお、道路運送法施行規則第10条の3第2項の規定により申請書に添付される原価計算書の原価計算期間の実績年度が、原則として現行運賃の算定を行った原価計算年度（平年度）以降である場合のみに、運賃改定要否の検討を行うこととする。

第1　標準能率事業者の選定基準

　　運賃適用地域内において、改定申請事業者の中から標準的経営を行っている事業者を標準能率事業者として選定する。

　　この場合の標準能率事業者とは、次の基準に該当する者を除いた者とする。

　1　原価標準基準

　⑴　1人1車制個人タクシー事業者及び小規模個人経営者（5両以下）

　⑵　3年以上存続していない事業者

　⑶　最近の事業年度（1年間）の期間中に事業の譲渡、譲受若しくは合併した事業者又は長期にわたって労働争議のあった事業者

　⑷　決算期を変更したため、最近1年間の実績収支の確定のできない事業者

　⑸　一般乗用旅客自動車運送事業以外の事業を経営する者にあっては、全事業営業収入に対する乗用部門の営業収入の割合が50％に満たない者

　⑹　料金について標準的なものと大幅に異なるものを設定している事業者

　⑺　災害、その他の事由によって異常な原価が発生し、当該地域の原価の標準を算定するために適当と認められない事業者

　2　サービス標準基準

　⑴　事業用自動車の平均車齢が、当該運賃適用地域の全事業者の平均値に比較して、特に高いと認められる事業者

　⑵　タクシーサービスの著しく不良な事業者

　⑶　安全運行を怠り、事故を多発している事業者

　3　効率性基準

　⑴　運賃適用地域の事業者のうち、年間平均実働率の水準が、当該地域内の全事業者の上位から概ね80％の順位にある水準以下の事業者

　⑵　運賃適用地域の事業者のうち、生産性（従業員1人当り営業収入）の水準が、当該地域内の全事業者の上位から概ね80％の順位にある水準以下の事業者

⑶　効率性基準は原価標準基準及びサービス標準基準を適用した後に適用し、効率性基準は⑴、⑵の順に適用する。

4　前各号の基準を適用した場合において抽出事業者の車両数の合計が当該地域の法人全事業者の車両数の合計の50％を下回る場合は50％に止めるものとする。

第2　運賃改定要否判定基準

標準能率事業者について、実績年度及び実績年度の翌年度の適正利潤を含む加重平均収支率がいずれも100％を超える場合には、運賃改定を行う必要がないものとする。

別紙2

一般乗用旅客自動車運送事業の運賃原価収入算定・処分基準

第1　原価計算対象事業者の選定

　1　原価計算対象事業者は、運賃適用地域の事業者のうち運賃改定要否の判断基準により選定した標準能率事業者の中から、次により抽出することとする。

　　(1)　車両規模別にそれぞれ50％を抽出する。

　　(2)　上記(1)の抽出にあたっては、各運賃額別、車両数規模別に申請事業者全体に対する車両数比率を算出し、その比率をもって事業者を抽出する。

　　(3)　抽出事業者数の最低は10社とし、30社を超える場合は30社を限度とすることができるものとする。

　2　原価計算事業者の抽出にあたっては、抽出事業者の実績加重平均収支率が標準能率事業者の実績加重平均収支率を下回らないように抽出するものとする。

第2　原価計算の方法

　原価計算は、原価計算期間の原価対象部門にかかる運賃原価を原価要素の分類に従って算定する。

　要素別原価は、税抜き方式によることとする。

第3　原価計算期間は、次の3年度とし、運賃率は平年度の原価に基づき算定する。

　　実績年度……最近の実績年度1年間

　　翌　年　度……実績年度の翌年度1年間

　　平　年　度……実績年度の翌々年度1年間

第4　関連する収益及び費用の配分基準

　他の事業を兼営する事業者の関連収益及び費用は、別添1の基準によって配分するものとする。

第5　輸送力及び輸送効率等の算定

　過去5年間の実績の推移及び将来における合理的な予測を基礎に算定する。

　ただし、平年度に使用する実車率については次のとおり取扱うものとする。

　①　実績年度実車率が運賃適用地域の直近5ヶ年の加重平均実車率（以下「基準実車率」という。）を上回る場合には実績年度実車率をもって算定を行うものとする。

② 実績年度実車率が基準実車率を下回る場合には実績年度実車率と基準実車率を和半した数値をもって算定を行うものとする。

第6　原価の算定

1　運賃原価の範囲

運賃原価は、一般乗用旅客自動車運送事業の営業費（人件費、燃料油脂費、車両修繕費、車両償却費、その他運送費及び一般管理費）、営業外費用及び適正利潤を合計した額とする。

2　要素別原価の算定

(1)　人件費

人件費は給与、退職金、厚生費の合計額とし、次式により算定する。

平均給与月額×支給延人員×（1＋退職金支給率＋厚生費支給率）

（算定基礎）

①　平均給与月額

平均給与月額とは、基準賃金、基準外賃金及び賞与（一時金を含む）の年間総額を1／12した額とする。

翌年度……実績の平均給与月額に翌年度春闘実績による増加分を加えた額とする。

平年度……翌年度の平均給与月額にデフレーターを乗じて算定した額とする。

②　支給延人員

輸送力増強を伴う場合の支給延べ人員は次式により算定したものとし、労働条件の改善（労働時間の短縮等）をする場合は、実施し又は実施することが確定している場合のみ運転者について人員増を認める。

最近年度実績支給延人員×（1＋実働日車数の伸び率）

③　退職金支給率

実績年度の給与総額に対する退職金の割合とする。

④　厚生費支給率

実績年度の給与総額に対する厚生費の割合とする。

(2)　燃料油脂費

イ　燃料費

次式により算定する。

燃料別単位当り価格×（燃料別査定走行キロ÷燃料別単位当り総走行キロ）

　　（算定基礎）

　　　① 単位当り価格……最近の平均購入価格とする。ただし、燃料税の増徴
　　　　が確定している場合は、増税分を加算した額とする。

　　　② 燃料別総走行キロ……最近事業年度の実績の比率による。

　　　③ 単位当り走行キロ……最近事業年度の実績値による。

　ロ　油脂費

　　次式により算定する。

　　　車キロ当り経費×査定総走行キロ

　　（算定基礎）

　　　車キロ当り経費……実績値×（１＋CPI）

(3)　車両修繕費（タイヤ・チューブ費を含む。）

　　次式により算定する。

　　　車キロ当り経費×査定総走行キロ

　　（算定基礎）

　　　車キロ当り経費……実績値×（１＋（CPI＋CGPI）／２）

(4)　車両償却費

　　次式により算定する。

　　　車両価格×車両数×償却率

　　（算定基礎）

　　　① 車両価格……最近における現金購入価格による。

　　　② 車両数……期中平均車両数による。

　　　③ 償却率……償却率は次式により算定する。

　　　　　　　　（１－0.1）÷実績平均使用期間

(5)　その他諸経費

　イ　その他償却費

　　　翌年度＝実績額×期中平均車両数伸び率

　　　平年度＝翌年度額×期中平均車両数伸び率

　ロ　その他修繕費

　　　翌年度＝実績額×（１＋CPI）×期中平均車両数伸び率

　　　平年度＝翌年度額×（１＋CPI）×期中平均車両数伸び率

　ハ　諸税

　　　① 自動車税及び自動車重量税

　　　　１両当り税額×期中平均車両数

　　　② その他

  翌年度＝実績額×期中平均車両数伸び率

  平年度＝翌年度額×期中平均車両数伸び率

ニ 保険料

 ① 強制保険

  1両当り保険料×期中平均車両数

 ② その他

  翌年度＝実績額×期中平均車両数伸び率

  平年度＝翌年度額×期中平均車両数伸び率

ホ その他

 ① 交際費

  実績額とする。ただし、非課税限度額を限度とする。

 ② 事故賠償費

  翌年度＝実績額×期中平均車両数伸び率

  平年度＝翌年度額×期中平均車両数伸び率

 ③ その他

  翌年度＝実績額×（1＋CPI）×期中平均車両数伸び率

  平年度＝翌年度額×（1＋CPI）×期中平均車両数伸び率

(6) 一般管理費

イ 人件費

  運送費人件費の算定要領と同じ。ただし、役員給与月額の上昇率は運送費人件費の運転者の平均給与月額の上昇率の範囲内とし、また、輸送力増強に伴う人員増は原則として認めない。

ロ 諸税

 ① 事業税

  次式により算定する。

   実績年度適正利潤×申請地区事業税々率

 ② その他

  翌年度＝実績額×期中平均車両数伸び率

  平年度＝翌年度額×期中平均車両数伸び率

ハ その他経費

 ① 交際費、寄付金

  実績額とする。ただし、非課税限度額を限度とする。

 ② 固定資産償却費

  翌年度＝実績額×期中平均車両数伸び率

　　　　　平年度＝翌年度額×期中平均車両数伸び率

　　③　その他

　　　　　翌年度＝実績額×（1＋CPI）×期中平均車両数伸び率

　　　　　平年度＝翌年度額×（1＋CPI）×期中平均車両数伸び率

(7)　営業外費用

　イ　金融費用

　　次式により算定する。

　　　　実績額＋（所要資金－自己資金）×平均利率

　　（算定基礎）

　　①　所要資金

　　　　車両購入及び施設改善のために要する資金とする。

　　②　自己資金

　　　　減価償却費及び増資予定額（確定している場合のみ）とする。

　ロ　車両売却損

　　次式により算定する。

　　　　（1両平均残存価格×代替車両数）－（1両平均売却価格×代替車両数）

　　（算定基礎）

　　①　1両平均残存価格……車両価格×0.1

　　②　1両平均売却価格……最近の実績による売却価格（下取り価格）

　　③　代替車両数……期中平均車両数÷実績平均使用期間

　ハ　その他

　　　　翌年度＝実績額×期中平均車両数伸び率

　　　　平年度＝翌年度額×期中平均車両数伸び率

(8)　適正利潤

　　次式により算定する。

　　　　乗用換算自己資金×資本利子率（0.1）÷（1－法人税等税率）

　　（算定基礎）

　　①　乗用換算自己資金……自己資本に全事業の固定資産に占める乗用事業用
　　　　固定資産の比率を乗じて算出する。ただし、自己資本が欠損となっている
　　　　場合は、乗用換算自己資本を基礎に算定する。

　　②　法人税等税率……法人税等税率は次式により算定する。

　　　　　法人税々率＋｛法人税々率×（都道府県民税率＋市町村税率＋地方法
　　　　　人税率)｝

第7　運賃改定しない場合の収入算定

　1　運送収入

　　次式により算定する。

　　　　車キロ当り収入×査定実車走行キロ

　　（算定基礎）

　　　車キロ当り収入……実績年度車キロ当り収入

　2　運送雑収

　　実績年度運送雑収とする。

　3　営業外収益

　　実績年度営業外収益とする。

第8　所要増収率の算定

　　次式により算定する。

　　　（運賃原価－（運送雑収＋営業外収益））／運送収入－1

第9　運賃改定率の算定

　　運賃改定率は、原価計算の結果に基づく所要増収率と等しくなるよう算定する。なお、制度変更及び料金等の変更により増収効果が伴う場合には所要の修正を行うものとする。

第10　処分基準

　　上記第9項により算定した運賃改定率により、別添2の算出要領を用いて算出した運賃額をもって認可する。

別紙3

自動認可運賃の設定方法

1．距離制運賃

（1）下限運賃

下限運賃の初乗運賃額は、次の算式により算出する。

下限初乗運賃額＝上限初乗運賃額×

$$\frac{別表１の分類に基づき算出した各運送原価の走行キロ当たり単価の総和}{上限運賃の査定における総運送原価の走行キロ当たり単価}$$

（注）運賃額の端数は、いずれも10円単位に切り上げした額とする。

別表１の分類に基づき事業者による差異を認めた経費については、その用いる額が合理的な数値となっているかどうか確認し、必要に応じて補正を行うこととする。

加算運賃額は上限運賃額の加算運賃額と同額とし、その加算距離は次の算式により算出する。

加算距離＝距離制上限加算距離

÷（距離制下限初乗運賃額÷距離制上限初乗運賃額）

（注）加算距離は、1m単位に四捨五入する。

（2）自動認可運賃の範囲内の設定

上限運賃と下限運賃の範囲内において、10円単位で初乗運賃額を設定する。

各初乗運賃額に対応する加算運賃額は上限運賃の加算運賃額と同額とし、その加算距離は次の算式により算出する。

各加算距離＝距離制上限加算距離

÷（各距離制初乗運賃額÷距離制上限初乗運賃額）

2．時間制運賃

（1）下限運賃

距離制の初乗運賃額を基礎として、次の算式により算出する。

初乗運賃額＝時間制上限運賃の初乗運賃額

×（距離制下限初乗運賃額÷距離制上限初乗運賃額）

加算運賃額＝時間制上限運賃の加算運賃額

×（距離制下限初乗運賃額÷距離制上限初乗運賃額）

（2）自動認可運賃の範囲内の設定

距離制運賃の初乗運賃額を基礎として、次の算式により算出する。

各初乗運賃額＝時間制上限運賃額

　　　　　　　　× （各距離制初乗運賃額÷距離制上限初乗運賃額）

各初乗運賃額に対する加算運賃額は、次の算式により算出する。

　　各加算運賃額＝時間制上限加算運賃額

　　　　　　　　× （各距離制初乗運賃額÷距離制上限初乗運賃額）

別紙4

自動認可運賃等の申請に対する処理手続等

第1　自動認可運賃の設定

　別添2により算出した上限運賃を用いて、距離制運賃及び時間制運賃の自動認可運賃を設定するものとする。

　自動認可運賃を設定した時は、速やかにこれを公示する。

第2　申請に対する処理手続

1　申請者の申請運賃の変更

　自動認可運賃を公示した場合において運賃の認可申請を行っている者は、地方運輸局長が自動認可運賃を公示後2週間以内に、自動認可運賃に申請額を変更することができるものとする。

　また、この場合において初乗距離を短縮する運賃を設定する申請を行っている者は、本来の初乗距離を超えた運賃額が自動認可運賃となるよう、再度申請を行うものとする。

2　運賃の認可

　公示後2週間経過した後、地方運輸局長は自動認可運賃の申請については、速やかにこれを認可することとする。なお、運転者の労働条件の改善を図ることを目的とした運賃改定について認可する場合は、事業者に対し、運転者の労働条件の改善のために必要な措置を講じることや、然るべき時期に運転者の労働条件の改善の状況を公表すること等を指導することとし、事業者による公表内容について、運賃改定の趣旨を逸脱すると認められるときには、その事実関係の公表及び必要な指導等を実施することとする。

　また、今後の運賃改定において、改定を行わなかった結果、認可運賃が実質的に自動認可運賃の下限を下回る運賃となった場合には、その時点で認可に原則1年の期限を付すこととする旨及び自動認可運賃に該当しない運賃と同様に取り扱う旨の条件を付すこととする。

　なお、上記1による申請額の変更がない場合は、次により処分を行うこととする。

(1)　申請の初乗運賃額が上限運賃を上回っている場合

　上限運賃額に修正して認可することとする。

(2)　申請の初乗運賃額が自動認可運賃を下回っている場合

　当該申請について第3自動認可運賃に該当しない運賃申請の処理要領により

個別に判断をすることとする。

⑶　申請の初乗運賃額が自動認可運賃の範囲内にあるが自動認可運賃に適合しない運賃の場合

　　距離制運賃については、初乗運賃額が申請初乗運賃額と同じ自動認可運賃（初乗運賃と加算運賃の比率が自動認可運賃と同等であって、加算距離を、加算運賃額が自動認可運賃の加算運賃額以下となるように設定したものを含む。）を認可することとする。

　　時間制運賃については、初乗運賃額が申請初乗運賃額にもっとも近い自動認可運賃を認可することとする。

第3　自動認可運賃に該当しない運賃申請の処理要領

　　申請運賃が当該運賃適用地域の自動認可運賃（第2　2⑶に掲げるものを含む。）に該当せず、かつ、運賃改定を伴わない運賃に係る申請については、以下のとおり処理する。

1　原価及び収入の算定

　　申請者において実績年度の原価及び収入をもとに、別紙2第2から第8により算定した（これによらない場合は、合理的な理由を付した上でこれに準じた形で算定した）書類を作成の上申請書に添付して提出することを求めることとする。

　　地方運輸局長においては、この添付書類をもとに、平年度における申請者の原価及び収入を査定することとする。

　　ただし、人件費については申請者の運転者1人当たり平均給与月額（福利厚生費を含む。以下同じ。）が原価計算対象事業者の運転者1人当たり平均給与月額の平均の額（以下「標準人件費」という。）を下回っているときは、標準人件費で人件費を査定することとする。

　　人件費以外の原価については、別表2の分類により、各原価ごとに、申請者の実績値又は原価計算対象事業者の走行キロ当たりの原価に基づき査定する。ただし、後者のものにあっても、申請事業者の事業形態等に鑑みて、申請事業者の実績値に基づき査定することに十分な合理性が認められる場合にはこれを妨げない。

　　なお、申請事業者の実績値に基づき査定する場合には、その値が当該事業者の事業の実態を適切に反映した値となっているかどうかについて、当該事業者の事業計画との照合等により十分に確認するものとする。

　　新規参入事業者から申請があった場合は、少なくとも1年間は自動認可運賃を採用することを指導することとする。また、審査に当たっては、類似した事業を行っている事業者の実績値、または同一地域で申請運賃を実施している事業者の

実績値をもとに査定することとする。

2　運賃査定額の算定

　　上記1による査定を行った上で平年度における収支率が100％となる変更後の運賃額（以下「運賃査定額」という。）を算定することとする。ただし、運賃査定額が自動認可運賃となる場合にあっては申請額に最も近い自動認可運賃額をもって運賃査定額とすることとする。

3　申請に対する処分

⑴　申請額が運賃査定額以上である場合は、申請額で認可することとする。また、申請額が運賃査定額に満たない場合は運賃査定額を申請者に通知し、通知後2週間以内に申請額を運賃査定額に変更することができることとする。変更申請がない場合は、当該申請を却下する。

⑵　申請の認可に当たっては、地域における事業者のシェア、地域における流し営業の比率及び地域における運転者の賃金体系の特徴等を勘案し、不当な競争を引き起こすこととなるおそれについても審査することとする。

⑶　申請の認可に当たっては、初乗運賃と加算運賃の比率が当該運賃適用地域における上限運賃の比率と同等のものとなるような加算距離とすることとする。また、加算距離は、加算運賃額が自動認可運賃の加算運賃額以下となるように設定することとする。

⑷　申請の認可に当たっては、以下の条件を付すこととするとともに、事業者に対し、運転者の労働条件の確保のために必要な措置を講じることや、然るべき時期に運転者の労働条件の確保の状況を公表すること等を指導することとし、事業者による公表内容について、運転者の労働条件の確保が図られていないと認められるときには、その事実関係の公表及び必要な指導等を実施することとする。

①　認可の期限は原則1年間とすること。

②　認可後の需要への影響、運転者の労働条件の変化、収支率の変化、利用者・他の事業者との混乱の有無等について検証を行うことが必要であることから、申請事業者は、人件費、一般管理費、走行距離等について、毎月、報告すること。

③　関係法令違反により車両停止以上の行政処分を受けた場合には、認可を取り消す場合があること。

⑸　現に認可されている運賃のうち、認可後の経済社会情勢の変化などにより、不当な競争を引き起こすこととなるおそれが生じていると認められるものについて、それが旅客の利便その他公共の福祉を阻害している事実があると認めら

れる場合には、道路運送法第31条に基づく事業改善命令により、運賃の変更を命ずることとする。

　なお、旅客の利便その他公共の福祉を阻害している事実があると認められる場合に該当するか否かの認定については、当該運賃を認可した時点からの経済社会情勢の変化の状況などを勘案し、当該運賃を実施し続けることが利用者の保護を著しく欠く事態を招いていないかどうか等について総合的に判断することとする。

第4　その他

1　距離制運賃の初乗距離の短縮について

　距離制運賃において、初乗距離を短縮する場合については、一般乗用旅客自動車運送事業の運賃及び料金に関する制度について（平成13年10月26日付け国自旅第100号。以下「制度通達」という。）1(3)イ⑤を満たすことが必要であるが、さらに、初乗距離に達した際、公示した自動認可運賃と同一となる場合には、本紙4．(1)に規定する自動認可運賃に係る認可申請があったものとみなす。ただし、この場合、申請の公示を省略することはできないものとする。

　なお、初乗距離を短縮する申請にあっては、①運賃内容が利用者に分かり易く表示され、また、周知されること、②運転者の近距離旅客に対する敬遠防止について事業者の適切な指導・教育が十分行われること、について当該申請者を指導すること。

2　時間制運賃の初乗時間等の短縮について

　時間制運賃において、初乗時間又は加算時間を短縮する場合については、当該短縮の結果、公示した自動認可運賃と同一となる場合には、本紙4．(1)に規定する自動認可運賃に係る認可申請があったものとみなす。ただし、この場合、申請の公示を省略することはできないものとする。

　なお、時間制運賃額の計算上、運賃額に端数が生じることとなる場合は、利用者の不利とならないよう調整するものとする。

3　福祉輸送サービスに係る一定の幅での運賃の設定について

　制度通達4の規定により、福祉輸送サービスに係る一定の幅での運賃を設定する場合にあっては、施行規則第10条の3第3項の規定に基づき、原価計算書等の書類の添付が必要ないと認める場合として公示したときは、申請の公示を省略するとともに、標準処理期間によることなく速やかに処理を行うものとする。

4　個人タクシー事業者に係る運賃認可の取扱いについて

　個人タクシー事業者が、自動認可運賃を下回る運賃を設定しようとする場合に

あっては、申請に係る運賃適用地域における既存の法人タクシー事業者において認可されている最低の運賃を下回る運賃は認めないこととする。

別紙5

タクシー事業の情報提供ガイドライン

第1 事業者団体における情報提供

　　次の項目により積極的に情報公開を行うこととする。なお、具体的内容等は情報公開の趣旨に沿うよう創意工夫のうえ実施するものとする。

(1) 利用者に対する基礎的な情報提供

　① 運賃ブロックごとの運賃料金のメニュー、金額の一覧

　② 運賃料金、サービス等に関する問い合わせ先の明示

　③ サービス等の苦情に関する問い合わせ先の明示

(2) 運賃改定申請時及び実施時の情報提供

（運賃改定申請時）

　① 申請の内容（申請理由、申請の概要、運賃改定率、申請・現行運賃額比較表）

　② 収支の実績年度及び平年度の推定（平年度の需要見通しを含む）

　③ これまでの経営合理化の状況、今後の取組み

　④ 運賃料金の多様化の内容（新たな制度、営業割引の内容）

（運賃改定実施時）

　① 運賃改定の内容（改定の概要、改定率、現行・改定運賃額比較表）

　② 新たに設定する運賃料金の内容

　③ 主要区間の新旧運賃料金比較表

　④ 今後の合理化計画の内容

　⑤ 今後のサービス向上策の内容

(3) 運賃改定のフォローアップ（定期的に公表）

　① 合理化計画の実施状況

　② サービス向上策の実施状況

(4) その他

　① 民間公聴会（関係事業者団体が主催する消費者団体等の関係者との懇談会）の定期的開催

　② その他葉書、モニター等による利用者意見の把握

第2 国土交通省における情報提供

(1) 基礎的な情報提供

　① 運賃改定の審査基準、標準処理期間

②　行政の苦情に関する問い合わせ先の明示

(2)　運賃改定申請時及び認可時の情報提供

（運賃改定申請時）

①　申請の内容（申請日、申請者名、申請の概要）

②　その他特に必要な事項

（運賃改定認可時）

①　認可の内容

②　上限運賃改定に当たっては、原価計算対象事業者の平均原価

③　その他運賃改定認可に併せて事業者団体に要請した事項

(3)　運賃改定のフォローアップ（定期的に公表）

①　運賃改定後の経営内容等

第3　情報提供の方法

(1)　事業者団体

リーフレット等の車内配布、広報誌及びテレビ・新聞等マスメディアを通じた公表、インターネットによる情報発信、利用者窓口

別添1

一般乗用旅客自動車運送事業に係る収益及び費用並びに固定資産の配分基準

　一般乗用旅客自動車運送事業及びその他の事業に関連する収益及び費用並びに固定資産（無形固定資産及び投資等を除く。）は、その属する勘定項目ごとに、それぞれ次の基準によって各事業に配分する。また、運賃原価算定等において、一般乗用旅客自動車運送事業部門内部の配分を必要とする場合についても、この基準を準用する。ただし、鉄道事業又は軌道業を兼営するものにあっては、当分の間その事業について定める基準によるものとする。

　なお、当該収益及び費用並びに固定資産が極めて少額である場合、または主たる事業に比較して兼営する事業の割合が小さいため、配分基準の算定が困難である場合には、その金額を主たる事業に負担させるものとする。

Ⅰ　収益
　営業外収益　営業収益の比率

Ⅱ　費用
　1　営業費
　　⑴　運送費
　　　イ　人件費　従業員の実働人日数の比率　ただし、技工の人件費については車両修繕費の比率
　　　ロ　燃料油脂費　当該事業在籍車両の総走行キロの比率（注1）
　　　ハ　修繕費
　　　　車両修繕費　総走行キロの比率　ただし、外注修繕費、部品等については、当該事業在籍車両の総走行キロの比率
　　　　その他修繕費　期末有形固定資産額（車両及び土地を除く。）の比率
　　　ニ　固定資産償却費
　　　　車両償却費　当該事業在籍車両の総走行キロの比率
　　　　その他償却費　期末有形固定資産額（車両及び土地を除く。）の比率
　　　ホ　保険料
　　　　自賠責保険料　当該事業在籍車両の総走行キロの比率
　　　　車両保険料　同上
　　　　その他保険料　期末有形固定資産額（車両及び土地を除く。）の比率
　　　ヘ　施設使用料　実在延日車数の比率

　　　　ト　施設賦課税　期末有形固定資産額（車両を除く。）の比率
　　　　　　事業用車両に係るものは当該事業在籍車両の総走行キロの比率
　　　　チ　その他経費
　　　　　　事故賠償費　―
　　　　　　道路使用料　―
　　　　　　その他経費　実働延日車数の比率
　　⑵　一般管理費　運送費（または営業費から一般管理費を控除した金額）から減
　　　　価償却費を控除した金額の比率
　　2　営業外費用
　　　　イ　金融費用　｛営業費（減価償却費を除く。）の比率＋期末有形固定資産額の
　　　　　　比率｝×1／2
　　　　ロ　その他の費用　営業費（減価償却費を除く。）の比率

　Ⅲ　固定資産
　　1　全事業部門から旅客自動車運送事業部門への配分
　　　　（営業収益の比率＋期末専属有形固定資産額の比率）×1／2
　　2　旅客自動車運送事業部門内の配分
　　　　イ　車両
　　　　　　事業用車両　当該事業在籍車両の総走行キロの比率
　　　　　　その他の車両　実働延日車数の比率
　　　　ロ　建物
　　　　　　営業所等現業関係の建物　実在延日車数の比率
　　　　　　その他の建物　従業員数の比率
　　　　ハ　構築物　実在延日車数の比率
　　　　ニ　機械装置　実働延日車数の比率
　　　　ホ　工具器具備品　実働延日車数の比率
　　　　ヘ　土地　実在延日車数の比率
　　　　ト　建物仮勘定　実在延日車数の比率
（注1）
　　「当該事業在籍車両の総走行キロの比率」とは、事業計画上当該事業に配置され
ている車両が、当該事業以外の他の事業のために使用された場合において、当該事
業に配置されている全車両の総走行キロと、これから他事業に関わる部分の総走行
キロを除いた、純当該事業に係わる総走行キロの比率をいう。

（注2）

　金融収益又は金融費用の各事業への配分にあたっては、次に掲げる金額はあらかじめ控除して配分を行い、配分後に「その他事業」の金融収益または金融費用として計上すること。

1　不動産事業を経営している事業者が、商品土地・建物に係る借入金利息を金融費用として計上している場合の当該借入金利息の金額

2　イに掲げる事業者（経営する事業が1事業の者を含む。）は、ロに掲げる金額

　　イ　事業年度終了の日において、投融資額*が固定資産の部の合計額の1/10をこえる事業者

　　ロ　金融収益……投融資額に係る受取配当金及び受取利息

　　　　金融費用……　｛(期首投融資額＋期末投融資額)×1/2｝×実績仮入金利率

＊　投融資額は固定資産の投資等の合計額のうち、長期前払費用及び破産債権等並びに支払保険料、敷金その他の直接収入を生じないものは除き、流動資産である短期貸付金及び有価証券を含めたものとする。

別添2

改定運賃額の算出要領

改定運賃額の算出は、次のとおり行うこととする。

また、時間制加算運賃については、時間制初乗運賃に準じて行うこととする。

1．距離制運賃及び時間制運賃の初乗運賃の算出

(1)　上限運賃の算出

改定前の上限運賃額に所要増収率を乗じた額（端数は10円単位に四捨五入した額）を改定上限運賃値上額とする。

(2)　距離制運賃の初乗運賃増収率

初乗運賃値上率は次式により算出する。

初乗運賃値上率＝改定上限運賃値上額÷改定前の上限運賃額

初乗運賃増収率は次式により算出する。

初乗運賃増収率＝初乗運賃値上率×距離制運賃及び時間制運賃の実績

年度収入に占める初乗運賃収入構成比

2．距離制運賃の上限加算運賃の算出

(1)　加算運賃の所要増収率は次式により算出する。

加算運賃所要増収率＝（所要増収率−初乗運賃増収率）

÷加算運賃の収入構成比

(2)　上限加算運賃距離の算出

加算距離の算定は改定後の加算運賃額を設定の上、次式により算出した距離を上限運賃とする。

加算距離＝現行の加算運賃の距離÷（1＋加算運賃所要増収率）×

改定後の加算運賃額÷改定前の加算運賃額

附則

平成14年2月1日以降最初の運賃改定において現行の中型車及び小型車を普通車として同一に取り扱うことに伴う運賃の調整の方法については、別に定めるものとする。

別表1

下限運賃の設定における原価の査定

原価項目・内訳・内容					事業者による差異の有無
営業費	運送費	人件費	運転者人件費	（給与、手当、法定福利・厚生費　等）	×
			その他人件費	（運行管理者、整備管理者　等）	×
			小　計		
		燃料油脂費	燃料費・油脂費	（LPG、ガソリン、軽油）	○
		車両修繕費	車両修繕費	（主に所有車両に係る修繕費）	×
		車両償却費	車両償却費	（所有車両に係る償却費）	○
		その他運送費	その他償却費	（営業所、車庫等に係る償却費）	×
			その他修繕費	（営業所、車庫等に係る修繕費）	×
			諸税	（自動車税、自動車重量税、その他）	×
			保険料	（自賠責保険料、任意保険、その他）	×
			車両リース料	（事業用車両のリース料）	○
			その他	（事故賠償費、施設使用料、道路使用料　等）	×
			小　計		
	一般管理費	人件費	役員報酬	（取締役、監査役報酬）	○
			その他	（役員以外の一般管理部門人件費）	×
		諸税	諸税	（事業税）	×
		その他経費	その他	（タクセン負担金、自賠責、教育実習費　等）	×
		小　計			
営業外費用	営業外費用	金融費用		（借入金利息、支払手形利息　等）	○
		車両売却損		（事業用車両の売却による差損）	○
		その他		（貸倒償却、雑支出　等）	○
		小　計			
適正利潤					×

別表 2

下限割れ運賃の審査における原価の査定

原価項目・内訳・内容					事業者による差異の有無
営業費	運送費	人件費	運転者人件費	（給与、手当、法定福利・厚生費　等）	×
			その他人件費	（運行管理者、整備管理者　等）	×
			小　計		
		燃料油脂費	燃料費・油脂費	（LPG、ガソリン、軽油）	○
		車両修繕費	車両修繕費	（主に所有車両に係る修繕費）	×
		車両償却費	車両償却費	（所有車両に係る償却費）	○
		その他運送費	その他償却費	（営業所、車庫等に係る償却費）	×
			その他修繕費	（営業所、車庫等に係る修繕費）	×
			諸税	（自動車税、自動車重量税、その他）	×
			保険料	（自賠責保険料、任意保険、その他）	×
			車両リース料	（事業用車両のリース料）	○
			その他	（事故賠償費、施設使用料、道路使用料　等）	×
			小　計		
	一般管理費	人件費	役員報酬	（取締役、監査役報酬）	○
			その他	（役員以外の一般管理部門人件費）	×
		諸税	諸税	（事業税）	×
		その他経費	その他	（タクセン負担金、自賠責、教育実習費　等）	×
			小　計		
営業外費用	営業外費用	金融費用		（借入金利息、支払手形利息　等）	○
		車両売却損		（事業用車両の売却による差損）	○
		その他		（貸倒償却、雑支出　等）	○
			小　計		
適正利潤					○

○準特定地域の指定等について

平成26年1月24日　国自旅第
402号　国土交通省自動車局
長から各地方運輸局長、沖縄
総合事務局長あて

準特定地域の指定等について

　特定地域における一般乗用旅客自動車運送事業の適正化及び活性化に関する特別措置法等の一部を改正する法律（平成25年法律第83号）の施行に伴い、「準特定地域の指定基準等について」を別紙のとおり定めたので、各地方運輸局（沖縄総合事務局を含む。）においては、その旨了知されるとともに、公示の手続き等所要の措置を講じられたい。

　特に、準特定地域の指定に係る地方公共団体からの要請に関する相談があった場合の対応については、地域の特殊な事情等に配慮した検討が必要であることから、その事情等を十分に把握した上で、その都度必ず本省あて相談することとされたい。

　また、特定地域の指定基準については、追って通知するものとする。

　なお、本件については、一般社団法人全国ハイヤー・タクシー連合会会長及び一般社団法人全国個人タクシー協会会長あて、別添のとおり通知したので申し添える。

別　紙

準特定地域の指定等について

1　準特定地域の指定

　　国土交通大臣は、次の⑴又は⑵のいずれかに該当する営業区域を準特定地域として指定するものとし、当該指定は告示により行うものとする。

⑴　人口10万人以上の都市を含む営業区域であって、①から③までのいずれかに該当するもの。

　　①　日車実車キロ又は日車営収が、平成13年度と比較して減少していること。

　　②　前５年間の事故件数が毎年度増加していること。

　　③　前５年間の法令違反の件数が毎年度増加していること。

⑵　人口10万人以上の都市を含まない営業区域であって、①から③までのいずれにも該当するもの。

　　①　人口が概ね５万人以上の都市を含むこと。

　　②　㈪から㈬までのいずれかに該当すること。

　　　㈪　日車実車キロ又は日車営収が、平成13年度と比較して10％以上下回っていること。

　　　㈭　前５年間の事故件数が毎年度増加していること。

　　　㈬　前５年間の法令違反の件数が毎年度増加していること。

　　③　当該営業区域を含む都道府県知事又は市町村長から、国土交通大臣に対して、当該地域を指定することについて要請があったこと。

2　指定期間等

　　1の指定は、原則として毎年10月１日を目途に３年を超えない範囲で期間を定めて指定するものとする。ただし、指定期間中であっても、国土交通大臣は1に掲げる基準に該当しなくなったと認めるときは、指定の解除を行うものとし、当該指定の解除は告示により行うものとする。

3　指定等のための各種指標の把握等

　　指定等に当たっては各年度ごとの旅客自動車運送事業等報告規則（昭和39年３月31日運輸省令第21号）に基づく法人事業者の事業実績報告や、法令違反の実績等を用いるものとし、地方運輸局は毎年度の各営業区域ごとの数値を原則として６月30日までにとりまとめ、本省に報告するものとする。

附則

　本通達は、平成26年１月27日から施行する。

○準特定地域における一般乗用旅客自動車運送事業の適正化の推進のために監督上必要となる措置等の実施について

平成26年1月24日　国自旅第406号　国土交通省自動車局長から各地方運輸局長、沖縄総合事務局長あて

**準特定地域における一般乗用旅客自動車運送事業の適正化の推進の
ために監督上必要となる措置等の実施について**

　特定地域における一般乗用旅客自動車運送事業の適正化及び活性化に関する特別措置法等の一部を改正する法律（平成25年法律第83号。以下「改正法」という。）の施行に伴い、準特定地域における一般乗用旅客自動車運送事業の適正化の推進のために監督上必要となる措置等の実施について別紙のとおり定めたので、各地方運輸局（沖縄総合事務局を含む。）においては、その旨了知されるとともに、公示の手続き等所要の措置を講じられたい。

　なお、本件については、一般社団法人全国ハイヤー・タクシー連合会会長及び一般社団法人全国個人タクシー協会会長あて、別添のとおり通知したので申し添える。

別　紙

準特定地域における一般乗用旅客自動車運送事業の適正化の推進の
ために監督上必要となる措置等の実施について

Ⅰ．準特定地域における一般乗用旅客自動車運送事業の適正化の推進のために監督上
　必要となる措置等を実施するに当たっての基本的な考え方等

　1．基本的な考え方
　　　特定地域及び準特定地域における一般乗用旅客自動車運送事業の適正化及び活
　　性化に関する特別措置法（平成21年法律第64号。以下「法」という。）、関係省令、
　　関係告示及び本通達をはじめとする関係通達の運用に当たっては、改正前の特定
　　地域における一般乗用旅客自動車運送事業の適正化及び活性化に関する特別措置
　　法（以下「旧法」という。）の施行以降、それぞれの一般乗用旅客自動車運送事
　　業者（法第2条第2項に規定する一般乗用旅客自動車運送事業者。以下「タクシ
　　ー事業者」という。）がこれまでに実施してきた一般乗用旅客自動車運送事業
　　（法第2条第1項に規定する一般乗用旅客自動車運送事業。以下「タクシー事
　　業」という。）の適正化及び活性化に資する取組み（需要喚起、労働条件の改善、
　　減車等）を十分に考慮することとする。

　2．基準車両数
　　　基準車両数は、準特定地域の指定時（準特定地域から継続して特定地域に指定
　　された場合及びその後に特定地域から継続して準特定地域へ指定された場合は、
　　当該継続して指定された最初の準特定地域の指定時。）における営業区域ごとの
　　当該事業者の一般の需要に応じることができるタクシー事業の事業用自動車（法
　　第2条第9項に規定する事業用自動車。以下「タクシー車両」という。）の合計
　　数とする。
　　　なお、地方運輸局長（沖縄総合事務局長を含む。以下同じ。）が特別な配慮が
　　必要と認める場合には、地方運輸局長が別途公示するタクシー車両の合計数とす
　　ることができることとする。
　　　ただし、以下に該当する場合には、当該車両数を基準車両数に加え又は減じる
　　こととする。
　　① 　特定地域における一般乗用旅客自動車運送事業の適正化及び活性化に関する
　　　特別措置法等の一部を改正する法律の施行に伴う国土交通省関係省令の整備等
　　　に関する省令（平成26年国土交通省令第7号。以下「整備省令」という。）附

則第2項の規定による道路運送法（昭和26年法律第183号）第15条第3項に基づく届出により、法の適用を受けることとなる車両数を加える。

② 改正法の施行の際、現に「特定事業計画における事業再構築の実施のために必要となる特例措置の実施について（平成22年1月25日付け国自旅第243号）」に基づき休車している車両数を加える。

③ タクシー事業者が他のタクシー事業者を完全子会社化し、当該完全子会社のタクシー事業を廃業した場合にあっては、当該完全子会社の基準車両数を当該タクシー事業者の基準車両数に加える。

④ 道路運送法第36条に基づきタクシー事業の全部又は一部の譲渡及び譲受の認可を受けた場合は、原則として当該タクシー事業の全部又は一部に係るタクシー車両数に相当する基準車両数を当該譲受したタクシー事業者の基準車両数に加え、また、譲渡したタクシー事業者の基準車両数から減じる。

Ⅱ. 準特定地域におけるタクシー事業の申請等に対する取扱いについて

1. 処理方針

地方運輸局長は、準特定地域に指定されている営業区域に係る需給状況の判断を年1回実施し、これに基づき、当該営業区域における供給輸送力の増加が可能な場合にその車両数及び申請受付期間を公示することとする。

当該申請受付期間に、準特定地域の全部若しくは一部を含む営業区域に係る道路運送法第4条第1項の許可又は供給輸送力を増加させる事業計画の変更に係る認可の申請を受け付けた場合は、法第14条の4又は第15条の2に基づき、次の手続を経て、許可又は事業計画の変更に係る認可を行うこととする。

2. 需給状況の判断等

(1) 算定方法

① 輸送需要に対する必要車両数の算定方法は、次のとおりとする。

「輸送需要量」＝「直近1年間の当該準特定地域の総実車キロ」×

（「直近1年間の当該準特定地域の総実車キロ」÷

「直近1年間の前1年間の当該準特定地域の総実車キロ」）

※ 地域の実情を踏まえ、これによらない方法とすることができる。

「必要車両数」＝輸送需要量÷（総走行キロ×実車率÷延べ実働車両数）÷

365÷実働率

※ 各計算要素については、原則として以下の数値を使用するが、地域

の実情を踏まえ、これによらない数値とすることができる。特に実車率については、タクシーが当該地域の輸送需要に的確に対応するとともに、タクシー運転者の労働条件が改善される必要があることに留意して設定すること。

◇総走行キロ、延べ実働車両数……直近5年間の平均輸送実績

◇実車率……H13年度の実績値

◇実働率……原則として90％（ただし、当該準特定地域に法第8条第1項の協議会（以下、単に「協議会」という。）が組織されている場合にあっては、当該協議会の議決に基づく申出により80％又は平成13年度実績のいずれか低い値から90％の範囲内で定めることができることとする。）

② 増加可能車両数の算定方法は、次のとおりとする。

「増加可能車両数」＝「当該準特定地域の必要車両数」－「現に当該準特定地域に存する営業所に配置されている車両数の合計」

(2) 実施時期等

需給状況の判断は原則として毎年8月1日を目途に公表することとし、供給輸送力の増加が可能な営業区域ごとに、次のイからニの区分ごとに増加可能車両数を公示することとする。なお、当該公示には、原則として60日間程度の申請受付期間を明記することとする。

イ タクシー事業（1人1車制個人タクシーを除く。以下「法人タクシー」という。）の新規許可、条件解除（業務の範囲を限定する旨の条件を付された一般乗用旅客自動車運送事業者における当該条件の解除をいう。以下同じ。）の承認及び営業区域の設定に係る事業計画の変更に係る認可申請

ロ タクシー事業（1人1車制個人タクシーに限る。以下「個人タクシー」という。）の新規許可

ハ 法人タクシーの増車（準特定地域内の営業所に配置するタクシー車両の合計数を増加させる事業計画の変更をいう。ただし、条件解除に伴うものを除く。以下同じ。）の認可

ニ 法人タクシーの休車（7(1)②に規定する休車をいう。）の解除

(3) 配分方法

増加可能車両数の配分については、以下の順により行う。

① 増加可能車両数を4分の1ずつ(2)イからニに配分し、端数が生じた場合については、これをニに繰り入れる。

② ①で(2)イに配分された車両数を当該準特定地域である営業区域の法人タク

シーの最低車両数で除した値（商）が１以上の場合にはこれを法人タクシーの新規許可、条件解除の承認又は営業区域拡大に係る事業計画変更認可可能な事業者の枠とし、１に満たない場合及び１未満の端数が生じる場合は、これに相当する車両数をニに繰り入れる。

(4) 法人タクシーの新規許可（条件解除の承認を含む。）営業区域拡大に係る事業計画変更認可の枠の配分及び順序

① (3)②により配分された事業者の枠については、これが２以上の場合には、「新規許可（条件解除の承認を含む。）」及び「営業区域拡大に係る事業計画変更認可」の事業者の枠それぞれに２分の１ずつ配分し、１の場合及び端数が生じる場合は、これを「営業区域拡大に係る事業計画変更認可」の事業者の枠とする。

② 審査の結果、「新規許可（条件解除の承認を含む。）」又は「営業区域拡大に係る事業計画変更認可」すべき申請件数が①の事業者の枠に満たない場合は、他方へ繰り入れることとし、それでもなお事業者の枠に残余が生じる場合には、(2)ニへ繰り入れることとする。

③ 審査の結果、新規許可すべき申請件数（条件解除の承認をすべき件数を含む。）が①により配分された新規許可の事業者の枠を上回った場合には、くじ引きにより許可又は承認すべき者を決定することとする。

④ 審査の結果、認可すべき申請件数が①により配分された営業区域拡大に係る事業計画変更認可の事業者の枠を上回った場合には、くじ引きにより認可すべき者を決定することとする。

(5) 個人タクシーの新規許可の順序

① 審査の結果、新規許可すべき申請件数が(3)①により配分された個人タクシーの新規許可の枠を上回った場合には、くじ引きにより許可すべき者を決定することとする。

② 審査の結果、新規許可すべき申請件数が(3)①により配分された個人タクシーの新規許可の枠を下回った場合には、残余を(2)ニへ繰り入れることとする。

(6) 増車の認可の順序

① 審査の結果、認可すべき申請に係る増車車両数が(3)①及び(7)②により配分された増車認可の車両数の枠を上回った場合には、5(1)③により付与された点数に基づきドント方式により増車車両数を分配するものとし、具体的には次のとおりとする。

・6(1)③により付された点数を１から当該申請に係る増車車両数に相当する数までの各整数で順次除して得たすべての商のうち、その数値の最も大き

いものから順次に数えて車両数の枠に相当する数になるまでにある商で各申請に付与された点数に係るものの個数をもって、それぞれの申請に対する増車を認める車両数とする。

② 審査の結果、認可すべき申請に係る増車車両数が(3)①により配分された増車認可の車両数の枠を下回った場合には、残余を(2)ニへ繰り入れることとする。

(7) 休車解除の順序

① 休車解除の申請に係る車両数が、(3)①、②、(4)②、(5)②及び(6)②により配分された車両数の枠を上回る場合には、当該申請に係る休車車両数1両を1票として、くじ引きにより解除すべき車両数を決定する。

② 休車解除の申請に係る車両数が、(3)①、②、(4)②、(5)②及び(6)②により配分された車両数の枠を下回った場合には、認可すべき増車の申請に係る車両数が配分された車両数の枠で充足されていない場合は、残余を(2)ハへ繰り入れることとする。また、認可すべき増車の申請に係る車両数が配分された車両数の枠で充足されている場合は、残余が最低車両数以上の場合には最低車両数単位で(2)イに、最低車両数未満の場合又は最低車両数未満の数が生じた場合は、(2)ロへ繰り入れることとする。

3. 法人タクシーに係る新規許可等

(1) 処理方針

地方運輸局長は、準特定地域における法人タクシーに係る新規許可の申請に対しては、2(4)①により増加可能車両数の配分があった場合に、「一般乗用旅客自動車運送事業（1人1車制個人タクシーを除く。）の申請に対する処理方針（平成13年8月29日付け国自旅第72号。以下「処理方針通達」という。）」の別紙に定める方針に適合することに加え、次に掲げる基準に適合するものに限り許可することとする。

① 供給過剰とならない基準

地方運輸局長は、許可の申請を審査する場合において、以下に掲げる基準を適用するに当たっては、形式的画一的に流れることなく、実情に沿うように努めなければならない。

イ 許可の申請に係る事業全体の経営形態、経営規模などが輸送需要との関係で適切なものであること

ロ 許可の申請に係る事業の開始によって営業区域に係る供給輸送力が輸送需要量に対し不均衡とならないものであること

　　ハ　その他許可の申請に係る事業の開始が公衆の利便を増進するものである

　　　こと、円滑な自動車の運行を阻害するものでないこと等公益上必要であり、

　　　かつ、適切なものであること

　②　最低車両数

　　原則として、次に掲げる営業区域の区分に応じ、それぞれ次に定める車両

　数とする。許可を行う際は、申請１件につき当該車両数を限度とする。

　　イ　東京特別区又は政令指定都市を含む営業区域　40両

　　ロ　人口が概ね30万人以上の都市を含む営業区域　30両

　　ハ　その他の営業区域　20両

(2)　適用開始時期

　　(1)の規定は、平成26年１月27日以降に処分をするものから適用する。

4．個人タクシーに係る新規許可

(1)　処理方針

　　地方運輸局長は、準特定地域における個人タクシーに係る新規許可の申請に

　対しては、2(3)により増加可能車両数の配分があった場合に、「一般乗用旅客

　自動車運送事業（１人１車制個人タクシーに限る。）の申請に対する処分に関

　する処理方針（平成13年９月12日付け国自旅第78号）」の別紙に定める方針に

　適合することに加え、次に掲げる基準に適合するものに限り許可することとす

　る。

　・供給過剰とならない基準

　　地方運輸局長は、許可の申請を審査する場合において、以下に掲げる基準

　を適用するに当たっては、形式的画一的に流れることなく、実情に沿うよう

　に努めなければならない。

　　イ　許可の申請に係る事業全体の経営形態、経営規模などが輸送需要との関

　　　係で適切なものであること

　　ロ　許可の申請に係る事業の開始によって営業区域に係る供給輸送力が輸送

　　　需要量に対し不均衡とならないものであること

　　ハ　その他許可の申請に係る事業の開始が公衆の利便を増進するものである

　　　こと、円滑な自動車の運行を阻害するものでないこと等公益上必要であり、

　　　かつ、適切なものであること

(2)　適用開始時期

　　(1)の規定は、平成26年１月27日以降に処分をするものから適用する。

5．準特定地域に指定されている営業区域の設定に係る事業計画変更認可

(1)　処理方針

　　　法第15条第1項の規定による道路運送法第15条第1項の規定に基づく準特定地域に指定されている営業区域の設定に係る事業計画変更認可申請については、2⑷①により増加可能車両数の配分があった場合に、処理方針通達の別紙に定める方針に適合することに加え、次に掲げる基準の全てに適合するものに限り認可することとする。

①　供給過剰とならない基準

　　　地方運輸局長は、許可の申請を審査する場合において、以下に掲げる基準を適用するに当たっては、形式的画一的に流れることなく、実情に沿うように努めなければならない。

　イ　認可申請に係る準特定地域内の営業所に配置するタクシー車両の合計数の増加に伴う事業全体の経営形態、経営規模などが輸送需要に対し適切なものであること

　ロ　認可の申請に係る準特定地域内の営業所に配置するタクシー車両の合計数の増加によって営業区域に係る供給輸送力が輸送需要量に対し不均衡とならないものであること

　ハ　その他認可の申請に係る準特定地域内の営業所に配置するタクシー車両の合計数の増加が公衆の利便を増進するものであること、円滑な自動車の運行を阻害するものでないこと等公益上必要であり、かつ、適切なものであること

②　事業活動に関する基準

　イ　営業区域内の営業所に配置するタクシー車両一台当たりの収入が前事業年度と比較して増加していること又は当該準特定地域の平均に比べ高いこと

　ロ　運輸安全マネジメントに基づき、輸送の安全に関する基本方針及び目標が定められており、かつ、当該目標の達成状況が把握されていること又は申請前1年間及び申請後において、タクシー事業に関し、道路運送法、タクシー業務適正化特別措置法（昭和45年法律第75号）又は法若しくはこれらに基づく命令の違反による行政処分がないこと

　ハ　タクシー車両の走行距離百万キロメートル当たりの交通事故（道路交通法（昭和23年法律第105号）第72条第1項の交通事故をいう。以下同じ。）の発生件数が、営業区域におけるタクシー車両の走行距離百万キロメートル当たりの交通事故の発生件数未満であること。

ニ　労働協約又は就業規則の定めるところにより、その雇用する全ての労働契約を締結するタクシー車両の運転者（以下「タクシー運転者」という。）について、賃金を一定の割合以上で増額する措置が講じられていること

ホ　準特定地域計画に定められたタクシー事業の活性化のための措置が講じられていること

ヘ　営業区域内の営業所に配置する「ユニバーサルデザインタクシー（移動等円滑化の促進に関する基本方針において移動等円滑化の目標が定められているノンステップバスの基準等を定める告示（平成24年国土交通省告示第257号）」第4条第1項の規定による認定を受けたものをいう。以下「UDタクシー」という。）の台数が前事業年度と比較して増加していること

③　最低車両数

　　3⑴②の規定を準用する。

④　適用

　　②に掲げる基準については、申請者が申請日現在設定している営業区域のうち、営業区域内の営業所に配置するタクシー車両の合計数が最も多い営業区域について審査することとする。

　　また、当該営業区域が準特定地域として指定されていない場合には、②ホは適用しない。

⑵　適用開始時期

　　⑴の規定は、平成26年1月27日以降に処分をするものから適用する。

⑶　条件解除への準用

　　⑴及び⑵の規定は、条件解除について準用する。この場合において、⑴中「法第15条第1項の規定による道路運送法第15条第1項の規定に基づく準特定地域に指定されている営業区域の設定に係る事業計画変更認可申請」とあるのは「準特定地域に指定されている営業区域における条件解除の申請」と、「認可する」とあるのは「条件解除する」と読み替えることとする。

6．増車の認可

⑴　処理方針

　　法第15条第1項の規定による道路運送法第15条第1項の規定に基づく準特定地域に指定されている営業区域に係る増車の申請については、2⑶①及び⑺②により増加可能車両数の配分があった場合に、処理方針通達の別紙1⑶、⑸〜⑼及び2⑵に準じて審査を行うことに加え、それぞれ次に掲げる基準の全て

に適合するものに限り認可することとする。

① 供給過剰とならない基準

地方運輸局長は、許可の申請を審査する場合において、以下に掲げる基準を適用するに当たっては、形式的画一的に流れることなく、実情に沿うように努めなければならない。

イ 認可申請に係る準特定地域内の営業所に配置するタクシー車両の合計数の増加に伴う事業全体の経営形態、経営規模などが輸送需要に対し適切なものであること

ロ 認可の申請に係る準特定地域内の営業所に配置するタクシー車両の合計数の増加によって営業区域に係る供給輸送力が輸送需要量に対し不均衡とならないものであること

ハ その他認可の申請に係る準特定地域内の営業所に配置するタクシー車両の合計数の増加が公衆の利便を増進するものであること、円滑な自動車の運行を阻害するものでないこと等公益上必要であり、かつ、適切なものであること

② 事業活動に関する基準

イ 認可の申請に係る準特定地域内の営業所に配置するタクシー車両一台当たりの収入が前事業年度と比較して増加していること又は当該準特定地域の平均に比べ高いこと

ロ 運輸安全マネジメントに基づき、輸送の安全に関する基本方針及び目標が定められており、かつ、当該目標の達成状況が把握されていること又は申請前1年間及び申請後において、タクシー事業に関し、道路運送法、タクシー業務適正化特別措置法又は法若しくはこれらに基づく命令の違反による行政処分がないこと

ハ タクシー車両の走行距離百万キロメートル当たりの交通事故の発生件数が、認可の申請に係る準特定地域におけるタクシー車両の走行距離百万キロメートル当たりの交通事故の発生件数未満であること

ニ 労働協約又は就業規則の定めるところにより、その雇用する全ての労働契約を締結するタクシー運転者について、賃金を一定の割合以上で増額する措置が講じられていること

ホ 準特定地域計画に定められたタクシー事業の活性化のための措置が講じられていること

ヘ 認可の申請に係る準特定地域内の営業所に配置するUDタクシーの台数が前事業年度と比較して増加していること

③　点数の付与

②に掲げる基準について以下のとおり点数を付与する。

イについて

前年に比して増加した場合又は当該準特定地域の平均と比べ高い場合　1点

前年に比して5％以上増加した場合又は当該準特定地域の平均と比べ5％以上高い場合　2点

前年に比して10％以上増加した場合又は当該準特定地域の平均と比べ10％以上高い場合　3点

ロについて

運輸安全マネジメントに基づき、輸送の安全に関する基本方針及び目標が定められており、かつ、当該目標の達成状況が把握されている場合　1点

申請前1年間及び申請後において、タクシー事業に関し、道路運送法、タクシー業務適正化特別措置法又は法若しくはこれらに基づく命令の違反による行政処分がない場合　1点

ハについて

走行距離百万キロメートル当たりの交通事故の発生件数が下回っている場合　1点

走行距離百万キロメートル当たりの交通事故の発生件数が5％以上下回っている場合　2点

走行距離百万キロメートル当たりの交通事故の発生件数が10％以上下回っている場合　3点

交通事故の発生件数が0件の場合　3点

ニについて

措置が講じられている場合　2点

ホについて

実施されている活性化措置の数が5～14件の場合　1点

実施されている活性化措置の数が15～29件の場合　2点

実施されている活性化措置の数が30件以上の場合　3点

ヘについて（いずれの場合にあっても申請前1年間にUDタクシーが増加しているものに限る。）

申請1年前と比べ、当該準特定地域内の営業所に配置するタクシー車両の合計数に占めるUDタクシーの割合が増加した場合又は当該準特定地域内の営業所に配置するタクシー車両の合計数の20％以上がUDタクシー

である場合　1点

　申請1年前と比べ、当該準特定地域内の営業所に配置するタクシー車両の合計数に占めるUDタクシーの割合が5％以上増加した場合又は当該準特定地域内の営業所に配置するタクシー車両の合計数の40％以上がUDタクシーである場合　2点

　申請1年前と比べ、当該準特定地域内の営業所に配置するタクシー車両の合計数に占めるUDタクシーの割合が10％以上増加した場合又は当該準特定地域内の営業所に配置するタクシー車両の合計数の60％以上がUDタクシーである場合　3点

④　実働率

　申請者の申請に係る営業区域におけるタクシー車両の実働率について、80％以上であること。ただし、地域の標準的な実働率など実情を踏まえて、地方運輸局長が当該地域における実働率を公示した場合には、その率以上であること。

(2)　適用開始時期

　(1)の規定は、平成26年1月27日以降に処分をするものから適用する。

(3)　適用除外

①　条件解除に伴う増車の申請については、6(1)の規定は適用しない。

②　道路運送法第21条第2号に基づく乗合旅客の運送の許可に伴い、当該乗合運送許可（以下「乗合運送許可」という。）に係る運送のみを行うための増車は、その旨の条件を付して認可することができることとする。この場合、1、2及び6(1)①〜④の規定は適用せず、基準車両数にも含めないこととする。

7．減車及び休車の取り扱い

(1)　本通達において、減車及び休車とは、それぞれ次のとおりとする。

①　減車　特定地域又は準特定地域において、当該特定地域又は準特定地域内の営業所に配置するタクシー車両の合計数を減少させる事業計画の変更のうち、②に規定するものを除くもの。

②　休車　準特定地域において、当該準特定地域内の営業所に配置するタクシー車両の合計数を減少させる事業計画の変更であって、減車と併せて実施することにより、法第15条第1項の規定により読み替えて適用する道路運送法第15条第1項のタクシー車両の合計数を増加させる事業計画の変更認可の基準の特例を設けるもの（(3)に適合するものに限る。）

(2)　減車の実施方法

　　認定事業者計画又は認定活性化事業計画に基づき実施する減車については、認定申請書に減車の時期が具体的に記載された事業計画（タクシー車両の数）変更の事前届出書が添付されている場合には、法第8条の8第1項又は法第13条第1項の規定に基づく道路運送法第15条第3項の届出をしたものとみなす。

　　それ以外の場合には、減車の時期が具体化した時点において同項の届出を行わなければならない（みなし届出の適用以外は道路運送法の減車に同じ。）。

(3)　休車実施の要件

　　地方運輸局長は、次に掲げる要件に適合する供給輸送力減少を休車として取り扱うこととし、(5)に規定する特例を適用することとする。

①　事業再構築として以下の要件を踏まえて地域の実情に応じて地方運輸局長が定めるものに適合する法第11条による活性化事業計画の認定を受けていること。

　1)　休車期間　1年以上（地方運輸局長が別に期間を定めた場合はその期間以上）であること。

　2)　休車車両数　当該タクシー事業者の基準車両数からの減車車両数と同数を限度とすること。なお、地域の実情に応じて地方運輸局長が定める場合には、共同事業再構築の場合にあっては、当該共同事業再構築を実施するタクシー事業者の基準車両数からの減車車両数の合計の同数をこれらのタクシー事業者の休車車両数の合計の限度とすることができる。

　　　ただし、改正法の施行の際、現に「特定事業計画における事業再構築の実施のために必要となる特例措置の実施について（平成22年1月25日付け国自旅第243号）」に基づき実施されている休車については、この限度に含めないこととする。また、当該休車については、本通達に基づき実施した休車とみなす。

　3)　実施予定時期　準特定地域の指定期間内に実施するものであって、実施予定時期における当該タクシー事業者の基準車両数からの減車車両数と同数を限度とすること。

②　その他地域の実情に応じて地方運輸局が定める要件に適合していること。

(4)　休車の実施方法

　　認定活性化事業計画に基づき実施する休車については、認定申請書に休車期間、休車車両数及び実施時期が具体的に記載された事業計画（事業用自動車の数）変更の事前届出書（認定活性化事業計画に基づき(3)の要件への適合を確認できるものに限る。）が添付されている場合には、法第8条の8第1項又は法

第13条第1項の規定に基づく道路運送法第15条第3項の届出をしたものとみなす。

それ以外の場合には、休車の時期が決定した時点において休車期間、休車車両数及び実施時期を記載した事業計画（事業用自動車の数）変更の事前届出書（認定活性化事業計画に基づき(3)の要件への適合を確認できるものであって、届出の時点で法第14条による特定活性化計画の認定の取消しを受けていないものに限る。）を提出しなければならない。

届出（みなし届出を含む。）に基づき休車を実施する際には、遅滞なく、休車車両数に相当するタクシー車両の抹消登録等使用権原を消滅させる手続をしなければならない。

(5) 休車の解除

地方運輸局長は、休車実施事業者が行うタクシー車両の合計数の増加の認可の申請に対しては、2(3)により増加可能車両数の配分があった場合に、次に掲げる要件に適合するものに限り認可を行う。この場合、6の規定は適用しない。

イ 認定活性化事業計画に定めた休車期間を経過していること

ロ 自動車その他の輸送施設の使用の停止以上の処分を受けている場合は、当該処分期間を満了していること

ハ その他地域の実情に応じて地方運輸局が定める要件に適合していること

(6) 適用開始時期

(1)～(5)の規定は、平成26年1月27日以降に処分をするものから適用する。

8. 協議会の意見聴取

地方運輸局長は、3～6に係る処分を行おうとする場合に、当該準特定地域に協議会が組織されているときには、当該協議会に対し、特定地域及び準特定地域における一般乗用旅客自動車運送事業の適正化及び活性化に関する特別措置法施行規則（平成21年国土交通省令第58号。以下「施行規則」という。）第10条第2項に基づき、原則15日以上の提出期限を付して、次の書面を添えて、施行規則第10条第1項に基づく通知を行い、許可等しようとする申請について、当該協議会の意見を聴くこととする。

イ 当該営業区域に係る需給状況の判断に関する書面

ロ 当該許可の申請書に係る道路運送法施行規則第4条第8項第1号及び第3号に掲げる事項を記載した書面

なお、期限までに協議会からの意見の提出を受けないときは、準特定地域計画に定められた事項の実施に支障がない旨の協議会の意見の提出を受けたものとみ

なす。

9．標準処理期間

　この通達に規定する許可又は事業計画の変更認可に係る標準処理期間ついては、「一般乗用旅客自動車運送事業の許可、事業計画の変更認可等に関する標準処理期間の設定方針について（平成13年12月26日付け国自旅第128号）」の規定を次のとおり読み替えることとする。この場合、申請受付日から申請受付期間満了の日までの期間は標準処理期間の算定には含まれない。

　1．事業の許可（法第4条第1項）

　　　4ヶ月

　4．事業計画の変更の認可（法第15条第1項）

　　　4ヶ月

10．その他

　⑴　施行規則第5条に規定する事業用自動車の使用の停止については、供給輸送力減少のための減車及び休車と別途、これを実施することを妨げない。

　⑵　2⑵により地方運輸局長が公示する申請受付期間以外に申請のあったものについては、申請後に行う最初の需給状況の判断を公表したのち、次のとおり取り扱うこととする。

　　①　需給状況の判断の結果、2⑵イ～ニの区分のうち当該申請が該当する区分に増加可能車両数が公示されている場合　当該公示に規定される申請受付期間内に申請があったものとみなす

　　②　需給状況の判断の結果、2⑵イ～ニの区分のうち当該申請が該当する区分に増加可能車両数がない場合　法第14条の4第1項又は第15条の2第1項第1号に基づき却下する

Ⅲ．特定地域及び準特定地域における減車実施事業者に対する監査の特例

　減車（注1）により、タクシー事業者の営業区域ごとのタクシー車両の合計数が、Ⅰ2の基準車両数（注2）から地方運輸局長が公示する基準（10％を目安として、地方運輸局長が地域の実情に照らして定めるもの）以上下回っているタクシー事業者（Ⅱ3⑴②による引き上げ前の最低車両数基準以下のものを除く。）については、「自動車運送事業の監査方針について（平成25年9月17日付け国自安第137号、国自旅第217号、国自貨第55号、国自整第161号）」の記3．⑭及び7．の規定にかかわらず、原則として、一般監査及び呼出指導の対象としないこととする。

注1　「特定特別監視地域等において試行的に実施する増車抑制対策等の措置について（平成19年11月20日付け国自旅第208号）」に規定する特定特別監視地域（以下、単に「特定特別監視地域」という。）に指定された後、実施されたものに限る。

注2　旧法に基づく特定地域に指定されており、引き続き法に基づく準特定地域に指定されている営業区域の事業者にあっては、特定特別監視地域に指定された時点、改正前の法に基づく特定地域に指定された時点又はＩ2の基準車両数のいずれか最も多い車両数とする。

附則

　この通達は、平成26年1月27日から施行する。

○公定幅運賃の範囲の指定方法等について

（平成26年1月24日 国自旅第407号 国土交通省自動車局長から各地方運輸局長、沖縄総合事務局長あて）

一部改正 平成28年6月30日 国自旅第40号
令和4年12月12日 国自旅第364号

公定幅運賃の範囲の指定方法等について

特定地域における一般乗用旅客自動車運送事業の適正化及び活性化に関する特別措置法等の一部を改正する法律（平成25年法律第83号）の施行に伴い、「公定幅運賃の範囲の指定方法等について」を別紙のとおり定めたので、各地方運輸局（沖縄総合事務局を含む。）においては、その旨了知されるとともに、所要の措置を講じられたい。

なお、本件については、一般社団法人全国ハイヤー・タクシー連合会会長及び一般社団法人全国個人タクシー協会会長あて、別添のとおり通知したので申し添える。

別　紙

公定幅運賃の範囲の指定方法等について

1．公定幅運賃の範囲を指定する基本運賃

　　タクシー（タクシー業務適正化特別措置法（昭和45年法律第75号。以下「タク特法」という。）第2条第1項に定めるタクシー）の運賃及びハイヤー（タク特法第2条第2項に定めるハイヤーのうち、「特定地域及び準特定地域における一般乗用旅客自動車運送事業の適正化及び活性化に関する特別措置法施行規程（平成26年国土交通省告示第56号）」第2条第3号に定めるものを除く。以下同じ。）の運賃のうち、以下の基本運賃について公定幅運賃（特定地域及び準特定地域における一般乗用旅客自動車運送事業の適正化及び活性化に関する特別措置法（平成21年法律第64号。以下「法」という。）第16条第1項に基づき、国土交通大臣が指定又は変更する運賃。以下同じ。）の範囲を指定するものとする。なお、「一般乗用旅客自動車運送事業（福祉輸送事業限定）の許可等の取扱いについて（平成18年9月25日付け国自旅第169号）」に定める福祉輸送サービスに係る運賃については、範囲を指定しない。

（1）　タクシーに係る基本運賃

　①　距離制運賃（時間距離併用制を含む。）

　　　距離制運賃とは、「一般乗用旅客自動車運送事業の運賃及び料金に関する制度について（平成13年10月26日付け国自旅第100号。以下「運賃制度通達」という。）」1．(1)イに定める距離制運賃をいう。

　　　距離制運賃の適用方法については、運賃制度通達1．(3)イ①②③④及び「「一般乗用旅客自動車運送事業の運賃及び料金に関する制度について」及び「一般乗用旅客自動車運送事業の運賃料金の認可の処理方針について」の細部取扱いについて（平成14年1月25日付け国自旅第158号。以下「細部取扱通達」という。）」1．(1)によることとする。

　②　時間制運賃

　　　時間制運賃とは、運賃制度通達1．(1)ロに定める時間制運賃（その他、地方運輸局長が別途定めるものを含む。）をいう。

　　　時間制運賃の適用方法については、運賃制度通達1．(4)イ②（ただし書きを除く。）③によることとする。

　　　ただし、地域の実情に応じて、初乗時間を30分単位、初乗及び加算運賃額を10円単位とすることができることとする。

（2）　ハイヤーに係る基本運賃

⑴に同じ（運賃制度通達１．⑷イ④の取扱いを行うものを含む。）

２．割引運賃及び定額運賃の取扱い

⑴　割引運賃

運賃制度通達１．⑶ニ又は１．⑷ハ②に定める遠距離割引又は営業的割引が適用された基本運賃（以下「割引運賃」という。）のうち、３．⑴②で選定する原価計算対象事業者の総利用者数の二分の一以上の利用者が対象となるものは、基本運賃又は基本運賃に準ずる運賃に該当するものとして取扱い、このような割引運賃のうち、公定幅運賃の範囲内にないものは、「特定地域及び準特定地域における一般乗用旅客自動車運送事業の適正化及び活性化に関する特別措置法第16条の４第３項に基づく運賃の変更命令について（平成26年１月24日付け国自旅第408号。以下「運賃変更命令通達」という。）」に定める運賃の変更命令の対象となる。

なお、このような割引運賃以外の割引運賃については、公定幅運賃制度の対象とはならず、道路運送法（昭和26年法律第183号。以下「運送法」という。）第９条の３第１項に基づき、地方運輸局長の認可を受けなければならない。

⑵　定額運賃

運賃制度通達１．⑸に定める定額運賃とする。ただし、運賃制度通達１．⑴ハ①に定める定額運賃の額は、当該定額運賃を定める定額運賃適用施設（特定の空港、鉄道駅、各種集客施設（公的医療機関、博物館、美術館、大規模テーマパーク（遊戯施設））等恒常的に相当数の不特定多数の集客が見込まれる施設と認められるものをいう。以下同じ。）から他の適用施設又は一定のエリア内への最短経路による運送に適用される、公定幅運賃の範囲内で届け出られた基本運賃の額によるものとし、これを設定する場合にあっては、地方運輸局長に届け出ることが必要となる。また、当該基本運賃については、時間距離併用制運賃において時間加算を行わない距離制運賃とする。

このため、定額運賃は、基本運賃に準ずる運賃に該当することから、公定幅運賃の範囲内で届け出られた基本運賃の額によらない定額運賃は、運賃変更命令通達に定める運賃の変更命令の対象となる。

なお、運送法第９条の３第１項の認可を受けている定額運賃については、公定幅運賃の範囲内で届け出られた基本運賃に基づき改めて設定した上で、地方運輸局長に届け出ることが必要となる。

3．公定幅運賃の設定方法

公定幅運賃の設定方法は、以下のとおりとする。

(1) タクシーに係る公定幅運賃

① 標準能率事業者の選定

法第16条第2項第1号に定める「能率的な経営を行う標準的な一般乗用旅客自動車運送事業者（以下「標準能率事業者」という。）」の選定は、「一般乗用旅客自動車運送事業の運賃料金の認可の基準について（平成13年10月26日付け国自旅第101号。以下「運賃処理方針通達」という。）」別紙1第1に定める基準に基づき行う。ただし、準特定地域の指定の際現に自動認可運賃の下限運賃を下回る運賃について運送法第9条の3第1項の認可を受けた事業者が存在する場合においては、下限運賃の設定の際、運賃処理方針通達別紙1第1(6)の基準は適用しないこととする。

② 運賃原価（適正利潤を含む。）の算定

①で選定した標準能率事業者のなかから、運賃処理方針通達別紙2第1の基準に基づき、「原価計算対象事業者」の選定を行い、同通達別紙2第2～第4、第6に基づき（人件費については、「一般タクシー事業における今般の運賃改定申請の審査等の取扱いについて（平成19年3月28日付け国自旅第325号。以下「査定方針通達」という。）」1．(1)に基づき）、運賃原価を算定する。

③ 公定幅運賃の範囲の設定

【上限運賃】

②で算定した運賃原価をもとに、運賃処理方針通達別紙2第5、第7～第10、別添2、及び査定方針通達1(2)に基づき算定した額を上限運賃として設定する。

【下限運賃】

②で算定した運賃原価を、運賃処理方針通達別表1により区分し、同通達別紙3の1．(1)及び2．(1)に基づき算定し、査定方針通達3(2)に基づく所要の修正を行った額を、下限運賃として設定する。

④ 公定幅運賃の範囲内の設定

③で設定した上限運賃と下限運賃の範囲内において、運賃処理方針通達別紙3の1．(2)及び2．(2)に基づき算定し、査定方針通達3(2)に基づく所要の修正を行った運賃額等を設定する。

⑤ 車種区分

公定幅運賃は、運賃制度通達3．及び別表の区分に基づく車種区分ごとに設定する。

⑥　初乗距離短縮等に係る公定幅運賃の設定

　　初乗距離を短縮する距離制運賃又は初乗時間若しくは加算時間を短縮する時間制運賃について、特定地域及び準特定地域における一般乗用旅客自動車運送事業の適正化及び活性化に関する特別措置法施行規則（平成21年国土交通省令第58号。以下「施行規則」という。）第10条の６第１項に定める意見書（以下「意見書」という。）において、公定幅運賃として指定を求める意見がなされた場合は、運賃制度通達１．⑶イ⑤及び⑷イ②のただし書き、運賃処理方針通達別紙４第４の１．及び２．に基づき、公定幅運賃として設定する。

⑵　ハイヤーに係る公定幅運賃

　　ハイヤーに係る公定幅運賃は、⑴で定める下限運賃以上とする。

４．タクシーに係る公定幅運賃の指定方法等

　　法第３条第１項に基づき特定地域又は法第３条の２第１項に基づき準特定地域（以下「特定地域等」という。）を指定した際は、以下の要領に基づき公定幅運賃の範囲の指定及び公表を行うこととする。

⑴　事案の公示

　　施行規則第11条の２に基づき、必要に応じ、公定幅運賃の指定に係る事案を公示することとする。

　　事案公示後10日以内に、施行規則第11条の３第３号に定める利害関係人から、施行規則第11条の４に基づく申請がなされた場合は、法第18条の３第２項に基づき意見の聴取を行うこととする。

⑵　協議会への通知

　　法第８条第１項に基づき協議会（以下「協議会」という。）が設置されている特定地域等にあっては、当該協議会に対し、施行規則第10条の５第２項に基づき、原則15日の提出期限を付して、施行規則第10条の５第１項に基づく通知（以下「通知」という。）を行い、指定しようとする公定幅運賃について、協議会の意見を聴くこととする。ただし、法第16条第３項に該当する特定地域等はこの限りではない。

⑶　公定幅運賃の指定

　　協議会から、意見書の提出がなされた場合又は通知に付した提出期限を経過した場合、公定幅運賃の指定に係る作業を開始することとする。

　　公定幅運賃の指定は、以下の方法に基づき行うこととする。

①　公定幅運賃の範囲の指定にあたっては、当該範囲を指定する趣旨が運送法第９条の３第２項に基づく認可基準の趣旨と合致していることに加え、地域指定

において新たに運賃原価等を見直す必要性が乏しいこと等を勘案し、従来から運賃処理方針通達に基づいて設定された自動認可運賃の範囲を、公定幅運賃の範囲として指定することとする。

② 特定地域等の指定前に運賃改定申請がなされており、運賃改定（消費税率引き上げに伴う運賃改定を含む。）が、特定地域等の指定と同時又は指定直後に行われる場合においても、①の趣旨を勘案し、改定された自動認可運賃の範囲を、公定幅運賃の範囲として指定することとする。

なお、この場合は、指定しようとする公定幅運賃を「一般乗用旅客自動車運送事業の運賃改定事案の取扱いについて（平成23年４月25日付け国自旅第41号。以下「改定事案取扱通達」という。）」に基づき、本省に送付することとする。

③ 意見書において、３．(1)⑥に定める初乗距離短縮等に係る公定幅運賃の設定を求める意見がなされた場合は、当該運賃も併せて指定することとする。ただし、当該運賃を適用するかどうかは事業者の判断による。

(4) 公定幅運賃の公表

(3)の作業終了後、速やかに公定幅運賃を公示することとする。この際、適用日も同時に公示することとする。適用日は、原則として公表日の30日後とする。

５．タクシーに係る公定幅運賃の変更方法

タクシーに係る公定幅運賃の変更方法は、以下の要領によることとする。

(1) 公定幅運賃の変更手続きの開始

以下の(ｱ)又は(ｲ)いずれかの基準を満たす場合、３ヶ月の期間の到来を待たずに直ちに公定幅運賃の変更手続きを開始することとする。

(ｱ) 運賃処理方針通達１．に定める運賃適用地域（以下「運賃適用地域」という。）に属する全ての営業区域が、特定地域等に指定されている場合

当該運賃適用地域に営業区域を有する法人タクシー事業者から、公定幅運賃の変更を求める旨の要請書が提出され、かつ、原則として最初の要請があったときから３ヶ月の期間の間に、要請のあった法人タクシー事業者の合計車両数が、当該運賃適用地域における法人タクシー事業者全体車両数の７割以上となること。

(ｲ) 運賃適用地域に属する一部の営業区域が、特定地域等に指定されている場合

以下の(a)・(b)のいずれか又は両方において、原則として、最初の要請書又は申請書の提出があったときから３ヶ月の期間の間に、(a)における要請書を提出した事業者と、(b)における申請書を提出した事業者との合計車両数が、当該運賃適用地域における法人タクシー事業者全体車両数の７割以上となること。

　(a)　当該運賃適用地域に営業区域を有する法人タクシー事業者から、公定幅運賃の変更を求める旨の要請書が提出されること。

　(b)　当該運賃適用地域（特定地域等を除く。）にのみ営業区域を有する法人タクシー事業者から、運賃処理方針通達に基づく運賃改定申請がなされること。

　この場合、特定地域等と特定地域等以外の営業区域との両方に営業区域を有する法人タクシー事業者については、申請書のみで足ることとし、車両数の計上においても、重複計上は行わないようにすること。

　また、既に運賃改定の申請書が提出されている地域において、特定地域等の指定がなされた場合、特定地域等にのみ営業区域を有する法人タクシー事業者から提出された申請書については、要請書として取扱うこと。

　なお、要請書又は申請書の取り下げがなされた際の取扱いは、運賃処理方針通達2.(2)に準ずるものとし、これにより公定幅運賃の変更手続きの開始に至らなかった場合又は変更の手続きが中止となった場合は、(イ)(b)の申請書は、運送法第9条の3第2項第1号の規定に適合しないものとして却下処分を行うものとする。

(2)　公定幅運賃変更の要否の判定

　(1)の要件を満たすことを前提に、以下の要件を満たす場合、公定幅運賃の変更を行う必要があるものとする。

　特定地域等であるか否かに関わらず、当該運賃適用地域の内から、3(1)①で選定する標準能率事業者について、処理方針通達別紙1第2の要領で算出した、実績年度又は実績年度の翌年度の適正利潤を含む加重平均収支率のいずれかが100%以下であること。

　ただし、特定地域等においては、同通達別紙1第1における「改定申請事業者」とあるのを「特定地域等に存する事業者」と読み替えることとする。

(3)　協議会への通知

　(2)の要件を満たした場合、協議会が設置されている場合は、公定幅運賃を変更する旨を協議会に通知し、意見を聴くものとする。

(4)　意見の聴取

　公定幅運賃の変更が必要と認められる場合は、施行規則第11条の2に基づき、必要に応じ、当該事案を公示することとする。

　事案公示後10日以内に、施行規則第11条の3第3号に定める利害関係人から、施行規則第11条の4に基づく申請がなされた場合は、法第18条の3第2項に基づき意見の聴取を行うこととする。

　なお、(1)(イ)の場合、運送法第89条の意見の聴取と同時に行っても差し支えない。

(5)　公定幅運賃の設定及び指定

公定幅運賃の変更にあたっては、3.(1)③④の運賃を、公定幅運賃として設定する。この際、意見書において、初乗距離や車種区分の見直し等の意見がなされた場合は、見直しの是非を十分に検討したうえで、判断することとする。

また、意見書において、3.(1)⑥に定める初乗距離短縮等に係る公定幅運賃の設定を求める意見がなされた場合は、当該運賃も併せて設定することとする。ただし、当該運賃を適用するかどうかは事業者の判断による。

この設定された運賃を、改定事案取扱通達に基づき本省に送付し、本省における所定の手続き終了後、当該運賃を、公定幅運賃として指定することとする。

(6) 公定幅運賃の公表

　(5)の指定後、速やかに公定幅運賃を公示することとする。この際、適用日も同時に公示することとする。適用日は、原則公表日の30日後とする。

(7) その他

・(2)の作業を行うにあたっては、必要に応じ、特定地域等における事業者に対しては法第16条の2に基づくとともに、特定地域等以外の地域の事業者に対しては道路運送法施行規則（昭和26年運輸省令第75号）第10条の3第2項に基づき、原価計算書その他公定幅運賃の算定に必要な書類の報告を求めることとする。

・(1)(イ)の場合であって、事業者から、公定幅運賃の変更を求める旨の要請書が提出された後、準特定地域の指定が解除された場合には、運賃改定申請受付期間を指定解除の日から3ヶ月間延長するものとする。

・(1)(イ)の場合であって、公定幅運賃を変更する場合は、自動認可運賃も同時に変更を行うこととする。

6．その他

(1) 事業者から公定幅運賃への届出（（別添）正副控3部提出）がなされた際は、記載内容を確認後、受付印を押印し、1部を事業者控えとして返却すること。

(2) 届出書に記載する実施日は、公定幅の運賃の適用日（新たに当該特定地域等において事業を開始する者にあっては運行開始予定日）を記載するよう指導すること。

(3) 公定幅運賃の変更等の際には、協議会及び地方運輸局長は、原則運賃処理方針通達別紙5に基づく情報提供を行うこととする。この場合、同通達別紙5において「事業者団体」とあるのは「協議会」と読み替えるものとする。

(4) 公定幅運賃の適用は、運賃制度通達と同じ適用方法とする。ただし、特定地域等においては、大型車及び特定大型車割増は適用しない。

(5) 公定幅運賃の下限運賃が当該地域の自動認可運賃の下限運賃を下回る地域にお

いて、自動認可運賃の下限運賃を下回る運賃を設定している事業者については、準特定地域指定の解除後、法第16条の４第６項により運送法第９条の３第１項の認可を受けたものとみなす一方、自動認可運賃に該当しない運賃を設定することになることから、準特定地域の指定解除後、運賃処理方針通達別紙４第３の３(4)に基づく条件を付与することとし、その旨通知することとする。

(6)　地方運輸局長は、現に公示している運賃について、公示後の経済社会情勢の変化等により、当該運賃が法第16条第２項に該当しなくなったことが明らかであると認められる場合には、５．(1)及び(2)に関わらず、公定幅運賃の範囲を変更することができるものとする。

附則

本通達は、平成26年１月27日から施行する。

附則

改正後の規定は、平成28年６月30日から施行する。

附則

改正後の規定は、既に申請のあったものにも遡及して適用する。

別 添

平成　年　月　日

○○運輸局長

事業者住所
事業者名
代表者

一般乗用旅客自動車運送事業の運賃設定（変更）届

　今般、一般乗用旅客事業の運賃を設定（変更）したいので、特定地域及び準特定地域における一般乗用旅客自動車運送事業の適正化及び活性化に関する特別措置法第16条の4第1項の規定により、ここに届出をいたします。

記

1．氏名又は名称及び住所並びに法人にあっては、その代表者の氏名

2．設定（変更）しようとする運賃を適用する営業区域
　　注）営業区域は特定地域及び準特定地域に限る。

3．設定（変更）しようとする運賃額等
　　注）公示されている公定幅運賃の中から選択し記載すること。

　　　距離制運賃（特大）　A　B　C　D　　運賃（いずれかに○を付ける）
　　　　　　　（大型）　A　B　C　D　　運賃（いずれかに○を付ける）
　　　　　　　（普通）　A　B　C　D　　運賃（いずれかに○を付ける）
　　　　　　短縮　　　　　（初乗距離短縮を行う場合は○を付ける）
　　　時間制運賃（特大）　A　B　C　D　　運賃（いずれかに○を付ける）
　　　　　　　（大型）　A　B　C　D　　運賃（いずれかに○を付ける）
　　　　　　　（普通）　A　B　C　D　　運賃（いずれかに○を付ける）
　　　　　　短縮（初乗時間及び加算時間の短縮を行う場合は○を付ける）

4．変更の場合は、その理由

5．実施日
　　注）適用日までに提出する場合は、原則適用日を記載すること。

○特定地域及び準特定地域における一般乗用旅客自動車運送事業の適正化及び活性化に関する特別措置法第16条の4第3項に基づく運賃の変更命令について

平成26年1月24日　国自旅第408号　国土交通省自動車局長から各地方運輸局長、沖縄総合事務局長あて

特定地域及び準特定地域における一般乗用旅客自動車運送事業の適正化及び活性化に関する特別措置法第16条の4第3項に基づく運賃の変更命令について

　特定地域における一般乗用旅客自動車運送事業の適正化及び活性化に関する特別措置法等の一部を改正する法律（平成25年法律第83号）の施行に伴い、「運賃の変更命令について」を下記のとおり定めたので、各地方運輸局（沖縄総合事務局を含む。）においては、その旨了知されるとともに、所要の措置を講じられたい。

　なお、本件については、一般社団法人全国ハイヤー・タクシー連合会会長及び一般社団法人全国個人タクシー協会会長あて、別添のとおり通知したので申し添える。

記

１．運賃の変更命令の対象となる運賃

　⑴　タクシーに係る基本運賃

　　　「公定幅運賃の範囲の指定方法等について（平成26年1月24日付国自旅第407号。以下「公定幅運賃通達」という。）」3．⑴③に定める公定幅運賃の範囲内にない基本運賃。

　⑵　ハイヤーに係る運賃

　　　公定幅運賃通達3．⑴③に定める下限運賃を下回る基本運賃。

　⑶　割引運賃

　　　「一般乗用旅客自動車運送事業の運賃及び料金に関する制度について（平成13

年10月26日付け国自旅第100号）」１．⑶ニ又は⑷ハ②に定める遠距離割引又は営業的割引が適用された基本運賃（以下「割引運賃」という。）のうち、公定幅運賃通達３．⑴②で選定する原価計算対象事業者の総利用者数の二分の一以上の利用者が対象となるものであって、公定幅運賃の範囲にない運賃。

⑷　定額運賃

・公定幅運賃通達２．⑵において定める定額運賃のうち、公定幅運賃の範囲内で届け出られた基本運賃の額によらないもの。

２．運賃の変更命令の発動手順

①　事業者の届出運賃が、１．に該当する場合、当該事業者に対し、公定幅運賃に適合する運賃を届け出るよう指導することとする。なお、当該指導は状況に応じて複数回行うこととする。

②　①の指導後、正当な理由なく公定幅運賃の範囲内の運賃を設定した運賃変更届出がなされない場合は、公定幅運賃の適用日以後に、次に掲げる勧告を実施する。

㈠　公定幅運賃の範囲内の運賃を設定した運賃変更届出を15日以内に行うこと。

㈡　当該期間までに運賃変更届出を行わない場合は、第16条の４第３項の運賃の変更命令の対象となること。

③　②の勧告から15日経過後、当該事業者が公定幅運賃に適合する運賃を設定した運賃変更届出を行わない場合は、運賃の変更命令を発動することを前提に、行政手続法に基づき当該事業者に対し弁明書の提出の通知を行ったうえで、運賃変更命令を発令することとする。

　　なお、当該命令書には、運賃変更届出書の提出期限として、15日程度の期限を付すこととする。

④　当該命令書に記載した提出期限までに、公定幅運賃の範囲内の運賃への変更届出がなされない場合は、運賃の変更命令違反に該当するものとして、行政処分に係る所定の手続きに移行することとする。

３．発動手順の特例

①　第16条の４第１項違反による処分を受けた事業者が、公定幅運賃の範囲内にない運賃を設定した運賃設定（変更）届出を行った場合、２．の手順のうち、①を省略してもよいこととする。

②　前①の他、やむを得ない理由により２．①を行うことができない場合等は、２．の手順のうち①を省略してもよいこととする。

４．適用順位

　　運賃の変更命令の対象となる事業者が複数存在する場合は、原則として運賃の届出を行った事業者の順に２．の手順に従い変更命令の発動手続きを開始することとする。ただし、必要に応じて公定幅運賃と乖離の大きい事業者を優先的に取り扱ってもよいこととする。

附則

　　本通達は、平成26年１月27日から施行する。

○特定地域及び準特定地域における一般乗用旅客自動車運送事業の適正化及び活性化に関する特別措置法に基づく営業方法の制限に関する取扱いについて

（平成26年1月24日　国自旅第
410号　国土交通省自動車局
長から各地方運輸局長、沖縄
総合事務局長あて）

特定地域及び準特定地域における一般乗用旅客自動車運送事業の適正化及び活性化に関する特別措置法に基づく営業方法の制限に関する取扱いについて

　特定地域における一般乗用旅客自動車運送事業の適正化及び活性化に関する特別措置法等の一部を改正する法律（平成25年法律第83号）の施行に伴い、「特定地域及び準特定地域における一般乗用旅客自動車運送事業の適正化及び活性化に関する特別措置法に基づく営業方法の制限に関する取扱いについて」を下記のとおり定めたので、各地方運輸局（沖縄総合事務局を含む。）においては、その旨了知されるとともに、所要の措置を講じられたい。

　なお、本件については、一般社団法人全国ハイヤー・タクシー連合会会長及び一般社団法人全国個人タクシー協会会長あて、別添のとおり通知したので申し添える。

記

　営業方法の制限による一般乗用旅客自動車運送事業（法第2条第1項に規定する一般乗用旅客自動車運送事業。以下「タクシー事業」という。）の供給輸送力の削減の算定方法については、基本的には協議会の合意の下でその方法が取り決められるものであるが、当該算定方法の目安として、次の取扱いを設定することとする。

1．タクシー事業の供給輸送力の削減は、タクシー事業による減車によるもののほか、営業方法の制限により行われることとなる。

そのため、供給輸送力の削減率は、次のとおり減車率に営業方法制限率を加えることにより算定されることとなる。

供給輸送力削減率＝減車率＋営業方法制限率

（供給輸送力削減率：減車及び営業方法の制限による供給輸送力の削減率
減　　車　　率：減車による供給輸送力の削減率
営業方法制限率：営業方法の制限による供給輸送力の削減率）

2．営業方法制限率の算定にあたっては、各々一般乗用旅客自動車運送事業者（法第2条第2項に規定する一般乗用旅客自動車運送事業者）ごとに、営業方法の制限の方法が異なる場合があり得ることから、次の方法により算定することとする。

(ア)　全日（週7日）とも保有する全車両の20％を使用停止する場合

営業方法制限率＝20％

(イ)　日曜日に保有する全車両を使用停止する場合

営業方法制限率＝日曜日収入率

(ウ)　火曜日に保有する全車両の30％を使用停止する場合

営業方法制限率＝火曜日収入率×0.3

(エ)　水曜日に保有する全車両の20％を、木曜日に保有する全車両の40％を使用停止する場合

営業方法制限率＝水曜日収入率×0.2＋木曜日収入率×0.4

曜日収入率：特定の曜日の収入額／1週間の収入額

（曜日収入額は、各営業区域の営業実績等を踏まえて、協議会が地方運輸局長の助言を受けて各営業区域内で統一した割合を設定する。）

3．営業方法制限率の算定にあたっては、協議会の合意の下、(2)以外の方法により実施することもできることとする。

附則

本通達は、平成26年1月27日から施行する。

特定地域・準特定地域一覧
（令和 6 年 4 月 1 日現在）

○準特定地域

運輸局等	都道府県	準特定地域（146地域）
北海道	北海道	札幌交通圏、小樽市、函館交通圏、旭川交通圏、北見交通圏、釧路交通圏（注1）、帯広交通圏（注1）
東北	青森	青森交通圏、八戸交通圏、弘前交通圏
	岩手	盛岡交通圏、一関交通圏
	宮城	仙台市（注4）
	福島	福島交通圏、郡山交通圏、会津交通圏、いわき市（注1）
	山形	山形交通圏
	秋田	秋田交通圏（注1）
北陸信越	新潟	新潟交通圏（注4）、長岡交通圏、上越交通圏、新発田市Ａ、柏崎市Ａ
	富山	富山交通圏、高岡・氷見交通圏、砺波市Ｂ・南砺市
	石川	金沢交通圏（注1）、南加賀交通圏
	長野	長野交通圏（注4）、松本交通圏、上田市Ａ、飯田市Ａ
関東	東京	特別区・武三交通圏、北多摩交通圏、西多摩交通圏、南多摩交通圏（注3）
	神奈川	京浜交通圏（注1）、県央交通圏、湘南交通圏、小田原交通圏
	千葉	京葉交通圏、東葛交通圏、千葉交通圏、市原交通圏、北総交通圏（注1）、南房交通圏（注1）
	埼玉	県南中央交通圏、県南西部交通圏、県北交通圏、県南東部交通圏（注4）
	埼玉・群馬	中・西毛交通圏（注4）
	群馬	東毛交通圏（注4）
	茨城	水戸県央交通圏、県南交通圏、県西交通圏、県北交通圏
	栃木	宇都宮交通圏、県南交通圏、塩那交通圏
	山梨	甲府交通圏
中部	愛知	知多交通圏、尾張北部交通圏、尾張西部交通圏（注1）、西三河北部交通圏、西三河南部交通圏、東三河南部交通圏（注4）
	三重	津交通圏（注4）、北勢交通圏（注1）、松阪交通圏（注4）
	静岡	静清交通圏、富士・富士宮交通圏、沼津・三島交通圏、浜松交通圏、磐田・掛川交通圏、藤枝・焼津交通圏
	岐阜	大垣交通圏、高山交通圏、美濃・可児交通圏、東濃東部交通圏、東濃西部交通圏（注1）
	福井	福井交通圏、武生交通圏

運輸局等	都道府県	準特定地域（146地域）
近畿	大阪	大阪市域交通圏、河南交通圏（注1）、河南B交通圏、北摂交通圏（注5）、河北交通圏（注5）
	京都	京都市域交通圏
	兵庫	神戸市域交通圏、姫路・西播磨交通圏（注1）、東播磨交通圏
	奈良	奈良市域交通圏（注4）、生駒交通圏、中部交通圏
	滋賀	大津市域交通圏、湖南交通圏、中部交通圏、湖東交通圏、湖北交通圏（注1）
	和歌山	和歌山市域交通圏
中国	広島	広島交通圏（注4）、呉市A、東広島市、福山交通圏、尾道市（注4）
	鳥取	鳥取交通圏、米子交通圏
	島根	松江市、出雲市
	岡山	岡山市、津山市、倉敷交通圏（注4）
	山口	下関市、宇部市、山口市、周南市、防府市、岩国交通圏（注1）
四国	香川	高松交通圏、中讃交通圏
	徳島	徳島交通圏
	愛媛	松山交通圏、東予交通圏、今治交通圏
	高知	高知交通圏
九州	福岡	福岡交通圏（注2）、北九州交通圏（注4）、久留米市、筑豊交通圏、大牟田市（注4）
	佐賀	佐賀市、唐津市
	長崎	長崎交通圏（注4）、佐世保市、諫早市
	熊本	熊本交通圏（注1）、八代交通圏
	大分	大分市、別府市
	宮崎	宮崎交通圏（注1）、都城交通圏、延岡市
	鹿児島	鹿児島市、鹿児島空港交通圏
沖縄	沖縄	沖縄本島

指定期間
無　印：令和4年10月1日から令和7年9月30日
（注1）：令和3年10月1日から令和6年9月30日
（注2）：令和3年11月1日から令和6年9月30日
（注3）：令和4年7月1日から令和6年9月30日
（注4）：令和5年10月1日から令和8年9月30日
（注5）：令和6年4月1日から令和8年9月30日

（全国の営業区域の総数　631地域）

○運転免許取消処分を受けた個人タクシー事業者の取扱い等について

（平成14年4月5日　国自旅第
5号　国土交通省自動車交通
局旅客課長から各地方運輸局
自動車（第一）部長、沖縄総
合事務局運輸部長あて）

一部改正　令和元年7月26日　国自旅第108号
令和4年3月30日　国自旅第574号

運転免許取消処分を受けた個人タクシー事業者の取扱い等について

　平成14年2月1日から改正道路運送法が施行されたところであるが、個人タクシー事業者が運転免許取消処分を受けた場合の行政処分等については、下記のとおりとするので遺漏のないよう取り扱われたい。

　なお、本件については、社団法人全国個人タクシー協会会長あて別添のとおり通知したので申し添える。

記

1．道路交通法の違反行為により運転免許の取消処分を受けた場合

　　都道府県警察からの通知により、第二種運転免許の取消処分の事実が判明した場合には、次のとおり取り扱うこととする。

⑴　道路運送法（以下「法」という。）第86条第1項に基づく許可（平成14年1月31日までの免許及び譲渡譲受又は相続の認可を含む。以下同じ。）に付した条件（以下「許可条件」という。）が、「一般乗用旅客自動車運送事業（1人1車制個人タクシーに限る。）の申請に対する処分に関する処理方針（平成13年9月12日付け国自旅第78号）」記Ⅱ．2．の条件（以下「新条件」という。）である事業者

　　　法第40条第1号に該当するものとして、速やかに許可の取消処分の手続を行う。この場合、運転免許の取消処分に係る都道府県警察からの通知を受け、当該事業者あてに聴聞の実施通知文書を発送することとし、聴聞の際には都道府県警察が交付した当該運転免許の取消処分に係る処分書を持参させるものとする。

(2) 許可条件が新条件でない事業者（新条件への変更手続が未了の事業者）

　　運転免許の取消処分に係る都道府県警察からの通知を受け、当該事業者を呼び出し、監査を実施し、当該運転免許の取消処分の原因となった行為等に関し、道路運送法令違反が認められた場合には、所要の行政処分手続を行うものとする。なお、当該事業者については、「一般乗用旅客自動車運送事業（1人1車制個人タクシー）の許可期限の更新等の取扱いについて（平成13年11月15日付け国自旅第107号）」記Ⅰ．2．(3)③に基づき、現に付されている期限の更新は行わない。

2．上記1．のほか許可条件に違反した場合

(1) 違反した許可条件が、「○○でなければならない」、「△△すること」等であって、「○○でなくなった（△△しなかった）場合には許可を取り消すものであること。」までの記述がなされていないものである場合には、別紙1により取り扱うものとする。

(2) 上記(1)にかかわらず、「一定の時期までに運輸開始（事業開始）をすること。」との条件に違反した場合には、法第16条第2項に基づく業務の確保命令を発動することとし、さらに特段の理由がないにもかかわらず当該命令に従わない場合には、法第40条第1号に該当するものとして、許可の取消処分の手続を行うものとする。

3．許可に付した期限が満了した場合等

(1) 法第86条第1項に基づき許可に付した期限について、その更新申請がなされずに当該期限が満了した場合（許可条件により当該期限の更新を行わないとされている場合及び上記1．(2)なお書きの場合を含む。）には、当該事業者の許可の効力が失われることとなるため、当該事業者に対して速やかに別紙2の通知書を送付するものとする。なお、この場合において、当該期限が満了した者の居所が不明であるときは、当該通知書を公示するものとする。

(2) 個人タクシー事業者が死亡した場合には、当該事業者（以下「死亡事業者」という。）の許可の効力は失われることとなるが、この場合においては、法第37条の事業の相続の認可申請がなされた場合を除き、死亡事業者の相続人又は同居人等が法施行規則第66条第1項第3号に基づく届出を行う必要がある。なお、死亡事業者が譲渡譲受認可申請中である場合には、当該譲渡譲受認可申請事案は却下処分となるが、死亡後60日以内に死亡事業者の相続人のいずれかの者が代表して当該譲渡譲受認可申請の継続に同意する旨の書面が提出された場合に限っては、事業の相続に係る手続を省略し当該譲渡譲受認可申請が継続しているものとみな

すこととする。ただし、代表者からの譲渡譲受認可申請の継続に同意する旨の書面の提出後、可能な限り早期に死亡事業者の相続人全員から譲渡譲受認可申請の継続に同意する旨の書面を提出させることとする。

　また、死亡事業者の生前に譲渡譲受認可申請がなされず、死亡後60日以内に死亡事業者の相続人のいずれかの者が代表して譲渡譲受認可申請を行うことに同意する旨の書面とともに同申請が行われた場合には、事業の相続に係る手続を省略し、当該申請にかかる審査を行うこととする。ただし、同申請後、可能な限り早期に死亡事業者の相続人全員から譲渡譲受認可申請を行うことに同意する旨の書面を提出させることとする。

附則（令和元年 7 月26日　国自旅第108号）
　改正後の通達は、令和元年 8 月 1 日以降に申請を受け付けたものから適用するものとする。

附則（令和 4 年 3 月30日　国自旅第574号）
　改正後の通達は、令和 4 年 4 月 1 日以降に申請を受け付けたものから適用するものとする。

別紙1

許可条件に違反した場合の行政処分の取扱い

（「許可を取り消すものであること」又は「許可を取り消すことがあること」
　とされている条件違反を除く。）

　個人タクシー事業者について、許可条件の違反（「許可を取り消すものであること」
又は「許可を取り消すことがあること」とされている条件違反を除く。）が認められ
た場合の行政処分の取扱いは、下記のとおりとする。なお、新条件への変更手続が未
了の事業者については、現に付されている許可条件について適用する。

記

1．違反した条件項目について、タクシー業務適正化特別措置法又は旅客自動車運送
　事業運輸規則に相当する規定がある次表の「条件違反を適用しない場合」欄につい
　ては、当該相当する規定に違反した場合の「一般乗用旅客自動車運送事業者に対す
　る行政処分等の基準について」（平成21年9月29日付け国自安第60号、国自旅第128
　号、国自整第54号。以下、「行政処分基準」という。）に定める処分日車数を適用す
　る。
2．違反した条件項目が、上記1．以外の場合には、次表の「条件違反を適用する場
　合」欄に掲げる処分日車数を適用する。なお、条件違反が複数ある場合においても
　処分日車数は合算しない。

許 可 条 件 項 目	1．条件違反を適用しない場合		2．条件違反を適用する場合
	タク特法違反を適用（指定地域のみ）	運輸規則違反を適用	
使用する事業用自動車は１両であり、他人に当該事業用自動車を営業のために運転させてはならないこと。	※（タク特法第３条）	——	※（タク特法指定地域は適用しない）
患者輸送等の特殊な需要に特化した運送のみを行うものでないこと。	——	——	※
事業用自動車の両側面に見やすいように「個人タクシー」と表示すること。	——	——	※
月に２日以上の定期休日を定めること。	——	——	※
地方運輸局長等が日時及び場所を指定して出頭を求めたときは、別の事情がない限りこれに応じること。	——	——	※
営業中は運転日報を携行しこれに記入を行い、１年間は保存すること。	——	※（運輸規則第25条）	——
氏名等の記載とともに写真を貼付した事業者乗務証を車内に掲示すること。	※（タク特法第46条）	——	※（タク特法指定地域は適用しない）
年齢が満65才に達した場合には、旅客自動車運送事業運輸規則（昭和31年運輸省令第44号）第38条第２項に定めるところにより同項の認定を受けた適性診断を受診すること。	——	※（運輸規則第38条）	——

※行政処分基準に定める処分日車数を適用する。

別紙2

個人タクシー事業の許可の効力が失われたことに係る通知書

〇　〇　〇　〇　殿

　貴殿に対する下記の一般乗用旅客自動車運送事業（1人1車制個人タクシーに限る。）の許可については、平成（令和）　年　月　日をもって当該許可に付された期限が満了し、その効力が失われたので通知する。

記

　1．許可（認可）年月日
　2．許可（認可）番号
　3．その他必要事項

　令和　年　月　日

〇〇運輸局長（沖縄総合事務局長）〇　〇　〇　〇

412

【知っておきたい用語】

悪意 「知りつつ」の意味。道徳的不誠実の意味を通常含まない。従って、「悪意の第三者」とは甲乙間の取引について存在する特殊事情を知っている第三者の意味である。

以下 （数量、段階などを表す語について）その基準より下であること。数量などについてはその基準を含み、優劣の比較などについてはそれを含まないことが多い。数学や法律などでは前者の意に用い、「未満」と区別する。

威嚇 威力を相手に示しておどすこと。おどかし。

以上 ある数量や程度より上であること。（数量、段階などを表す語について）その基準を含んでそれより上であることを示す。「1,000円以上の品」とは1,000円が含まれる。

以内 （時間、距離、その他数量や順位を表す語について）その基準を含んで、それよりも数量の少ない範囲。「10キロ以内」とは10キロが含まれる。

委任 委任者が相手方（受任者）の人格、技量を信頼し、一定の事務処理を委託し、相手方がこれを承諾することによって成立する契約（民法第643条以下）。訴訟、財産管理その他法律行為の処理を委託することを委任といい、医療その他の事実行為を委託する場合を「準委任」と称する。

運行 人または物品を運送するとしないとにかかわらず、道路運送車両を当該装置の用い方に従い用いること（道路以外の場所のみにおいて用いることを除く）をいう。例えば特殊自動車であるクレーン車を走行停止状態におき、操縦者において、固有の装置であるクレーンをその目的に従って操作する場合も運行と解釈されている。

運送 旅客または物品を、業として一定の場所から他の場所へ移し送ること。

円滑 物事がとどこおりなく、すらすらといくこと。また、そのさま。

かかわらず 後文に述べられた事柄が、前文の条件のいかんに関係なく、常に成立することを表す。…に関係なく、と同義。

過失 通常人として尽くすべき注意を尽くさなかったため、一定の成果の発生を知るべくして知らなかったこと。民法上、過失による不法行為は故意による不法行為と（失火の場合を除いて）同一に取り扱われる。

科料 金銭による刑罰の一種。1,000円以上10,000円未満と定められている（刑法第17条）。

過料 主として行政上の義務強制の目的で、違反者に対して科せられる金銭による制裁。犯罪に対する刑罰でなく、行政上の間接、強制手段であるとみられている。

かんがみる 手本、先例などとくらべ合わせて考える。また、手本、先例などに従う。あるいは、他の例とくらべ合わせて考える。のっとる。

供する 役立てる。用に立つように整え

許可　行政法上の一般的禁止・制限条項を、特定の人に対して解除する行為。法令上の用法は厳格でない。「許可」を表すのに、「免許」「認可」などの文字を使うこともある。

掲示　公衆または関係者に掲げ示すこと。また、その文書。

軽微　程度がわずかであること。少しであるさま。軽少。「損傷は軽微だ」と用いる。

原本　作成者が一定の内容を表示するため確定的なものとして最初に作成した文書。タイプライターその他によって数通の同一内容文書を同時に作成したときは、そのどれもが原本である。

堅ろう　しっかりしていて容易にこわれないこと。また、そのさま。堅固。

故意　自己の行為が一定の結果を生ずべきことを知り、かつ、その結果の生ずることを認容する心理状態。刑法上は「犯意」ともいわれる。

公示　おおやけの機関が一般の人に周知させるために発表すること。また、その発表させたもの。公告。公布。

公証　公務員が職権で事件や事実を証明すること。

公序良俗　公の秩序・善良の風俗。その国その時代において法律上も確実に守られねばならないと感じられている程度まで強烈な一般的道徳観。民法上、公序良俗に反する法律行為は無効である（民法第90条）。

超えない　ある数量や程度より下であること。（数量、段階などを表す語について）その基準を含んでそれより下であることを示す。「３ケ月を超えない」とは３ケ月を含んで３ケ月より少ない月数のことである。

　「…を超える」に対する「…を超えない」として使われていることがあるが、通常は「…を超えない」は「…以下」と表現される。つまり、10,000円を超えるとは10,000円が含まれず、10,001円以上を指すが、10,000円を超えないとは10,000円を含んで、それ以下を言うのであり、10,000円以下を指すのである。

超える　ある数量や程度より上であること。（数量、段階などを表す語について）その基準を含まないでそれより上であることを示す。「10,000円を超える」とは10,000円を含まずに、10,000円より多い金額のことである。

この限りでない　前に出ている規定の全部または一部の適用をある特定の場合に打ち消したり、除外する意味を表すことばとして使われる。ただ、このことばは、消極的にある規定を打ち消したり、除外するということに意味があるのであって、積極的にある内容のことを規定しているのではないということに注意しなければならない。

資する　資材、技術、頭脳、労力などを提供して、助けとする。役に立つ。「国際協力に資する」と用いる。

遵守　法律、道徳、道理などにしたがい、それを守ること。「法を遵守する」

と用いる。

準用する ある事項に関する規定を、それと本質の異なる他の事項について、必要に応じて修正し、あてはめること。

抄本 原本の一部のみを抜粋転写した文書。抜粋された限度において原本と同一の文字、符号を使用することを要する。

証明 訴訟法、特に民事訴訟法上の用語。訴訟上、争いのある事実の真実性について、裁判官に確信をもたせるために行う当事者の立証行為を「証明」という。これに対して、裁判官に一応「そうであるらしい」という心証をもたせるための行為を「疎明」という。

省令 各省大臣が、その担当する行政事務について発する命令。執行命令と、委任命令がある。

進達 下級の行政機関から、上級の行政機関に対し一定の事項を通知し、または一定の書類を届けること。

遂行 物事を最後までやりとおすこと。なしとげること。「職務の遂行」と用いる。

推定 反証もしくは反対事実のあるまで一定の法律効果を生ぜしめておくこと。例えば、夫婦のいずれに属するか明らかでない財産は、「その共有に属するものと推定」されるから（民法第762条）、この推定を破ろうとするものは、これと異なる事実の存在を証明しなければならない。「擬制」「みなす」と異なり反証によって覆し得ることが特色であるが、訴訟上、反証の成立するこ

とは通常困難であるから、結果においてはそれに近いことになる。

すみやかに（速やかに） はやいさま。時間をおかないさま。さっそく。すぐ。

成年被後見人 心神喪失の常況にあるため、本人・配偶者・四親等内の親族などの請求により、家庭裁判所から成年被後見の宣告を受けた者。必ず後見人が付せられ、本人に代わって財産の管理処分をする。本人の行った財産上の行為は常に取り消しうる。後見人があらかじめ同意を与えておいても同様である。いつ心神喪失になるか予見できないからである。

正本 原本と同一の効力を有すべき謄本。判決公正証書の原本は、裁判所・公証人役場に保存されている。従って、これらによって強制執行しようとするものは、原本を保管する裁判所書記官もしくは公証人に申し立て、判決または公正証書の正本である旨を記載した謄本の付与を受けなければならない。

阻害 へだてさえぎること。

直ちに 時を移さず。すぐに。

遅滞なく 期日に遅れないこと。物事が遅れてはかどらなかったり、とどこおったりしないこと。正当なまたは合理的理由による遅滞は許容されるものと解されている。

中止 途中でやめること。また、予定していたことがらを前もってとりやめること。または、一旦とりやめること。

中断 ある事柄の進行中、それまでの効力を中途で失わせること。時効の中

断、訴訟手続きの中断など。

懲役（ちょうえき）　自由刑の一つ。監獄に拘置して労役に服させること。無期懲役と、有期懲役とがある。懲役刑。

聴聞（ちょうもん）　行政機関が規則の制定や争訟の裁決などを行う際に、利害関係人や第三者の意見を聞くためにとる手続き。

呈示（ていじ）　差し出して見せること。

抵触（ていしょく）　きまりや制限にさしさわること。「法に抵触する」と用いる。

謄本（とうほん）　原本のうつし。原本と同一の文字・符号によって完全に転写したもの。

得喪（とくそう）　得ることと失うこと。得失。

取消（とりけし）　特に、法律行為の効力を、一方的な意思表示によって消滅させること。民法上は、売買、賃貸などの法律行為に何らかの瑕疵がある場合に、その効力を最初にさかのぼって消滅させること。行政法上は、一度有効に成立した免許、許可などの行政行為を最初にさかのぼって失わせること。

認可（にんか）　第三者の行為を補充しその法律効果を完成する行政行為。本来私人のみではなし得ないことに行政官庁が効力を与え、一定の効果を生ぜしめることである。実定法上「認可」を表すのに「許可」の文字を使うこともしばしばある。

罰金（ばっきん）　罰として出させる金銭。制裁のために取り立てる金銭。刑法の規定する財産刑の代表的なもので、10,000円以上と定められている（刑法第15条）。

風俗（ふうぞく）　生活上の習わし。しきたり。風習。

不均衡（ふきんこう）　二つ、またはそれ以上の物事の間に、力や重さのつりあいが取れていないこと。アンバランス。ふつりあい。

付随（ふずい）　関連すること。つき従うこと。

併科（へいか）　二つ以上の主刑を同時に科すること。

弁明（べんめい）　説明して物事をはっきりさせること。事由を明らかにすること。

未満（みまん）　ある一定の数に達しないこと。ある数を境にして、その数を含まずにその数より下であること。定数に足りないこと。「18歳未満入場禁止」とは18歳が含まれない。

免許（めんきょ）　一般には禁止されている行為を、行政官庁が特定の場合に特定の人だけに許すこと。法令上の用法は厳格でない。「免許」を表すのに、「許可」「認可」などの文字を使うこともある。

もしくは　前後の事柄のうち、どちらか一方が選択される関係にあることを示す。あるいは。または。「AもしくはBの場合」と用いる。

参考資料編

○個人タクシーの営業を認めている地域の一覧

都市別個人タクシー第1次免許年月日及び人員

県　名	都　市　名	免許年月日	免許人員	県　名	都　市　名	免許年月日	免許人員
北海道	札　　幌	36. 4. 22	28	千　葉	松戸・柏	50. 12. 5	6
〃	小　　樽	37. 6. 20	6	埼　玉	さいたま	50. 12. 5	4
〃	函　　館	37. 4. 30	5	〃	川口・蕨	50. 10. 22	1
〃	室　　蘭	37. 11. 6	4	群　馬	前橋・高崎	5. 5. 12	2
〃	苫　小　牧	47. 6. 17	13	栃　木	宇　都　宮	5. 5. 12	8
〃	旭　　川	36. 10. 23	3	愛　知	名　古　屋	35. 3. 31	107
〃	帯　　広	41. 4. 14	3	〃	豊　　橋	46. 12. 9	11
〃	釧　　路	37. 4. 30	4	静　岡	静　　岡	39. 11. 6	5
〃	北　　見	46. 9. 18	9	〃	浜　　松	39. 11. 6	3
青　森	青　　森	42. 8. 15	2	〃	沼　　津	46. 2. 10	8
〃	八　　戸	59. 5. 11	2	〃	清　　水	42. 10. 24	6
岩　手	盛　　岡	40. 5. 8	5	岐　阜	岐　　阜	37. 10. 4	10
宮　城	仙　　台	36. 7. 18	12	三　重	伊　　勢	45. 10. 14	2
福　島	福　　島	41. 7. 14	1	福　井	福　　井	37. 9. 28	16
〃	郡　　山	43. 4. 20	1	石　川	金　　沢	37. 10. 9	29
新　潟	新　　潟	39. 5. 20	7	富　山	富　　山	45. 3. 6	5
長　野	長　　野	45. 4. 22	7	大　阪	大阪市域	35. 7. 15	101
〃	松　　本	46. 12. 2	3		北摂五市	50. 12. 26	11
山　形	山　　形	45. 4. 22	7	京　都	京　　都	35. 7. 15	50
秋　田	秋　　田	45. 4. 22	15	兵　庫	神　　戸	35. 7. 15	31
東　京	特　別　区	34. 12. 3	173	〃	尼崎・西宮 芦　　屋	43. 8. 10	1
〃	南多摩地区	56. 4. 10	3				
〃	北多摩地区	60. 9. 19	1	〃	姫　　路	45. 9. 19	3
神奈川	横　　浜	35. 11. 5	81	滋　賀	大　　津	46. 4. 3	6
〃	川　　崎	35. 11. 5	12	奈　良	奈　　良	46. 4. 3	4
〃	横　須　賀	35. 11. 5	17	和歌山	和　歌　山	42. 9. 4	2
〃	県中東部	60. 9. 19	4	広　島	広　　島	36. 1. 29	6
千　葉	千　　葉	44. 3. 31	9	〃	呉	38. 11. 1	10
〃	京　　葉	46. 4. 30	27	〃	福　　山	41. 4. 11	4

県　　名	都　市　名	免許年月日	免許人員	県　　名	都　市　名	免許年月日	免許人員
岡　　山	岡　　　　山	38．6．7	3	福　　岡	北　九　州	35．3．3	8
〃	倉　　　　敷	44．5．7	7	〃	久　留　米	37．11．10	2
山　　口	宇　　　　部	41．4．6	1	〃	大　牟　田	39．4．24	2
〃	岩　　　　国	41．4．6	1	佐　　賀	佐　　　　賀	44．4．21	13
〃	下　　　　関	41．4．6	2	長　　崎	長　　　　崎	35．11．15	1
〃	徳山及び新南陽	44．5．7	4	〃	佐　世　保	36．2．22	5
香　　川	高　　　　松	36．11．7	12	熊　　本	熊　　　　本	35．4．9	8
徳　　島	徳　　　　島	36．11．7	8	大　　分	大　　　　分	40．10．1	2
愛　　媛	松　　　　山	36．11．7	9	〃	別　　　　府	36．7．19	2
高　　知	高　　　　知	36．11．7	6	宮　　崎	宮　　　　崎	44．10．9	4
福　　岡	福　　　　岡	35．2．12	14	鹿児島	鹿　児　島	35．11．15	6
				沖　　縄	本　　　　島	39．4．17	53

○個人タクシー許可都市の車両数

（令和４年３月31日現在）

営業区域又は 都市名		人口 （千人）	個人タクシー 車両数 （１人１車制） A	法人タクシー 車両数 B	合　　　計 C（A＋B）	個　　人 （１人１車制） 比率 A／C（％）
北　海　道　運　輸　局		79,587	28,485	131,016	159,501	17.9
札　幌	札 幌 交 通 圏	3,783	1,597	7,566	9,163	17.4
〃	小　　樽　　市	2,193	1,168	4,555	5,723	20.4
函　館	函 館 交 通 圏	109	80	325	405	19.8
旭　川	旭　川　　市	318	79	697	776	10.2
室　蘭	室　蘭　　市	342	122	620	742	16.4
〃	苫 小 牧 交 通 圏	79	10	223	233	4.3
釧　路	釧 路 交 通 圏	184	16	218	234	6.8
帯　広	帯 広 交 通 圏	180	43	366	409	10.5
北　見	北 見 交 通 圏	265	60	394	454	13.2
東　北　運　輸　局		113	19	168	187	10.2
岩　手	盛 岡 交 通 圏	3,366	886	6,248	7,134	12.4
青　森	青 森 交 通 圏	355	79	768	847	9.3
〃	八 戸 交 通 圏	269	71	818	889	8.0
宮　城	仙　台　　市	287	20	490	510	3.9
福　島	福 島 交 通 圏	1,094	541	2,246	2,787	19.4
〃	郡 山 交 通 圏	331	40	403	443	9.0
山　形	山 形 交 通 圏	380	15	560	575	2.6
秋　田	秋 田 交 通 圏	348	72	476	548	13.1
北　陸　信　越　運　輸　局		303	48	487	535	9.0
新　潟	新 潟 交 通 圏	2,455	690	3,650	4,340	15.9
長　野	長 野 交 通 圏	605	319	996	1,315	24.3
〃	松 本 交 通 圏	428	57	624	681	8.4
石　川	金 沢 交 通 圏	299	24	445	469	5.1
富　山	富 山 交 通 圏	713	213	1,262	1,475	14.4

営業区域又は 都　市　名		人口 （千人）	個人タクシー 車両数 （1人1車制） A	法人タクシー 車両数 B	合　　計 C（A＋B）	個　　人 （1人1車制） 比率 A／C（％）
関　東　運　輸　局		410	77	323	400	19.3
東　京	特別区・武三交通圏	34,798	13,411	49,769	63,180	21.2
〃	北多摩交通圏	9,861	10,139	27,302	37,441	27.1
〃	南多摩交通圏	2,110	147	1,708	1,855	7.9
神奈川	京浜交通圏	1,419	240	1,216	1,456	16.5
〃	県央交通圏	5,712	1,822	6,755	8,577	21.2
千　葉	千葉交通圏	2,904	293	1,984	2,277	12.9
〃	京葉交通圏	1,072	169	1,196	1,365	12.4
〃	東葛交通圏	1,793	318	1,507	1,825	17.4
埼　玉	県南中央交通圏	1,417	62	1,055	1,117	5.6
〃	県南西部交通圏	2,688	108	2,421	2,529	4.3
〃	県南東部交通圏	2,295	32	1,528	1,560	2.1
群　馬	中・西毛交通圏	1,584	31	1,243	1,274	2.4
栃　木	宇都宮交通圏	1,193	1	1,010	1,011	0.1
中　部　運　輸　局		750	49	844	893	5.5
愛　知	名古屋交通圏	7,380	844	9,821	10,665	7.9
〃	東三河南部交通圏	3,274	476	5,232	5,708	8.3
静　岡	静清交通圏	731	36	445	481	7.5
〃	浜松交通圏	689	97	1,078	1,175	8.3
〃	沼津・三島交通圏	876	60	860	920	6.5
岐　阜	岐阜交通圏	443	21	630	651	3.2
三　重	伊勢・志摩交通圏	664	73	781	854	8.5
福　井	福井交通圏	230	2	232	234	0.9
近　畿　運　輸　局		473	79	563	642	12.3
大　阪	大阪地域	13,643	5,389	25,727	31,116	17.3
〃	北摂地域	5,085	2,404	12,294	14,698	16.4
京　都	京都地域	906	72	696	768	9.4
兵　庫	神戸地域	2,160	1,865	5,590	7,455	25.0
〃	姫路地域	3,453	926	4,826	5,752	16.1
滋　賀	大津地域	808	28	795	823	3.4
奈　良	奈良地域	344	37	328	365	10.1
和歌山	和歌山地域	352	8	326	334	2.4

営業区域又は 都　市　名		人口 （千人）	個人タクシー 車両数 （1人1車制） A	法人タクシー 車両数 B	合　　計 C（A＋B）	個　　人 （1人1車制） 比率 A／C（％）
中　国　運　輸　局		535	49	872	921	5.3
広　島	広　島　交　通　圏	3,747	1,159	7,559	8,718	13.3
〃	呉　　市　　A	1,192	797	2,902	3,699	21.5
〃	福　山　交　通　圏	211	74	328	402	18.4
岡　山	岡　　山　　市	462	64	838	902	7.1
〃	倉　敷　交　通　圏	722	134	1,524	1,658	8.1
山　口	宇　　部　　市	479	32	633	665	4.8
〃	岩　国　交　通　圏	161	4	310	314	1.3
〃	下　　関　　市	129	9	240	249	3.6
〃	周　　南　　市	252	33	506	539	6.1
四　国　運　輸　局		139	12	278	290	4.1
香　川	高　松　交　通　圏	1,636	462	2,984	3,446	13.4
徳　島	徳　島　交　通　圏	422	91	805	896	10.2
愛　媛	松　山　交　通　圏	289	41	588	629	6.5
高　知	高　知　交　通　圏	585	200	938	1,138	17.6
九　州　運　輸　局		340	130	653	783	16.6
福　岡	福　岡　交　通　圏	7,425	2,893	14,732	17,625	16.4
〃	北　九　州　交　通　圏	2,460	1,429	4,406	5,835	24.5
〃	久　留　米　市	1,063	274	2,311	2,585	10.6
〃	大　牟　田　市	302	69	503	572	12.1
佐　賀	佐　　賀　　市	110	11	133	144	7.6
長　崎	長　崎　交　通　圏	229	42	381	423	9.9
〃	佐　世　保　市	457	310	1,030	1,340	23.1
熊　本	熊　本　交　通　圏	237	83	482	565	14.7
大　分	大　　分　　市	965	303	1,789	2,092	14.5
〃	別　　府　　市	476	71	742	813	8.7
宮　崎	宮　崎　交　通　圏	112	48	382	430	11.2
鹿児島	鹿　児　島　市	424	43	960	1,003	4.3
沖縄総合事務局		590	210	1,613	1,823	11.5
沖　縄　本　島		1,354	1,154	2,960	4,114	28.1
計（77地区）		1,354	1,154	2,960	4,114	28.1

（注）人口は、令和4年3月31日現在の住民基本台帳による。

○地方運輸局・運輸監理部及び運輸支局の所在地

(令和6年3月1日現在)

地方運輸局・運輸監理部及び運輸支局	(〒)	所　　在　　地	電話番号
北 海 道 運 輸 局	060-0042	札幌市中央区大通西10　札幌第2合同庁舎	011(290)2711
札 幌 運 輸 支 局	065-0028	札幌市東区北28条東1	011(731)7166
函 館 運 輸 〃	041-0824	函館市西桔梗町555の24	0138(49)8862
室 蘭 運 輸 〃	050-0081	室蘭市日の出町3の4の9	0143(44)3011
帯 広 運 輸 〃	080-2459	帯広市西19条北1の8の4	0155(33)3286
釧 路 運 輸 〃	084-0906	釧路市鳥取大通6の2の13	0154(51)2522
北 見 運 輸 〃	090-0836	北見市東三輪3の23の2	0157(24)7631
旭 川 運 輸 〃	070-0902	旭川市春光町10の1	0166(51)5271
東 北 運 輸 局	983-8537	仙台市宮城野区鉄砲町1　仙台第4合同庁舎	022(299)8851
宮 城 運 輸 支 局	983-8540	仙台市宮城野区扇町3の3の15	022(235)2517
福 島 運 輸 〃	960-8165	福島市吉倉字吉田54	024(546)0345
岩 手 運 輸 〃	020-0891	岩手県紫波郡矢巾町流通センター南2の8の5	019(638)2154
青 森 運 輸 〃	030-0843	青森市大字浜田字豊田139—13	017(739)1501
山 形 運 輸 〃	990-2161	山形市大字漆山字行段1422の1	023(686)4711
秋 田 運 輸 〃	010-0816	秋田市泉字登木74の3	018(863)5811
北 陸 信 越 運 輸 局	950-8537	新潟市中央区美咲町1—2—1　新潟美咲合同庁舎2号館	025(285)9000
新 潟 運 輸 支 局	950-0961	新潟市中央区東出来島14の26	025(285)3123
長 野 運 輸 〃	381-8503	長野市西和田1の35の4	026(243)4384
石 川 運 輸 〃	920-8213	金沢市直江東1の1	076(208)6000
富 山 運 輸 〃	930-0992	富山市新庄町馬場82	076(423)0894
関 東 運 輸 局	231-8433	横浜市中区北仲通5の57　横浜第2合同庁舎	045(211)7204
東 京 運 輸 支 局	140-0011	品川区東大井1の12の17	03(3458)9231
神 奈 川 運 輸 〃	224-0053	横浜市都筑区池辺町3540	045(939)6800
千 葉 運 輸 〃	261-0002	千葉市美浜区新港198	043(242)7336
埼 玉 運 輸 〃	331-0077	さいたま市西区大字中釘2154の2	048(624)1835
茨 城 運 輸 〃	310-0844	水戸市住吉町353	029(247)5348
群 馬 運 輸 〃	371-0007	前橋市上泉町399の1	027(263)4440
栃 木 運 輸 〃	321-0169	宇都宮市八千代1の14の8	028(658)7011
山 梨 運 輸 〃	406-0034	山梨県笛吹市石和町唐柏1000の9	055(261)0880
中 部 運 輸 局	460-8528	名古屋市中区三の丸2の2の1　名古屋合同庁舎第1号館	052(952)8002

地方運輸局・運輸監理部 及び運輸支局	（〒）	所　在　地	電話番号
愛 知 運 輸 支 局	454-0851	名古屋市中川区北江町1の1の2	052(351)5311
静 岡 運 輸 支 局	422-8004	静岡市駿河区国吉田2の4の25	054(261)2939
岐 阜 運 輸 〃	501-6133	岐阜市日置江2648の1	058(279)3716
三 重 運 輸 〃	514-0303	津市雲出長常町字六ノ割1190の9	059(234)8411
福 井 運 輸 〃	918-8023	福井市西谷1の1402	0776(34)1601
近 畿 運 輸 局	540-8558	大阪市中央区大手前4の1の76 　　　　大阪合同庁舎第4号館	06(6949)6404
神 戸 運 輸 監 理 部	658-0024	神戸市東灘区魚崎浜町34の2	078(453)1106
大 阪 運 輸 支 局	572-0846	寝屋川市高宮栄町12の1	072(821)9176
京 都 運 輸 〃	612-8418	京都市伏見区竹田向代町37	075(681)1427
滋 賀 運 輸 〃	524-0104	守山市木浜町2298の5	077(585)7253
奈 良 運 輸 〃	639-1037	大和郡山市額田部北町981の2	0743(59)2151
和 歌 山 運 輸 〃	640-8404	和歌山市湊1106の4	073(422)2130
中 国 運 輸 局	730-8544	広島市中区上八丁堀6の30　広島合同庁舎4号館	082(228)3434
広 島 運 輸 支 局	733-0036	広島市西区観音新町4の13の13の2	082(233)9166
鳥 取 運 輸 〃	680-0006	鳥取市丸山町224	0857(22)4154
島 根 運 輸 〃	690-0024	松江市馬潟町43の3	0852(38)8111
岡 山 運 輸 〃	701-1133	岡山市北区富吉5301—5	086(286)8121
山 口 運 輸 〃	753-0812	山口市宝町1の8	083(922)5335
四 国 運 輸 局	760-0019	高松市サンポート3—33号 　　　　高松サンポート合同庁舎南館	087(802)6715
香 川 運 輸 支 局	761-8023	高松市鬼無町字佐藤20の1	087(882)1357
徳 島 運 輸 〃	771-1156	徳島市応神町応神産業団地1の1	088(641)4811
愛 媛 運 輸 〃	791-1113	松山市森松町1070	089(956)9957
高 知 運 輸 〃	781-5103	高知市大津乙1879の1	088(866)7311
九 州 運 輸 局	812-0013	福岡市博多区博多駅東2の11の1 　　　　福岡合同庁舎新館7〜10F	092(472)2312
福 岡 運 輸 支 局	813-8577	福岡市東区千早3の10の40	050(5540)2078
長 崎 運 輸 〃	851-0103	長崎市中里町1368	050(5540)2083
大 分 運 輸 〃	870-0906	大分市大州浜1の1の45	050(5540)2087
佐 賀 運 輸 〃	849-0928	佐賀市若楠2の7の8	050(5540)2082
熊 本 運 輸 〃	862-0901	熊本市東町4の14の35	050(5540)2086
宮 崎 運 輸 〃	880-0925	宮崎市本郷北方字鵜戸尾2735の3	050(5540)2088
鹿 児 島 運 輸 〃	891-0131	鹿児島市谷山港2の4の1	050(5540)2089
沖 縄 総 合 事 務 局	900-0006	那覇市おもろまち2の1の1 　　　　那覇第2地方合同庁舎2号館	098(866)0031
陸 運 事 務 所	901-2134	浦添市字港川512の4	098(877)5140

○自動車事故対策機構（NASVA）の所在地

（令和 6 年 3 月 1 日現在）

名　　　称	（〒）	住　　　　　　　　所	電話番号
本　　　　　　部	103-0013	東京都墨田区綿糸 3 ― 2 ― 1　　アルカイースト19階	03(5608)7560
○札 幌 主 管 支 所	060-0032	札幌市中央区北 2 条東12―98―42　北 2 条新川ビル 8 階	011(218)8155
函 館 支 所	041-0806	函館市美原 1 ―18―10　函館東京海上日動ビル 3 階	0138(88)1007
釧 路 支 所	085-0018	釧路市黒金町 7 丁目 4 の 1　　太平洋興発ビル 2 階	0154(32)7021
旭 川 支 所	079-8442	旭川市流通団地 2 条 4 丁目32― 1	0166(40)0111
		旭川地区トラック研修センター 2 F	
○仙 台 主 管 支 所	984-0015	仙台市若林区卸町 5 ― 8 ― 3	022(204)9902
		宮城県トラック会館 2 F	
福 島 支 所	960-8031	福島市栄町 7 ―33　福島トヨタビル	024(522)6626
岩 手 支 所	020-0871	盛岡市中ノ橋通 1 ― 4 ―22　中ノ橋106ビル	019(652)5101
青 森 支 所	030-0843	青森市大字浜田字豊田139―21　青森県交通会館	017(739)0551
山 形 支 所	990-0031	山形市十日町 2 ― 4 ―19　住友生命山形第 2 ビル	023(609)0500
秋 田 支 所	010-0962	秋田市八橋大畑 2 ―12―53　秋田県自動車会館	018(863)5875
○新 潟 主 管 支 所	950-0965	新潟市中央区新光町 6 ― 4	025(283)1141
		新潟県トラック総合会館 2 F	
長 野 支 所	381-8556	長野市南長池710― 3　　長野県トラック会館 2 階	026(480)0521
石 川 支 所	920-8213	金沢市直江東 1 の 2　　石川県自動車会館 2 階	076(239)3207
富 山 支 所	939-2708	富山市婦中町島本郷 1 ― 5　　富山県トラック会館 1 階	076(421)1631
○東 京 主 管 支 所	130-0013	墨田区錦糸 1 ― 2 ― 1　　アルカセントラルビル 8 F	03(3621)9941
神 奈 川 支 所	222-0033	横浜市港北区新横浜 2 ―11― 1	045(471)7401
		神奈川県トラック総合会館	
千 葉 支 所	261-7125	千葉市美浜区中瀬 2 ― 6 ― 1	043(350)1730
		ワールドビジネスガーデンマリブウエスト25階	
埼 玉 支 所	330-0062	さいたま市浦和区仲町 3 ―12― 6　　Ｊ・Ｓ― 1 ビル 6 階	048(824)1945
茨 城 支 所	310-0026	水戸市泉町 3 ― 1 ―28　　第 2 中央ビル	029(226)0591
群 馬 支 所	370-0006	高崎市問屋町 4 ― 5 ― 4　　高崎トラック会館	027(365)2770
栃 木 支 所	320-0811	宇都宮市大通り 2 ― 1 ― 5	028(651)2701
		明治安田生命宇都宮大通りビル 2 階	
山 梨 支 所	406-0034	山梨県笛吹市石和町唐柏1000― 7	055(262)1088
		山梨県自動車総合会館	
○名 古 屋 主 管 支 所	460-0003	名古屋市中区錦 1 ―18―22　　名古屋ＡＴビル 8 階	052(218)3017
静 岡 支 所	420-0837	静岡市葵区日出町 1 ― 2　　TOKAI 日出町ビル 1 階	054(687)3421
岐 阜 支 所	500-8842	岐阜市金町 4 ―30　明治安田生命岐阜金町ビル	058(263)5128
三 重 支 所	510-0085	四日市市諏訪町 4 ― 5　　四日市諏訪町ビル 8 階	059(350)5188
福 井 支 所	910-0005	福井市大手 3 ― 2 ― 1　　日本生命福井大手ビル 6 階	0776(22)6006

名　　称	（〒）	住　　　　　　　　　　　所	電話番号
○大阪主管支所	540-0028	大阪市中央区常盤町１—３—８　　中央大通ＦＮビル	06（6942）2804
京　都　支　所	612-8418	京都市伏見区竹田向代町51—5　　京都自動車会館	075（694）5878
兵　庫　支　所	651-0083	神戸市中央区浜辺通５—１—14	078（271）7601
		神戸商工貿易センタービル11階	
滋　賀　支　所	524-0104	守山市木浜町2298—4　滋賀県トラック総合会館	077（585）8290
奈　良　支　所	630-8122	奈良市三条本町９の21　　ＪＲ奈良伝宝ビル６Ｆ	0742（32）5671
和　歌　山　支　所	640-8157	和歌山市八番丁11　日本生命和歌山八番丁ビル７階	073（431）7337
○広島主管支所	733-0036	広島市西区観音新町２—４—25　　第一菱興ビル１階	082（297）2255
鳥　取　支　所	680-0006	鳥取市丸山町219—1	0857（24）0802
		鳥取県トラック協会研修センタービル	
島　根　支　所	690-0007	松江市御手船場町553—6　　松江駅前エストビル３階	0852（25）4880
岡　山　支　所	700-0941	岡山市北区青江１—22—33	086（232）7053
		岡山県トラック総合研修会館	
山　口　支　所	753-0814	山口市吉敷下東１—３—１　　山陽ビル吉敷	083（924）5419
○高松主管支所	760-0066	高松市福岡町３—３—６	087（851）6963
		香川県トラック協会安全研修センタービル	
徳　島　支　所	770-0003	徳島市北田宮２—14—50　　徳島県トラック会館	088（631）7799
愛　媛　支　所	791-1114	松山市井門町1081—1	089（960）0102
		愛媛県トラック総合サービスセンター１階	
高　知　支　所	780-8016	高知市南の丸町５—17　　高知県トラック会館	088（831）1817
○福岡主管支所	812-0016	福岡市博多区博多駅南２—１—５	092（451）7751
		博多サンシティビル４階	
佐　賀　支　所	840-0816	佐賀市駅南本町６—４	0952（29）9023
		佐賀中央第一生命ビルディング４階	
長　崎　支　所	850-0033	長崎市万才町７—１　　住友生命長崎ビル11階	095（821）8853
熊　本　支　所	860-0806	熊本市中央区花畑町４番７号	096（322）5229
		朝日新聞第一生命ビルディング６階	
大　分　支　所	870-0905	大分市向原西１の１の27	097（558）3155
		大分県トラック会館ビル３階	
宮　崎　支　所	880-0913	宮崎市恒久１—７—21	0985（53）5385
		㈳宮崎県トラック協会総合研修会館２階	
鹿　児　島　支　所	890-0062	鹿児島市与次郎２—４—35　　ＫＳＣ鴨池ビル５Ｆ	099（213）7250
沖　縄　支　所	900-0021	那覇市泉崎２—103—4	098（916）4860
		沖縄県ハイヤー・タクシー協会３階	
千葉療護センター	261-0012	千葉市美浜区磯辺３—30—１	043（277）0061
東北療護センター	982-0012	仙台市太白区長町南４—20—６	022（247）1171
岡山療護センター	700-0927	岡山市北区西古松２—８—35	086（244）7041
中部療護センター	505-0034	美濃加茂市古井町下古井630	0574（24）2233

○一般社団法人全国個人タクシー協会 支部・会員名簿

（令和 6 年 5 月 1 日現在）

支部・会員	（〒）	住　　所	電話番号
本　　部	164-0013	中野区弥生町 5 ― 6 ― 6 個人タクシー会館 4 階	03-5328-0731
北 海 道 支 部	064-0808	札幌市中央区南八条西15― 4 ― 1 北海道ハイヤー会館 1 階	011-563-9219
札幌個人タクシー連合会	062-0051	札幌市豊平区月寒東 1 条15―10―27	011-853-7722
函館個人タクシー協会	042-0934	函館市広野町 3 ― 9	0138-51-7776
室蘭個人タクシー協会	053-0833	苫小牧市日新町 1 ― 2 ― 5	0144-73-0760
帯広個人タクシー協会	080-0019	帯広市西九条南34―15	0155-48-5140
釧路個人タクシー協会	085-0042	釧路市若草町10―24	0154-24-2810
北見個人タクシー協会	090-0833	北見市とん田東町397 グローリビル 5 階	0157-22-1940
旭川個人タクシー協会	070-0823	旭川市緑町19―2857	0166-51-8510
東 北 支 部	983-0824	仙台市宮城野区鶴ヶ谷 5 ―25― 6	022-251-2151
宮城県個人タクシー協会	983-0824	仙台市宮城野区鶴ヶ谷 5 ―25― 6	022-251-2151
福島県個人タクシー連合会	960-8165	福島市吉倉字吉田40 福島県自動車会館 2 階	024-545-4211
岩手県個人タクシー連合会	020-0816	盛岡市中野 1 ―29―15	019-651-5435
青森県個人タクシー連合会	030-0852	青森市大字大野字若宮167― 5	017-739-2105
山形県個人タクシー団体連合会	990-2442	山形市南 2 番町 7 ― 9	023-622-4567
秋田県個人タクシー協会	010-0925	秋田市旭南 3 ― 3 ―51	018-863-9993
北 陸 信 越 支 部	950-0072	新潟市中央区竜が島 1 ― 1 ―33	025-241-4771
新潟県個人タクシー協会	950-0072	新潟市中央区竜が島 1 ― 1 ―33	025-241-4771
長野県個人タクシー協会	380-0813	長野市鶴賀緑町1104―17	026-227-2261
石川県個人タクシー協会	921-8003	金沢市玉鉾町イ253― 2	076-291-2551
富山県個人タクシー協会	930-0972	富山市長江新町 1 ― 1 ―22	076-424-1635

支部・会員	（〒）	住　　　　所	電話番号
関　東　支　部	**164-0013**	**中野区弥生町5―6―6** **個人タクシー会館4階**	**03-5342-1355**
（一社）東京都個人タクシー協会	170-0005	豊島区南大塚1―2―12 日個連会館5階	03-3947-1461
神奈川県個人タクシー協会	221-0822	横浜市神奈川区西神奈川1―19―8	045-401-8896
埼玉県個人タクシー協会	336-0926	さいたま市緑区東浦和3―19―10	048-816-3503
千葉県個人タクシー協会	264-0024	千葉市若葉区高品町150―1 （2階）	043-308-6763
栃木県個人タクシー協会	320-0845	宇都宮市明保野町5―8 サンダービルⅢ2階	028-639-9511
中　部　支　部	**466-0059**	**名古屋市昭和区福江2―9―21**	**052-872-1881**
愛知県個人タクシー協会	466-0059	名古屋市昭和区福江2―9―21	052-872-1881
静岡県個人タクシー連合会	420-0822	静岡市葵区宮前町106―4	054-261-6770
岐阜県個人タクシー協会	500-8144	岐阜市東栄町4―13	058-246-6814
三重県個人タクシー協会	516-0018	伊勢市黒瀬町559―35	0596-27-1072
福井県個人タクシー協会	918-8108	福井市春日2―6―25	0776-36-1703
近　畿　支　部	**543-0053**	**大阪市天王寺区北河堀町5―13** **全大阪個人タクシー協同組合ビル5階**	**06-6774-8188**
（一社）全大阪個人タクシー協会	543-0053	大阪市天王寺区北河堀町5―13 全大阪個人タクシー協同組合ビル5階	06-6772-6271
京都地方個人タクシー協会	612-8418	京都市伏見区竹田向代町51―5 京都自動車会館4階	075-694-5667
兵庫県個人タクシー協会	652-0852	神戸市兵庫区御崎本町3―2―5	078-651-2244
奈良県個人タクシー協会	630-8136	奈良市恋の窪2―4―21	090-3260-5411
滋賀県個人タクシー協会	520-0012	大津市鏡ヶ浜6―28	077-524-7301
和歌山県個人タクシー協会	640-8441	和歌山市栄谷164―4	073-451-3100
中　国　支　部	**734-0022**	**広島市南区東雲3―15―20** **広島県個人タクシー協同組合会館3階**	**082-283-7577**
広島県個人タクシー協会	734-0022	広島市南区東雲3―15―20 広島県個人タクシー協同組合会館3階	082-283-7577
岡山県個人タクシー連合会	700-0845	岡山市南区浜野4―2―38	086-264-5025
山口県個人タクシー協会	751-0812	下関市椋野上町1―8	083-231-3898

 430

支部・会員	（〒）	住　　　所	電話番号
四　国　支　部	**760-0080**	**高松市木太町2344— 1 木下ビル 1 階**	**087-837-6838**
香川県個人タクシー協会	760-0080	高松市木太町2344— 1 木下ビル 1 階	087-802-5601
徳島県個人タクシー協会	770-8001	徳島市津田海岸町 1 —98	088-663-5955
愛媛県個人タクシー連合会	791-0054	松山市空港通 3 — 7 —12	089-971-7932
全高知個人タクシー協会	780-0047	高知市相模町13-17	088-824-7665
九　州　支　部	**812-0014**	**福岡市博多区比恵町11— 1 福岡タクシー会館 3 階**	**092-473-6188**
福岡県個人タクシー協会	812-0014	福岡市博多区比恵町11— 1 福岡タクシー会館 3 階	092-471-7550
長崎県個人タクシー協会	850-0834	長崎市上小島 4 — 4 —20	095-827-5390
大分県個人タクシー協会	870-0906	大分市大州浜 1 — 1 — 5 — 2 階	097-558-4198
佐賀県個人タクシー協会	849-0922	佐賀市高木瀬東 3 — 3 — 1	0952-32-0017
熊本県個人タクシー協会	861-8019	熊本市東区下南部町 3 — 6 —31	096-389-4186
宮崎県個人タクシー協会	880-0911	宮崎市大字田吉字東前島2439—12	0985-52-2181
鹿児島県個人タクシー協会	890-0061	鹿児島市天保山町20—24	099-252-6027
沖　縄　支　部	**901-0225**	**豊見城市字豊崎 3 —25**	**098-850-7677**
全沖縄個人タクシー協会	901-0225	豊見城市豊崎 3 —25	098-850-7677

○全国個人タクシー協会の組織現況

（令和 5 年11月 1 日現在）

支　部　名	会員数	所属団体数	事業者数	平均年齢
北　海　道	7	10	1,433	64.7
東　　　北	6	8	672	65.7
北 陸 信 越	4	5	505	65.7
関　　　東	6	30	11,713	63.3
中　　　部	5	11	606	68.1
近　　　畿	6	16	3,802	65.8
中　　　国	3	19	1,028	66.1
四　　　国	4	7	396	66.3
九　　　州	7	23	2,543	66.8
沖　　　縄	1	4	1,083	66.8
計 10 支 部	計49会員	計133団体	計23,781人	平均64.7歳

運輸局管内（含：沖縄運輸部）並びに都道府県別
全個協加入事業者数

（令和5年11月1日現在）　全国合計　23,781人

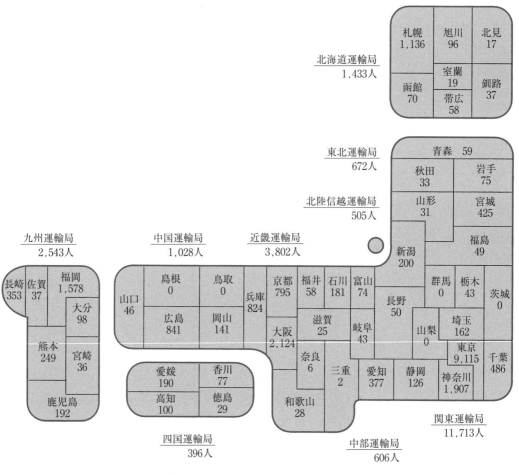

令和6年度版　個人タクシー実務必携

令和6年5月1日　第1版第1刷発行

監　修　一般社団法人　全国個人タクシー協会
〒164-0013
東京都中野区弥生町5—6—6
個人タクシー会館4階
電話 03-5328-0731　FAX 03-5328-0732

発　売　株式会社 大成出版社
〒156-0042
東京都世田谷区羽根木1—7—11
電話 03-3321-4131㈹
https://www.taisei-shuppan.co.jp

ISBN978-4-8028-3563-3

「個人タクシー」への独立開業に向けて

個人タクシー新規参入が再開

許可条件等のお問い合わせは
お近くの個人タクシー団体 まで
ご連絡ください（428ページ参照）

営業成果は
100%営収に反映

営業車両
選択自由

事業主

豊富なメリット

働き方次第で
ビジネスチャンス

自分に合った
営業方法の選択

75歳まで現役

通勤なし

組合による営業支援
チケット・クレジット換金
無線配車
各種提出書類の作成支援
（日報・月報、確定申告等）

福利厚生
組合による健康診断補助
任意加入：小規模企業共済
　　　　　国民年金基金
　　　　　労災保険

資金・経費
開業資金：設備資金・運転資金
経　　費：燃料・車検費用
　　　　　車両修繕費・保険料

休日・休暇
休日・休暇の自由な選択
法定休日　月2日

タクシー乗務員になりませんか？
ハイヤー・タクシーの運転経歴が10年に満たない方、
個人タクシーとして独立開業を目指す方、
タクシー会社を紹介します
まずはお電話ください
（一社）全国個人タクシー協会　電話 03-5328-0731

「個人タクシー」になるための受験サポート体制

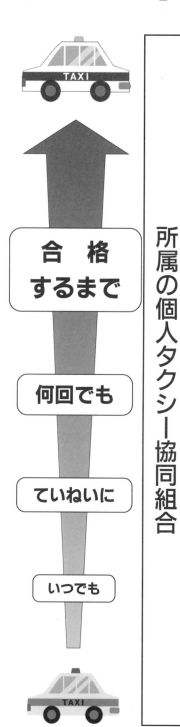

合　格
するまで

何回でも

ていねいに

いつでも

所属の個人タクシー協同組合

 強力な
サポート

試験講習会の事前説明会
①受験資格
②試験講習会の流れ
③個タク申請から試験合格、認可、開業までの流れ

試験講習会実施状況（受験対策）
①日数・時間　②費　用
　※試験講習会場により異なりますので
　　お近くの個人タクシー団体にお問合せください。
　　　　　　　　　　　　　　（428ページ参照）

試験講習会の内容
①法令条文・通達・公示解説、②練習問題及び解説、
③模擬試験
使用テキスト
①個人タクシー実務必携
②通達・公示
③問題集・出題傾向対策集

譲渡者紹介・マッチング支援
①組合にて譲渡者を紹介、マッチングを支援します
②個人タクシー申請書類作成補助
③挙証資料取得支援
開業支援
①各種提出書類作成支援
　（日報・月報・確定申告等）
②チケット・クレジット換金等営業支援
③提携：スタンド、整備工場、生保・損保　等